사회복지 마케팅

정무성 황정은 공저

신정

머리말

최근 사회의 변화와 함께 비영리조직에 대한 기대가 높아지고 있다. 영리 기업은 산업사회의 주도적 역할을 담당했지만 지나친 물질주의로 인해 환경파괴와 비인간화를 야기함으로써 인류의 불안을 가중시켜 왔다. 또한 거대 조직화된 정부는 관료주의와 부정부패로 급격히 변화하는 사회의 욕구를 적절하게 충족시킬 수 없는 상황이다. 따라서 산업사회에서 상대적으로 위상이 낮았던 비영리조직의 역할이 탈산업사회에서는 영리조직이나 공공조직에 못지않게 중요해지면서 인류에게 희망을 제시하고 있다.

비영리조직은 시민단체, 환경단체, 교육기관, 문화예술단체 등 인간의 삶의 질을 개선하고 풍요롭게 하기 위한 다양한 조직들로 구성된다. 그중에 휴먼서비스를 담당하는 사회복지기관들의 중요성은 점차 더욱 커지고 있다. 우리 사회에서 복지 논쟁이 가열되는 것도 이와 맥을 같이하고 있다. 따라서 앞으로 우리 국민의 행복은 상당 부분 민간 사회복지기관들의 행태에 달려 있다고 해도 과언이 아니다.

그러나 실제로 사회복지기관의 사업들이 시대적 요청에 부응하지 못하는 것처럼 보이는 경우가 많다. 이는 사회복지기관의 지도자들이나 전문 인력들이 주어진 과제에만 몰입하여 충실할 뿐 세상과 소통하는 기술과 전략이 부족하기 때문이다. 따라서 사회복지기관에서도 마케팅 기법의 활용이 요구된다. 마케팅은 자본주의 사회에서 소통하는 효율적인 방법을 제시해 주기 때문이다. 사회복지기관들도 홍보, 모금 등과 관련된 마케팅 기법에 보다 많은 관심을 가질 필요가 있다.

현대는 마케팅의 시대이다. 마케팅이 유용하리라 생각되지만 이를 사회복지와 접목시킬 수 있는 방법에 대해서는 구체적으로 제시된 자료가 미흡한 실정이다. 그동안 사회복지 마케팅과 관련된 다양한 글을 쓰고 강의를 하면서 많은 사람들이 이를 체계적으로 정리해 주는 책이 있으면 좋겠다는 요구가 많았다. 이에 그동안의 강의 교재로 사용하던 외국문헌과 기고문 등을 참고로 하여 《사회복지 마케팅》이란 책을 집필하였다.

preface

이 책은 크게 3부로 구성되어 있다. 1부는 사회복지 분야에서 마케팅의 필요성과 관련된 부분이다. 이를 설명하기 위해 마케팅의 기본 개념부터 다루었다. 사회서비스가 시장화되고, 민간자원 개발의 필요성이 강화되면서 마케팅 기법의 효용성이 높아짐을 강조하였다. 2부에서는 마케팅 기법을 다루었다. 기존 경영학에서 다루고 있는 마케팅의 과정과 기법에 대해 소개하였다. 그러나 영리조직이 아닌 사회복지조직에서 그 기법을 어떻게 적용할 수 있을지에 초점을 두고 설명하려 노력하였다.

3부는 사회복지 마케팅의 실제이다. 마케팅 기법이 사회복지조직을 포함한 비영리조직에 유용하게 쓰일 수 있는 분야는 모금, 홍보, 캠페인과 같은 사회마케팅, 기업의 사회공헌활동과의 관계, 후원자 및 자원봉사자 관리, 회원 관리 등 다양하다. 그동안 사회복지행정 분야에서 부분적으로 다루어졌던 내용이지만, 보다 구체적으로 심도 있게 다룬 책에 대한 수요가 많았다. 이번 기회에 사회복지 현장에서 수요가 많은 이들 분야에 대해 사례와 함께 구체적으로 제시할 수 있었다.

《사회복지 마케팅》이라는 제목으로는 우리나라에서 처음 출간되는 책이라 책의 구성이나 내용을 어떻게 담아낼까 고민이 많았다. 나름대로 최선을 다해 사회복지조직에서 필요한 내용들을 포함시키려 노력했다. 단지 사회복지조직뿐만 아니라 대부분의 비영리조직에도 적용될 수 있는 내용일 것이라 생각한다. 그럼에도 불구하고 여전히 미진한 부분이 많음을 느낀다. 더 많은 우리나라 사례들을 발굴하여 포함시켜야 하고, 빠진 분야에 대한 보충도 꾸준히 해 나갈 생각이다.

이 책의 출판을 위해 많은 시간을 기다리고 늘 격려해 주며 적극적으로 지원해 준 도서출판 신정에 깊은 감사를 드린다. 자료를 찾고 정리하는 데 많은 도움을 준 한송이 선생에게도 많은 고마움을 느낀다. 책의 미진한 부분은 필자의 부족함으로 인한 것이기 때문에 더욱 분발할 것을 다짐한다. 앞으로 완성도를 높여 가면서 강단에서나 사회복지 현장에서 매우 유익한 지침서가 될 수 있기를 바란다.

2013년 2월
정무성 · 황정은

차례

Part 1 사회복지와 마케팅의 이해

c o n t e n t s

차례

Part 2 사회복지 마케팅 기법

contents

contents

c o n t e n t s

Marketing for Social Welfare Organizations

Part 01

사회복지와 마케팅의 이해

Chapter 01

사회복지와 마케팅

1. 마케팅의 개념
2. 사회복지와 마케팅

Chapter 01

사회복지와 마케팅

민간 부문의 복지활동은 서구 선진복지국가에서 공공복지가 발전하면서 상대적으로 축소되기도 하였지만, 복지국가 위기 이후 복지서비스의 공급체계가 다원화되면서 그 중요성이 새롭게 인식되고 있다. 이는 21세기 새로운 사회변화의 동향을 반영하고 있는 것으로, 사회복지를 둘러싼 외부환경의 변화가 민간 사회복지 영역에 영향을 미치고 있는 것이다. 특히 1990년대에 들어 이데올로기적 지향성이 약화되면서 다양한 정체성을 갖는 시민사회단체들이 출현하기 시작하였고, IMF를 거치면서 사회복지를 매개로 하는 시민사회단체들이 대거 등장하게 되었다.

현재 대부분의 민간 사회복지기관들은 자원 확보를 위한 다양한 방안을 고민하고 있다. 사회복지기관이 자율성과 융통성을 가지고 사업을 수행하기 위해서는 정부 지원금으로는 부족하다. 따라서 기관의 재원확보를 위한 보완적인 수단으로서 다양한 후원처를 개발하고 관리하는 방법을 체계화하여 민간재원을 확보할 수 있는 방안을 강구하여야 한다.

민간재원을 확보하기 위한 방법으로는 사회복지기관과 복지 관련 시민사회단체의 적극적인 모금 전략 개발이 요구된다. 특히 사회복지기관과 같은 비영리조직들이 지속성을 갖기 위해서는 재정적 기반을 확고히 하는 전략이 필요한데, 비영리조직들은 다양한 재정 원천을 파악하고, 재원확보를 위한 전략을 준비해야 한다. 마케팅의 개념이 비영리조직에 도입되어야 하는 이유가 바로 여기에 있다. 아직도 일부에서는 마케팅은 기업과 같은 영리조직에서만 적용하는 경영기법으로 생각하고 있지만, 비영리조직들도 스스로의 설립목적을 효율적·효과적으로 달성하기 위해 기업이 행하는 일반 마케팅의 이념, 체제, 기법을 도입하여 활용하는 것이 자원확보의 다양성과 지속성을 확보할 수 있는 효과적인 대안임을 인식해 가고 있다.

기존의 영리조직에서 활용되던 마케팅기법들은 비영리기관에서 기관의 목표를 보다 효율적으로 달성할 수 있는 방법을 제시해 줄 수 있을 것이다. 비영리조직에서의 마케팅 전략이 요구되는 이 시점에서, 마케팅 이론에 대한 이해를 통해 효과적이며 효율성을 증진시킬 수 있는 수단으로, 사회복지기관에서 활용될 수 있는 마케팅 전략에 대해 논의해 보고자 한다.

1 마케팅의 개념

1) 마케팅이란 무엇인가?

흔히 '마케팅'이라고 하면 시장, 장사, 이윤, 판매 등의 용어를 먼저 생각하게 된다. 물론 영리조직의 마케팅의 내적 목표는 이윤추구에 있음에도 불구하고 마케팅은 표면적으로 이윤을 내세우지는 않는다. 왜냐하면 이윤을 내세울 경우 반작용으로 인한 더 이상의 이윤 창출이 어렵기 때문이다. 마케팅의 대상은 시장과 고객이다. 따라서 성공적인 마케팅을 위해서는 시장을 잘 알아야 하며 고객과의 교환(exchange)이 원활히 이루어지도록 해야 한다. 고객은 판매자에게 재화를 지불하고 판매자는 고객에게 상품이나 서비스를 제공함으로써 교환이 이루어진다. 효과적인 교환을 위해서는 고객이 만족하는 고객중심의 교환을 통해 교환이 빈번하게 일어나도록 해야 한다.

마케팅이란 시장에서 가치를 창출하고 기본적 욕구와 수요를 충족시킬 목적으로 이루어지는 교환이 성취되고 관계가 이루어질 수 있도록 시장을 관리하는 것을 의미한다. 따라서 마케팅은 제품과 가치를 창조하여 그것을 다른 사람과 교환함으로써 그들의 욕구와 수요를 충족시키기 위해 개인과 집단이 원하는 것을 획득하는 과정이라고 할 수 있다(조봉진 · 윤훈현, 1998). 즉, 생산품과 서비스 판매 부진을 만회하도록 하는 것이 좋은 마케팅의 전부가 아니며, 조직 내 모든 부서와 조직원으로 스며들 수 있는 관리 철학으로서 받아들여진 마케팅 철학이 중요하다.

실제로 마케팅의 의미는 단지 판매에만 국한되는 것은 아니다. Kotler(1996)는 "마케팅이란 조직의 목표를 달성하기 위하여 표적시장(target markets)에서 자발적인 가치의 교환(voluntary exchanges of values)이 이루어지도록 만들어진 프로그램의 분석(analysis), 계획(planning), 집행(implementation), 통제(control)의 과정이다. 그것은 크게 조직이 제공할 수 있는 물품을 표적시장의 욕구에 따라 결정하며, 사람들에게 알리고 동기를 부여하며 서비스를 제공하기 위해 효과적인 가격설정(pricing)과 홍보(communication), 그리고 유통경로(distribution)를 사용하는 것에 달려 있다."라고 정의하고 있다.

Kotler는 위에서 정의한 내용을 바탕으로 마케팅에 대해 다음 몇 가지의 구체적인 내용을 덧붙여 제시하고 있다. 첫째, 마케팅은 분석, 계획, 집행 그리고 조정을 포함하는 체계적인 과정이다. 둘째, 마케팅은 비체계적인 활동이 아닌 욕구충족을 위해 면밀하게 짜인 프로그램 속에서 명확하게 나타난다. 셋째, 마케팅은 가치의 자발적인 교환을 추구한다. 넷째, 마케팅은 모든 사람들에게 모든 제품을 대상으로 모든 시장을 찾아 불특정 다수에 대한 비현실적인 공략이라기보다는 표적시장을 대상으로 해야 한다. 다섯째, 마케팅의 목적은 효과적인 시장의 공략을 통해 조직의 생존과 건강한 유지를 돕는 것이다. 곧 효과적인 마케팅계획을 위해서는 조직이 구체적인 목표를 설정하는 것이 필요하다. 여섯째, 마케팅은 파는 자의 입장보다는 표적시장의 욕구에 따른 조직의 탄력적인 공략체계에 달려 있다. 일곱째, 마케팅은 소위 마케팅믹스(marketing mix)라 불리는 제품설계(product design), 가격, 홍보, 그리고 유통의 방법들을 이용하고 혼합하는 것이다. 이와 같이 Kotler의 마케팅 정의를 종합해 보면 마케팅의 저변에 깔려 있는 중심개념은 '교환'이다. 교환이란 상대방에게 무엇을 주는 대가로 무엇을 되돌려 받는 것을 의미한다. 사회복지기관과 후원자 간의 교환은 후원자들이 제공하는 기부금품과 그 대가로 얻게 되는 보람이다. 또한 사회복지기관에서 마케팅기법을 효과적으로 활용한다면 서비스 프로그램 개선은 물론, 특히 후원자 개발과 관련해서는 상당한 효과를 얻을 수 있을 것으로 기대된다.

Sargeant(2009)에서 제시한 마케팅에 대한 영국에서의 가장 보편적인 정의는 공인마케팅연구소(the Chartered Institute of Marketing)에 의해 제시된 다음의 개념이다. "마케팅은 고객에게 도움이 되는 필요물(requirements)을 확인하고, 예상하고 만족하도록 책임을 지는 관리과정(management process)이다." 어떤 조직에서건 마케팅의 역할을 이해하는 데 핵심이 되는 두 가지 구성요소는 마케팅의 개념(concept)과 기능(function)이라는 것이다. 개념적 수준에서, 마케팅은 조직이 수행하는 모든 것의 중심에 고객의 권리를 두는 철학 또는 관리접근(approach to management)을 나타낸다. 기능적 수준에서는 연구자료를 모으고 새로운 서비스의 설계를 돕고 가격을 책정하고, 분배하고, 궁극적으로는 그것을 고객들에게 홍보하는 조직의 일부로 간주된다. 마케팅은 마케팅 부서에 근무하는 소수의 직원들의 영역으로 보여지는 것이 아니라 조직에서 그들의 위치에 관계없이 모두에 의해 채택되는 조직의 운영에 대한 포괄적인 접근을 의미한다.

[그림 1-1]은 마케팅에 대해 두 가지 대비되는 관점을 잘 보여 주고 있는 예이다.

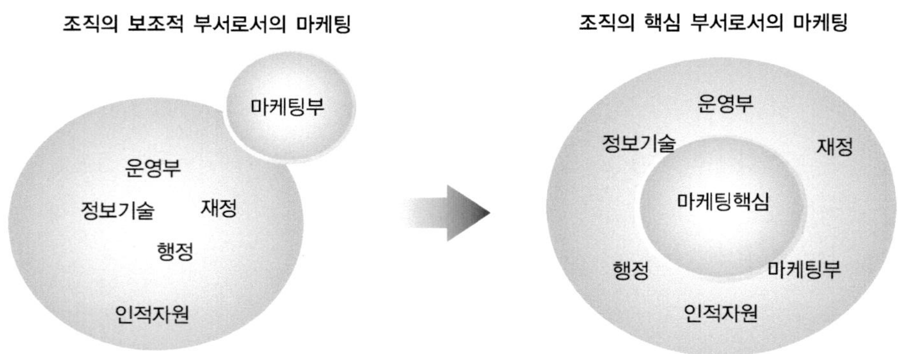

▌그림 1-1▐ 마케팅의 두 가지 관점

출처: Sargeant (2009).

[그림 1-1]에서 '조직의 보조적 부서로서의 마케팅'은 단지 상황이 그것을 요구할 때 조직에 '추가'될 수 있는 기능적인 역할로 여겨진다. 고객들의 진정한 욕구를 탐지하기 위한 노력에는 소홀하여 수요 예측에 대한 실패가 일어날 수 있어 서비스에 대한 고객

들의 열망을 충족시키기 위해 보다 더 공격적인 시도를 하게 된다. 그러므로 이 경우 마케팅의 기능은 다른 홍보활동보다 자원이 많이 소요되고, 조직이 추구하는 전략적인 방향의 실현에 실패하게 된다.

이와는 대조적으로 '조직의 내부 부서로서의 마케팅'에서는 마케팅이 비영리조직의 관리를 위한 전체적 접근을 이끌어 내는 안내자(guider)로 간주된다. 이와 같은 조직들은 고객의 자문을 통해서 생산품과 서비스 제공 방안을 계획하고, 가능한 최대의 이익을 창출할 수 있도록 구조화하여 궁극적으로는 사용자들과 수익자들에게 기본 가치를 두는 개념이다. 게다가 조직의 각 시스템은 이러한 가치를 강화할 수 있도록 구조화되었으며, 모든 종사자들이 마케팅을 자신의 책임으로 받아들일 수 있도록 분위기를 조성한다. 마케팅의 기능은 시장조사, 새로운 상품개발, 가격책정 등을 포함하는 광범위한 활동에 관여하는 구조를 가지게 되며, 조직이 관계된 가장 최상의 수준에서 그 조직을 대표하게 된다.

대부분의 조직은 고객의 관심을 지속하기 위해 마케팅의 기능적인 측면을 고려하고 세밀하게 관리하려고 한다. 그러나 이와 같은 활동에만 유일하게 초점을 둔다면 마케팅이 진정으로 조직을 변화·발전시키는 데는 기여하지 못하게 될 것이다. 진정한 의미의 마케팅은 특정한 조직이 고객의 욕구를 이해하는 것에서 시작해서 욕구를 이해하는 것으로 끝난다. 즉 마케팅은 과학적이면서도 철저하게 고객으로 시작하여 고객으로 끝난다는 것이다. 그러므로 이러한 마케팅 개념은 조직이 이익을 추구하는지의 여부와 관계없이 모든 유형의 조직과 연관되어 있다는 것이다.

2) 마케팅 개념의 역사

마케팅 개념의 역사에 대하여 Sargeant(2009)는 다음과 같이 기술했다.

마케팅의 이념과 개념은 사실상 새로운 것이 아니며, 실제로 수세기 동안 강조되어 왔다. 1776년, 현대 경제학의 아버지라고 일컬어지는 Adam Smith는 "소비는 유일한 종착점이고 모든 상품의 목적이 된다. 그리고 그 생산자의 관심은 소비자들의 관심을 증진시킬 필요가 존재할 때에만 그것에 초점을 두어야 한다."고 하였다.

이와는 대조적으로 실제 소비자들의 욕구와 요구에 초점을 두려는 것이 이념 전면에 나타난 것은 비교적 최근의 일이다. 20세기 초까지 영국 산업의 많은 부분이 과도하게 생산의 경제에 집중하는 것에 대해 비판을 받아 왔다. 재화와 서비스에 대한 만족과는 무관하게 생산되었으며, 누구든지 어느 곳에서든 의심할 여지없이 상품을 원했기 때문에 소비자들의 욕구에 특별히 초점을 맞출 필요가 거의 없었다. 그러므로 시간관리에 관한 이론가들이 '효율성'에 관심을 가지는 것과 '실행하는 데 최선의 방법'을 찾으려는 노력을 탐구하고 개발하는 순수 과학을 관리로 간주하는 것은 새삼스러운 일이 아니다. 이 시기의 조직은 생산지향적인(production oriented) 것으로 집중되었다. 이와 같은 조직의 전형적인 구조는 [그림 1-2]에 제시되어 있다.

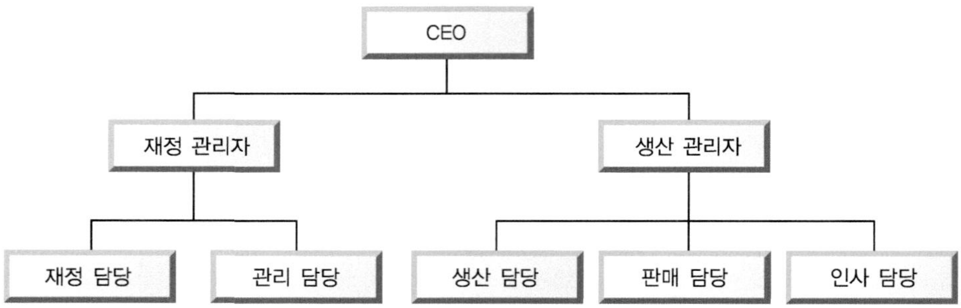

▌그림 1-2▌ 생산지향적 조직의 구조

출처: Sargeant (2009).

그러나 1920년대와 1930년대의 경기침체와 더불어 생산자들은 심각한 수요 부진에 직면했다. 능률적인 생산자가 되는 것 자체가 생존을 충분히 보장해 주지는 못하였다. 실제로 팔릴 수 없었던 능률적인 생산의 재고품들은 파산으로 가는 과정이었고, 이러한 현상을 인지하면서 생산조직에는 변화가 일어나기 시작했다. 전형적인 판매지향적 조직이라고 일컬어질 수 있는 구조는 [그림 1-3]으로 표현될 수 있다.

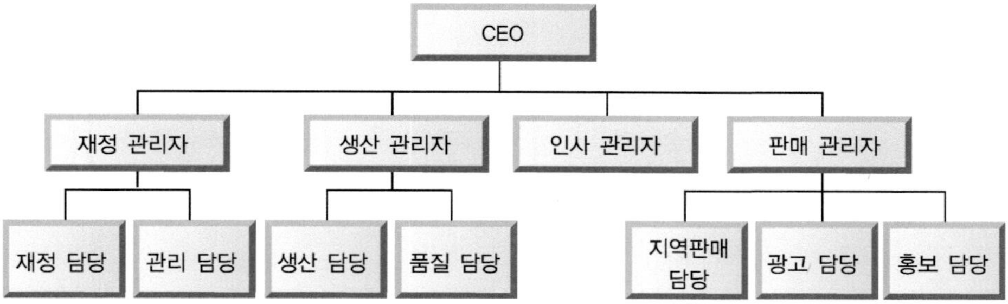

▌그림 1-3▐ 판매지향적 조직의 구조

출처: Sargeant (2009).

그러나 이 시대의 조직은 소비자의 실제적인 욕구와 요구에 거의 관심을 기울이지 않았다. 주요 초점은 회사가 생산하는 것을 얼마나 많이 팔 수 있는가에만 맞춰져 있었다. [그림 1-3]에서는 소비자에 대한 서비스 제공을 포함하여 고객과 접촉하는 모든 조직을 포함하고 있었으나 판매기능이 어떻게 더 지배적인 위치에 올라가는지에 대해서는 가치를 두고 있지는 않았다. 판매와 광고와 홍보(PR)기능 부서의 출현은 주목할 만한 가치가 있는데, 후자(광고와 홍보)의 기능을 판매보다 덜 중요한 것으로 인식하고 있음을 알 수 있다. 이것이 이 시대의 전형적인 부서이고, 그것은 지배적인 패러다임, 즉 다시 말하면 고객들에게 생산물을 판매하고자 하는 의지만을 강하게 반영한 것이다.

그러나 이와 같은 철학은 고객이 서로 의사소통을 할 수 있다는 가능성을 무시하고 있어 고객으로부터 서비스에 대한 나쁜 평판을 얻게 될 수 있다. 2차 세계대전 이후, 세계 무역의 패턴은 크게 변화되었다. 예를 들면, 1950년대 초까지 영국의 기업들은 미국과 일본 그리고 경기가 회복된 유럽의 조직들과 경쟁하게 되었다. 그러므로 고객은 구매상품에 대해 생산자를 선택할 수 있는 여지가 상당히 확대된 것이다.

이러한 경쟁적인 시장에서 성공을 거두기 위해서 조직은 고객의 욕구에 초점을 둘 필요성을 인식하게 되었고, 다른 경쟁조직에 비해 고객의 욕구충족에 최선을 다하고 있다는 것을 확신시켜야 했다. 이에 따라 조직은 결국 고객과 시장 초점의 개발의 중요성을 인식하기 시작하였으며 이로부터 생긴 조직의 새로운 형태가 바로 시장지향적 조직(market oriented organization)의 전형적인 구조인 [그림 1-4]이다.

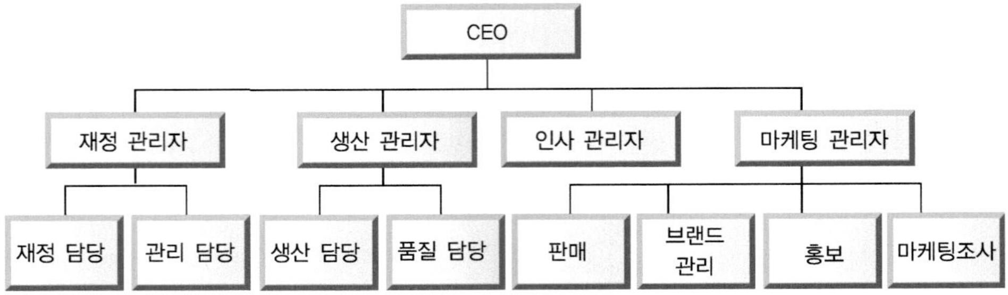

▌그림 1-4▐ 시장지향적 조직의 구조

출처: Sargeant (2009).

이 새로운 조직의 유형은 마케팅조사에 대한 자료수집과 고객의 욕구를 확인하기 위해 마케팅을 활용하는 것에 주요한 정보를 제공하고 있다. 이 정보는 새로운 상품 개발에 관한 정보는 물론, 적절한 가격 전략을 개발하고 생산품이 시장에 접근할 수 있도록 하고, 소비자에게 제공할 수 있는 이점을 충분히 판촉(promote)하여 그것이 소비자들의 욕구를 충족시킬 수 있다는 것을 재보증하고 확신하는 데 활용되도록 한다.

마케팅의 5'ㄱ'(마케팅의 개념)

① 고객지향적이다.

마케팅은 '고객'이다. 고객에서 시작해서 고객으로 끝난다.

② 교환이다.

마케팅은 교환이다. 공급자와 수요자 사이의 관계에서 무엇인가를 교환하는 것이다.

③ 관리이다.

마케팅은 기획에서부터 평가에 이르기까지 일련의 management를 포함한다.

④ 과정이다.

마케팅은 결과도 중요하지만 '과정'에 보다 가치를 둔다.

⑤ 과학이다.

마케팅은 '과학'이다. 철저한 '조사'에 의해 이루어지는 것으로 우리들의 고객이 누구인지, 시장은 어떠한지에 대해 자료수집·분석한 것을 반영해야 한다.

결국 판매기능은 그렇게 중요한 것은 아니다. 실제로 마케팅이 정확하게 자리 잡고 목표달성을 이루게 된다면, 굳이 생산품을 '판매'하려고 노력할 필요가 없게 된다. 다시 말하면, 이때 생산품은 저절로 팔리게 된다는 것이다. 그러므로 판매기능이 마케팅의 부수적인 요소라는 사실을 인지하는 것은 매우 새로운 접근이다.

2 사회복지와 마케팅

기업이 빠른 속도로 변화하는 시장과 치열한 경쟁 속에서 수익성을 확보하고 지속적으로 성장하기 위해 전략적 마케팅계획을 수립하여 실행하는 것처럼 사회복지조직에서도 조직의 사명을 달성하기 위해 마케팅 전략이 필요하다.

일반적으로 기업의 전략적 마케팅계획이라 함은 전사적 차원에서 이루어지는 것을 의미하며, 제품수준의 마케팅계획과는 구분되는 것이다. 사회복지조직의 전략적 마케팅계획 역시 작은 단위의 세부사업이나 프로그램을 위한 마케팅계획이 아닌 조직 전체 차원에서 이루어지는 것을 의미하고 있다.

사회복지조직에서 마케팅계획을 실행하기 전에 우선적으로 고려해야 하는 사항들을 살펴보면 다음과 같다.

첫째, 사회복지조직의 사명을 명확히 정의한다.

둘째, 사회복지조직의 환경을 철저히 분석한다.

셋째, 사회복지조직의 마케팅 목표를 설정한다.

넷째, 사회복지조직의 마케팅 전략을 개발한다.

이와 관련해서 이 각각의 사항들에 대한 기본적인 방향설정과 실행방안에 대해 살펴보기로 한다.

1) 사회복지조직의 사명, 비전과 목표

(1) 조직의 사명

사회복지조직에 대한 내용을 살펴보기 전에 일반 영리기업에서의 사명과 비전에 대한 개념을 먼저 정리해 보면, 사명(mission)은 다른 기업과 해당기업을 차별화시켜 주는 활동의 영역을 규정함으로써 기업의 근본적인 존재 의의와 목적을 나타내는 것이다. 사명은 최고경영자의 사업철학이 반영된 것으로 기업의 지향점을 구체화한 것이라기보다는 기업의 근본목적과 전략을 개괄적으로 혹은 조직구성원 모두가 묵시적으로 합의하는 것으로 나타난다. 그러므로 사명이라 함은 일종의 선언 개념보다는 기업의 기본적인 지향점을 나타내는 나침반의 역할을 담당하게 된다.

또한 사명은 기업의 정체성을 부여해 주고 성장과 발전을 위한 지향점을 나타내 줄 뿐만 아니라, 모든 전략적 의사결정의 출발과 전략수립에 따른 실행의 근본적인 지침이 된다(조영복 · 정동섭, 2003).

흔히 경영 전략에서 기업의 사명이 가지는 기능적 효과를 보면 다음과 같다.

① 조직의 정체성을 확립해 준다.

② 조직가치의 중심점을 제공해 준다.

③ 조직목표의 일관성을 평가하는 기준이 된다.

④ 전략수립과정의 기준을 제시한다.

⑤ 전략평가의 기준을 제공한다.

⑥ 자원 배분과 활용의 기준이 된다.

반면, 사회복지조직도 마케팅 전략 수립에 있어 가장 먼저 해야 할 일은 조직이 하고 있는 사업을 명확히 정의하는 일이다. 모든 조직은 설립하면서 사명을 정하고 그 사명을 달성하기 위해 노력한다. 이에 따라 대부분의 조직은 사명선언문(mission statement)에서 조직이 성취하고 싶은 목적을 기술하고 있으며, 명확한 사명선언문은 조직구성원들의 생각과 행동의 지침서가 되기도 한다.

Peter Drucker는 그의 저서 《비영리단체의 경영(*Managing the non-profit organization*)》에서 "사명보다 더 중요한 것은 없으며, 비영리단체의 지도자로서 생각해야 할 첫 임무는 그 조직이 수행하고자 하는 비영리사업의 의미를 심도 있게 그리고 구체적으로 정의하고 규명하는 일이다."라고 역설하고 있다.

그러나 조직이 설립될 당시의 사명이 그 조직의 영원한 사명이 될 수는 없다. 이는 시대와 환경에 따라 변할 수 있다는 것이다. 내부적으로는 조직의 규모가 커지고, 새로운 상품과 시장이 확대되고, 외부적으로도 시장이 글로벌화되고, 경쟁이 심해지면서 조직의 사명도 탄력적으로 바뀔 수 있다. 그러므로 현시점에서 조직의 사명이 맞는지 아니면 새로이 정의를 해야 하는지 등에 대해서는 주기적으로 점검해야 하며, 그 점검 포인트는 다음과 같다.

- 우리 조직은 어떤 사업을 수행하고 있는가?
- 우리의 고객은 누구인가?
- 우리 사업이 고객에게 가치를 제공하는가?
- 우리 사업이 앞으로 어떻게 될 것인가?
- 우리 사업이 앞으로 어떻게 되어야 할 것인가?

바람직한 조직의 사명에 대해 학자들은 다양하게 정의를 내리고 있는데, 이에 대한 공통적인 몇 가지의 특성을 보면 첫째, 조직의 사명은 시장지향적이고 고객욕구에 의해 정의되어야 한다. 즉, 조직의 사명 속에 자신이 추구하는 사업의 범위와 그 사업 내에서 대상으로 하는 시장의 범위를 정할 때 반드시 고객중심적인 사고로부터 출발해야 한다.

둘째, 조직의 사명은 명확한 가치를 제공하여야 한다. 조직원들이 수행하는 업무들이 전체적으로 조직의 목표와 조화되도록 이끌어 주는 보이지 않는 가이드 역할을 수행해야 하는 것이다.

셋째, 조직의 사명은 조직원들의 동기를 유발하는 것이어야 한다. 조직원들이 자신의 일이 의미 있고, 다른 사람들의 삶에 공헌한다는 자긍심을 느낄 수 있게 하는 것이 중요하며 조직의 목적을 달성하기 위한 수단으로 여겨지게 해서는 안 된다.

넷째, 조직의 사명은 미래에 대한 비전(vision)을 제공해야 한다. 사회환경 변화로 인해 조직의 사명이 조직이 나아가야 할 방향을 제대로 제시해 주지 못한다면 새로운 비전이 포함되도록 조직의 사명을 즉시 바꾸어야 한다.

(2) 조직의 비전

사명과 더불어 조직의 성장발전을 위해 자주 거론되는 관점이 바로 비전이 있느냐에 대한 것이다. 비전이란 "조직 내의 모든 구성원들의 꿈과 의지가 포함되어 있는 미래의 모습을 이미지화"한 것으로 계량적으로 측정이 불가능한 개념적 모습을 말한다(조영복 · 정동섭, 2003). 비전의 표현방법은 조직에 따라 다르며, 특별히 정해진 틀은 없다. 그러나 많은 조직들은 특히 영리기업의 경우에는 이 비전을 지나치게 추상적인 것으로 여기는 경향이 있다.

그러나 훌륭한 비전을 만드는 것은 어떤 순간적인 발상이나 영감을 통하여 신비스러운 것을 제시하는 것이 아니라, 어렵고도 힘든 정보수집과 정보분석의 과정을 거쳐야 한다.

따라서 비전을 명확히 제시해 주는 지도자는 조직의 환경에 대한 충분한 인식을 바탕으로 다양한 정보를 수집하여 조직에 다가올 미래상황을 미리 대처하도록 해주는 전략가여야 한다는 것이다. 비전을 제시하는 미래지향적인 조직은 비전을 설정할 때 과거나 현재의 연장선상에서 미래를 바라보지 않고 지도층과 모든 구성원들의 꿈과 의지가 반영된 구성원들이 원하는 비전을 설정한다. 이러한 비전이 설정되어야만 그 비전에 도달하기 위해 현재의 사업구조를 어떻게 혁신하고, 어떤 사업을 주력으로 하고 어떠한 사업에 참여해야 하는지, 그리고 어떻게 연결시켜야만 조직의 전체적인 입장에서 성과를 효과적으로 도출할 수 있는지를 찾아낼 수 있다.

비교적 사회복지조직에서의 사명은 확고한 신념과 의지를 반영해서 설정하지만 비전에 대해서는 명확한 개념과 그 내용을 정리하는 데 제한점을 가지고 있다. 대부분의 사회복지조직의 비전은 큰 의미로 삶의 질 향상, 모두가 행복한 사회를 만들고자 하는 것으로 대표되기 때문이다. 그렇다면 영리기업에서는 사명과 비전의 개념을 어떻게 구분하고 있을까? 최근 들어 많은 기업들은 기업의 비전을 수립하여 이를 대내외에 공표하는 등 비전에 대한 중요성을 많이 인식하고 있다. 이는 기업들이 궁극적으로 추구하는 비전의 수립을 전략수립의 첫 번째 단계로 인식하고 있다는 것을 의미한다. 기업에서는 기업의 사명에 대한 명확한 이해를 위해서 먼저 최고경영자가 바람직한 기업의 미래상을 개발하려고 한다. 결국 비전은 현재보다 더 나은 미래의 상태를 의미하는 반면 사명은 현재에 보다 초점이 주어지며 특정 시간에 구애받지 않는 개념으로 구분되는 것이다.

또한 비전은 달성되면 또다시 새로운 비전의 개발을 필요로 한다. 그러나 기업의 사명은 그것이 의미를 가지는 한 지속적으로 유지될 수 있다. 따라서 비전은 목표와 관련이 있는 반면 사명은 행동의 방식과 관련이 있다. 여기서 비전과 사명의 차이를 정리해 보면 다음과 같다.

① 비전은 일단 성취되면 그 의미를 잃는다. 따라서 더이상 조직의 방향을 제시해 주지 못하며 행동의 기준이 되지 못한다.

② 비전이 너무 추상적이거나 야심적이라면 그 달성의 가능성이 의심받게 되며 조직의 구성원들을 고양하거나 동기를 부여하는 힘을 잃게 된다.

③ 조직의 사명은 조직의 목적과 철학 및 이에 따라 요구되는 행동양식을 나타낸 것으로 시간에 구애를 받지 않고 조직의 방향성과 동기를 제공하는 원천으로 작용한다.

(3) 조직의 목표

일반적으로 사회복지조직의 사명은 매우 추상적이고 광범위하여 마케팅 전략을 수립하는 데 제대로 방향을 제시하지 못한다. 따라서 조직의 사명은 실천을 위해 구체적인 조직의 목표로 전환되어야 한다. 그러나 사회복지조직의 목표는 구체적인 목표량과 시간, 그리고 책임성과 관련하여 조직적이고 측정 가능한 형태로 설정하는 것으로, 후에 조직의 평가와 통제시스템을 통해 추적될 수 있어야 한다.

바람직한 조직의 목표가 설정되기 위해서는 다음과 같은 조건들이 갖추어져야 한다.

첫째, 수행되어야 할 조직목표는 추상적인 것에서부터 구체적인 것에 이르기까지 단계적으로 기술되어야 한다.

둘째, 조직목표는 가능한 한 계량적으로 기술되어야 한다. 계층적 구조 속의 상위에 위치한 기업목표는 계량화하기가 어렵겠지만, 가능한 한 측정 가능하도록 조직목표가 결정되는 것이 바람직하다.

셋째, 조직목표는 실현 가능한 것이어야 한다. 조직의 목표는 SWOT 분석에 의해 설정되어야 하며, 단순히 조직 책임자의 바람을 반영한 것이 되어서는 안 된다.

넷째, 조직의 목표들이 서로 상치되지 않고 일관성이 유지되어야 한다.

Philip Harvey와 Fames Snyder는 사회복지조직을 포함하고 있는 비영리조직에서는 목표를 명확하게 정의하는 것이 어려운 이유를 다음의 여섯 가지로 설명했다.

① 비영리기관 매니저들은 책임성을 두려워한다. 그들은 제한된 감시망 안에서만 활동하고 조직을 영위하기 원하기 때문에 확대지향적인 직무를 꺼린다.

② 기관에서 수행하는 프로젝트는 기관의 사명을 감당하지 못하거나 사명과 무관한 프로젝트라도 수행해야 하는 경우가 있다.

③ 비영리기관들은 기관의 영속을 위해서 자원확보 차원의 프로젝트를 무분별하게 받아들여 기관의 사명이나 비전과 무관하게 진행될 수도 있다.

④ 어떤 비영리기관의 매니저들은 관리과학이 인간적 관심을 대신할까 봐 두려워한다.

⑤ 비영리기관의 매니저들은 종종 가치 있는 것과 시급한 것을 동등하게 취급하여 사명의 방향성을 잃게 되는 경우가 있다.

⑥ 비영리기관은 그들이 추진하고 있는 사업내용에 대한 활동보고 내지는 재정보고를 최소한의 형식적으로 수행하고 있는 경우가 있다.

2) 사회복지조직의 환경 분석

〈SWOT 분석을 통한 사회복지조직 분석〉

조직의 사명과 마케팅 목표를 달성하기 위해 조직 외부·내부환경에 대한 정확한 분석이 이루어져야 한다. 외부환경은 사회제도적인 환경으로서 자원개발에 있어서는 모금과 관련된 각종 법규와 정부 정책, 경제상황 등에 관한 내용을 포함한다. 조직 내부환경은 조직의 경쟁력과 조직 내 자원을 분석하는 것을 의미한다.

조직의 내부자원을 객관적으로 고찰하여 경쟁조직들과의 상대적 강점과 약점을 찾아내고 외부환경을 고찰하여 향후 시장의 기회와 위험을 분석하는 모델을 이른바 'SWOT(Strength, Weakness, Opportunity, Threat) 분석'이라고 한다. 이러한 분석은 강점과 기회는 무엇이고 어떻게 최대한으로 활용하고 있으며, 약점과 위협에 대해서는 어떻게 대응하고 있는가를 평가하는 것을 목적으로 한다(조운희, 2004).

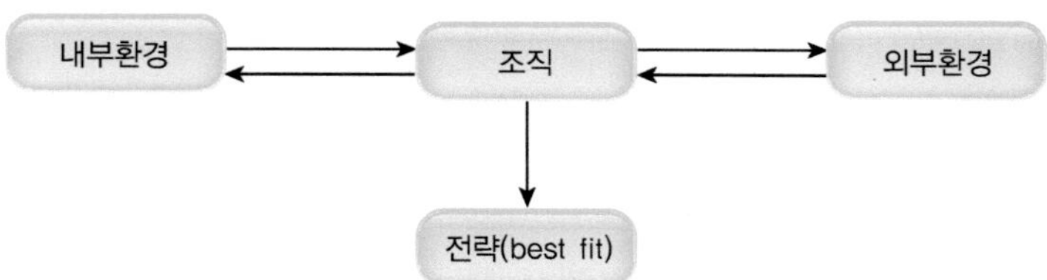

▌그림 1-5▐ SWOT모형

출처: 조운희 (2004).

Kotler(2010)은 조직의 강점과 약점 분석에 대하여 다음과 같이 기술하고 있다.

① 조직의 강점과 약점 분석하기

내부분석에서 첫 번째 측면은 조직의 강점과 약점을 철저하게 점검하는 것이다. 특히 강·약점들이 어떻게 마케팅에 영향을 미치는지를 점검하게 된다. 만약 필요한 능력을 가지고 있지 않는다면 명백하게 조직은 기회를 갖기 어려울 수 있다. 그러나 반면, 기회가 조직의 핵심역량과 잘 맞아떨어지게 된다면 그런 기회는 이상적으로 작용될 수 있다.

약점은 두 가지 형태로 나타난다. 첫째, 조직에게 허용된 한도 내에서 환경적으로나 조직적으로 제한적인 압박이 있다는 약점이 있다. 예를 들어 사회복지조직의 기부자들이 그들의 기부금으로 할 수 있는 일에 제한을 둘지도 모른다.

두 번째는 조직의 구조, 전략, 전술에 관한 약점으로 많은 사회복지조직의 지도자들은 그들의 단점이 무엇인지 잘 알지 못하는 경우가 있다. 이러한 이유로 조직의 운영은 때때로 마케팅기능을 포함하여 전체 조직에 대한 외부 감사가 중요하게 작용한다. 철저한 감사는 전형적으로 외부환경과 내부환경 모두를 포함하고, 감사는 Organizational Marketing Planning Process(OMPP)의 일환으로 사회복지환경의 내・외적 분석 둘 다 수행해야 할 주요 수단으로 여겨질 수 있다.

② 외부 위협과 기회 분석하기

마케터는 끊임없이 변하고 있는 외부환경에서 활동한다. 내부환경은 마케터들에게 무엇이 바람직하고 무엇이 허용되는지에 대해 고민하게 하고, 외부시장은 마케터에게 무엇이 가능한지를 판단할 수 있는 계기를 제공한다. 외부환경은 세 가지 요소를 가지고 있다.

㉠ 대중환경(public environment): 조직의 활동에 관심을 가지는 집단과 조직으로 구성된다. 모든 대중은 조직에게 동일하게 활동적이거나 중요하지는 않다. 조직의 활동과 정책들이 외부집단으로부터 지지나 비판을 이끌어 낼 수 있기 때문에 이 시점에서 대중들의 평가와 표현이 나타나는 것이다. [그림 1-6]은 그러한 분류를 보여 주고 있다. 한 조직은 자원전환장치(resource-conversion machine)와도 같은 구조로 보여지는데, 입력 대중(input public)이 자원을 공급하면 입력된 자원은 내부 대중(internal public)에 의해 유효한 제품과 서비스, 프로그램으로 전환되고 그렇게 변환된 것은 협력 대중(partner public)에 의해 지정된 소비 대중(consumer public)에게 전달되는 것이다.

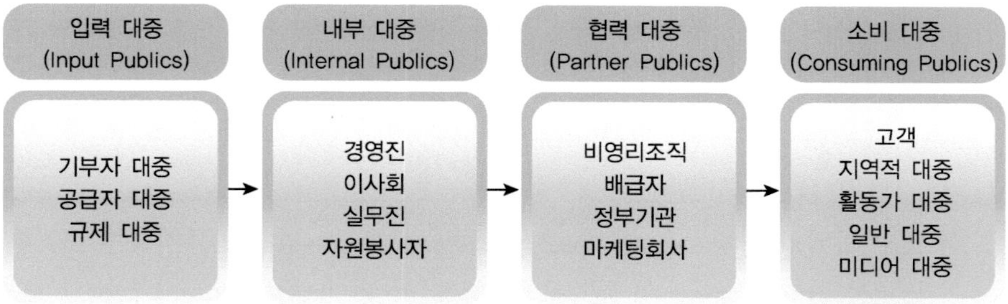

▌그림 1-6▐ 대중환경

- 입력 대중(Input Publics): 입력 대중은 주로 조직에 자원을 제공하는 기부자, 공급자와 조직의 활동을 관심 있게 지켜보는 규제 대중으로 구성된다.
- 내부 대중(Internal Publics): 효과적인 마케팅이 되려면 이러한 내부 대중들이 마케팅 정신을 이해하고 내면화시켜야 한다. 그들은 또한 마케팅 전략을 실행하도록 도와야 한다. 이것은 조직의 네 가지 주요 내부 대중 모두에게 적용된다. 네 가지란 경영진, 이사회, 스텝 그리고 자원봉사자들을 말한다.
- 협력 대중(Partner Publics): 목적들과 자원이 제한되어 있는 환경에서 성공하려면, 비영리조직은 조직의 사명을 완수하도록 돕는 협력 조직들과의 원만한 소통 구조를 지녀야 한다. 협력 조직들이란 다른 비영리조직일 수 있으며, 상업적 분배자, 정부 기관, 그리고 광고 및 마케팅 리서치 기관들일 수 있다.
- 소비 대중(Consuming Publics): 다양한 집단들은 조직의 결과에 관심을 갖고, 다양한 측면에서 마케팅 경영자가 충족시켜 주어야 할 욕구를 가지고 있다. 이 집단들은 소비자, 지역 거주자, 활동가들, 일반대중, 그리고 미디어이다.

ⓛ 경쟁환경(competitive environment): 21세기 비영리시장에서 갈수록 커지는 특징은 경쟁이 늘어난다는 것이다. 이는 사회복지조직도 마찬가지이다. 마케팅에서 성공하기 위해서 가장 중요하게 고려하고 연구 · 분석해야 할 부분이 경쟁환경이다. 경쟁은 두 가지 차원에서 중요한 의미가 있다. 첫째는 자원과 고객, 자원봉사자를 끌어들이기 위해 조직 간에 경쟁을 한다. 이런 종류의 경쟁은 조직마케팅 기획(Organizational Marketing Planning)과 가장 많은 연관성을 가지고 있다. 그

러나 그것은 또한 '행동적 차원'이라 불릴 수 있는 경쟁을 먼저 인식하는 데 중요하기도 하다. 이것은 특히 캠페인 마케팅 기획(Campaign Marketing Planning)에도 중요한 요소가 되어 자신의 조직에 호의적인 감정을 가질 수 있도록 이끄는 데 핵심이 될 수도 있다.

- 조직 차원의 경쟁(Organizational-level competition): 경쟁을 무시하는 조직은 도태되기 쉽고 환경변화에 적응하기 어려워진다. 사회복지조직에 있어서 경쟁은 두 가지 이점이 있다. 첫째, 시장에서 경쟁을 통해 고객의 주의와 미디어의 관심을 끌어오면서 시장 전체 규모의 확대를 자극할 수 있으므로 좀더 경쟁을 하게 되면, 조직은 공유할 시장을 잃게 될 수 있지만, 새로운 시장이 형성되기 때문에 조직 전체의 영향력은 더 커질 수 있다는 것이 가능하다. 경쟁이 사회복지조직에게 이득이 될 수 있는 두 번째 방법은 경쟁이 전투태세를 갖춘 마케터들의 경쟁기술을 자극할 수 있다는 것이다. 그들은 그들의 고객들의 욕구와 바람을 충족시켜 줄 수 있는 더 좋은 방법이 있는지를 주의 깊게 찾아보아야 한다. 그리고 제공, 가격, 그리고 광고가 변화할 가능성을 고려하면서 재평가와 마케팅 세부내용에 대한 지속적이고 세밀한 관심을 마케터는 지원할 수 있어야 한다.

  사회복지조직의 마케터들은 누가 그들의 경쟁자이며, 경쟁자 각자가 어떤 강점과 약점을 가지고 있는지를 반드시 파악해야 한다.

- 행동 차원의 경쟁(Behavior-level competition): 캠페인은 사람들로 하여금 주의를 끌어 뭔가 하도록 하게끔, 또는 어떤 경우에는 그 일들을 하지 못하게 하는 데 초점을 두고 있다. 이것은 대안행동이나 현상으로 표출되어야만 하는 중요한 경쟁임을 의미한다. 행동 차원에서 마케터는 표적시장을 대상으로 노력하는 가운데 네 가지 주요 경쟁자 유형과 직면할 수 있다.

  이 주요 경쟁자들의 유형은 다음과 같다.

  - 욕구경쟁자(desire competitor): 고객이 만족하길 원하는 즉각적인 다른 욕구들
  - 일반경쟁자(generic competitor): 고객의 특정 욕구를 만족시킬 수 있는 기본적인 다른 방법들

- 서비스 형태 경쟁자(service form competitor): 고객의 특정 욕구를 만족시킬 수 있는 다른 서비스 형태들
- 조직경쟁자(enterprise competitor): 고객의 특정 욕구를 만족시킬 수 있는 동일한 서비스 형태를 제공하는 다른 조직들

ⓒ 거시환경(macroenvironment): 조직적 마케팅 기획은 미래의 결과를 예측할 수 있어야 한다. 그러므로 비영리조직 마케팅 경영자들은 그들이 운영해야만 하는 세상을 창조하고 있는 광범위한 세력들을 이해하는 것이 매우 중요하다. 이런 광범위한 세력들은 인구통계학적, 경제적, 기술적, 정치적・법적, 사회적・문화적 범주로 분류될 수 있다. 예를 들어 인구통계학적이고 정치적・법적 변화추세는 사회서비스기관의 전략적 기획에 있어서 대단히 중요하다. 특히 경제적 변화추세는 사회복지조직에 매우 중요하다.

기부자 개발 가능성을 분석하기 위해 활용할 경우를 예로 살펴보면 [그림 1-7]과 같이 SWOT 분석표를 만들 수 있다.

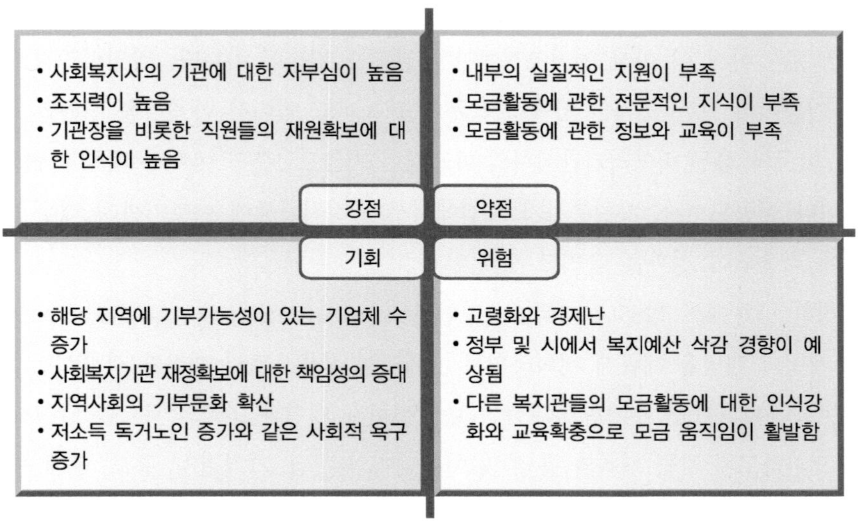

[그림 1-7] SWOT 분석을 이용한 기부자 개발가능성의 분석

출처: 조운희 (2004).

이는 조직의 직원이 일하는 환경과 자원을 파악하고자 하는 것이며, 이를 통해 조직이 취할 수 있는 전략적 방향을 도출할 수 있게 된다.

즉 전략은 사회복지조직에 대한 SWOT의 강점(Strength), 약점(Weakness), 기회(Opportunity) 및 위협(Threat)요소를 규명하여 목록화한 바를 중심으로 다음의 〈표 1-1〉 SWOT 분석표 모형에 의해서 차별화 전략을 수립할 수 있다(조운희, 2004).

▌표 1-1▌ SWOT 분석에 의한 차별화 전략

구분	강점	약점
기회	강점-기회 전략: 기회를 활용하기 위해 강점을 사용하는 공격마케팅 전략 창출	약점-기회 전략: 약점을 극복함으로써 기회를 활용하는 방향전환마케팅 전략 창출
위협	강점-위협 전략: 위협을 회피하기 위해 강점을 사용하는 다각화마케팅 전략 창출	약점-위협 전략: 위협을 회피하고 약점을 최소화하는 방어마케팅 전략 창출

출처: 조운희 (2004).

3) 마케팅 개념의 확대와 사회복지 마케팅

마케팅은 이제 더 이상 영리조직에만 국한되는 기능이 아니다. 비영리조직에도 유용한 기능이며 모든 조직은 마케팅적 문제를 지니고 있어서 마케팅을 이해할 필요가 있다. 미국의 경우 비영리기관에서의 마케팅이 기금모금뿐만 아니라 대학교, 병원, 박물관이나 공공도서관, 자원봉사자 모집에서부터 정치활동에 이르기까지 매우 다양한 분야에 적용되어 성과를 올리고 있다.

이러한 맥락에서 1985년 미국마케팅협회(American Marketing Association: AMA)에서는 마케팅의 개념을 새롭게 정의하면서 마케팅의 상품으로서 재화와 서비스로 한정하던 것에 '아이디어'를 추가하였다. 즉 "마케팅이란 개인과 조직의 목표를 달성하기 위하여 교환하고자 하는 재화와 용역 및 아이디어의 개념, 가격결정, 홍보, 분배 등을 기획하고 실행하는 과정이다."라고 정의하였다. 이러한 변화는 비영리 부문의 마케팅 활성화를 염두에 둔 것으로, 비영리 부문에서는 영리 부문의 마케팅보다는 '아이디어'의 확산과 교환에 더 많은 초점을 두어야 한다는 것을 의미한다.

조운희(2004)는 사회복지 마케팅은 사회복지조직 내외의 정보수집, 고객에게 접근하는 방법계획, 고객의 욕구를 바탕으로 한 새로운 서비스 개발, 서비스에 대한 광고, 대중과의 관계형성 전략, 기금 획득, 클라이언트를 모집하고 등록하는 활동 등을 점검할 수 있는 도구라고 하였다. 김진화(2001)는 프로그램마케팅이란 사회복지조직이 개발한 프로그램에 클라이언트들의 참여를 유도하기 위해 취해지는 여러 가지 조치를 포괄적으로 지칭하는 개념으로, 홍보・모집・광고보다는 넓은 의미를 가지며, 이는 사회복지 프로그램을 잠재적 클라이언트들에게 알려, 그들의 참여를 적극적으로 유도하고, 촉진시키는 방법에 대해 연구하고 분석하고 판단하는 포괄적 개념을 의미한다고 하면서 사회복지의 마케팅 적용에 있어서 프로그램에 초점을 두고 있다. 이는 단순히 프로그램을 알리거나 참여자를 증진시킨다는 것 이상의 개념이며, 또한 마케팅 전략을 개발하거나 수요조사나 공식적인 관계를 증진시키는 것, 혹은 홍보 포스터나 팸플릿을 만들기 위하여 홍보 전문가를 고용하는 것보다 상위의 개념이다. 이것은 대중들의 욕구를 확인하고 이를 충족시킬 수 있는 프로그램을 개발하고 실행하며, 또 그것의 성공 여부를 평가하는 모든 단계를 포함하는 매우 포괄적인 의미를 갖고 있다고 할 수 있다. 종합해 보면, 프로그램마케팅은 사회복지 프로그램을 잠재적 클라이언트에게 가장 효과적으로 어떻게 제공할 수 있느냐의 방법에 대해 연구・분석・판단하는 제반활동을 말한다(김영숙 외, 2003).

4) 사회복지 마케팅의 가치

일반적으로 마케팅은 영리 부문에서 생산물을 판매할 목적으로 제품개발, 가격결정, 분배 및 의사소통 등의 방법을 통해 구매자를 발견하고 자극하는 기능으로 간주되어 왔다. 전통적으로 영리기업의 이윤추구에 관련되어 왔던 마케팅 개념이 비영리조직으로까지 확대된 것은 1960년대 이후 미국의 비영리조직들이 비용 상승과 수익 감소로 심한 어려움을 경험하게 되면서부터이다. 예를 들어, 사립대학이 학생 부족으로 문을 닫는가 하면, 병원 이용률이 감소하고, 교회 신자들의 출석률이 떨어지고, 과거 크게 성장하던 YMCA와 같은 비영리단체들의 회원이 급속히 감소하면서 비영리조직의 위기를 극복하기 위한 최적의 대안으로 마케팅 전략의 필요성이 대두되었다(Drucker, 1990).

이와 같은 현상은 사회복지조직도 예외는 아니어서 서비스의 비용효과성에 대한 관심의 증가와 책임성 확보가 강조되기 시작했다. 1970년대 중반 이후 복지국가가 위기 상황을 맞이하면서 사회복지행정에 있어 경제적 운영원칙의 기본원리가 무시되는 사항들이 지적되었다. 특히 합리적인 결정을 위한 자료와 정보가 결여되었거나 그것을 수집하고 적용하는 데 필요한 전문기술이 부족함을 드러냈다.

사실상 사회복지기관에서 재정확보를 위한 전략으로 마케팅기법이 도입된 것은 최근의 일이다. 사회복지기관들이 후원자를 개발하기 위해 처음 사용한 기법은 구걸하기(begging)인데, 이는 사회복지대상자의 참혹한 상황을 소개하고 동정심을 유발하여 기부금을 제공받는 방식으로 이루어졌다. 그러나 이는 사회복지대상자의 인권이나 복지권을 고려할 때 비인도적 방식이라는 비판과 함께 최근에는 그다지 사용되지 않는 방법이다. 다음은 기부자집단으로부터 수금(collection)하는 방식이 있다. 이는 모금의 안정성을 확보하기 위해 아직도 많은 기관에서 사용되고 있는 방식인데, 기부금의 반강제성의 문제가 제기될 수 있다. 따라서 캠페인을 통해 기부자들이 자발적으로 모금에 참여할 수 있는 방안들이 중요하다는 것이 제안되어 사용되었다. 그러나 실제에 있어서는 기부자들의 참여가 미진하여 철저한 계획에 의한 기부자 개발의 필요성이 대두됨에 따라 마케팅기법이 필요하게 되었다.

이러한 사회복지 마케팅의 가치는 고객들의 만족수준을 향상시켜 줄 수 있으며, 비영리조직에게 자원의 유입을 지원할 수 있다. 또한 마케팅에 대한 전문적인 접근을 채택하는 것은 조직이 특유의 능력을 규정하는 데 도움을 주며, 활동할 수 있는 범주 내에서 조직의 준거틀을 제공해 준다.

사회복지의 비영리마케팅도 새로운 기부자 관리를 위한 모금방법의 개발 등 아이디어의 확산과 기부자, 클라이언트와의 원활한 교환을 통해 모금을 확대할 수 있다. 영리기업에서 고객의 만족을 위해 품질 좋은 물건과 사후관리 및 서비스를 제공하듯이 사회복지조직에서도 기부자의 만족과 보람을 위한 서비스를 제공해야 한다. 사회복지조직에 있어 재정확보를 위한 모금활동의 가장 최상의 서비스는 기부자와의 교환을 통해 기부자가 신뢰와 가치를 느끼도록 하는 데 있다.

사회복지기관은 비영리 또는 이타주의적 성향이 강하므로 사회복지기관의 마케팅은 윤리 부문에 있어서 상업적 마케팅보다는 높은 수준의 윤리성을 기대하고 있다. 마케팅의 이념이나 목적이 윤리적 기준을 넘어서는 안 되며, 사회복지조직이 조직에서 필요한 자원봉사자를 모집하고 더 많은 기부자를 개발하기 위한 마케팅에 있어서 강요를 하거나 불충분한 정보로 교환이 이루어져서는 안 된다(권육상 외, 2004).

Chapter

02 사회복지환경과 마케팅

- 1. 사회복지환경의 변화와 마케팅
- 2. 사회복지조직의 자원개발과 마케팅

Chapter 02

사회복지환경과 마케팅

오랜 기간 동안 비영리조직과 정부기관은 마케팅에 무지하였으며 이에 대해 거부감을 가졌다. 그러나 오늘날에는 사회 부문(social sector)에서의 마케팅이라는 개념에 대한 수용이 확대되고 있다. 최근 우리는 언론을 통해 일부 공직사회에서 마케팅에서 경쟁우위를 가지고 있는 호텔이나 제조업체의 마케팅 관리자나 영업사원을 초청하여 고객만족 증대방법에 관한 강의를 듣고 고객서비스기법을 실습한다는 기사를 자주 접하게 된다. 또한 사회복지관에서도 자원개발팀을 별도의 부서로 편성하여, 부족한 자원을 확충하기 위한 모금과 홍보에 주력하고 있다는 것을 알 수 있다. 지금까지 영리기업이 주로 사용해 온 마케팅기법은 정부기관, 사회복지조직, 박물관 등과 같은 비영리조직에서도 적용될 수 있다는 것이다. 여기서는 비영리조직으로서의 사회복지조직의 환경변화를 살펴보고, 환경변화에 따라 자원개발 및 관리의 필요성을 설명하고자 한다. 아울러 사회복지조직이 활용할 수 있는 마케팅도구들을 통한 자원개발 전략도 함께 살펴보도록 한다.

1 사회복지환경의 변화와 마케팅

과거 산업사회는 기업의 영리추구를 목적으로 물질주의의 확산을 야기했다. 이러한 영리조직의 생산품은 과학기술의 발전과 함께 삶을 편리하게 만들었지만, 다양한 사회적인 병폐를 낳기도 했다. 지나친 물질주의는 환경을 오염시키고, 빈익빈 부익부의 현상을 낳았으며, 비인간화를 만들어 내기도 했다. 또한 정부의 정경유착과 관료주의의 폐단으로 인해 부정부패가 만연하고, 정부는 급격하게 변화하는 사회 속에서 국민들의 사회, 경제, 문화적인 욕구에 부응하지 못하였다. 이에 도덕적인 측면에 대한 각성과 함께 이러한 사회문제를 해결하고 변화를 이끌고자 비영리조직이 탄생하고 활성화되기 시작하였다. 이처럼 비영리조직이란 영리추구를 위한 목적으로 설립된 조직이 아니라, 공익의 실현을 최우선 과제로 삼고 설립・운영되는 조직을 말한다. 이러한 비영리조직은 사회의 일반적인 개선과 계몽을 위해 존재하기 때문에 사회를 유지발전시키는 데 매우 중요한 역할을 담당한다.

비영리조직으로서 사회복지조직은 사회구성원들의 다양한 욕구와 문제해결을 돕고자 휴먼서비스를 제공한다. 이를 위해서 사회복지조직은 자원을 동원하고, 이를 개발하며, 자발적인 구성원들의 참여를 통해 삶의 질을 향상하고자 노력해야 한다. 사회복지조직의 중요성은 강조되고, 사회구성원들의 서비스 욕구도 증대되고 있는 상황에서 지금 현재의 제한된 자원으로는 사회복지기관들이 안정적인 환경에서 운영되기에는 상당한 어려움이 예상된다. 이러한 사회복지서비스에 대한 책임성과 효과성, 효율성을 묻는 사회의 요구에 부응하기 위해서는 사회복지조직 스스로 변화해야 한다.

따라서 이 장에서는 사회복지조직의 내・외부적 환경변화요인과 환경변화에 대해서 살펴보고 이러한 환경변화에 따른 사회복지조직 마케팅의 전망을 살펴보고자 한다.

1) 환경과 조직 간 관계

환경이란 조직이 생존하기 위해 제반활동을 수행하는 과정에서 동원해야만 하는 일련의 자원임과 동시에 서비스 목적을 구체적으로 규정하는 데 있어 조직이 적응해야만 하는 일련의 제약들이다(성규탁 역, 1985). 조직과 환경은 각각의 변화에 따라 기존의 상태가 영향을 받는다는 점에서 상호의존적인 관계에 있으며, 특히 조직은 일반 환경은 물론이고 직접적인 관계를 맺고 있는 과업환경으로부터 조직의 생존을 위협받을 수도 있는 조건에 직면하기도 한다. 그러므로 조직과 환경에 관한 개방 체계적 관점이 지배적인 오늘날과 같은 복잡하고 예측이 어려운 환경변화 속에서 조직이 유지, 발전하기 위해서는 환경의 변화에 적응하고 능동적으로 대처해 나가는 것이 매우 중요하다. 환경변화에 적응하고 변화로 인한 불확실성을 감소하기 위한 환경에 관한 연구들 중에서 대다수가 '조직이 구체적으로 상호교류를 갖고 있는 조직과 개인'이라고 정의되는 구체적 환경(specific environment) 내에서의 관계에 관심을 두고 있다. 그중에서도 개인이 조직에 미치는 영향보다는 조직이 다른 조직에 중요한 영향을 미치므로 조직 간 관계(organizational relation)에 더욱 초점을 맞추고 있다(오석홍, 1990).

Merritt와 Neugeboren(1991)은 조직 간 관계와 관련된 결정에 중요하게 영향을 미치는 요인들에 대해 연구하였다. 이러한 연구에 전제가 되었던 것은 정부가 운영하는 대규모 기관에서 지역사회 중심의 소규모 기관들로 바뀌게 되자 새로운 의사결정구조, 정책과정에서의 새로운 행위자 그리고 새로운 서비스 등이 요구되는 상황이 발생했다는 것이다. 이 연구에서 그들은 기존의 조직 간 관계의 중요성과 이에 영향을 미쳤던 지역사회에 대한 지식, 대중의 인식, 재정적 능력 그리고 관리능력 등이 새로운 조직

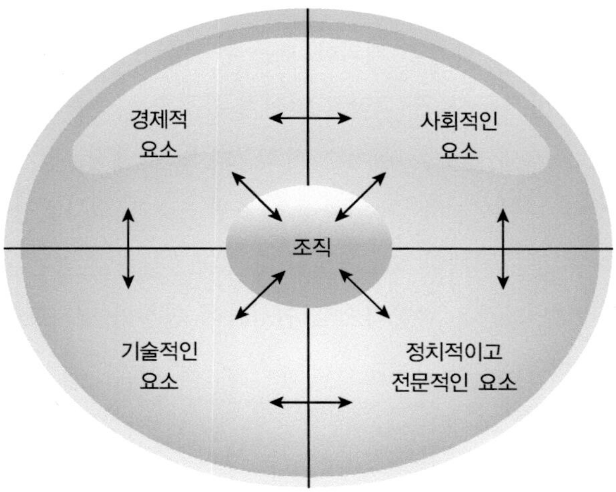

▌그림 2-1▌ 조직환경에 영향을 미치는 요소들

출처: Kettner, P. E. (2002).

간 관계에도 유의미한 영향을 미친다고 하였다. 특히, 모든 조직들은 필요한 만큼의 자원을 소유하지 못하고 있으며 그 자원은 조직간 교환관계를 통해 획득하고 있다고 하였다.

Kettner(2002)는 체계적인 관점에서 사회복지조직을 재조명하면서 조직환경에 미치는 영향을 경제적 요소, 사회적 요소, 기술적인 요소, 정치적이고 전문적인 요소로 분석하였다. 이러한 환경요소들은 조직을 통해 서로 간에 상호작용하고 있다.

이상의 논의를 통해, 조직과 자원은 상호의존적인 관계에 있으며 특히, 현대에 이르러 조직의 유지 및 발전에 직접적인 영향을 미치는 구체적 환경에 적응하고 대처하기 위해서는 성공적인 조직 간의 관계가 매우 중요함을 알 수 있다.

2) 조직의 내부환경과 외부환경

조직체의 환경은 크게 내부환경(internal environment)과 외부환경(external environment)으로 구분한다. 내부환경은 조직체의 구조, 방침, 기술 등 공식적 요소를 비롯하여 조직 내에서 실제로 일어나고 있는 자생적 상황을 의미하며 조직분위기 또는 조직문화를 말한다. 외부환경은 내부환경을 제외한 모든 환경을 뜻하는데 조직의 연구방법과 관점에 따라서 일반환경, 과업환경 그리고 인식적 환경으로 분류할 수 있다. 일반환경은 사회 내의 모든 조직에 영향을 미치는 사회문화적, 경제적, 정치적, 법적, 기술적 그리고 기타환경으로 나누어진다. 과업환경은 개별조직의 의사결정이나 전환과정에 직접 영향을 미칠 수 있는 구체적 요소들로서 다른 조직들도 과업환경에 속한다. 인식적 환경은 조직이 처한 환경을 종합적으로 인식하여 환경의 변화도와 복잡성을 중심으로 분류하는 방법이다(유종해, 1987).

(1) 외부환경의 변화요인

1990년대에 들어서면서 우리 사회는 시장과 기술의 예측할 수 없을 만큼 급격한 변화와 함께 조직간 경쟁의 심화, 고객욕구의 다양화, 정보기술의 발달, 가격과 품질경쟁에서 서비스와 시간경쟁으로의 전환 등 급격한 변화를 초래하고 있다(송상호 외, 1997).

▌표 2-1▌ 외부환경의 변화

외부환경의 변화	핵심적 성공요인	요구되는 조직의 특성
• 급격한 기술변화 • 이용자 욕구의 다양화 • 치열한 시장경쟁 • 정보기술의 발달 • 경쟁우위요인의 변화 (원가/품질 → 서비스/시간)	• 창의적 문제해결능력 • 신속한 대응력 • 지식능력 • 풍부한 정보처리능력 • 위기관리능력 • 네트워크 관리능력	• 자율적이고 유연한 조직 • 낮은 계층구조 • 정보의 공유 • 지속적인 학습능력 • 긴장감과 도전의식 부여 • 조직간 네트워크 관리

(2) 내부환경의 변화요인

조직의 내부환경도 수직적 관계를 중시하던 전통적인 가치관은 붕괴되고, 개인의 개성과 자율성과 일과 근로생활의 질(quality of working life: QWL)의 의미를 중시하는 풍토, 수평적 · 인간적 관계를 추구하는 세대들이 새로운 주역으로 등장하였다. 또한 조직규모의 확대에 따른 관료화와 병리현상의 심화, 조직의 팽창과 일반관리비의 증대 등이 조직성장에 있어서 최대의 장애물로 인식되기 시작하였다(송상호 외, 1997).

▌표 2-2▌ 내부환경의 변화

내부환경의 변화	핵심적인 성공요인	요구되는 조직 특성
• 전통적 유교가치관의 붕괴 • 개성화 시대 • 관료주의 메커니즘에 따른 조직병리현상의 심화 • 노동의 질 추구 • 조직의 대규모화와 일반관리비 증대 • 민주적 조직관리	• 개인의 창의성 • 변화관리능력 • 높은 수준의 개인참여 • 분권화 • 임파워먼트	• 요구되는 조직 특성 • 유연한 조직 • 다기능화(多技能化) • 자기관리조직 • 조직의 슬림화 (계층단축) 감원

3) 사회복지조직의 환경변화와 마케팅 필요성

사회복지조직의 환경변화는 보다 거시적인 차원에서 사회전반적인 변화 중 직접적인 영향을 주는 변화요인과 사회복지조직에 직접적인 영향을 미치는 미시적인 차원에서의 요인으로 나누어 살펴보고자 한다.

(1) 사회 전반적인 변화와 비영리마케팅의 확산

① 정보통신의 발전과 사이버공간의 생활화

최근에 비약적으로 발전하고 있는 정보통신기술은 인간의 삶의 공간을 보다 확대시키고 지리적인 제약을 뛰어넘어 새로운 공동체의 형성을 가능하게 하고 있다. 정보화 사회에서는 더 이상 지리적 영역이 공동체 존립을 위한 충분조건이 아닌 것이다.

사이버공간상의 홈페이지, 쇼핑, 소셜네트워크, 커뮤니티의 형성, 사이버범죄 등 현실상황에서 일어나는 것과 유사한 상황들이 광케이블에 의해 확산과 전달이 이루어지고 있다. 이러한 사이버공간은 공간적 제약을 뛰어넘어 새로운 만남을 창출하고, 사람들의 삶의 방식을 혁신적으로 바꾸어 가고 있다. 기술이 사회를 바꾸는 정도에 있어서는 차이가 있지만, 이러한 정보통신기술의 발달은 사회복지의 행태에 상당한 변화를 요구하고 있다.

② 경기침체와 노동시장의 불안정으로 인한 실업률 증가

한국경제뿐 아니라 세계경제의 흐름을 코포라티즘 경제정책을 통해 노동과 관계해서는 '노동시장의 유연화' 경향을 중점적으로 살펴보아야 한다. 노동시장의 유연화란 조직이 이윤을 추구하는 활동을 위한 온갖 장벽들은 모두 무너지고 있는 환경에서 소위 효율과 비용 감소를 지향하는 구조조정으로 인해 노동자의 고용이 불안해지고, 노동 강도는 높아지고, 임금은 낮아지는 현상을 말한다. 언제 어느 때든, 어느 곳이든 자본가가 원하는 곳에서 원하는 임금으로 아무 때나 고용할 수 있도록 만들어진 상태로 이는 지속적인 실업률 증가와 더불어 비정규직, 계약직, 파트타이머들이 증가하고 있는 고용 불안의 추세로 발전하므로 노동자의 삶의 질은 보장되기 어렵고, 경제적 어려움을 겪는 계층은 더욱 많아지게 된다. 이러한 실업률 증가는 사회복지서비스의 수요와 행태를 변화시킨다. 실직자들의 경제적 어려움에 따라 가정불화, 가족해체, 아동양육문제, 아동·청소년의 정서적인 문제 등을 야기하게 되고 사회복지조직도 이들을 위한 전략적인 마케팅의 도입이 필요한 것이다.

(2) 사회복지계의 세부적인 변화와 마케팅의 확산

① 사회복지조직의 책임성과 전문성에 대한 요구 증대

사회복지조직에 대한 민간자원의 지원이 증가하고 있음에도 불구하고 효과성을 제시할 수 있는 객관적인 증거를 성공적으로 확보하고 있지 못하고 있기 때문에 책임성 논쟁이 계속되고 있다. 따라서 이러한 책임성의 문제를 해결하기 위해서는 행정적인 차원에서 수행성과(perfomance), 법규의 준수성(compliance), 직원의 자질 등에 대한 정확한 관리가 요구된다(Andreasen A. R., & Kotler, P., 2003). 실제로 이러한 관리를 통해 행정의 효과성을 높이는 경우 책임성에 관한 논란의 소지는 줄어들고 조직의 성과도 높아지게 된다. 이는 자연적으로 사회복지조직에 대한 사회적 신뢰를 높이게 되고, 그 사회복지사들의 전문직에 대한 위신을 높여 주며, 사회적인 후원이나 지지도 향상시키게 될 것이다. 재정적인 지원을 하는 정부에서는 「사회복지사업시행규칙」 제27조에서 3년마다 1회 이상 종사자의 전문성, 시설환경, 서비스의 만족도 등에 대해 평가하도록 규정하고, 사회복지시설에 대한 전면적인 평가를 실시하고 있다. 이에 따른 책임성을 고려한 행정적인 기능이 증가하고 있으며, 프로그램에 대한 지원금을 받을 시에도 사업에 대한 적절성, 창조성, 효과성 및 효율성에 관한 평가를 실시하고 있다. 이는 앞으로 더욱 강화될 것이다. 이제 서비스대상자의 욕구와 특성에 적합한 프로그램을 개발해야 한다는 시대적 요청에 부응하지 못할 때에는 사회복지조직의 존립에 필요한 자원을 동원할 수 없다는 긴박감 속에서 서비스 운영의 효율성이라는 전문화의 노력이 절실히 요청된다.

② 비시장의 압력과 경쟁

사회복지조직과 같은 비영리조직은 비시장적 압력과 경쟁을 해야만 한다. 정치적, 경제적, 사회적 여건에 따라 매해마다 급진적으로 달라질 수 있다. 자체적인 자생능력을 강구하지 않는다면 살아남기 어려우며, 기관의 이념과 가치와 맞지 않더라도 기금제공자의 압력에 의해 클라이언트 집단의 초점이 달라질 수도 있다.

③ 사회복지서비스의 민영화 경향

인간의 삶에 국가의 역할과 더불어 시장과 시민사회의 기능을 강조하는 변화가 일어나면서 사회복지계에도 민간위탁이 더욱 많아지고 있다. 따라서 민간 사회복지조직들은 주민들의 복지수요에 대한 진단을 통해 주민들의 삶의 질을 높이기 위한 배전의 노력을 해야 한다. 또한 최근 정부는 위탁을 받은 법인들을 대상으로 지원된 막대한 정부의 재원이 효과적이고 효율적으로 사용되었는지 관심을 갖게 되었으며 따라서 체계적인 사회복지조직평가를 통해 사회복지조직 사업에 대한 정부지원의 타당성을 검증하지 않을 수 없게 되었다.

④ 이용권(voucher) 제도의 도입

사회복지계의 민간자원을 동원하고 이용자의 권한을 강화시키기 위한 전략으로 이용권 제도의 도입에 대한 법적 근거를 마련하고 시행 중에 있다. 이 제도는 기존의 사회복지시설에 보조금 형식으로 지원되었던 정부의 지원금을 수급자들에게 이용권의 형식으로 지급하고, 시설들은 이용권을 상환받아 재정을 충당하게 된다. 수급자의 입장에서는 서비스에 대한 선택의 자유가 주어지지만, 서비스공급자인 시설의 입장에서는 치열한 경쟁을 해야 하는 상황이 발생한 것이다.

(3) 사회복지조직의 환경변화에 따른 마케팅 전망

① 고객만족에 입각한 클라이언트들의 다차원적인 지지체계 확립

고객중심 마케팅 철학은 기업의 입장에선 경영철학과 대조적으로 고객의 입장에 서

서 기업과 관련된 여러 가지 활동을 전개해 나가고자 하는 고객중심 마케팅관리 철학이다. 사회복지조직의 가치도 클라이언트의 입장에서 조직의 미션과 철학에 입각하여 여러 가지 활동을 전개해 나간다. 고객중심 마케팅 철학에 입각하면, 클라이언트들이 가진 문제를 해결하여 만족을 얻는 것을 목표로 한다. 다차원적인 욕구를 가진 클라이언트를 위한 지지체계를 확보하고, 사회복지의 핵심 이론인 '환경 속에 인간'의 관점을 마케팅 철학에 접목시킬 때, 사회복지조직은 삶의 질 향상이라는 거시적인 목표에 더 가까이 접근할 수 있을 것이다.

이에 따라 4장에서 언급되는 사회복지조직의 고객관계마케팅(CRM)을 활용한 주민들의 요구와 욕구를 파악하고, 시장조사를 실시하면서 고객지향 마케팅기법이 필요할 것이다. 이러한 고객지향 마케팅과 함께 최근 정보통신의 발달과 인터넷사용의 보편화에 따라 주목받고 있는 비영리마케팅의 기법으로서 e-CRM의 도입을 말할 수 있다. 현 시장에서 지배적으로 채택되는 용어는 바로 CRM(Customer Relationship Management: 고객관계관리)이며 e-CRM은 이러한 고객과의 관계관리를 위해 마케팅을 변혁시키고 전반적인 비즈니스모델을 재편하고 있다. e-CRM은 인터넷을 중심으로 자리 잡은 CRM으로 비용이 적고 개인화 기능이 뛰어난 인터넷에 고객과의 커뮤니케이션을 가능한 한 집중시킨 것이다. e-CRM은 인터넷이라는 시스템화된 무인채널을 주요 채널로 하고, 콜센터 등의 유인채널을 보조적 채널로 두어 고객과의 커뮤니케이션을 인터넷으로 집중시킨다는 기법이다(이경희 · 이소영, 2000). 서비스의 지원 형태, 모금 형태, 행정 업무 등 사회복지 전 분야에 정보통신이 밀접하게 관련되어 있으며, 새로운 개입전략들을 개발함에 따라 고객들의 관리와 지속화를 위한 e-CRM은 더욱더 확산될 것으로 전망된다.

② 사회복지조직의 서비스 제공에 있어 전략적 마케팅기법의 확대

비영리조직의 마케팅 전략은 모금활동에 국한될 뿐 아니라 서비스를 제공함에 있어서도 유용하게 사용할 수 있다. 앞서 살펴본 사회복지조직의 거시적인 환경변화로서 실업의 증가에 따른 전략적 접근을 통한 서비스의 제공을 예로 들어 살펴보면, 먼저 조직의 사명, 즉 기관의 존재 이유나 업무 등이 이러한 실업문제와 관련한 업무와 같

은 방향을 가지고 있는지 분명하게 인식하고, 기관의 목적에 따른 목적달성방법을 명확히 하고, 시장과 고객에 대한 마케팅조사와 내・외부 환경 분석, 마케팅 목표와 마케팅믹스를 활용한 전략의 구성에서 실행, 평가작업에 이른 활동을 적용해 봄으로써 단순한 프로그램의 계획의 과정에서 벗어나 보다 전략적인 마케팅기법을 도입하는 것이다.

이러한 사회복지조직의 마케팅은 조직의 효과성과 효율성을 증진시킬 수 있는 수단이 될 것이다. 아울러 영리조직의 제품과 서비스를 마케팅하는 데 효과적으로 적용되어 왔던 도구와 개념 및 모델들이 사회복지조직의 클라이언트와 서비스를 위해 점차 적용 확대될 수 있을 것이다.

2 사회복지조직의 자원개발과 마케팅

비영리마케팅은 비영리단체와 정부기관들이 아이디어 및 사회적 이슈의 촉진을 위해 수행하는 마케팅활동으로서 이는 교육, 건강, 종교와 같은 무형적 서비스에 적용될 수도 있고, 화재예방, 안전벨트 착용, 범죄예방 캠페인등과 같은 아이디어의 촉진에도 사용될 수 있다. 영리를 추구하는 서비스기업과 마찬가지로 비영리조직들도 최근 들어서야 마케팅이 이해관계집단에 영향을 미치는 데 큰 도움이 된다는 것을 인식하고 있다. 과거에는 많은 사회복지조직들이 클라이언트의 욕구에 부응하기보다는 정해진 재원 안에서 서비스를 제공하기에 급급하였는데, 이는 대부분의 수입이 헌금, 기부금, 보조금에 의존하였기 때문이다. 이러한 사회복지조직의 자원 부족은 불충분한 시설과 낮은 수준의 서비스 제공에 한계를 갖게 한다.

그러나 최근 들어 이러한 전통적 관점이 변하기 시작하였다. 클라이언트 욕구의 다양화와 개별적인 접근, 기금확보의 어려움에 따라 사회복지기관들은 다양한 수입원들의 유인과 기관의 자원개발 및 관리를 위해 마케팅기법을 사용하게 된 것이다.

시대흐름의 대세에 따라 사회복지조직은 불확실한 환경에 대응하고, 조직의 발전을 꾀하기 위해서 개혁지향적이고 전략적인 변화를 향한 노력들이 요구된다. 이러한 노력의 일환으로 사회복지조직에 마케팅적 사고의 도입이 필요한 것이다.

1) 자원개발 및 관리의 필요성

(1) 공급주체의 다원화를 통한 예산확보

IMF 위기극복과정에서의 빈익빈 부익부의 현상이 심화됨에 따라 소외계층의 상대적 박탈감이 사회 전반에 확산되고 있으며, 이에 따른 사회복지 부문에 대한 욕구는 날로 확대되고 있는 실정이다. 이와 같이 급증하는 복지수요의 해결에 있어서 가장 핵심적인 제약요인은 복지재원의 조달문제인데 정부의 복지예산 상승수준은 급증하는 복지수요를 충족시키기에는 역부족인 상황이어서 민간 복지재원 조달의 활성화가 매우 시급한 상황이다. 사회복지조직도 단순한 관·민 파트너십에 의한 공공재 공동생산의 거점이라는 측면에서 보다 강화되어야 한다. 공공재를 국가가 독점적으로 생산 공급하던 복지국가체계는 이미 한계에 도달했으며, 서비스의 생산 공급주체의 다원화가 요구되는 오늘날에 있어 기업과 개인을 비롯한 다양한 자원전달체계를 구축하고, 종교 및 시민단체를 포함한 민간 사회복지자원의 협력 및 활용 방안도 강구해야 한다.

(2) 풀뿌리 기부문화 확산과 사회복지 참여의식 확대

사회복지조직에 마케팅과 자원관리는 기부의 양적·질적 확대와 함께 기부대상자들을 다원화하고 다양한 재원을 획득함으로써 궁극적으로 사회구성원들의 삶의 질을 향상하기 위함이다. 이를 위해서는 적은 금액이라 할지라도 국민 모두의 참여 방안을 마련하여 보다 적극적인 자세로서 복지 향상에 기여할 수 있는 환경을 마련해야 한다.

사회복지조직은 지금껏 수동적인 자세로서의 한정된 자원조달방식을 탈피하고 보다 전략적인 자원의 개발과 관리가 필요한 시점에 와 있다. 국민 모두를 위한 복지를 위해서는 국민 모두의 참여가 필요하다. 교환의 원칙에 근거한 마케팅은 비용을 지불함으로써 그에 대한 이익을 주는데, 비용(cost)과 어떠한 상품을 통한 이익(benefit)의 기본적인 구조에 사회적 정서적인 요소를 추가함으로써 이윤을 극대화시킬 수 있는 것이 사회복지 마케팅인 것이다. 따라서 마케팅 요소를 사회복지의 특성에 부합시켜 전략적인 접근을 시도한다면, 기존의 수동적이고 한정된 자원을 통해 제공되던 서비스의 한계를 극복하고 사회구성원들의 복지 마인드와 참여의식의 확대를 꾀할 수 있을 것이다.

(3) 조직의 효율성과 효과성 확보

사회복지조직은 인간을 대상으로 한 서비스를 제공하기에 평가측정이 어렵고 효과성과 효율성을 증명하기가 어렵다. 이에 따른 사회복지조직에 대한 비난과 비판의 목소리가 높아지고 있으며, 평가도구의 개발과 자원관리의 투명성에 대한 요구가 증가하고 있다. 지금까지 주먹구구식이었던 행정・경영에 마케팅 요소를 도입함으로써, 표적집단 분석을 통해 집중적이고 전략적인 서비스를 제공하여 효과성을 높일 수 있다. 아울러 유용한 자원을 개발・관리함으로써 서비스의 중복과 낭비를 막고 보다 효율적인 운영이 가능하게 될 것이다.

(4) 복지국가 위기에 따른 대책

최근 우리나라의 경제가 불안정하다고 걱정하는 계층이 늘고 있다. 제2의 IMF라고 일컬어지는 국제 금융위기를 거치면서 지금의 경제상황은 IMF와는 다른 성격의 양상을 보이고 있다. 즉, 외환위기가 아닌 경기침체와 함께 고물가와 인플레이션이 겹치는 소위 스태그플레이션(stagflation)이 우리 경제를 위협하고 있다. 유럽발 경제위기가 사회분위기를 위축시키고 있는 가운데 사회복지제도도 어려운 시기에 대한 대응마련으로 부심하고 있다. 서구 사회에서 정부보조금에 의존했던 모든 민간 사회복지시설들은 심각한 재정적인 어려움을 겪었고, 많은 사회복지사들이 실직을 당했다. 우리나라의 경우, 아직 복지국가로서의 면모가 성숙되지 않은 상황에서 정부의 지원이 축소되는 복지 위기를 맞게 되면 우리의 민간 사회복지계는 서구 복지국가 위기 때보다 훨씬 큰 고통을 감수해야 할지도 모른다. 이러한 위기가 우리 사회에 닥치지 않기를 간절히 바라지만, 한편으로는 서구 복지국가 위기를 거울삼아 사전에 대책을 세울 필요가 있다. 따라서 복지국가 위기에 따른 대책의 하나로 사회복지조직이 기금 출처를 다원화하고, 자원을 개발하고 관리하는 방안을 확보해야 한다.

2) 자원개발을 위한 마케팅 활용

〈비영리조직으로서의 사회복지조직 마케팅의 특성〉

비영리조직의 마케팅은 그 목적과 내용이 가치지향적 마케팅이 되어야 한다. 가치지향적인 비영리조직 마케팅의 특성은 다음과 같으며, 사회복지기관 역시 마케팅 전략과 클라이언트의 욕구를 분석할 때 비영리조직의 특성을 고려해야 한다.

① 사회복지조직은 복수의 이해집단(multiple publics)들과 교환관계를 형성해야 한다. Kotler(2010)에서는 이들 복수의 이해집단을 네 가지로 구분하였다.

- 자원을 공급하는 후원자그룹(donor, supplier)
  예) 기부자로서 기업, 시민, 재단, 모금회
- 자원을 유용한 상품이나 서비스로 변환시키는 내부그룹(staff)
  예) 자원관리 및 개발자로서의 사회복지사
- 상품이나 서비스를 전달하는 그룹(agent, facilitator)
  예) 사회복지기관
- 공급받은 상품이나 서비스를 사용하는 그룹(client)
  예) 클라이언트

예를 들어 공동모금회는 기부자의 기금을 유인하기 위해 DM작업, 모금캠페인을 사용하고, 모여진 기금을 이용하여 각 복지관에 프로그램을 신청받아 프로그램비를 지원해 주거나, 저소득가정을 표적으로 위기지원사업을 실행한다.

② 사회복지조직은 이익과 무관한 복수의 목표들(multiple nonprofit objectives)을 갖는다. 영리기업은 최대의 이익을 실현하는 마케팅 프로그램을 선택할 수 있지만 측정하기 어려운 복수의 목표를 가진 사회복지조직의 경우 마케팅 프로그램에 대안들에 대해 평가가 쉽지 않을 수 있다. 최근 사회복지기관에 기탁이나 기부 시에 정해진 대상자들에게 정해진 물품을 기탁하는 이른바 지정기탁의 형태가 많이 대두되고 있다. 이 경우 기탁자의 목표와 클라이언트의 목표, 기관의 목표가 상충되면서 문제를 야기할 수 있는데 클라이언트의 만족 극대화, 혹은 기탁자의 기부 선호, 보다 많은 자원의 확보 중 어느 것을 목표로 하느냐에 의해 영향을 받을 수 있으며 이를 조정할 수 있어야 한다.

③ 사회복지조직 마케팅은 다양한 그룹의 초점을 받게 된다. 정부, 일반 시민, 시민단체, 전문가그룹 등 여러 분야 다양한 그룹들이 사회복지조직의 모금액수, 모금방법, 모금원, 모금비용, 사용내역 등에 대하여 관심을 갖고 주시하게 된다. 사회복지조직은 이들 모든 그룹들로부터 투명성과 신뢰성을 얻을 수 있는 마케팅을 실시해야만 한다. 사회복지관의 '자원 출처'도 매우 다양하다. 사회복지관에서는 정부의 보조금, 기업의 후원금, 공동모금회 지원금, 지역후원금, 이용료 등 다양한 그룹으로부터 재원을 마련하고 있기 때문에 언제나 이들 그룹으로부터 관심의 대상이 된다는 것을 인식하고 있어야 한다.

④ 사회복지조직은 영리기업에 비해 정부, 로비스트 혹은 기타 민간 시민단체에 의해 많은 압력을 받는다. 사회복지조직도 순수 민간 형태보다는 관·민 혼합형태가 많으므로 서비스를 결정하고, 클라이언트와 조직의 욕구를 충족하기 위한 다양한 활동을 전개할 때 정부기관으로부터 압력을 받기도 한다.

⑤ 사회복지조직은 유형제품 제조업체와 영리서비스기업에 비해 모호성이 높고 유형성의 정도가 낮은 서비스상품을 제공한다. 클라이언트에 대한 서비스중심으로 만질 수 없으며 축적이 힘들고 서비스의 공급과 소비가 동시에 일어나는 상호성을 갖고 있다. 특히 사람을 대상으로한 변화를 목표로 하므로 그 결과를 정확하게 측정하기 어렵다. 따라서 사회복지관에서는 이러한 점을 충분히 고려하여 서비스평가를 위한 측정도구를 개발해야 한다.

3) 마케팅이 사회복지조직에 주는 이점들

① 마케팅은 고객들의 만족수준을 향상시킬 수 있다. 사회복지조직을 이용하는 대상자들의 다양한 특성을 고려하여 클라이언트들의 요구사항을 정교하게 정의하는 기획과정부터 마케팅 개념을 도입한다면, 클라이언트의 만족수준은 높아질 것이다. 예를 들어 복지관을 이용하는 대상자들 중 노인과 장애인, 아동을 위한 오르막길의 경사를 낮추고 화장실의 턱과 폭을 넓히고 화장실과 엘리베이터를 개보수함으로써 클라이언트의 접근성을 높일 수 있다.

② 마케팅은 사회복지조직에게 자원의 유입을 지원할 수 있다. 많은 사회복지조직은 그들의 사업을 지원할 수 있는 재원을 개발할 필요가 있다. 마케팅수단과 기법은 모금개발자에게 실질적인 유용성을 제공할 수 있고, 그들이 조직사명을 수행할 수 있는 더 많은 기회를 제공할 수 있다.

③ 마케팅에 대한 전문적인 접근을 채택하는 것은 조직이 특유의 능력을 규정하는데 도움을 줄 것이다. 바꿔 말해, 마케팅은 다른 조직이 제공하지 못하지만 자신의 조직이 사회에 제공할 수 있는 것을 규정할 수 있다. 이것은 사회에 있는 특정 범주의 사람들과 함께 일할 수 있는 능력을 표현할 수 있으며, 또는 그러한 일들이 수행되는 방법을 명백하게 할 것이다. 어떤 경우이든, 만약 조직이 경쟁

자들이 제공할 수 있는 것을 능가하고 우월한 수준에서 자신들이 제공할 수 있는 가치를 더할 수 있는 영역을 확인할 수 있다면, 보다 세련된 방법으로 모금과 서비스 전달을 강화할 수 있을 것이다.

④ 마케팅에 대한 전문적인 접근은 활동할 수 있는 범주 내에서 조직의 준거틀을 제공한다. 욕구조사에 대한 체계적인 접근, 목표설정, 목표를 달성하기 위한 기획, 실제적으로 성취될 것을 확증하기 위한 공식적 통제활동의 자극은 가치 있는 마케팅자원의 손실을 최소화한다. 다음은 지역자원개발을 위한 마케팅원칙이다.

- 지역의 자원 지도를 그려라.
- 개발하기에 앞서 먼저 기존의 자원활용을 극대화하라.
- 자원개발의 범위를 지역에만 국한하지 말라.
- 사람개발이 자원개발임을 명심하라.
- 사람들을 만나는 일이 가장 중요하다.
- 언제까지 얼마만큼의 사람들을 만날 것인가를 정해서 사람들을 만나라.
- 핵심 인물을 조직 안에 끌어들이고 역할을 부여하라.
- 지역자원정보를 DB화하여 관리하라.
- 정기적으로 소식을 알리고 지속적인 접촉을 유지하라.

사회복지조직은 환경 속에서 인간의 변화를 이끌어내는 조직으로서의 특성을 고려하고, 이에 따른 다양한 자원과 내부적·외부적 환경요소를 파악하여 조직이 가진 한계를 극복하고 변화·발전해 나가야 할 것이다.

Kettner의 체계적인 관점으로부터 조직의 내외부적인 환경을 이루는 요소들을 통해 사회복지조직의 환경을 이해하고, 보다 거시적인 차원으로의 접근을 시도해야 한다. 사회복지조직은 휴먼서비스조직으로서 인간에게 서비스를 제공함에 있어 그 사람이 처한 환경의 다양한 요소들을 파악하고 적절하게 활용해야 한다. 하지만 자원은 한정되어 있으며 점점 줄어들 가능성이 있는 자원에 대비해야만 한다. 또한 조직의 다양화에 따른 각 조직에 맞는 요소들을 찾아서 실행해야 한다. 이는 아무리 많은 환경요소가 있더라도 각 조직의 상황에 적합하고 꼭 필요한 자원을 배치하고 활용해야 한다는 것이다.

1969년 미국의 Kotler와 Levy가 "마케팅이란 이제 더이상 기업에만 국한되는 기능이 아니다. 마케팅은 비영리조직에도 유효한 기능이며, 모든 조직은 마케팅 문제를 지니고 있어서 모든 조직이 마케팅을 이해할 필요가 있다."고 주장한 이래 부단한 연구가 있어 왔다. 마케팅 영역의 확장 또한 서비스마케팅, 비영리마케팅 그리고 광대한 인터넷마케팅으로 점차 확산되어 왔다. 마케팅 영역에 따라서 사회복지기관들은 홍보, 모금, 프로그램 개발 등과 관련된 비영리마케팅에 보다 많은 관심을 가질 필요가 있다. 지금까지 비영리조직 가운데서도 사회복지 분야는 그 특성상 경제적인 사고와 관심이 특히 낮았다고 볼 수 있다. 또한 마케팅에 대한 비판적 목소리로서 앞서 살펴본 사생활침해, 과장된 광고를 통한 서비스 질에 대한 우려, 비도덕성에 대한 비판 등은 휴먼서비스를 제공하는 사회복지조직의 접근을 위축시킨다. 그러나 사회복지 분야 또한 자체의 생존을 위한 경제적인 적응이 절실히 요청되며, 이를 통해 안정적인 자원확보가 이루어진 후에야 비로소 효과적인 서비스기능을 확립할 수 있을 것이다. 그러므로 사회복지기관들이 경제적 생존 전략을 확립하는 일은 매우 중요한 과제이다. ① 적절한 마케팅 철학의 개발, ② 마케팅 문제를 해결하는 체계적인 접근의 관점, ③ 사적 영역으로부터 가장 최근의 개념과 기술을 사용하는 능력과 인식을 개발한다면 비영리 분야로서 사회복지조직의 마케팅관리는 향상될 수 있을 것이다. 분명히 사회복지조직의 마케팅의 이해하기 위한 출발은 사회복지조직의 환경과 특수성에 대한 정확한 인식과 이해에서부터 시작된다.

Chapter 03

사회복지 마케팅 전략

- 1. 사회복지조직의 마케팅 전략
- 2. 사회복지조직의 마케팅 실행 및 관리
- 3. 사회복지조직 마케팅에 대한 논란

Chapter 03

사회복지 마케팅 전략

1 사회복지조직의 마케팅 전략

1) 사회복지조직 마케팅의 특징

영리기업의 경영원리가 사회복지조직과 같은 비영리기관의 행정과 완전히 일치할 수는 없지만 고객만족을 중시하는 운영에 있어서는 분명히 서로 통하는 면이 있다. 따라서 영리기업의 마케팅기법들이 사회복지조직에서 활용되어 기관의 목표를 보다 효율적으로 달성할 수 있는 가능성이 존재한다는 것을 가정할 수 있다. 그러나 사회복지조직에서 마케팅기법을 활용하는 데 있어서는 영리기업과의 몇 가지 차이점을 인식해야 한다.

마케팅은 비영리기관의 목표달성을 보장하지는 않지만 성취의 가능성을 높여 줄 수 있다. 마케팅기법이 비영리기관으로 하여금 자신들의 목표에 대해 명확하게 이해하고 의사결정을 합리적으로 할 수 있는 관점과 틀을 제공할 수 있기 때문이다. 따라서 사회복지조직에서 마케팅기법을 효과적으로 활용한다면 서비스 프로그램을 개선할 수 있으며, 특히 기부자 개발과 관련하여서는 상당한 효과를 얻을 수 있을 것으로 기대된다.

그러나 사회복지조직의 마케팅은 윤리적 문제에는 민감해야 한다. 마케팅은 대중과의 접촉을 기초로 하고 있기 때문에 윤리적 문제와 밀접하게 관련이 있다. 일반적으로 마케팅 윤리는 홍보, 판매, 상품관리, 가격결정 등 마케팅과정에서 발생하는 제반 도덕적 이슈를 말한다. 마케팅의 핵심 개념인 '교환'은 공정성에 기초하고 있어야 하기 때문에 마케팅의 윤리적 이슈는 이러한 공정성의 원칙이 기준이 된다.

DeGeorge(1986)는 마케팅과정에서 공정한 교환이 이루어지기 위해서는 세 가지 조건이 충족되어야 한다고 주장한다. 첫째, 거래가 당사자 간의 자유의지에 의해 이루어져야 한다. 즉, 강요된 교환은 불공정한 것이다. 둘째, 마케팅기관과 고객 모두가 거래로부터 이익을 얻어야 한다. 셋째, 마케팅기관과 고객 모두가 교환에 대한 일정 수준의 지식에 접근할 수 있어야 한다.

사회복지조직의 마케팅은 영리 부문의 상업적 마케팅보다는 높은 수준의 윤리성을 기대하게 된다는 것은 앞에서도 강조한 바 있다. 사회복지조직은 공익을 추구하기 때문에 마케팅의 이념과 목적이 윤리적 기준을 넘어서는 안 된다. 또한 사회복지 마케팅의 비윤리성은 비윤리적인 영리기업마케팅보다 사회적으로 훨씬 많은 부정적인 영향을 미칠 수 있다. 따라서 기부자 개발을 위한 마케팅에 있어서 잠재적 기부자들이 강요를 받았거나 정보가 제대로 주어지지 않은 상태에서 마케팅적 교환이 이루어져서는 안 된다.

(1) 비영리조직 마케팅 특성

비영리조직이라 하여 새로운 마케팅 원칙을 가지고 있는 것은 아니다. 비영리조직의 마케팅이나 영리조직의 마케팅이나 많은 공통점을 지녔을 뿐 아니라 영리조직에서 사용하는 마케팅 용어나 전략이 그대로 비영리단체에서도 적용될 수 있다. 그러나 한 가지 분명하게 구별되는 것은 비영리단체의 상품은 대개 유형이 아니라 무형이라는 점이다. 곧 어떤 무형의 상품을 가지고 고객에게 가치를 부여하는 것이다. Weinberg와 Lovelock은 비영리조직을 마케팅 원칙에 따라 운영할 때 다음의 네 가지 특성에 대하여 유념해야 함을 지적하고 있다(양용희 외, 1997).

▌표 3-1▐ 비영리조직의 마케팅 특성

다수의 이해당사자	• 최소한 두 종류의 중요한 대중들(수혜자와 기부자)과 상호작용을 해야 한다. 수혜자들을 위한 사업을 할 때 수혜자의 욕구도 중요하지만 사업의 재정적 뒷받침을 확보하기 위한 기부자의 욕구도 중요하다. – 수혜자: 자원의 분배문제가 제기됨 – 기부자: 자원동원의 문제가 제기됨 • 다른 수많은 대중들이 존재하고 있으므로 이들을 위한 마케팅 프로그램이 필요하다.
다중목표	• 이윤 등과 같은 하나의 목표보다는 몇 가지의 중요한 목표들을 동시에 추구하는 경향이 있다. • 모든 목표들을 충족시키기 위한 전략의 구성이 더욱 어려워지며 이를 극복하기 위해서 여러 목표들 중 상대적인 중요성을 가늠해 보는 것이 좋다.
물질적 재화보다 서비스와 사회적 행동	• 물질적인 재화보다는 서비스 생산에 관련되어 있다. • 서비스는 실체가 없고(intangibility), 각 구성요소로 분리되지 않으며(Inseparability), 다양하고(Heterogeneity), 시간이 흐르면 소멸되는 속성(Perishability)을 지닌다(Zeithaml et al, 1985).
대중의 평가	• 대중이 필요로 하는 서비스를 제공하고 보조금을 제공하거나 세금이 면제되는 사업을 하며 많은 경우 대중의 요청에 의해 형성된다. • 철저한 대중들의 평가를 받고 많은 집단으로부터 정치적인 압력을 받으며 대중의 이해에 따라 움직여지도록 기대되기도 한다. ⇒ 마케팅 활동들이 대중의 평가에 지배되기 쉽다는 것을 의미한다.

(2) 비영리조직 마케팅과 영리조직 마케팅의 비교

비영리조직은 영리조직보다 이타주의적 성향이 강하기 때문에 비용효과성이 낮은 서비스를 제공해야 하는 경우도 있다. 또한 영리조직보다 목표가 모호하고 구체적이지 못한 경우가 많아 양질의 정보가 부족하여 마케팅 전략을 계획하는 데 있어 어려움이 있다(Drucker, 1990).

▌표 3-2▌ 비영리조직 마케팅과 영리조직 마케팅의 비교

기 준	영리조직 마케팅	비영리조직 마케팅
관심사	대체로 상품과 서비스에 관심	상품, 서비스뿐만 아니라 사람, 장소, 조직 등에 관심
가치의 교환	일반적으로 화폐의 형태로 이루어짐	무형(지지, 노력, 시간 등)의 서비스 형태로 이루어짐
목표	조직의 목표는 일반적으로 재정적인 것이며, 투자에 대한 이익·판매·보고의 형태로 진술됨(이윤창출)	조직의 목표는 상당히 복합적이고 재정적인 고려점들을 능가함
이익/지불	이익이 보통 구매고객과 관련	서비스의 이익은 종종 수혜자, 기부자와 무관
시장분할	현재 또는 잠재적으로 가능성이 있는 시장분할을 하기 위해 힘씀	경제적으로 가능성이 없는 시장분할이 기대되거나 요구됨
고객	단일 고객집단만을 대상으로 시장 존재	두 고객집단 즉, 수혜대상자와 기부자를 대상으로 시장을 가짐

2) 사회복지조직 마케팅 목표와 조건

(1) 사회복지조직 마케팅 목표

사회복지조직의 마케팅 성공을 위해서는 목표설정이 무엇보다도 중요하다. 이러한 목표설정에 있어서는 다음에서 기술하는 최소한의 요건을 갖추어야 한다(정익준, 1999).

① 개인의 발전을 도모해야 한다

사회복지기관에서 월별 프로그램을 알리는 것이나, 자원봉사자를 모집하기 위한 노력들은 비록 방법은 다르다고 하더라도 거기에 참여하는 개인의 발전을 촉진하기 위함이다.

② 사회적인 아이디어를 제시하고 설득해야 한다

입법화를 위한 대부분의 캠페인활동이나 의회나 국회에 입법 필요성을 탄원하는 일 등이 여기에 포함되며 사회적인 공감을 획득하는 데도 중요하다.

③ 새로운 정보와 실천을 전파해야 한다

사회복지조직은 대중들에게 그들의 이익이 되는 정보를 전달하며 어떤 실천을 촉구한다. 학교사회복지와 관련된 프로그램을 실시함으로써 지역 내 학교와의 교류를 증진시키면서 학교 사회복지가 정착될 수 있는 근거를 마련할 수 있는 것이 한 예이다.

④ 궁극적으로 행동의 변화를 유도해야 한다

사회복지조직은 자신과 사회에 이로울 수 있도록 개개인의 행동을 변화시키려고 시도한다. 알코올중독자, 마약사용자, 혹은 아동학대자에 대한 행동변화 노력이 여기에 해당된다.

(2) 사회복지조직 마케팅 조건

계획된 마케팅을 제대로 수행하고 성과를 만들어 내기 위해서 사회복지조직이 우선적으로 갖추어야 하는 몇 가지 조건들이 제시되고 있다. 사회복지조직이 마케팅을 필요로 하는 것은 한정된 범위 내에서 고객의 필요를 이해하고 그들이 만족할 수 있도록 반응하는 조직이 되기 위해서이다. 만족을 제공하는 조직과 접촉하게 되는 사람들은 이러한 개인적 만족감을 적극적으로 표현하고 주위와 공유하게 된다.

따라서 고객만족을 극대화시키기 위해 마케팅을 활용하는 사회복지조직이 갖추어야 할 기본적인 요소는 명확한 조직의 사명, 합리적 교환, 대중(publics)에 대한 인식, 조직의 이미지, 만족의 제공 등이다(정익준, 1999). 그 각각에 대해 살펴보면 다음과 같다.

① 사명의 확인과 구체화

사회복지조직을 포함하는 모든 조직은 합리적인 수단을 통하여 특정한 사명을 수행하고자 하는 인간집단이라는 측면에서 사명을 가지고 있다. 마케팅을 통해 고객의 반응능력을 재고시키기 원하는 조직은 최소한 누구에게, 그리고 무엇에 반응해야 하는가에 대한 명확한 답을 가지고 있어야 한다(신복기 외, 2002).

② 교환에 기초한 조직

사회복지조직은 기부자, 자원봉사자, 자금, 자재, 사회복지사, 시설 등을 모으고 유지할 수 있어야 한다. 만약 이러한 자원들을 확보하지 못한다면 조직은 존립할 수 없다. 이러한 의미에서 사회복지조직은 자원의존적이다.

사회복지조직은 자원을 가진 사람에게 무언가 가치 있는 것을 제공하고, 대신 필요한 자원을 획득하는 일련의 교환과정이라는 것을 받아들여야 한다. 예를 들어 사회복지조직은 기부자의 후원금에 대해, 자원봉사자의 봉사활동에 대해 행복감과 성취감을 제공해야 하는 것이다.

③ 대중에 대한 인식

사회복지조직은 조직 자체와 조직의 다양한 사업과 프로그램 등에 관심을 표명하는 공중이 있음을 인식해야 한다. 대중은 어떤 조직의 목적달성에 조직의 능력이 실제적 또는 잠재적으로 이해관계를 가지고 있거나 영향을 미치는 집단을 의미한다.

④ 조직의 이미지

사회복지조직은 자신의 조직에 대한 시장(지역사회)의 이미지를 확인할 필요가 있으며, 나아가 기존의 이미지가 대중의 만족을 촉진시키는지 방해하는지에 대해서도 파악해야 한다. 이러한 조직의 이미지는 홍보계획을 수립하고 홍보활동을 실행하는 과정을 통해 이루어질 수도 있지만, 상시적으로 대중과의 원활한 커뮤니케이션을 해야 한다.

3) 사회복지조직 전략적 마케팅 기획

(1) 기획을 위한 기초작업

기획과정은 계획에 영향을 미칠 내외부적인 요소가 어떤 것인지를 파악하기 위한 현재 상황을 분석하는 데서 시작한다. 이런 요소들 중 어떤 것들은 이미 규정된 것으로서 바꿀 수 없는 것이지만 다시 한 번 인식을 공유할 필요가 있으며 수정해야 한다.

(2) 사회복지조직 마케팅 기획(Organizational Marketing Planning: OMP)

사회복지조직 차원에서 전략적 마케팅 기획을 수행하기 위한 접근을 OMP라 한다.

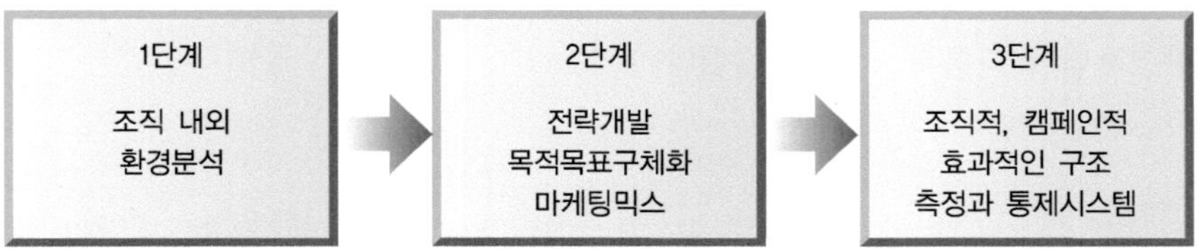

▌그림 3-1▐ OMP의 3단계

첫째, 마케터는 조직이 운영하는 방향의 두 가지 넓은 환경 분석을 수행해야 한다. 그중 하나는 조직 내부환경 분석이다. 조직을 마케팅 도전으로 이끄는 조직의 목적, 목표, 문화, 그리고 강점과 약점을 분석해야 한다. 또한 조직이 당면하고 있는 시장환경에서 조직외부도 조사해야 한다. 특히 표적이 되는 대중과 조직의 경쟁자를 분석해야 한다. 그리고 장기적인 기획은 사회적, 정치적, 기술적, 그리고 경제적 요소들을 포함하여 조직의 광범위한 환경에서의 변화추이를 분석할 것을 요구한다.

둘째, OMP의 다음 단계는 조직의 전반적인 마케팅 노력과 조직의 많은 항목들을 이끌 광범위한 전략을 개발하는 것이다. 이 단계에는 두 가지 부분으로 구성된다. 첫 번째는 분명하고 구체적인 마케팅 목적과 목표를 설정하는 것이고 그 다음에는 핵심 마케팅 전략이라 불리는 것을 구체화시키는 것이다. 후자는 구체적인 시장표적, 경쟁적인 포지셔닝, 그리고 마케팅믹스에 관한 주요 요소들로 구성된다. 이러한 핵심 전략은 다양한 활동이 오랜 기간 동안 지속적으로 개발・보완되어야지만 가능한 기본 프레임워크가 될 것이다.

셋째, 조직적 그리고 캠페인 차원 둘 모두에서 효과적인 마케팅을 수행하기 위해서는 적절하고 효과적인 구조가 창출되어야 하며, 측정과 통제시스템이 갖추어져야 한다. 이것이 OMP의 마지막 단계이다.

(3) 조직문화 분석하기

Kotler(2010)는 조직문화 분석에 대하여 다음과 같이 기술하였다.

Peters와 Waterman은 '잘 운영되는' 조직의 성공에는 그 조직문화가 중요하다는 것을 강조하면서 다음과 같이 기술했다.

> 예외 없이, 문화의 지배성과 일관성은 훌륭한 조직의 필수불가결한 특질임이 밝혀졌다. 게다가 그 문화가 시장을 지향할수록, 그리고 더 강할수록, 정책 매뉴얼, 조직의 차트, 또는 상세한 절차나 규칙들은 덜 필요하다. 이런 조직에 구성원들은 그들의 가치관이 아주 분명하기 때문에 대부분의 상황에서 그들이 무엇을 해야 하는지를 분명하게 안다.

① 문화충돌(culture conflict)

비영리 분야에서의 많은 조직들은 문화충돌을 겪는다. 이러한 문화충돌은 시장에 대한 마케터의 능력을 비효과적으로 만들고 기관을 분열시키는 위협요소가 된다. 상당한 수의 비영리 프로그램과 기관들은 사회복지라는 측면에서 긍정적인 어떤 일을 하도록 구성된 개인이나 임시방편적인 집단에 의해 운영되기 시작했다. 이런 조직들은 대부분 초기에는 사회서비스문화(social service culture)라 불리는 것에 지배되기 쉽다.

사회서비스문화는 초창기에 속한 조직에게는 이상적이다. 그런 조직들은 자원이 부족하고 조직원들은 저임금과 부족한 장비, 직원보조의 제한과 기타 등과 같은 문제들과 직면하게 된다. 조직의 비전만을 강조하며 초기 안정화를 위해 조직원들을 강요하게 된다. 사실상 이때 조직원들은 조직의 비전을 추구하며 인내하게 된다. 비전은 조직에서 친밀한 공동체적 의식을 만들고, 조직원들이 자신을 믿고 확신하게 한다.

사회서비스문화는 다음의 두 가지 이유로 초기 몇 년간은 지속할 수 있다. 첫째, 조직은 요구가 굉장히 억압되고 경쟁이 거의 없을 때 대중이 실재적으로 원하는 어떤 것을 책임지고 있다는 신념과 수많은 유혹과 갈등, 그리고 잘못되었다고 생각하는 의견조차도 많은 업무 때문에 참아낼 수 있게 된다. 만일 그들이 이 과정을 겪어내지 못한다면 문화는 그들이 사회적 영향력을 가지고 있는 것처럼 '선의'로 노력하는 행동이라고 이해할 것이다. 둘째, 조직은 대개 외부 수퍼비전이 없기 때문에 '자신의 일을 하는 것'에 매우 자유롭다. 사회복지활동은 보통 몇 명의 개인이나 적은 기부자에 의해 이루어진다. 경쟁자를 의식하지 않는다는 것은 조직구성원이 개인적으로 믿고 있는 것이 올바른 행동과정이라는 것을 강화시켜 준다.

마케터와 다른 경영자들은 이런 조직이 성장하고 도전을 만났을 때 종종 비즈니스적인 접근으로만 집중한다. 그러나 이것은 문제를 일으킬 수 있다. 왜냐하면 문제는 조직 내 문화에서 만들어지기 때문이다. 이 문화는 사회서비스문화와는 상당히 다르고, 비영리조직이 시장지향적이 되어 가는 정도에 이르기까지 발생하는 심각한 문화충돌은 피할 수 없다. 조직문화에서 경쟁자들은 상대방을 초심자나 협력자로 보지 않는다. 조직원들은 결과가 산출되기를 기대하고 있지만, 경쟁자들은 결국 협력자로 절대로 인식하지 않는다는 것이다. 전략적 사고는 비협조적인 프로그램으로 대치되며, 자원들은 효율성과 효과성 있게 활용될 수 있도록 노력할 것이며, 조직원들의 개인적인 관심사가 될지도 모르는 비효과적인 프로그램들은 조직을 불안하게 하는 요소가 될 것이다.

비영리조직이 이러한 두 가지 문화를 동시에 가지고 있다면, 문화갈등의 징후는 어떠한 형태로든 곧 나타나게 된다. 마케터는 조직을 잘못 운영한 만큼의 충격을 입을 것이고, 명확한 목적이 결여된 프로젝트는 사회적으로 비난받을 것이다.

② 해결 방안

문화충돌로 인한 가장 심각한 결과는 조직의 분열이다. 조직원들은 어떤 조직의 상황에도 신뢰하지 못한다. 다른 가치들을 따르는 동료들 사이에서 나쁜 감정과 불신만이 싹튼다. 조직은 이 시기에 마케터들에게 '주어진 목표를 달성하는 것'과 '기본으로 돌아가라'는 것 사이에서 갈등하게 할 것이다.

이때에는 다음과 같은 몇 가지 제안을 점검해야 한다.

- 조직의 핵심 구성원들은 현실을 정확하게 인식하도록 배워야 한다. 그 다음 실제로 문화충돌이 그 기관 내에 존재하고 있으며, 조직의 영향력이 개인적으로 그리고 전문조직으로서의 역할이 미약해지고 있다는 것을 인정하고 받아들여야 한다.
- 완전한 해결을 얻기까지 오랜 시간이 걸릴지도 모르며 몇 명은 조직을 떠나게 될지도 모른다는 것을 이해하고, 충돌을 해결하기 위해 특별한 시간을 가져야 한다.
- 만약에 한 문화가 지배적이고 다른 의견들에 대한 집착이 그 지배에 순응하지 않는다면 그 조직은 가장 나쁘게는 실패하거나 가장 좋게 되어야 두 의견 간의 마찰을 통해 서로 불편한 환경이 지속될지도 모른다는 가정에서부터 초기 토론은 시작되어야 한다.
- 해결책은 조직의 모든 핵심 조직원들이 그들 자신에게나 다른 사람들에게 그 조직의 근본사명은 무엇인지에 대해 확실하게 느끼게 하는 것이며, 그 사명을 성취하기 위한 최상의 수단은 무엇인지, 윤리적이나 효과성에 기초해서 조직이 사용하기에 부적절한 수단은 무엇이며 가장 중요한 것이 무엇인지, 개인적으로 그 조직에 참여를 통해 무엇을 성취하고 싶은지를 명료하게 표현해 보게 하는 것이다.
- 목표나 희망이 분명히 성취될 수 있다는 확신으로 어떻게 참석자와 조직 모두가 그들의 목표를 최대화할 수 있는가에 대해 상호탐구해야 한다. 이 과정에서 탐구는 다른 사람들의 꿈과 열망에 대한 고조된 공감과 만약에 조직이 생존하고 성장해야 한다면 누가 타협하고 물러나야 하는지에 대한 공개적인 논의도 불가피할 수 있다.
- 이러한 과정을 통해 궁극적으로 얻는 결과는 문화적 갈등에 대한 해결책일 뿐 아

니라 조직원들의 가치를 고려함으로써 좀더 공감하고 생산적인 개인과 조직의 관계에서, 남아 있는 조직원과 협력자와의 결속을 가져올 것이다.

(4) 포트폴리오 기획하기

분석단계로부터 얻은 정보는 조직의 사명, 목적과 목표를 점검하거나 수정하는 데 기초를 제공한다. 그러나 이것은 포트폴리오 기획, 즉 대안에 대한 체계적인 '그림'에도 활용되어야 한다. 대부분의 사회복지조직은 다양한 서비스와 다양한 수혜자를 대상으로 하는 시장을 갖고 있다고 볼 수 있다. 이러한 차원에서 사회복지 마케팅은 바로 어느 시점에 확대하고 긴축하는지, 마케팅 프로그램을 바꿀 것인지에 대한 전략적 결정을 해야 한다.

▮표 3-3▮ 포트폴리오 기획 사례

		제 품		
		기존제품	수정제품	신제품
시장	기존 시장	1. 시장침투	4. 제품수정 • 야외에서 프로그램 진행 • 야간프로그램 • 주말프로그램 • 새로 제공되는 시스템	7. 제품개발 • 새로운 프로그램 • 새로운 사업 • 새로운 사회복지관
	지리적 시장	2. 지리적 확대 • 도시의 신지역 • 새로운 도시 • 외국	5. 분산된 시장에 대한 수정 • 미국에 기반을 둔 시민단체나 교도소에 제공된 프로그램	8. 지리적 혁신 • 원격지원 학습
	신시장	3. 신시장 A. 개인(노인, 주부, 외국인노동자) B. 조직(미신고시설, 민간사회복지관)	6. 새로운 시장에 대한 수정 A. 개인(노인, 주부, 외국인노동자) B. 조직(정부지원인가시설, 기업재단사회복지관)	9. 종합적 혁신 • 새로운 프로그램 • 새로운 사업 • 새로운 사회복지관

제품/시장 기회 매트릭스는 제품요소에서 기존 제품, 수정제품, 신제품의 요소를 포함하며, 시장요소에서 기존시장, 지리적 시장, 신시장의 요소를 포함한다. 이는 체계적인 방법으로 일련의 새로운 기회를 만들어 가는 것이다. 이러한 기회를 통해 좀더 나은 활동과 평가가 이루어질 수 있다.

(5) 핵심적 마케팅 전략

SWOT 분석과 포트폴리오 기획을 통해 자신의 시장적인 위상과 경쟁력을 정확하게 파악한 후 다음 단계에서는 그 분석에 기초하여 사업단위별로 구체적인 마케팅계획을 수립해야 하는 것이다.

OMP에서 가장 중요한 단계는 조직의 핵심 마케팅 전략을 결정하는 일이다. 핵심 마케팅 전략은 조직 스스로가 설정한 마케팅 목적을 달성하는 데 소요될 기간을 규정하고 함축한다. 그 다음 이런 장기적인 안목은 상세한 전술적 요소가 포함된 틀을 제공하며, 해마다 구체적인 프로그램들을 재구조화하는 데 도움이 된다. 이것이 곧 해당 조직의 전반적인 마케팅 프로그램 '골격'이 되는 것이다.

핵심적인 마케팅 전략을 세우기 위해서는 다음의 질문을 염두에 두어야 한다.

- 마케팅 전략이 조직의 전체 목적에 기여하는가?
- 보다 큰 조직의 목적달성 관점에서 외부의 위협과 시장의 기회를 정확하게 분석하고 반영하는가?
- 외부환경의 위협요소를 대처하기 위한 현재의 잠재적인 조직의 자원과 기술에 대해 어떻게 평가하는가?
- 구체적인 목표를 달성하기 위한 마케팅 전략은 세워졌는가?
- 전략수행을 담당할 마케팅 기능에 필요한 조직의 시스템을 갖추었는가?
- 목표달성과 중간 진행사항을 체크하기 위한 점검표가 작성되었는가?

성공적인 조직을 만든다는 것은 조직원 각자가 자신의 조직에 대해 독특한 입장과 다음과 같은 시장에서의 역할에 대한 공감을 갖고 있다는 것이다.

- 고객중심(customer-centered)이다.
- 비전이 있다(visionary).
- 주요 경쟁관계에 있는 조직과 차별화(differention)가 이루어진다.
- 경쟁조직의 반응에 직면해도 장기적으로 버틸 수 있다(sustainable).
- 쉽게 의사소통이 이루어진다(easily communicated).
- 동기를 부여한다(motivating).
- 융통적이다(flexible).

반면, 세계적인 경영학자 Michael Porter(1998)는 《Competitive Strategy》에서 조직이 채택할 수 있는 기본적인 핵심적 전략에 대해 다음과 같은 접근법을 제안했다.

- 차별화(differentiation): 이 접근은 다른 경쟁자가 없거나 있더라도 소수의 경쟁자가 제공할 수 있는 어떤 것을 의미한다.
- 비용우위(cost leadership): 이 접근법은 시장에 가장 저렴한 비용으로 상품이나 서비스를 제공하는 것을 포함한다.
- 초점(focus): 이 접근법은 전형적으로 누구에 의해서도 서비스가 주어지지 않은 한정된 시장을 선정하고, 그 시장에 독특하게 서비스를 제공하는 데 중점을 두는 것을 말한다.

이처럼 각각 핵심적 마케팅 전략의 세 가지 요소인 시장을 세분화하고 표적시장을 선정하여 제품을 포지셔닝하는 것을 이른바 'STP전략'이라고 볼 수 있다. STP 전략과 기법에 대해서는 5장에서 상세하게 살펴보기로 한다.

(6) 캠페인 마케팅 기획(Campaign Marketing Planning)

광범위한 조직적 마케팅 전략들은 불가피하게 행동목표를 달성하기 위해서 구체적인 캠페인활동으로 확장시켜 실행해야 하는 경우가 있다. 효과적인 캠페인 마케팅 기획과정에서의 중심 초점은 고객이 되도록 해야 한다.

캠페인 마케팅 기획과정은 표적고객으로 시작하고(listening), 캠페인이 어떻게 도달하게 될 것인지 평가하고(pretesting), 모니터링한다(monitoring). 이 과정을 거쳐 계속적으로 어느 정도 캠페인을 지속할 것인지에 대한 평가는 성공의 목표달성을 위한 관점에서 검토되어야 한다.

경청(listening) → 기획(planning) → 사전검사(pretesting) → 이행(implementing) → 모니터링(monitoring) → 리사이클과 수정하기(recycling and revising)

① **경청**(listening): 캠페인은 영향을 주고자 원하는 대상 고객에 대해 철저히 이해해야 한다. 효과적인 캠페인 기획은 대상 고객이 어디에 존재하고 어디서부터 올 것인가, 캠페인에서 암시된 제공물에 대해 무엇을 생각하고 있으며 무엇을 이익과 비용으로 여기는가 등에 대해 철저히 이해하는 것으로 시작해야 한다.

② **기획**(planning): 이 단계에서 캠페인 기획자는 고객에 대해서 그들이 배운 지식을 구체적인 행동프로그램으로 바꿔야 한다.

③ **사전검사**(pretesting): 고객은 프로그램의 성공 여부를 결정짓는 사람이지만 변수가 따르므로 사전검사가 필요하다.

④ **이행**(implementing): 사전검사 결과에 근거하여 조정할 필요성이 대두되면, 다음 단계는 민간영역에서 마케터가 강조하는 4P(product, price, place, promotion)를 적절하게 배치하면서 캠페인을 실제적으로 시작하는 단계이다. 이때 책임성에 대한 부분을 고려해야 한다.

⑤ **모니터링**(monitoring): 환경은 경제공황처럼 예측하지 못했던 장애물이 있다. 그러므로 캠페인은 대부분 핵심적 기획 차원을 따라 프로그램 실행을 모니터해야 한다. 바로 그 청중이 목표에 도달하고 있는가?, 의도된 대로 움직이고 있는가? 등의 질문을 통해 다음 단계에서 어떤 욕구가 충족되어야 하는가를 새롭게 계획하는 중요한 단서를 제공한다.

⑥ **리사이클과 수정하기**(recycling and revising): 모니터링 데이터에 의해 경청하기

나 기획하기 단계까지 되돌아갈지 아닌지에 대해 캠페인 운영진은 고민하고, 필요한 단계로 돌아가 수정하는 것이 중요하다.

(7) 마케팅 평가와 통제

전략 마케팅계획이 얼마나 목표에 접근하고 있는가? 그리고 마케팅 전략에 있어서 무엇을 수정해야 하는지는 평가작업을 통해 알 수 있다(양용희, 1997)

효과적인 방법으로 목표를 달성했는지를 확인하기 위해서는 효과적인 통제와 평가도구를 개발하고 적재적소에 맞게 활용하여야 한다. 또한 수집된 데이터는 내부의 문제와 외부의 자원을 끌어들이는 데도 유용하지만, 외부의 평가를 담당하는 평가자나 자금을 제공하는 기부자에게 실질적인 데이터를 제공하는 것으로도 중요하다.

성공한 개인과 조직은 조직 전략과 통합적 마케팅 전략을 수립하는 것뿐 아니라 급변하는 환경에 맞게 조직의 전략을 수시로 바꾸어 가며 경쟁자에 대한 우위를 계속적으로 확보하기 위해 필사적으로 노력해야 한다. 21세기 경쟁적인 시장환경에서 비영리조직으로서 사회복지조직이 생존하려면 마케팅 목표를 달성하기 위해 마케팅 전략을 끊임없이 수정하고 개발하여 전략적 우월성을 유지해야 한다.

하지만 전략적 마케팅의 기획과정이 아무리 좋다고 할지라도 어떤 일이든 계속 반복하다 보면 의미 없는 일상성으로 고착하는 경향이 있다. 이런 치명적인 유혹에 대한 예방책으로 5년마다 영점계획(zero-based planning process)을 의무화하는 것이 좋은 방안이다. 일상적인 기획과정은 기존에 정해진 울타리를 기초로 진행하지만 영점계획은 말 그대로 새로운 시작이기 때문이다. 조직의 번영과 승패를 위해, 재정적인 압박으로 인한 더이상의 견뎌내기 방식의 탈피를 위해 사회복지조직도 조직의 사명에 맞는 목적과 목표를 설정하고, 조직의 고객인 클라이언트와 내외부적인 환경의 정확한 분석을 통해 마케팅 전략을 구축해야 할 것이다. 변화하는 환경에 대한 민감성을 키우지 않으면 사회복지조직 또한 도태할 것이다. 하지만 사회복지조직은 휴먼서비스조직으로서 경영적인 측면의 마케팅 도입 시에는 항상 인간을 먼저 생각하고 고려해야 함을 잊지 말아야 할 것이다.

2 사회복지조직의 마케팅 실행 및 관리

기부문화가 확산되면 기부자들의 수와 기부금의 액수도 많아지지만, 기부자들의 기부행위도 점차 다양하고 노련해진다. 관심이 많아지면서 자신의 가치에 맞는 기관을 선택하는 안목이 높아지기 때문이다. 대개 기부를 하는 사람들이 또 다른 곳에 기부를 하기 때문에 한 기부자가 여러 곳에 기부하는 경우가 많아 서로 비교가 가능하다.

기부문화 조사를 위한 기부자들과의 인터뷰에서 실제로 많은 사람들이 기관의 성실성에 주목하고 있다고 응답하였다. 이와 같이 기부자들이 기관의 활동이 자신의 철학과 맞는지는 기관과의 상호작용을 통해 알게 된다. 따라서 기부자들에게 기관의 활동에 대한 안내서비스를 제공하는 기부자 관리 프로그램이 필요하다.

기부자 관리는 빠르면 빠를수록 좋다. 기부자 관리 프로그램이 기부와 동시에 시작되지 않으면 고액을 기부할 수 있는 잠재적 기부자를 놓칠 수도 있다. 또한 기부자 관리는 형평성을 잃지 말아야 한다. 고액의 기부자에게만 초점을 맞추는 경우, 현재 고액을 기부하지는 않지만 앞으로 그럴 가능성이 있는 잠재적 기부자들을 실망시키거나 잃을 수 있기 때문이다.

따라서 기부자 관리는 일관성 있게 진행되어야 한다. 기부자 관리가 산발적이고, 직원 또는 자원봉사자들이 자주 바뀌게 되면 경험 있는 기부자들은 조직의 신뢰성에 대해 의심하기 시작한다. 비록 다른 감사표시활동이 계속되고 있더라도 기부자에 대한 서비스가 없다고 느끼게 된다. 다음에서는 이러한 마케팅 기획을 어떻게 실행하고 관리하는 것이 바람직한지에 대해 살펴보고자 한다.

1) 마케팅 기획실행

마케팅 기획실행이란 전략적인 마케팅 목표를 달성하기 위해 마케팅 기획을 활동으로 옮기는 과정이다. 마케팅 기획수립이 어떤 마케팅활동을 왜 하는지에 대한 것인 반면, 집행은 '누가, 어디에서, 언제, 어떻게 하는가' 하는 것이다. 성공적인 마케팅 실행은 조직의 활동프로그램, 조직구조, 의사결정 및 보상시스템, 인적자원 및 조직문화를 조직의 전략을 지원하는 종합적인 프로그램으로 이들이 어느 정도 잘 합치하느냐에 따라 좌우된다.

(1) 조직의 설계

전략형성의 목적은 조직이 새로운 환경에서 목표달성에 도움이 될 전략을 개발하려는 데 있으며, 기존 조직은 이러한 전략을 성공적으로 수행할 수 있도록 조직화되어야 한다. 또한 전략이 성공하려면 조직은 구조, 사람, 조직문화를 가져야만 한다. 여기에서는 '언제 목적과 목표를 달성할 수 있으며 누가 책임이 있는가?'에 중점을 둔다.

조직화는 계획과정의 확장으로 서비스기관의 마케팅 목표를 달성하기 위한 구조를 만드는 일이다. 효과적인 마케팅조직 없이는 서비스마케팅계획과 전략을 올바르게 실천할 수 없다. 서비스 조직이 마케팅 개념을 올바르게 인식하고 이를 수용한다면 고객욕구를 확인하고 충족시킬 수 있게 조직을 변형시켜야 한다. 서비스가 제품과 달리 독특한 성격을 갖고 있는 만큼 제조업과는 다른 조직을 가져야 한다. 성공적인 서비스 조직의 특성은 조직계층의 축소, 최일선 조직의 강화, 마케팅과 서비스기능 통합의 세 가지로 집약될 수 있다. 조직계층의 축소는 현장에서 고객과 직접적으로 접촉하는 조직원에게 상황에 따라 탄력적으로 대처할 수 있도록 의사결정권을 부여하는 것을 의미한다. 이러한 상황에서는 관료적 수직적 확산보다는 수평적 확산이 필요하다. 서비스의 창출이 고객과의 상호작용 결과로 이루어지는 만큼 서비스를 창출하는 최일선 조직을 우선으로 조직구조가 변화해야 하고 조직의 다른 부분은 이를 지원하는 쪽으로 조직활동을 전환해야 한다.

(2) 시스템의 설계

전략적 계획의 최종단계는 조직이 새로운 환경에서 목표를 달성하기 위해 전략을 개발하고 실행하는 데 요구되는 시스템을 구축하는 일이다.

① 마케팅 정보시스템

조직을 효과적으로 경영하기 위해 마케팅 환경요인과 조직내부에 관한 정보를 계속적으로 수집해야 한다. 이 정보를 제대로 수집・전달하려면 정확하며 적시에 포괄적으로 그것을 가능하게 해주는 마케팅 정보시스템을 개발・활용해야 한다.

② 마케팅 계획시스템

모든 조직은 마케팅활동을 수행하게 될 다음 기간에 대응하여 목표, 전략, 마케팅 실행계획 및 예산 등을 포함하는 계획을 수립해야만 한다.

③ 마케팅 통제시스템

계획은 그것이 실행되고 감시될 때에만 유효하다. 따라서 마케팅 목표의 달성 여부를 검토하고 달성되지 않았을 때 마케팅 성과를 개선하기 위해 필요한 수정활동을 취할 수 있는 마케팅 통제시스템의 구축이 요구된다.

④ 평가

전략적 마케팅계획이 얼마나 목표에 접근했는가와 변화를 주어야 할 것은 무엇인가를 평가할 수 있도록 한다.

2) 마케팅 실행관리

〈마케팅 통제〉

마케팅관리는 마케팅계획의 수립, 마케팅활동의 수행, 마케팅활동의 통제와 평가의 과정으로 이루어진다. 이중 마케팅 통제와 평가는 마케팅관리 과정에서 필수적인 분야이지만 다른 분야에 비해 상대적으로 관심이 적었다. 그러나 마케팅 목적을 달성하기 위해서 마케팅관리자는 마케팅 노력과 활동에 대해 효과적으로 통제와 평가를 실시하여야 한다.

① 마케팅 통제과정

마케팅 통제는 다음과 같이 성과기준의 개발, 실제 성과의 평가, 수정활동의 과정을 통하여 이루어진다.

- 성과기준의 개발: 성과기준이란 실제 성과와 비교되어야 할 성과의 기대수준을 의미한다. 예를 들어 소비자 불만의 20% 감소, 1년 매출액 200억 원, 신규 고객의 10% 증가, 예산 100억 원 내에서 매출액 20억 원 달성 등의 형태로 성과기준이 구체적으로 제시된다.
- 실제 성과의 평가: 마케팅관리자는 성과기준과 실제 성과를 비교하기 위하여 외부기관에서 정보를 획득하여야 한다. 마케팅관리자가 외부정보 없이 신뢰성이 있고 타당성 있는 성과의 평가를 하는 것은 불가능하므로 객관적인 외부정보 원천을 확보하고 있어야 한다. 이 과정을 통해 마케팅관리자는 성과기준과 실제 성과와의 비교를 통해 성과가 어느 정도 달성되었는지를 평가할 수 있다.
- 수정활동: 마케팅관리자가 시장점유율 25%를 성과기준으로 설정하고 마케팅활동을 수행한 결과 실제 시장점유율이 20%로 나타나 설정된 성과기준과 실제 성과에 차이가 발생하였다면 원인분석을 통하여 이를 조정하는 작업을 하여야 한다.

② 효과적인 마케팅 통제를 위한 조건

마케팅관리자는 효과적인 통제과정을 유지하기 위하여 다음의 사항을 고려하여야 한다.

첫째, 효과적인 통제를 위해서는 양질의 정보가 신속하게 획득되어야 한다. 즉 통제과정은 마케팅관리자가 성과의 목표수준과 실제 수준 사이의 차이를 즉각적으로 추적할 수 있도록 설계되어야 한다.

둘째, 통제과정은 모든 유형의 마케팅활동과 조직활동에 영향을 미치는 내부 및 외부환경 변화에 민감하여야 한다. 따라서 통제과정은 조직활동의 다양한 변화에 적응할 수 있도록 융통성을 보유하여야 한다.

셋째, 통제과정은 통제를 하지 않아서 발생하는 비용보다 상대적으로 적은 비용으로 수행되어야 한다.

마지막으로 통제과정은 관리자나 조직원 양자 모두가 이해할 수 있도록 쉽게 설계되어야 한다.

③ 마케팅 통제에서 발생하는 문제점

마케팅관리자가 마케팅 통제를 수행할 때 다음과 같은 문제에 자주 부딪치게 된다. 이에 대한 대책도 동시에 강구하여야 한다.

첫째, 마케팅 통제에 요구되는 정보들을 이용할 수 없거나 또는 정보수집에 비용이 과다하게 소요된다.

둘째, 마케팅 통제과정이 환경의 변화를 수용할 수 있을 정도로 융통성을 보유하고 있다고 하더라도 환경변화의 강도, 빈도, 예측 불가능성 때문에 효과적인 통제가 이루어지지 않는다.

셋째, 마케팅활동과 이에 의해 발생하는 성과 사이의 시차 때문에 효과적인 마케팅활동의 측정이 곤란하다.

넷째, 마케팅활동과 재무, 인사, 서비스 등의 활동이 중복되어 수행되므로 정확한 마케팅 비용을 산정하는 것이 곤란하다. 정확한 마케팅 비용의 측정 없이는 마케팅 비용에 대비한 마케팅활동의 효과를 측정하는 것이 불가능하다. 또한 마케팅 인력에 대한 정확한 성과기준을 개발하는 것이 어렵기 때문에 효과적인 통제가 곤란하다.

3) 마케팅 감사

마케팅 유효성을 평가 검토한 이후에 마케팅관리자는 보다 포괄적인 평가방법인 마케팅 감사를 실시하여야 한다. 마케팅 감사는 문제의 분야와 기회를 결정하고, 조직의 마케팅 성과를 향상시키기 위한 활동프로그램을 개발하기 위하여 조직 또는 사업부 단위의 마케팅 환경, 목표, 전략, 활동을 체계적·포괄적·독립적·주기적으로 평가하는 것이다.

(1) 마케팅 감사의 특징

마케팅 감사는 다음의 네 가지 특징을 보유하고 있다.

① 포괄적인 감사

마케팅 감사는 소수의 문제 발생 분야뿐만 아니라 특정 조직이나 사업부의 모든 주요 마케팅활동을 포함한다. 만약에 마케팅 감사가 가격결정, 광고결정 등의 한정된 마케팅활동만을 평가한다면 기능적 감사에 불과하고 마케팅 문제에 대한 근본적인 원인을 규명하기에는 부족하다.

② 체계적인 감사

마케팅 감사는 마케팅 환경, 내부 마케팅시스템, 특정 마케팅활동을 포괄하는 체계적인 일련의 평가과정을 내포하고 있다. 따라서 마케팅 감사 이후에 조직의 마케팅 유효성을 개선하기 위한 장·단기 프로그램을 개발할 수 있다.

③ 독립적인 감사

마케팅 감사는 자체감사, 상호감사, 상부로부터의 감사, 조직의 감사부에 의한 감사, 외부감사 등으로 실시될 수 있다. 일반적으로 독립성, 객관성, 전문지식, 폭넓은 경험을 보유한 외부감사가 더 유용하다.

④ 주기적 감사

마케팅 감사는 전형적으로 판매부진, 사기저하 등의 문제가 발생한 이후에 실시하고 조직의 상황이 좋을 때에는 실시하지 않는 것이 일반적이다. 그러나 조직의 상황이 좋은 경우에도 미래의 환경변화에 대처하기 위해서는 주기적으로 마케팅 감사를 실시하여야 한다.

(2) 마케팅 감사의 내용

마케팅 감사는 조직의 마케팅활동을 구성하는 주요 요소를 포함하고 있다. 즉, 마케팅 감사는 조직의 환경, 전략, 조직, 시스템, 민감도, 기능 등의 전반적인 마케팅관리활동을 포괄적으로 평가・검토하는 것이다. 구체적으로 마케팅 감사 내용은 다음과 같다.

① 마케팅 환경 감사

조직의 전반적인 거시환경과 주요 업무환경의 내용과 변화 및 추세를 분석하는 부분이다.

- 거시환경: 인구통계적 환경, 경제적 환경, 생태적 환경, 기술적 환경, 정치적 환경, 문화적 환경
- 과업환경: 시장, 고객, 경쟁업자, 유통채널, 납품업자, 마케팅 조성기관 및 마케팅 전문기관, 공중

② 마케팅 전략 감사

조직의 마케팅 목표와 마케팅 전략이 현재 및 미래의 마케팅 환경에 얼마나 적합한지를 평가・분석하는 부분이다. 공식적 구조, 기능의 효율성, 타 부분과의 협조 등이 그 내용이다.

③ 마케팅조직의 감사

예측된 환경에 적합한 전략을 실행하는 마케팅조직의 능력을 평가・분석하는 부분이다. 마케팅 정보시스템, 마케팅 계획시스템, 마케팅 통제시스템, 신제품 아이디어를 수집, 창출, 평가하기 위한 조직편제 형성 여부 등이 그 내용이다.

④ 마케팅 시스템 감사

마케팅활동을 분석, 계획, 실행, 통제하는 조직의 마케팅 시스템의 질과 적합성을 평가하는 부분이다. 수익성 분석, 비용효과성 분석 등이 그 내용이다.

⑤ 마케팅 민감도 감사

각 서비스, 유통경로, 세분시장 등의 수익성과 마케팅 비용 효율성을 평가하는 부분이다.

⑥ 마케팅 기능의 감사

주요한 마케팅믹스인 제품, 가격, 유통, 촉진 활동을 분석 및 평가하는 부분이다. 제품, 가격, 유통, 광고·판촉 및 홍보, 판매원 등이 그 내용이다.

3 사회복지조직 마케팅에 대한 논란

1) 마케팅의 불필요성

마케팅을 통해 제공되는 수많은 이익에도 불구하고 사회복지조직의 적용 가능성을 검토해 볼 때, 대다수의 반대 의견이 제기되어 왔다. 마케팅이 비영리조직에서도 필요한 것인가에 의문이 제기되어 많은 논쟁이 되었던 것이다. 일례로 병원과 대학과 같은 의료법인, 학교법인의 경우에는 건강과 교육을 위한 환자와 학생을 유치하기 위해 굳이 마케팅이 필요하지 않다. 하지만 최근에는 고객유치를 위해 병원과 학교에서도 적극적으로 마케팅에 나서고 있으며 시설 및 인력관리에 세심한 관심을 기울이고 있다. 이는 비영리기관에서 마케팅의 필요성을 직면하게 되었으며 마케팅의 잠재성의 위력을 실감하였기 때문이다.

2) 마케팅의 사생활침해

마케팅은 고객의 욕구파악이 최일선 과제이다. 따라서 시장에 접근하기 위하여 고객의 요구를 이해하고 파악하고자 한다. 마케팅조사는 개인의 기호도, 신념, 태도, 소득 그외의 개인적인 내용에 대해서 조사를 한다.

"소비산업에서 시장조사는 침입적이다. 시장조사자는 그들이 좋아하고 싫어하는 것, 신념과 태도, 수입과 다른 개인 특성을 묻기 위해 사람들의 집에 들어갈지도 모른다. 더욱이 (NPO 영역에서) 그 조사는 개인이 낯선 사람에게 드러내기를 꺼리는 민감한 영역을 다루기 쉽다."

그렇지만 마케팅조사의 궁극적인 목적이 사회 전체의 이익이 되어야만 한다는 것을 고려한다면 때때로 발생할 수 있는 '사생활 침해'가 용서될 수 있다. 물론 시장조사는 개인의 사생활침해가 타협될 수 있는 단순한 한 방법이다. 많은 형태의 판촉활동은 환영받지 못하고 침해적인 것으로 평가되고 있다. 광고, 직접적인 우편발송, 전화마케팅 등은 원하지 않는 상품과 서비스에 대해 원하지 않는 메시지를 가지고 누군가 고객의 개인적인 사생활 범주에 들어가기 때문에 좋지 못한 평판을 가지고 있다. 그렇지만 이러한 비평은 마케팅 그 자체에 대한 비평이라기보다는 특정한 조직이 채택하고 있는 마케팅 도구에 대한 비평이다. 어설프게 계획되고 집행되는 캠페인은 판촉되는 서비스에 관심이 없는 개인들을 표적으로 삼게 되며, 마케팅에 대한 나쁜 인식을 남긴다. 사회복지조직이 이와 같은 활동에 관여하는 것은 좋지 못한 인상을 주게 될 것이고 그들은 가치 있는 마케팅 자원을 낭비하게 된다. 따라서 사회복지조직은 그들의 표적집단을 정교하게 하고 이익이 되는 사람들에게만 그들의 서비스를 판촉하는 보다 더 집중된 캠페인을 개발해야 할 것이다.

3) 마케팅의 비도덕성

마케팅이 비도덕적이라는 의미는 시장을 교묘하게 조작하여 필요하지 않은 재화와 서비스를 구매하도록 고객을 조종한다는 마케팅의 개념에 대한 기본적인 오해에서 비롯된다. 이는 마케팅과 판매의 차이를 이해하지 못하는 데서 오는 것이다. 판매지향적인 조직은 가능한 많은 상품과 서비스를 구매하도록 소비자들을 끊임없이 설득한다. 반대로 판매지향조직의 이와 같은 강조점은 결국 자기 자신을 파괴시킨다는 것을 깨닫고 있다. 반면 마케팅은 고객들에게 그들이 실제로 필요로 하는 서비스를 공급하고, 누가 그들의 실제적인 표적집단인지를 확인하고 다른 조직에 의해서 더 잘 봉사받을 수 있는 사람들에게 불필요한 구매를 피할 수 있도록 노력한다.

	판매 개념	마케팅 개념
출발점	공장	시장
초점	제품 특성	고객 욕구
수단	판매와 촉진	통합적 마케팅
목표	판매량 증대를 통한 이익	고객 만족을 통한 이익

▌그림 3-2▐ 판매 개념과 마케팅 개념의 비교

마케팅 프로그램을 실시할 때, 시장 조작이 가능한 것에 대해 민감해야 한다. 대부분의 경우 사회복지조직은 대중의 여론을 반영할 수 있는 공공재를 찾아야 하며, 적절한 수단을 사용해야 한다. 비록 시장 조작이 공정하고 어떠한 노력에 의한 것일지도 모르지만, 만약 이를 검토하지 않으면 조직이 마케팅을 실시함에 있어서 위기를 가져올 것이다.

사회복지조직은 조직을 둘러싸고 있는 사회적 환경과 밀접한 관계를 갖고 있지만 이런 변화하는 사회적 환경을 등한시하면서는 조직의 목표를 효과적 · 효율적으로 달성하지 못하는 경우가 있다. 특히 21세기의 사회복지 분야에서의 정부역할의 감소, 비영리조직의 중요성 증대, 사회복지조직의 민영화와 대형화, 복지조직관리의 중요성에 대한 인식의 대두와 같은 새로운 변화가 일어나고 있는 시대적 상황에서는 이런 외부환경 변화에 대한 관심이 더욱 증대되고 있다. 따라서 이윤추구를 목적으로 하지 않는 사회복지조직에서 마케팅을 도입하는 이유는 조직이 성과를 이루고자 하는 목적을 효과적이고 효율적으로 달성하기 위해서이다.

최근 사회복지조직은 환경변화의 대응하기 위한 운영에 있어서 마케팅 개념을 도입하고 있다. 이러한 변화는 마케팅, 기업가 정신, 서비스관리, 전략적 계획의 필요성에 대한 인식의 전환을 요구하고 있다고 볼 수 있다. 이로써 보다 다양하고 개별화되는 고객의 욕구에 따르고 그 욕구를 충족시켜 주기 위한 서비스에 대해 전 과정을 통하여 최대 효용을 얻기 위한 능률적인 마케팅활동이 수행될 수 있어야 할 것이다.

Chapter

04 사회복지 마케팅과 고객지향

- 1. 고객지향 관점의 마케팅
- 2. 고객지향 마케팅

Chapter 04

사회복지 마케팅과 고객지향

흔히 요즘의 시장상황을 무한경쟁이라고 표현한다. 시장이 개방되어 전 세계적 초우량기업의 상품과 서비스가 제한 없이 쏟아지고, 인터넷의 보급등으로 인해 예전과 비교하였을 때 방대한 양의 정보가 고객들에게 제공됨으로써, 한정된 고객을 놓고 벌이는 기업의 경쟁 정도가 그 어느 때보다 높아졌다는 말이다. 반면에 선택의 폭이 무한정 넓어진 고객들은 자신의 '욕구'를 가장 잘 충족시켜 줄 수 있는 제품이나 서비스를 골라서 선택할 수 있게 되었다. 즉 기업이 고객을 선택하던 시대는 끝나고, 고객들에게 선택받아야만 살아남을 수 있는 '소비자 주권시대'가 도래한 것이다(한국능률협회컨설팅, 2002).

사회복지조직이나 비영리조직도 자선적이고 시혜적 의미의 일방적인 서비스 제공자의 역할에서 벗어나 서비스 이용자를 '한 분의 고객'으로서 자신들의 조직이 선택받고, 지속적인 서비스를 제공할 수 있는 고객중심적인 마케팅 전략을 펼쳐야 하는 시대가 도래했음은 분명한 사실이다. 단순히 조직의 입장에서 이용자를 바라보는 시각을 반영한 서비스를 지양하고, 고객이 이 서비스를 받음으로써 긍정적이고 계획된 변화와 그를 통해 그들이 만족감과 행복을 느낄 수 있는 동시에 조직이 발전해 나갈 수 있는 길을 모색해야 하는 것이다. 따라서 이번 장에서는 이러한 마케팅적인 개념을 고객중심으로부터 출발하는 과정에 대해 살펴보고자 한다. 나아가 고객지향의 필요성과 개념, 성공적 요인을 통한 특성을 살펴보고, 이와 매우 흡사한 개념의 고객관계마케팅(CRM)과 인터넷을 중심으로 한 e-CRM 등의 다양한 관점에서 살펴보고자 한다. 이러한 개념들은 기업경영의 마케팅 개념으로부터 도출된 부분으로 이 장의 상당 부분은 기업경영의 연구를 통한 저서들의 문헌연구를 통해 사회복지조직 마케팅에 도입, 적용하고자 했다는 점을 밝혀 두고자 한다.

1 고객지향 관점의 마케팅

1) 마케팅 오리엔테이션의 이해

Sargeant(2009)는 마케팅 오리엔테이션의 개념을 Doyle(1987), Go and Pine(1995), 그리고 Palmer(1994)의 정의를 통해 설명하고 있다. 일찍이 고객중심으로 발전시켜 온 조직을 설명하기 위해 마케팅 오리엔테이션(marketing orientation)을 사용해 왔다. 이러한 조직은 고객에 대한 요구를 명확하게 이해할 때 특별한 시장의 욕구를 해결하기 시작한다. 유사하게도 마케팅 개념에 기초한 조직은 고객과 밀접한 관계를 유지하고, 서비스가 시장의 기대에 일관되게 유지하거나 능가하도록 한다.

Kotler와 Clarke(1987)는 마케팅 오리엔테이션에 대해 다음과 같이 정의하고 있다.

"조직의 중요한 과업인 마케팅 오리엔테이션은 표적시장의 욕구와 원하는 것을 결정하게 되고 디자인, 의사소통, 적절한 가격과 전달 그리고 경쟁적인 다양한 상품과 서비스를 통해 만족하게 되는 과정이다."

그리고 Kohli와 Jaworski(1990)는 다음의 두 가지 이유에서 마케팅 오리엔테이션을 강조했다.

첫째는, 마케팅은 특별히 비영리 현장의 많은 조직에서 이미지 문제에 대한 결정요인을 제공해 왔다. 마케팅 오리엔테이션이란 표현의 사용은 정치적인 측면에서도 자유로워 공격을 덜 받게 된다. 이와 관련된 한계는 고객이 아니라 시장에 관심을 맞추는 경향이 있다는 것인데, 주로 많은 사회복지조직의 관리자는 후자를 깨닫는 데 어려움을 가지고 있으며, 대부분은 전자의 존재만을 인정하게 된다.

둘째, 마케팅 오리엔테이션이 되어 있는 조직은 마케팅이 조직의 중요성을 살릴 수 있는 방안이라는 것을 분명하게 인식하고, 그 구성은 시장의 요구를 이해하고 만족시키는 모든 부분을 포함하는 과정에서 영향력 있게 실행될 수 있다.

마케팅 오리엔테이션이 전문적인 용어로 정착되면서, 좀더 깊이 있는 내용으로 개발하는 데 기본적인 지침이 되었다. Narver와 Slater(1990)는 세 가지 행동요소, 즉 고객지향적 오리엔테이션, 경쟁자 오리엔테이션, 내부조직 기능의 조정 등이 동일하게 중요하다고 주목하면서 논의해 왔다. [그림 4-1]의 마케팅 오리엔테이션의 구성요소에서 이 점을 설명하고 있다.

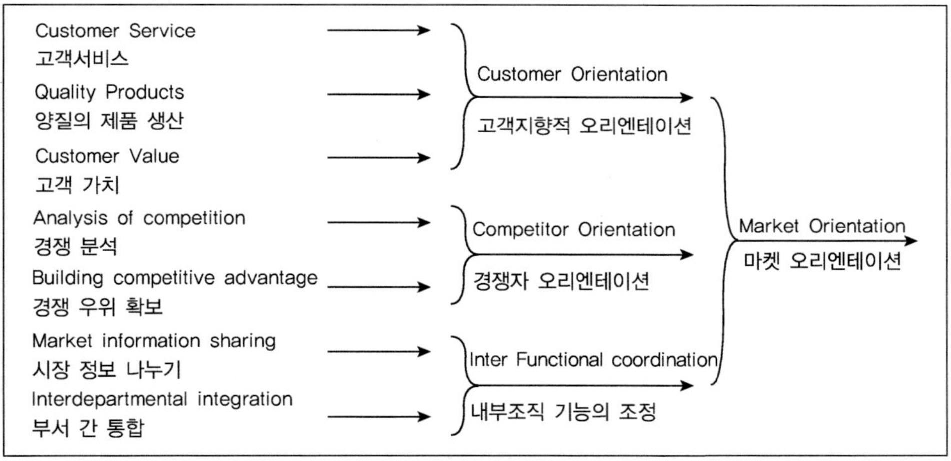

▌그림 4-1▌ 마케팅 오리엔테이션의 구성요소

출처: Sargeant (2009).

고객지향의 오리엔테이션은 뛰어난 가치를 만들어 낼 수 있는 표적시장을 충분히 이해하면서 접근하는 조직을 필요로 한다. 환경을 중심으로 하는 서비스는 고객과 직원과의 상호작용을 통해 질적으로 높게 의존하게 된다. 이러한 시장 오리엔테이션 접근의 마지막에는 전체 조직에 스며들게 하는 문화적 태도(자세)로 자리 잡을 수 있도록 발전하는 것을 포함하고 있다.

경쟁자 오리엔테이션의 콘셉트는 단기적으로는 강점과 약점을 이해하고, 장기적으로는 현재와 미래의 경쟁자에 대한 가능성(역량)과 전략을 이해하는 조직을 일컫는다.

내부조직 기능의 조정은 조직이 타깃이 되는 고객을 위해 뛰어난 가치를 만들어 내기 위해 내부자원을 어떻게 활용할지를 고민하게 된다. 예를 들어, 중요한 것은 전통적인 관료주의 체제에서 공적인 시너지(synergy)를 위한 기회, 그리고 고객과 경쟁자에 대한 정보가 이익을 갖고자 하는 고객들 사이에서 적극적으로 공유되기 위한 기회이다.

Kohli와 Jaworski(1990)는 수많은 마케팅 오리엔테이션 조직에 대한 구체적인 연구를 통해 직무 간 조정에 대한 방향성을 한층 발전시켰다. 그리고 이들은 그러한 조직은 다음과 같이 특징지어질 수 있다고 제안했다.

① 조직적인 구조와 전략적인 기획과정에서 마케팅 기능에 밀접한 통합

② 개인적인 것보다 전체로서 조직과 함께 한다는 초기의 생각

③ 경쟁보다는 협력에 기초한 부서 간 협력관계

2) 고객중심적 마케팅 철학

마케팅 철학은 세 단계를 거쳐 발전해 왔다. 이는 생산중심적 사고, 판매중심적 사고, 고객중심적 사고방향이다. 앞의 두 단계는 전략 과정의 중심에서 조직의 고유한 필요와 욕구를 이루는 경영철학에 의해서 특성화되어 왔다. 최근 조직의 입장에선 경영철학들과는 대조적으로 고객의 입장에서 조직과 관련된 여러 가지 활동을 전개해 나가고자 하는 고객중심적 마케팅관리 철학이 마케팅 개념으로 자리 잡고 있다(안광호 외, 2004). 고객중심적 마케팅 철학에 대하여 Kotler(2010)는 다음과 같이 기술하였다.

(1) 생산중심(The Product Mindset)

대중에게 상품과 서비스를 제공하는 조직에 초점

이 시기는 마케팅이 새로운 관리기능으로서 처음 나타난 시기이다. 새로운 생산물들의 디자인 혁신산업이 존경을 받았던 시대로 라디오와 자동차, 전기 등이 생겨났다. 이 시기의 마케팅은 생산물 지향적 마케팅이었다고 할 수 있는데, 대중에게 좋을 것이라고 확신하는 상품과 서비스를 제공하는 조직이 성공할 것이라는 마케팅 경향이었다. 가장 큰 관심사는 '어떻게 하면 고객을 최대한으로 모을 수 있을까' 하는 것이다.

(2) 판매중심(The Sales Mindset)

다른 경쟁사들의 제품이 아닌, 자사의 제품을 선택하도록 설득을 잘하는 조직에 초점

1930년대 대공황기는 생산중심 마케터들에게 치명적인 시련의 시기였다. 공황은 소비를 급격히 줄이는 결과를 가져왔고, 마케터들은 이런 현상에 대한 대응책으로 목표를 경쟁에 초점을 두게 되었다. 더 이상 저가의 획기적인 상품을 많이 만들어 널리 보급시키는 것에 관심을 두지 않게 되었다. 소비자들에게 자신들이 만든 제품이 다른 조직의 상품보다 낫다는 것을 설득시키는 데 초점을 두었다. 이러한 전략은 광고와 개별 판매의 중요성을 증가시켰고, '세일즈맨십'은 성공적인 마케팅의 표본이 되었다.

(3) 고객중심(The Customer Mindset)

표적 대상자들의 욕구, 필요 등을 정확히 파악하고 디자인, 의사소통, 가격, 운송 등에 있어서 지속적인 만족을 안겨 주는 조직에 초점

미국의 대공황 이후, 경제가 되살아나면서 고객들은 부유해지고 입맛은 더욱 까다로워졌다. 고객맞춤의 선택권에 더욱 반응하기 시작했으며, 시장이 사도록 설득하는 것을 무비판적으로 받아들이지 않게 되었다. 이에 선도적인 마케팅관리자들은 이 변

화를 깨닫기 시작했다. 그들은 조직이 제공해야 하는 것에 고객이 맞출 수 있도록 노력해 왔었지만 이제는 사실상 고객이 주도권을 가지게 된 것, 즉 마케팅 평형상태는 역전되었다는 것을 인식하게 된 것이다.

이제는 고객들이 무엇을 선택하느냐에 따라 기관의 성패가 결정되었다. 더 이상 마케팅관리자가 아닌 고객의 마음에서 궁극적으로 어떤 거래가 이루어질 수 있는지를 보고 결정을 내리게 되었다.

즉, 마케팅계획은 '조직'이 아닌 '고객'에서부터 시작을 해야 한다. 외부-내부 마케팅이 내부-외부 마케팅으로 바뀌어야 하는 것이다. 이 단순한 개념이 바로 오늘날 현대 마케팅의 접근방법이다. 이는 마케팅의 주요 원리(철학)라고도 할 수 있다.

고객중심 마케팅 정신은 조직이 조사 등의 여러 수단을 통해 고객의 필요, 욕구, 인지, 기호, 만족 등을 조직적으로 연구하도록 요구하였다. 조직은 지속적으로 정보들에 맞추어 고객들의 욕구에 더 나은 만족을 제공할 수 있는 제품을 향상시키기 위해 노력해야 한다. 직원 또한 잘 선별되고 훈련되어 상사를 위해 일을 하는 느낌이 아닌 고객을 위해 일하고 있다는 것을 느끼게끔 해야 한다.

이러한 고객지향적 자세는 전화교환원의 친절한 응답에서부터 묻어 나올 것이며 고객문제를 해결해 나가는 여러 직원들의 노력에서도 나타날 것이다. 고객지향적 조직의 직원들은 도움을 필요로 하는 특정 대상들을 위해 팀으로 구성되어 일을 하게 된다. 그들의 초점은 개별 거래에 둔 것이 아닌 고객의 삶 전반에 두게 된다.

이런 개념은 사회복지 마케팅 프로그램이 어떻게 운영되어야 하는지를 보여 주고 있다. 즉, 고객지향적 자세를 적용한다는 것이 반드시 조직이 모든 고객의 취향과 기호에 준비되어 있어야 한다는 것은 아니다. 마케팅계획은 고객의 인식, 필요, 요구로부터 출발해야 한다는 것을 말하는 것이다.

이처럼 마케팅 개념은 조직목표의 달성이 표적시장에 속한 고객들의 필요와 욕구를 찾아내 그것을 경쟁자들보다 더 효과적이고 효율적으로 충족시키고자 하는 것이다.

이는 판매 개념과 혼동하기 쉬우나 판매 개념이 기존 제품의 판매와 촉진활동의 강화를 통해 매출을 증가시켜 이윤을 남기려는 생각인 데 반해 마케팅 개념은 시장의 고객들이 가진 욕구를 통합된 마케팅활동을 통해 만족시킴으로써 이윤을 창조하는 것이다.

마케팅 개념을 경영철학으로 채택하고 있는 조직에서는 고객을 단순히 상품의 판매 대상으로 보지 않고 그들이 가진 상품에 대한 문제점을 완전히 해결하여 만족을 얻을 수 있도록 하는 것을 목표로 한다. 따라서 상품기획, 가격결정, 광고, 판매촉진, 유통경로 관리 등의 모든 마케팅활동은 시장의 고객들에게 초점을 맞추어 일관성 있게 통합되고 조정된다.

국내외를 막론하고 마케팅 개념을 실천하고 있다고 주장하는 조직들은 많지만 내용을 잘 보면 마케팅 개념을 충실하게 실천에 옮기지 못하는 경우도 있다. 겉으로 보기에는 마케팅과 관련된 부서 및 기능을 갖추고 있는 것처럼 보이지만 그렇지 않은 경우가 많다. 마케팅 담당중역, 제품매니저 등의 제도와 마케팅계획과 마케팅 조사기능 등의 형식을 갖추었지만 그보다 더 중요한 것은 과연 그들의 활동이 진정으로 시장과 고객에 초점이 맞추어져 있고 모든 마케팅 의사결정이 가능한 고객의 입장에서 이루어지는가의 문제인 것이다.

사실 생산지향적이거나 판매지향적인 조직을 시장지향적인 조직으로 만드는 일은 수년간에 걸쳐 꾸준한 투자와 노력을 통해서만 가능하다. 고객만족 달성이라는 목표가 조직의 구석구석에까지 체질화되어 하나의 조직문화로 정립될 수 있을 때 진정으로 고객지향적인 조직이라고 할 수 있다. 어떤 제품이나 서비스에 만족하는 고객은 그 제품이나 서비스를 다시 구매하게 될 가능성이 높을 뿐만 아니라 그 기업에 관한 긍정적인 입소문 홍보자의 원천이 된다. 따라서 고객만족은 조직이 장기적으로 존속하고 성장하는 데 필수불가결한 요소라고 할 수 있다.

그러나 기업의 경우 잊지 말아야 할 것은 기업의 궁극적인 목표가 고객만족을 극대화하는 데 있는 것이 아니라 이윤을 창출할 수 있는 방법으로 고객들의 욕구를 충족시켜 주는 것이라는 점이다. 따라서 기업은 모든 고객들이 원하는 모든 것을 충족시켜 주려고 노력하기보다는 기업의 이윤을 창출할 수 있는 한도 내에서 고객들에게 더 많은 가치를 줄 수 있도록 노력해야 한다. 그렇게 함으로써 기업은 기업대로 장기적인 발전을 도모할 수 있고 고객은 고객대로 기업에서 제공하는 제품이나 서비스에 만족하게 되는 해법을 찾을 수 있을 것이다.

사회복지조직이나 비영리조직도 마찬가지이다. 이용자들을 고객으로 보고 이들의 만족을 극대화시키는 것도 중요하지만, 조직의 가치와 생존 아래에서 더 나은 서비스를 제공할 수 있다. 따라서 고객지향의 철학에서 사회복지조직은 이용자들을 최우선의 가치로 두되 사회복지조직이 가지는 목표와 가치를 명확히 하고 조직의 사명에 맞는 서비스를 전략적으로 펼쳐 고객과 조직이 서로 간에 윈윈(win-win)효과를 볼 수 있어야 한다.

2 고객지향 마케팅

1) 고객지향 마케팅의 필요성과 그 개념

최근 기업 간의 경쟁이 격화되고 선택의 범위가 넓어진 고객들의 기호가 다양화 및 개성화되면서 과거의 판촉・광고가 중심이 되는 판매위주의 마케팅에서 고객의 필요와 원하는 것을 찾아 이를 만족시켜 줌으로써 이익을 올리려는 고객지향적 마케팅으로의 변신이 요구되고 있다. 그러나 이와 같은 고객지향적 마케팅을 주로 A/S, 보상, 환불, 보증 수리 등 판매 이후의 고객서비스활동을 강화하는 것으로 잘못 이해하는 경우를 많이 볼 수 있다. 고객지향 마케팅은 고객지향 사고가 시장조사에서 제품개발 그리고 광고, 판촉, 영업에 이르기까지 모든 마케팅활동에 반영되어 전체적으로 고객의 관점에서 통합되고 조정된 마케팅활동을 수행하는 것을 의미한다. 예를 들어, 사회복지조직에서 프로그램 위주의 사고, 즉 좋은 프로그램만 만들어 내면 클라이언트들이 서비스를 이용할 것이라는 생각으로 프로그램을 개발하고, 운영, 광고에만 중점을 두어 클라이언트들이 그 프로그램을 원하게 하는 데 많은 돈을 쓰거나, 프로그램 이용비의 인상 및 환불의 허용, 예약 등 프로그램 제공에 관한 고객서비스를 강화하여 프로그램에 대한 클라이언트의 불만을 해소하고 고객만족을 유도하는 것은 진정한 의미에서 고객지향 마케팅활동이라고 할 수 없다.

고객지향적 마케팅은 시장 분석에서부터 마지막 A/S 등 고객서비스 전략까지 모든 마케팅활동에 있어서 고객을 의사결정의 기준으로 정하고 고객의 관점에서 전략을 수립하는 것을 의미한다. 아울러 제품을 생산하기만 하면 팔리던 시대에서 이제는 소비자의 선택을 받지 못하면 살아남을 수 없는 고객중심의 시대로 접어들었기에 많은 기업들이 '고객을 위한 가치창조', '고객만족 경영', '고객제일주의' 등의 구호를 내걸고 자원과 노력을 집중함을 말한다. 즉, 지금까지의 생산자 또는 판매자의 관점에서 결정되고 이끌려 왔던 마케팅을 고객이 이끌어 가는 그리고 고객에 의해 이끌어지는 마케팅으로 바꾸자는 것이다. 사회복지조직도 이러한 고객지향 마케팅을 통해 고객의 관점에서 전체적으로 통합되고 조정된 마케팅활동을 벌임으로써 고객에게 보다 높은 가치를 제공할 수 있으며, 그 결과 경쟁자보다 보다 높은 만족을 안겨 줄 수 있다. 이제 기업에서는 '고객지향본부', '고객감동실' 같은 고객만족 부서를 새로이 신설하거나 서비스를 강화하고 있고, 고객의 의견에 따라 경영방침을 정하고 있는 추세이다. '고객불만 24시간 처리', '무한 책임주의', '100% 품질보증제도', '고객의 달' 등 국내 제조업체들이 실행했던 고객만족서비스도 금융, 서비스업체에 이어 사회복지조직과 공공기관으로까지 확대되어 고객의 욕구를 어느 정도 만족시켜 주는가 하는 것이 사회복지조직 경영의 핵심 목표로 부상하고 있다.

2) 사회복지조직에서의 고객중심 조직

Kotler(2010)는 고객중심 조직이란 조직의 예산 범위 안에서 고객과 대중의 욕구와 필요사항을 인식하고 서비스하며 만족시켜 주기 위해 모든 노력을 기울이는 조직을 말한다고 정의하였다. 또한 이러한 고객중심에 실패하는 조직의 유형 세 가지에 대하여 다음과 같이 기술하였다.

첫째, 고객중심이 되고 싶어 하지만 필요한 자원이 부족하거나 직원에 대한 권한이 부족한 경우이다. 이는 조직예산이 우수한 직원의 채용 및 교육을 통해 동기화시키고 그들의 직무수행을 모니터하기에는 턱없이 부족하거나 경영자가 직원들이 서비스 규율을 지키지 않았거나 고객에게 무감각하다는 이유로 징계하거나 해고할 권한이 없는 경우이다.

둘째, 고객만족보다는 다른 곳에 관심을 기울이는 경우이다. 이러한 조직은 고객에 대해 매우 관료적인 태도를 취한다. 특히 정부로부터의 재정적인 지원 비율이 높을수록 정부의 요구와 예산에 맞추는 사회복지조직들은 고객의 소리에 귀를 기울이기보다는 점점 더 관료적인 태도를 취할 수 있다.

셋째, 고객에 의도적으로 무반응적인 조직이다. 예를 들어 1980년대 미국의 지방신문이 food stamp 사무실에서 이용자들의 서비스 사용을 최소화하기 위해 접근하기 어렵게 한 것을 보도하였다. food stamp 사무실의 지하실, 계단의 문, 사무실 문에 대한 표시가 없었으며, 단지 food stamp 사무실이 이 빌딩에 있다는 표시가 작게 되어 있었으며, 계단의 꼭대기 문에 메모로 된 표시가 있는 정도였다. 이는 넘쳐나는 고객들로 인해 의도적으로 고객들에게 무반응적인 태도를 취하는 것이다.

비영리조직도 더이상 자선적이고 시혜적 의미의 일방적인 서비스 제공자의 역할에서 벗어나 서비스 이용자를 한 명의 고객으로서 자신들의 조직이 선택받고, 지속적인 서비스를 제공할 수 있는 고객중심적인 마케팅 전략을 펼쳐야 할 것이다. 단순히 조직의 입장에서 이용자를 바라보는 시각을 반영한 서비스를 지양하고 고객이 이 서비스를 받음으로써 긍정적이고 계획된 변화를 통해서 그들이 만족감과 행복을 느낄 수 있는 동시에 조직이 발전해 나갈 수 있는 길을 모색해야 하는 것이다.

사회복지조직의 조직원들은 고객중심적 조직이 되고 싶다고 말하며, 실제로 자신들의 조직은 가장 최우선에 클라이언트를 생각하고 있다고 말하지만 사실은 그렇지 않다.

앞서 살펴본 마케팅 철학으로부터 사회복지조직이 고객중심 조직인가에 대한 물음에 답하기 위해서는 다음의 단서들을 체크해 볼 필요가 있다.

• 단서 1 "사회복지조직에서 제공하는 서비스는 그 자체가 본질적으로 바람직하다"

대부분의 사회복지조직에서 제안하는 프로그램과 서비스, 모금에 대해서 조직원들은 그들의 고객인 클라이언트와 기부자들이 이에 대해서 바람직한 실천일 것이라 생각한다고 단정하나 그렇지 않은 경우도 많다.

유방암 자가진단을 예로 들어 보자. 많은 여성들이 유방암 자가진단이 유방암 조기 발견에 좋은 방법이라는 것에 동의하고 있으며 자가진단법에 대해서도 알고 있다. 하지만 대부분은 자가진단을 하지 않으며, 한다고 하더라도 거의 드물게 실시하고 있다. 문제는 초기에 몇 번 자가진단을 실시한 후에 문제가 없는 경우 여성들은 안도감을 느끼고 그후에는 실시를 중단하게 된다. 또한 자가진단을 시도하지 않는 여성들은 유방암에 걸리거나 유방에 이상이 생겼을지 모른다는 것에 대한 두려움과 공포감을 평소에 자주 느낀다. 미국의 유방암예방협회는 지속적인 캠페인을 통해 여성들에게 종양은 악성일 수도 있으며, 유방암의 치료에 대한 발전이 이루어짐에 대한 정보와 지식을 제공해 줌으로써 여성들의 유방암 자가 진단율을 향상시키는 결과를 가져왔다.

• 단서 2 "고객의 무지와 동기결여가 사회복지조직이 제공하는 서비스나 프로그램의 성공에 장벽이 된다"

"우리의 클라이언트는 의욕이 없어!" "그들은 스스로가 무엇을 하는지도 잘 몰라!"와 같은 불만을 털어놓는 사회복지조직원들이 종종 있다.

마케팅의 임무는 고객이 조직에 맞추어 변화하도록 하는 것이 아니다. 사회복지조직의 많은 경우 고객은 변화하기 매우 힘든 반면 조직은 그렇지 않다. 고객의 편의를 위해 조직을 변화시키는 것이 충분히 이행된다면 고객의 욕구에 맞는 서비스를 제공할 수 있을 것이다.

• 단서 3 "고객에 대한 욕구는 필요치 않다"

사회복지조직원들은 조사가 시간과 비용이 많이 들며 주요한 결정에만 필요한 것이며, 대개는 이미 조사를 실시하기 전에 알고 있는 것들에 대해서 밝혀내고 확인하는 것이라고 생각한다. 하지만 급변하는 현대사회에 클라이언트의 프로그램과 서비스에 대한 욕구도 그들의 생활패턴의 변화와 함께 빠르게 변하고 있다. 실제로 조사를 해보면, 일부 관리자나 조직원들이 갖고 있던 고객에 대한 기본 가정들이 깨질 수도 있다는 것을 명심해야 한다.

• 단서 4 "마케팅은 판촉이다"

마케팅을 단순히 판촉의 개념으로 보지 말아야 한다. 사회복지조직원들은 무지함을 벗어나 동기부여를 증진시키기 위해 마케팅을 추구한다면 고객들과 더 나은 의사소통에 초점을 맞추게 될 것이다. 마케팅을 고객들과의 더 나은 의사소통수단으로서 활용하기 위해서는 다음과 같은 것이 필요할 것이다.

- 더 나은 광고 문안의 작성
- 더 나은 안내책자
- 새로운 이미지
- 더 나은 홍보를 위한 홍보 인력
- 더 다양한 장소와 더 많은 광고물
- 적절한 황금시간대에 광고
- 다양한 언론홍보
- 신문이나 TV 부서와의 더 나은 관계
- 새로운 광고기관

하지만 비영리조직으로서 사회복지 마케팅은 단순히 홍보물과 광고 등의 일반적인 홍보방법이 아닌 다른 방법이 효과적인 경우가 많다. 사회복지조직이 가지고 있는 긍정적인 이미지나 공익성을 강조하면 더욱 효과적일 수 있다. 예를 들어 헌혈의 경우 많은 헌혈기관 관리자들은 제공된 피가 좋은 곳에 쓰일 것이라는 것과 시민의 의무를 강조하는 것이 가장 좋은 방법이라고 생각한다.

• 단서 5 "단 한가지의 정말 좋은 마케팅 전략이 우리에게 필요한 모든 것이다"

대부분의 사회복지조직 행정가들은 시장을 매우 단조롭게 보고 미묘한 차이를 무시하는 경향이 있다. 가장 분명한 시장집단을 겨냥한 한 개 혹은 두 개의 전략에 대한 필요성만을 인식하는 경향이 있어 대안적인 전략이나 미묘한 시장변화를 배제하기도 한다. 대개의 사회복지조직 관리자들도 사회복지적인 배경을 가지고 있으며, 위험을 무릅쓰는 것을 두려워한다. 개인적인 생존과 예산이나 인력의 지속적인 증가가 그들의 최대 관심사이다. 사회복지조직원들은 커다란 변화와 실험에 대해 두려워하며, 단순하고 일관성이 있는 정책이 그들의 안정적인 경력을 위한 최선의 선택으로 여긴다.

• 단서 6 "사회복지조직은 일반적으로 경쟁이 필요없다"

영리기업은 많은 단계에 걸쳐 경쟁을 하는데 사회복지조직에서는 실질적으로 경쟁을 하지만 그들의 서비스가 무형적 혹은 독특한 행동의 변화이므로 많은 기관들은 분명한 경쟁자를 보지 못한다. 이러한 마케팅에 직면하는 경쟁자들이 즉각적으로 분명하게 보이지 않으므로 사회복지조직의 마케터들은 기초단계에서 경쟁을 무시하는 경향이 있다. 그러나 산출물이나 결과에 있어서는 많은 경쟁조직이 있으며 별개의 영역과도 경쟁해야 한다.

예를 들어 10대 청소년들의 약물남용률이 증가하고 이에 따른 문제들이 심각해지자 약물남용 방지에 관한 프로그램을 다양한 기관들에서 개발한다고 하자. 10대들의 약물사용이 단순히 건강 혹은 감옥에 간다는 이유로 약물사용을 중지하라는 내용의 프로그램을 개발한 기관은 약물사용이 청소년들에게 중요한 만족감을 준다는 것을 인식하고 프로그램을 개발한 기관보다는 성공하지 못할 것이다. 약물사용은 사용하는 사람들 간에 소속감을 주고, 자기 자신을 특징짓게 하며, 지루함을 줄여 주고, 삶에서 오는 불안, 고통, 생활상의 갈등을 완화시켜 준다. 마케터로서 사회복지조직원은 표적집단이 갖고 있는 욕구를 충족시켜 줄 수 있는 대안을 찾아서 제시해 줄 수 있어야 한다.

당신의 조직과 조직의 프로그램들은 과연 위에서 설명한 몇 개의 단서를 가지고 있는가? 위의 단서들에서와 같은 행태를 보이고 있지는 않는가? 만약 사회복지조직이 고객중심적 사고방식을 받아들이고, 조직의 지향하는 바가 고객이라는 생각을 가지고 있다면, 조직이 목표를 설정하고, 그에 맞는 프로그램을 개발하고 실행하며, 평가할 때 위의 단서들에 대해서 다시 한 번 더 생각해야 할 것이다. 또한 이를 이해하고 인식한 것을 바탕으로 마케팅계획에 착수하는 것은 필수적일 것이다.

3) 고객중심 마케팅관리

Kotler(2010)는 고객중심 마케팅관리는 다음과 같은 특징을 가진다고 기술하였다.

① 최저선의 행동에 대한 가이드라인을 제공해 주어야 한다

고객중심 마케터들은 사람들이 행동할 때 궁극적으로 그들이 성공했다고 인식한다. '최소한~ 행동이 변화해야 한다.'와 같은 형태로 행동에 대한 정확한 가이드라인을 제시해 준다. 잘 계획된 마케팅 접근에서는 상당히 많은 시간을 목표에 부합하는 행동들의 변화에 대해 정의하는 데 할애한다.

② 고객중심성을 가져야 한다

복잡한 마케팅조직에서 모든 마케팅 분석과 계획은 고객으로부터 시작해서 고객으로 끝난다. 고객중심조직은 항상 다음과 같은 질문을 한다.

- 시작을 계획하는 것이 누구인가?
- 그들은 어디에 있으며 무엇을 원하는가?
- 그들의 현재 생각과 욕구, 그리고 원하는 것은 무엇인가?
- 우리의 마케팅 전략이 실행되었을 때 미래에 이들의 생각, 욕구, 원하는 것이 달라질 것인가?
- 우리가 제공한 서비스에 고객은 만족할 것인가?

③ 조사를 바탕으로 실시해야 한다

조사가 비용이 많이 든다고 생각할 필요는 없으며, 적절한 가격으로 활용 가능한 훌륭한 조사기법이 많이 있다. 고객중심적인 관리자는 조사에 대해 끊임없이 생각해야 하며 그가 믿는 것이 항상 진실은 아니라는 것을 가정해야 한다. 직감, 우연한 관찰, 일반적 상식 등을 기반으로 사회복지적인 마케팅 전략이나 전술에 대한 결정을 해서는 안 된다.

우리는 흔히 클라이언트나 기부자들이 원하는 것에 대해 조직 안에 직원들이 생각하고 아이디어를 내어 프로그램을 기획하고 모금활동을 실행할 수 있다. 하지만 실제로 프로그램을 진행하고 기부자들을 모집할 때 그들의 불만에 찬 소리를 듣게 되고 모금활동이 순조롭게 진행되지 않는 경우가 있다.

실제로 욕구조사를 해보면 기존의 관리자들이 가지고 있던 생각과 전혀 다를 수 있다.

④ 시장을 세분화해야 한다

시장은 일반적으로 마케터가 상상하는 것보다 더 많이 혹은 더 복잡하게 세분화될 수 있다. 마케터가 고객지향적이고 세분화된 철학을 분명히 갖고 있어야 이런 가능성을 찾아볼 수 있다. 이러한 세분화된 개념을 무시한다면 미래의 잠재적인 고객을 놓칠 뿐만 아니라 현재의 중요한 고객 또한 잃어버릴 수 있다. 기부자를 개발할 때에는 기존의 데이터베이스를 바탕으로 기부자들의 특성별로 보다 세분화된 접근이 필요하다. 예를 들어 자신의 후원 사실을 알리고 싶어 하는지의 여부, 기부자의 연령, 성별, 지속성, 후원에 대한 보답, 조직과의 커뮤니케이션 욕구 정도, 기부금의 사용출처에 대한 정보 제공을 알고 싶어 하는 정도 등 다양한 특성에 따라서 집단을 분류하여 그에 맞는 마케팅기법을 도입할 수 있을 것이다.

⑤ 경쟁에 대한 다양한 생각을 해야 한다

조직중심적인 마케터는 일반적으로 경쟁을 '우리와 비슷한 다른 조직'이라고 정의한다. 그러나 가장 기본적 의미의 '경쟁'이란 '고객이 생각하는 것'이다. 예를 들어 어떤 세분화된 기부고객이 자신이 특정한 프로그램을 다루는 것, 특정한 클라이언트들에게 관심이 있다면 그것은 우리 사회복지조직의 경쟁이 되는 것이다.

또한 기부고객이 사회복지조직에 기부금으로 기부할 것인지 아니면 그 돈으로 영화를 보러 가거나 겨울에 스키여행을 갈지를 고민하고 있다면 영화나 스키여행 상품이 경쟁자가 되는 것이다.

⑥ 풍부한 마케팅믹스를 활용해야 한다

일반적으로 마케팅을 조직이 제공하는 것에 맞도록 고객을 변화시키도록 하는 의사소통 전략의 관점에서 인식한다. 발전된 마케터는 마케팅 기능을 좀더 다양하게 인식하고 마케팅 목표를 고객의 욕구와 필요사항에 대해 반응하는 것을 보며 다양한 마케팅 프로그램은 의사소통뿐만 아니라 제공되는 것의 본질과 비용 그리고 이용통로에 대해서도 관심을 기울인다. 조정적 마케팅의 관점으로서 조직이 고객에게 제공되는 것을 기꺼이 조정해야 한다고 생각하는 것, 그리고 타협도 이러한 조정적 마케팅의 한 방법이라고 볼 수 있다. 마케터는 또한 가격 혹은 장소에 대해서도 고려하고 그에 맞게 변화할 수 있어야 한다.

고객감동사례

스웨덴 스칸디나비아 항공사(SAS)

- '진실의 순간': 종업원과 고객이 접촉하는 순간을 진실의 순간이라 정의하고, 그 순간에 모든 것이 결정되므로 그때 최상의 인상을 남겨야 한다는 경영철학

백화점의 차별화된 전략마케팅

- 고객의 소리로부터 출발하는 고객중심 경영체계
- 고품격 Total Solution Service 제공: 쇼핑 전반에 대한 풍부한 경험과 지식을 가진 컨시어지(concierge)가 1대1 쇼핑 및 선물상담, 브랜드 전문가의 쇼핑예약, 쇼핑 중 불편사항 해결, 외국인 및 장애인 고객 응대 등 쇼핑과 관련된 모든 서비스를 원스톱으로 제공
- 쇼핑 그 이상의 감동과 즐거움: 백화점을 단순한 쇼핑 공간이 아닌 새로운 생활문화를 체험하고 즐기는 곳으로 연출함

BMW Korea

- 국내 처음 도입한 발렛파킹서비스: 해외로 출국하는 고객의 차량을 안전하게 보관하였다가 귀국 직후 이용할 수 있도록 함
- 모빌리티 케어 프로그램: 고객의 차량이 주행 중 고장이 났을 때 정비원을 파견하여 긴급 정비는 물론, 원거리인 경우 차량 고장으로 인해 발생한 숙박비나 대체 교통 수단에 대한 교통비 보장

  → 고객의 평생가치를 고려한 철저한 고객만족서비스

아마존닷컴

- 고객의 과거 구매 패턴을 분석, 고객 개개인의 '가상 매장 페이지' 마련

- 편리하고 빠른 결재를 위한 원-클릭(One-Click) 쇼핑, 독자 의견과 평점을 통한 상품평가 시스템 도입

페덱스(Fedex)

- 화물의 위치와 이동경로, 담당직원 등 모든 관련 정보를 미국 멤피스에 있는 물류센터인 슈퍼 허브에서 통합관리하는 페덱스 추적(tracking)시스템
- 정보통신기술을 이용하여 복잡한 물류과정에서 일어날 수 있는 여러 가지 문제를 미리 해결하고, 매년 1억 달러 이상을 첨단정보시스템 구축에 투자

출처: 안운석, 장형섭 (2011).

4) 고객지향적 마케팅의 성공적인 요인

최근 많은 기업들이 고객만족, 고객감동을 가치로 내걸며 고객관계 강화를 위한 새로운 마케팅 프로그램 도입에 많은 관심을 두고 있다. 그러나 이러한 노력과 투자가 얼마나 가시적인 경영성과 향상으로 이어지고 있는지는 의문이다.

미국에서 고객지향적 마케팅을 가장 잘 실천하고 있는 기업으로 손꼽히는 AMEX 카드사, USAA 보험사, L. L. Bean 통신판매회사 등의 공통점은 고객으로부터 가장 높은 만족도를 얻고 있는 동시에 업계에서 가장 높은 수준의 투자수익률(ROI)을 향유하고 있다는 점이다.

이들이 이처럼 두 마리 토끼를 한꺼번에 잡을 수 있었던 것은 단순히 고객에게 아낌없는 투자를 했기 때문만은 아니다. 이들의 성공비결은 고객중심적 사고와 전략, 운영의 효율성, 고객지향적 조직 등의 요소들을 조화롭게 결합시켜 진정한 의미에 있어서의 고객지향적 마케팅을 철저하게 실천한 데 있다.

다음에서 고객지향 마케팅의 성공적인 요인 여섯 가지를 통해 사회복지조직에 대해 적용해 보고자 한다.

① 시장점유율보다 고객점유율을 중시하라

고객지향적 마케팅활동을 실천하기 위해 첫 번째로 염두에 두어야 할 것은 프로그램의 제공과 서비스 판매, 조직의 모금 정도에 초점을 두기보다 고객과의 장기적 관계 구축에 초점을 두어야 한다는 점이다. 마케팅 활동의 성공여부를 판단하는 잣대도 얼마나 모금을 했는가, 얼마만큼의 프로그램을 진행했는가나 수익성이 아니라 고객 점유율과 고객 로열티로 바뀌어야 한다.

고객점유율이란 개별고객이 여러 제품이나 서비스 가운데 특정 제품과 서비스를 이용하는 비율을 의미한다. 사회복지조직에서는 선호하는 프로그램과 서비스를 이용하는 비율이며, 모금활동에 있어서는 특정한 기부패턴과 기부금액등을 의미한다.

고객과의 장기적 관계 구축을 통한 고객점유율 제고의 중요성은 한 사람의 고객이 평생에 걸쳐 얼마만큼의 기부를 일정 기간 동안 했을 때, 그 총 기부금을 생각해 본다면 더욱 쉽게 와 닿을 것이다. 이를 기부에 적용하면, 한 번의 기부금액은 작게 보일지 모르지만 생애가치는 우리가 일반적으로 상상하는 것보다 크다. 시장점유율, 즉 총 기부시장에서 얼마만큼의 기부액을 받고 있는 것보다 고객점유율을 중시하는 고객지향적 마케팅활동이 강조되는 것도 바로 이러한 맥락에서이다.

② 제품차별화보다 고객차별화에 초점을 두라

제품의 범람, 경쟁제품 간 유사성, 라이프사이클의 단축화 현상 등은 제품차별화를 더욱 어렵게 만드는 요인들로 작용하고 있다. 사회복지조직에서도 프로그램의 홍수, 사회복지기관 간의 서비스의 유사성, 기부기관의 유사성 등은 클라이언트들의 사회복지서비스의 이용에 큰 차별을 주지 않으며, 기부 행태에도 점점 영향을 미치지 않게 된다.

따라서 이제는 제품차별화가 아니라 고객을 차별화하는 접근이 필요하다. 고객차별화란 고객의 유형별로 그들의 욕구에 가장 잘 부합하는 프로그램과 서비스를 차별화하여 제공하고, 기부자의 욕구에 맞는 모금의 활용, 기부자를 감동시킬 수 있는 관심과 배려와 투명성을 확보한 모금방식을 의미한다.

③ 목표고객을 선별해서 집중공략하라

고객지향적 마케팅을 성공적으로 실천하고 있는 기업의 특징 가운데 하나는 매우 효과적인 방법으로 목표시장을 선정한다는 점이다. MBNA(미국은행지주회사)는 이 방면에서 탁월한 기업이다. MBNA의 거래당 이용금액은 업계 평균에 비해 50% 이상 높고, 잔고(Balance)수준도 60% 이상 높은 반면 대손율은 업계 평균의 3분의 1 미만 수준에 지나지 않는다. 90년 이래 매년 26% 이상의 이익신장률, 30% 이상의 투자수익률(ROI)를 기록했으며 동시에 업계에서 고객유지율이 가장 높은 기업으로 정평이 나 있다. 이처럼 놀라운 성과의 배경에는 여러 요인이 있겠지만 가장 근본적인 성공 비결은 MBNA 특유의 고객모집 활동에서 찾을 수 있다. 즉 MBNA는 애당초부터 의사, 변호사, 엔지니어, 교수 등 타고난 로열고객을 끌어들이는 모집활동에 집중함으로써 양질의 목표고객층을 타 경쟁사보다 선점할 수 있었다.

이들의 생애가치가 일반인들에 비해 높기 때문에 적절한 고객대응 활동으로 업계 평균 보다 훨씬 높은 ROI를 확보할 수 있었던 것이다.

목표고객을 효과적으로 선정하기 위해서는 시장세분화 작업이 필수적이다. 효과적인 시장세분화가 이루어지기 위해서는 클라이언트의 성별・나이 등과 같은 인구통계적 변수뿐 아니라 서비스욕구 형태, 추구하는 이익(Benefit) 등 고객의 욕구(Needs)에 기반을 둔 세분화 변수들이 적절하게 활용되어야 한다. 한 걸음 더 나아가서 모델링(Modeling)기법을 활용하여 모금활동의 경우 기부자의 생애가치나 기부 정도에 의해 시장을 세분화하면 목표고객인 기부자 선정이나 클라이언트를 선정하는 데 있어서 새로운 통찰력을 얻을 수 있다.

④ 정보기술을 활용하여 고객편의성을 향상시키라

축적된 고객정보 분석을 통해 고객의 관심사가 무엇인지, 고객의 유형별로 추구하는 이익이 무엇인지를 간접적으로 파악할 수 있지만 어떠한 제안을 해야 기대하는 반응률을 얻을 수 있을지는 예측하기 어렵다. 즉 고객에게 어떠한 가치제안(Value Proposition)을 제공해야 기대하는 반응을 얻을 수 있을 것인가는 또 다른 과제인 것이다.

⑤ 제품중심 조직으로부터 고객지향적 조직으로 전환하라

고객지향적 마케팅활동이 성공을 거두기 위해서는 고객과의 접점에서 고객의 편의를 증대시키고 서비스의 품질을 높이는 데 초점을 두어야 한다. 이러한 측면에서 정보기술은 중요한 역할을 담당한다. 기부자 관리나 사회복지조직의 모금과 프로그램 담당자들이 클라이언트를 고객으로서 점유율을 높이는 일에 집중하도록 하고 그 일에 지속적으로 책임을 지게 하기 위해서는 자원개발조직이나 프로그램 기획, 후원자개발 조직들의 핵심이 고객관리 조직 중심으로 전환되어야 함이 바람직하다.

⑥ 철저한 고객중심적 사고를 가지라

많은 국내 기업들의 경우 기본에 충실한 고객지향적 마케팅활동을 실천하기보다는 경품캠페인이나 할인판매 등 단기적 판매 성과에 급급한 근시안적 마케팅 활동에 치중하는 경향이 있다.

사회복지조직도 이벤트성 캠페인이나, 단기적인 프로그램 효과에 치중한 홍보나 행사를 실시하는 경향이 있다.

진정으로 마케팅 경쟁력을 강화하고 싶은 사회복지조직이라면 철저히 고객중심적 사고로 무장해야 한다. 그리고 고객이 누구인지, 그들이 진정으로 원하는 것은 무엇인지, 또 그들의 욕구를 충족시키기 위해서는 어떠한 가치를 제공해야 하는지에 대해 끊임없이 답을 구하기 위해 노력해야 한다. 이와 같은 고객중심적 사고와 전략을 토대로 하여 지속적으로 프로그램 제공과 모금활동의 효율성을 높이고 고객지향적 사회복지서비스 문화를 정착시켜 나갈 때 비로소 고객지향적 마케팅의 성과가 가시화될 수 있을 것이다.

사회복지조직은 고객중심의 조직을 지향해야 한다. 지금까지 사회복지조직의 많은 재원이 정부로부터 왔으며, 서비스 제공에 있어서도 정부중심의 서비스와 민간중심의 서비스가 공존해 왔다. 하지만 점차 민영화가 가속화되면서 민간조직들도 세일즈를 잘해야 한다. 아울러 사회복지서비스 대상자들도 지불능력이 향상됨으로써 고객들의 입장에서 생각하는 고객중심의 서비스가 중시되고 있는 것이다. 사회복지조직에 있어 대표적인 고객중심 서비스는 보육서비스를 예로 들 수 있는데, 정부가 보육서비스 제공기관에 대한 지원보다 보육서비스를 이용하는 고객들에게 지원하겠다는 방침을 내세움으로써 서비스 이용 당사자의 지불능력을 강화시키고 있는 것이다.

이는 마케팅 철학의 발달을 통해서도 살펴볼 수 있다. 앞에서도 정리하였지만 초기의 마케팅 철학은 대중이 좋아할 것이라고 확신하는 상품과 서비스를 제공하는 조직이 성공한다는 마케팅 경향, 즉 생산중심적인 철학이었다. 하지만 1930년대 대공황을 기점으로 다른 경쟁사들의 제품이 아닌 자사의 제품을 선택하도록 설득을 잘하는 조직이 성공한다는 판매중심적 철학을 통해 기업의 '세일즈맨십'을 강조하였다. 하지만 최근 표적시장의 인식, 욕구 필요 등을 정확히 파악하고 디자인, 의사소통, 가격, 배달 등에 있어서 적절하고 경쟁력 있는 제안을 함으로써 고객에게 지속적인 만족을 안겨주는 조직이 성공한다는 경향, 즉 고객중심적인 철학이 주도하게 된 것이다. 이제는 사회복지조직도 이러한 고객중심적인 마케팅 철학을 바탕으로 클라이언트를 단순한 서비스 이용자로 볼 것이 아니라, 그들의 삶 전반에 초점을 두고 변화를 줄 수 있는 고객중심의 서비스를 제공해야 할 것이다.

아울러 조직의 재정적 지원과 지속가능성을 위한 자원동원과 모금활동에 있어 고객중심적인 마케팅 철학을 바탕으로 개발 오리엔테이션의 관점에서 고객마케팅을 실현할 수 있다. 개발 오리엔테이션은 외부 기부자의 욕구와 선호도에 초점을 맞추고, 표적집단으로 삼은 개인과 조직을 대상으로 마케팅믹스를 활용한 통합적인 전략을 활용해야 한다. 또한 기부자들이 단지 자금을 조달했다는 생각뿐만 아니라 그들이 기부 행위를 통한 의미부여가 가능하도록 해야 한다. 자원의 확충이라는 조직의 만족감과 기부행위를 통해 사회적인 기여와 함께 자기만족감이라는 기부자의 만족감이 동시에 충족되어 상호만족하는 교환이 가능할 때 고객중심적인 마케팅이 달성되었다고 볼 수 있다.

Marketing for Social Welfare Organizations

Part 02

사회복지 마케팅 기법

Chapter

05 시장세분화와 표적시장

Chapter 05

시장세분화와 표적시장

마케팅 전략과 계획을 수립함에 있어 소비자의 행동에 대한 이해에 근거하여 시장을 세분화하고 표적시장을 선정하며 표적시장에 적절하게 제품을 포지셔닝하는 일은 가장 기본적이면서도 중요한 일이다. 이 과정은 영리기업 마케팅뿐만 아니라 사회복지 마케팅에 있어서도 핵심이다.

시장세분화, 표적시장, 포지셔닝은 [그림 5-1]과 같은 순서로 진행된다. 시장세분화란 서로 다른 상품과 마케팅믹스를 요구하는 욕구, 특징, 행동에 따라 구별되는 소비자집단으로 시장을 구분하는 것이다. 표적시장을 선정하는 것은 각 시장세분화의 매력도를 평가하고, 진입할 하나 이상의 세분화시장을 선택하는 과정이다. 시장 포지셔닝은 경쟁되는 상품과의 비교에서 한 상품이 고객의 마음에 명확히 구별되어 남기고 싶은 이미지를 형성하는 것이다(Armstrong & Kotler, 2000).

시장세분화와 표적시장 선정의 다양한 성공사례를 찾는 것은 그다지 어렵지 않지만, 많은 경영자와 관리자들은 이러한 작업을 현장에서 직접 자신의 직무프로그램에 적용시키는 것에 대해서는 쉽지 않게 생각한다. 그 이유 중 하나는 시장을 세분화할 수 있는 기준은 셀 수 없을 만큼 많고 기준 중 어떤 것을 선택해야 할지에 대한 지침이 제시되어 있지 않고 있기 때문이다. 더욱이 시장세분화 분석이 끝났을 때는, 많은 혹은 모든 하위시장들이 매력적인 표적시장이 되어 어디에 자원을 집중시킬 것인지를 결정하는 것 또한 어렵기 때문이다(켈로그 경영대학원 교수진, 2002).

여기서는 사회복지조직의 시장세분화와 표적시장 선정에 대한 전략적인 접근방안을 제안함으로써 이러한 문제를 다루고자 한다. 앞서 이번 장에서는 전체적인 시장세분화와 표적시장에 대해 살펴보고자 한다.

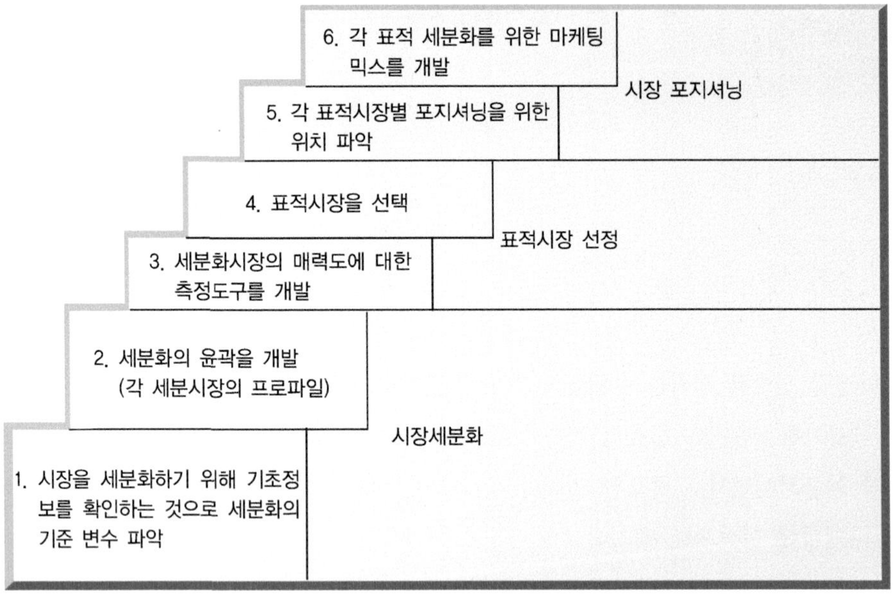

▌그림 5-1▐ 시장세분화, 표적시장, 포지셔닝의 단계

출처: Armstrong & Kotler (2000).

1 시장세분화

1) 시장세분화의 정의

시장세분화는 최후의 마케팅 수단으로 활용되는 전략이다. 왜냐하면 브랜드는 시장을 분류하여 나누어진 세분시장 중 하나 혹은 그 이상을 표적으로 삼기보다는 전체 시장의 고객들을 끌어와야 하기 때문이다.

그러나 조직이 전체 시장을 표적으로 선정할 때 경쟁자로부터 자신을 차별화시킬 수 있는 수단을 가지고 있지 않을 때는 시장세분화가 필요하다. 또한 지리적인 차이를 보일 때 고객에 따라서 마케팅 전략에 따른 반응이 상당한 차이를 보일 가능성이 높기 때문에 시장세분화가 필요하다. 예를 들어 사회복지서비스 프로그램을 기획할 때 남녀가 각기 다른 내용의 프로그램 욕구를 가지거나, 아이들이 어른들과 다른 특성의 프로그램을 요구하는 등, 조직의 규모나 특성상 사회복지시설과 종합사회복지관의 이용자들은 각자 요구사항의 크기나 내용이 다를 것이다. 이러한 상황에서 시장세분화가 필요하다. 이러한 경우 조직은 하나 혹은 몇 개의 세분시장을 표적으로 선정하여 특화시킨 프로그램을 계획하여 제공함으로써 브랜드 자산을 키워나가야 한다.

또한 모금 운영자들은 자신의 기관 데이터베이스를 자신에게 가장 중요한 기부자들을 가려내기 위해 세분화하길 원할 것이고, 그러한 기부자 개인들은 특별히 차별된 기준이 적용된 대우를 받을 것이라는 것을 기대하게 될 것이다.

이것은 그들의 조직에 대한 가치를 반영하고 그들이 오랜 기간 특권을 유지할 것이라는 것을 확인시켜 준다. 그러므로 시장세분화는 현대 마케팅믹스의 가장 중요한 특징이고 마케팅의 가장 기초적인 개념의 하나라고 볼 수 있다.

시장세분화는 고객들이 대부분 제품에 대한 욕구와 구매행동이 서로 유사하지만 집단 간에는 상이할 수도 있고, 세부적인 취향에서 차이가 발생할 수 있으므로 몇 개의 고객집단으로 군집화하는 방법이다.

이는 고객의 이질성을 분석하는 고객시장의 세분화와 경쟁제품의 이질성을 분석하는 제품시장의 구조분석을 포함하는 종합적인 활동으로서, 고객과 제품을 각기 따로 분석한 후에 종합하거나, 처음부터 고객과 제품을 함께 종합적으로 분석할 수도 있다.

쉽게 말해 시장세분화란 하나의 시장을 특성에 따라 나누는 것으로 지리적 변수, 인구통계학적 변수, 심리적 변수, 행동적 변수 등에 따라 세분화한다. 전체 시장을 세분시장으로 나누는 이유는 다양한 고객의 욕구를 무시하고 하나의 제품만으로 제품시장에서 경쟁우위를 확보하기가 어렵기 때문이다. 하지만 지나치게 고객지향적인 사고에만 집착하여 개별적인 고객의 요구를 모두 충족시키려는 마케팅 노력은 기업이 추구하는 이익의 달성을 불가능하게 만들 것이다. 이에 따라 마케터는 두 가지 극단적인 방법을 최소화하여 중도적인 대안으로 전체 시장을 욕구가 비슷한 고객집단으로 구분하고 각 집단별로 차별적인 접근을 시도한다.

Kotler(1991)는 시장세분화를 조직의 이윤극대화를 위한 고객으로 동일하게 보고 규모의 경제를 창출하는 행위와 고객의 행동과 욕구를 만족시키고자 하는 행위의 양극단의 전략을 피하고 균형을 맞추어 내는 전략적 열쇠라고 하였다. 즉 같은 이익을 공유하는 부분들로 부담하기엔 너무 큰 전체 시장에 대해 세분화시키는 행위인 것이다.

Simpson(1994)은 시장세분화는 시장을 두 개 혹은 더 많은 독특한 이익을 가지고 있는 파트로 나누는 과정과 그런 다음 이런 부분들의 하나 혹은 몇몇 요구들을 처리할 수 있는 마케팅 프로그램과 상품을 개발해 내는 것이라고 하였다.

사회복지기관의 서비스마케팅은 차별화 전략이 중요하지만 모금이나 홍보를 위해서는 시장을 세분화하는 전략이 요구된다. 모금마케팅의 경우 시장세분화란 전체 기부시장을 일정한 기준에 의해 동질성을 갖는 기부자들끼리 집단(세분시장)으로 묶어 내는 과정을 말한다.

전체 기부시장을 세분화하는 이유는 다양한 기부자의 욕구를 무시하고 하나의 기부방식으로 경쟁우위를 확보하기가 어렵기 때문이다. 하지만 앞서 설명한 바와 같이 지나치게 기부자 지향적인 사고에만 집착하여 개별적인 기부자의 요구를 모두 충족시키려는 모금마케팅 노력은 사회복지기관이 추구하는 본래의 목표달성을 불가능하게 만들 것이다.

따라서 전체 기부시장을 욕구가 비슷한 기부자집단으로 구분하고 각 집단별로 차별적인 접근을 시도하는 것이 효과적이다. 시장세분화 과정에서는 우선 어느 수준에서 하나의 세분시장을 묶을 것인지에 대해 결정해야 한다. 모든 기부자를 하나의 세분시장으로 보고 접근할 수도 있고 반대로 각각의 기부자를 별도의 세분시장으로 간주할 수도 있다(정무성, 2001).

이러한 시장세분화를 통해 다양한 고객의 욕구를 파악해 이들의 욕구를 충족시켜 줄 수 있으며, 고객의 새로운 욕구와 새로운 시장의 기회를 발견하게 된다.

2) 시장세분화의 기준

2차 세계대전 이후 기술의 진보, 사회적 유동성의 증가, 그리고 고객의 더 넓어진

시각변화에 의해 나타나기 시작한 세분화는 기업이 필요한 표적집단을 규정짓고, 하나 혹은 더 많은 표적집단의 욕구를 충족시키기 위해 집중할 수 있었다. 비록 규모의 경제를 잃는다 하더라도 조직은 그들의 마케팅믹스를 표적집단에 성공적으로 적용하고 낭비를 최소화하여 이윤을 창출할 수 있도록 고려하게 된다. 예를 들어 만일 그들이 매스미디어보다 마케팅에 더 효과적인 채널을 발견했다면, 더 이상 매스미디어에 광고할 필요를 느끼지 못하게 되는 것과 같은 이치다.

시장세분화가 지속가능한 전략인지에 대해서는 학자들의 의견이 분분하지만, 소수가 이를 인정할지라도 이는 한번쯤 고려해볼 만한 가치가 있다.

예를 들어 Bliss는 많은 마케팅 매니저들이 세분화의 이론적 해석을 인정할지라도 많은 수는 그것을 고정적인 콘셉트라고는 인정하지 않았다. 그 이유는 그것이 부분적으로 많은 시장에 적용하기 어렵고, 또한 강조하고 있는 것들이 시장 자신의 지출비용에, 그리고 존재하는 경쟁적 상황들에 대해서 너무 많은 변수를 가지고 있기 때문이다.

Kotler(2010)는 사회복지조직이 기존시장을 마케팅 전략의 목적에 부합하도록 함에 있어서는 다음과 같은 세 가지 기준이 전략 결정에 도움을 줄 수 있을 것이라고 하였다.

① **양적 결정**(Quantity decisions): 조직의 재무적, 인적, 지적 자원이 얼마만큼 세분시장을 위해 개발되어야 하는가?

② **질적 결정**(Quality decisions): 각 시장에 제공되는 상품, 커뮤니케이션, 제공 장소 등이 어떻게 제시될 것인가?

③ **타이밍 결정**(Timing decisions): 마케팅 노력을 언제 자신의 표적시장을 대상으로 실시할 것인가?

Sargeant(2009)는 시장을 세분화하는 유일한 방법이나 옳은 방법은 없으며, 다음과 같이 크게 인구통계학적, 지리·인구학적, 소비자의 생활양식, 행동학적, 심리학적인 측면으로 분류할 수 있다고 하였다.

(1) 인구통계학적 변수(Demographic Variables)

시장은 나이, 성별, 사회경제적 그룹, 가족 크기, 가족의 라이프사이클, 수입, 종교, 인종, 국적, 교육 같은 다양성에 기초하여 구분할 수 있다. 이러한 것을 총체적으로 인구통계학적 변수라고 한다.

이 방법은 시장에서 매우 유용하다. 왜냐하면 고객의 기호, 필요, 요구들이 종종 이러한 특징들과 긴밀히 연관되어 있기 때문이다. 간과해서는 안 될 것이 조직에서 인구통계학적 변동성만 독립적으로 사용되는 것은 아주 드물다는 것이다. 오히려 그들은 상호작용하여 사용되는 경향이 있다.

① 나이(Age)

고객의 욕구는 나이에 따라 달라진다. 따라서 같은 제품이라 하더라도 나이에 따라 변형된 제품을 제공해야 하며 마케팅 방법도 달리해야 한다.

Philips와 Sterthal의 연구에 의해 나이 차이는 특정한 개인이 사용할 정보의 원천들의 변화에서 생긴다고 보았다. 또한 나이는 사회영향의 학습능력과 감수성의 영향을 받는다고 보였다. 명백하게 이러한 모든 사실들은 구매행위에 영향을 미칠 수 있고 세 가지 모두 비영리 영역에 연관되어 있다. 사회복지조직의 프로그램 설계에 있어서도 프로그램 제공을 위해 어린이, 10대 청소년, 성인남성, 성인여성, 노인 등으로 구분하여 다르게 실시해야 한다.

② 성별(Gender)

Kotler는 개인의 성별은 특정 상품 혹은 브랜드를 구입하는 성향의 좋은 지표로 사용되었다고 강조했다. 성별은 마치 고액 기부금을 내는 기부자가 여자인 경우가 많은 것에서 볼 수 있는 것처럼 비영리 영역에서도 유용한 분류라는 것이 증명되었다. 따라서 사회복지 마케팅의 기준은 성별에 의해 분류된 접근방식에 기초해서 설계되어야 할 것이다. 예를 들면 안전한 sex, 낙태, 그리고 헬스케어 스크리닝에 대한 태도는 성별에서 매우 특징적으로 발견되었다.

③ 가족생활주기(Family Life Cycle)

이 기준에 의한 세분화는 상품/서비스를 위한 욕구가 고객들 자신의 가족 형태에 의존적일 것이라는 전제에 기초한다. 따라서 개인들이 독신인지, 결혼했는지, 아이가 있는지 등의 조건들에 기초할 수 있다.

단순한 핵가족의 나이에만 국한된 연구에서 나아가 이혼, 여성의 사회진출 증가 등을 고려한 라이프스타일에 대한 연구가 진행되어야 한다. 사회복지조직이 어린 자녀가 있는 가정에 대한 프로그램을 제공하기 위해서는 육아교육법이나 부부의 역할분담 등에 관한 내용을, 자녀가 결혼한 노부부 가정에서는 여가선용, 여행에 관한 정보, 건강 등의 프로그램이 더 유용할 수 있을 것이다.

④ 소득/직업(Income/Occupation)

소득은 세분화에 유용한 기초로 사용된다는 것이 증명되었다. 소득은 곧 구매력을 나타낼 수 있기 때문에 고객들 간의 소득 차이는 확실한 세분화 변수가 될 수 있는 것이다. 그리고 특정한 고객 그룹의 수입을 위한 사실적 증거를 규정하기 어려움에도

▌표 5-1▌ 인구통계학적 변수를 이용한 세분화의 예

변 수	세분화의 예
성 별	남, 여
연 령	유아, 취학 전, 초등학생, 중고등학생, 10대 후반~24세, 20대 후반, 30대, 40~50대, 60대 이상
학 력	중졸 이하, 고졸 이하, 대졸 이하, 대학원 이상
가족의 소득 (월평균 총소득)	100만 원 미만, 100~200만 원, 200~300만 원 미만, 300~500만 원 미만, 500만 원 이상
혼인상태	미혼, 기혼, 기타
가족생활주기	미혼, 신혼, 젊은 부부, 중년부부, 노년부부, 사별 후 독신
직 업	자영업, 판매업, 기능직, 공무원 및 사무직, 고급공무원 및 기업체 간부, 전문직, 자유직, 농림수산업, 대학(원)생, 중고등학생, 주부
주거형태	아파트, 연립주택, 단독주택, 상가주택

불구하고 특정한 물건 혹은 서비스를 구입하는 특정한 카테고리의 경향을 위한 좋은 지표로 나타났다.

하지만 세분화의 더욱 일반적인 방법은 수입과 직업을 하나의 모델로 연결함으로써 효과적인 방안을 찾을 수 있다.

(2) 지리 · 인구학적인 시장세분화(Geographic and Geodemographic Segmentation)

① 지리학적인 시장세분화(Geographic Segmentation)

지리학적 지역사회에 특히 많은 비영리조직들이 객관적 서비스 공급의 주요 근거라는 것을 감안하면 이는 잠재적 시장을 세분화하는 매우 효과적이고 필수적인 방법이다.

지리학적 근거에 관한 세분화는 매우 유용하고 좋은 방식으로 인식되어 있으며, 특히 한 사람이 소비시장에 투자하고 있을 때 그러하다. 대조적으로 지리인구학은 간단한 지정학적 모델의 제한들을 중요하게 개선시키고자 하는 시도이다.

② 지리인구학적 시장세분화(Geodemographic Segmentation)

지리인구학은 1973년 Webber의 연구로부터 시작되었다. 그는 원래 리버풀에서의 도시빈곤에 관한 연구에 관심이 있었고, 25개의 분리된 지역 유형을 포함하는 시스템을 산출할 클러스터 분석기술을 사용하는 지역들을 분류하는 데 관심이 있었다. 그에 의하면 각각의 지역은 지역의 인구, 주거, 그리고 사회경제적인 특징들의 관점에서 정의된다는 것이다.

영국 시장조사 사무국의 Baker는 Webber의 시스템이 TGI(타깃그룹목록)시스템 활동들이 통제하는 중요한 잠재가능성을 지녔다는 것을 확인하였다. 어떤 지역그룹들이 특정한 구매패턴을 표출한다는 것을 발견한 것이다.

다시 말해, 비슷한 지역에서는 비슷한 유형의 생산품을 구매하는 경향이 있다는 것이다. 지리인구학 기술들은 현재 재차 정의되어 왔고, 다양한 영리적인 시스템에서 활용이 늘어가고 있다. 영리적인 시스템으로 가장 잘 알려진 영국은 CACI[1)]에 의해 산출된 확실한 시스템이고, ACORN(주거지역분류)로 불린다.

ACORN시스템 사용자들은 개개인들의 우편번호와 주거형태를 알 수 있으며 대략 그들의 수입이 어떤지를, 그들이 집주인인지 세입자인지를, 그리고 대략 그들이 가족 생활주기의 어느 단계에 있는지를 확인할 수 있다. 또한 생필품 카테고리의 세부사항들이 대부분 개개인 당사자들에게 흥미가 될 경향이 높다는 것을 확인할 수 있다. 이것은 한 조직이 그 단체의 데이터베이스가 윤곽을 보이도록 요구할 수 있기 때문에 강력한 마케팅 도구이다.

그리고 만약 정확한 ACORN 카테고리들이 활용도가 높다고 판단되면, 비슷한 배경을 지닌 다른 가구들을 겨냥함으로써 좋은 효과로서 사용될 수 있을 것이다. 따라서 ACORN시스템은 귀중한 마케팅 자료들로 사용될 것이고, 특히 한 사람이 그 다음의 구매 전망 리스트를 구상하는 데 도움이 된다. 많은 회사들이 현재 상업기초에 관한 지리인구학적 시스템을 제공하고 있다는 것을 주목해야 한다.

(3) 행동적인 시장세분화(Behavioural Segmentation)

Kotler는 행동에 관한 세분화를 구매자들의 지식, 태도, 사용, 또는 생산품에 대한 응답에 관한 구분으로 정의 내렸다. 그는 이것이 많은 마케터들이 시장 구획(단편)들을 나누는 최고의 시작점이라고 믿고 있다. 이런 일반적 카테고리하에는 많은 세분화의 기초들이 있는데 그중에는 이익세분화, 브랜드 로열티, 사용자율, 사용자 상태, 사용현황 등이 있다.

① 이익세분화(Benefit Segmentation)

이익세분화를 염두하고 있는 가장 잘 알려진 사람은 Haley(1968)이다. 그의 연구는 치약시장에 관련되었고 그는 네 가지, 즉 경제탐색(seeking economy), 보호(protection), 화장품(cosmetic), 경험 · 맛(taste benefits)의 이익세분화들을 증명하였다. Haley의 견해에 의해 각각의 경우에서 확인된 이익들은 실질적인 시장세분화의 주요 이유가 되었

1) 영국과 미국에 120개 지사를 두고 11,800명을 고용하고 있는 영국의 IT정보시스템 기업

다. 흥미롭게도 그의 분석들은 각각의 이익 그룹이 인구통계학적, 행동학적, 소비심리학적 특성들과 관계하고 있다고 본다.

예를 들어 충치예방을 탐구하는 카테고리는 많은 수로 구성된 가족과 많은 양의 치약을 사용하는 가족 등으로 분류하는 보수적인 방법이다. 이 모든 정보들은 분명 치약제조 회사들에겐 귀중하다. 치약제조 회사들은 이 자료를 타깃그룹에 명중할, 효율적인 비용이 드는 미디어채널에서 장소를 구매하기 위해 사용할 것이고, 보다 중요하게는 독특한 판매촉진 방법으로 타깃시장에 호소할 것이다. 어느 브랜드의 어느 상품을 구매할 것인가는 철저하게 구매자의 선택의 손에 달려 있는 것이다.

이익세분화의 구상은 비영리 분야 Cermark, File 그리고 Prince(1994)에서 연구조사되어 왔다. 예를 들면, 잠재적 기부자들의 이익세분화를 얻기 위해서 초기에 시도된 방법이다. 그러나 그들의 연구는 '기부자 메이커'를 위한 구성원들의 행동에 기초하지 않았고, 오히려 왜 기부를 하게 되었는지에 대한 기부결정 이유의 분석에 기초하고 있다. 여기서 저자들은 네 가지 뚜렷한 이익세분화를 증명했다.

- 명분형(Affiliators): 사회적 대의명분과 인도주의적 활동에 대한 심리적 보상을 이익으로 얻는 기부자들
- 실용주의형(Pragmatists): 기부로부터 얻는 세금혜택에서 주로 동기부여를 받는 이들
- 가문형(Family): 기부하는 행위에 가족적인 전통이 존재하는 기부자들
- 보은형(Repayers): 답례할 필요성이 있거나 모금관계자와 관련이 있어 그들과의 지속적인 관계유지를 이익으로 보는 기부자들

그러한 기부자들로부터 추구된 주요 이익의 이해는 적합한 마케팅 커뮤니케이션의 디자인을 용이하게 하여 기금 조달자들에게 접근이 가능하게 한다. 이익세분화는 특히 생산품/서비스 카테고리의 필요성이 이미 존재하는 곳에서 특히 유용할 것이다. 또한 개개인들을 이익에 대한 명분을 만들어 주고 격려하기엔 다소 쉬울 것이다.

1992년 Brown의 예는 건강 관련 산업시장의 이익 분석이다. 그는 중요한 관심이 건강보호단체와 마케팅 단체에 의해, 사람들의 헬스센터는 건강요구에 의해 선택된다

는 것을 증명하였고, 작은 연구가 건강이익의 중요성을 감지한 고객들에 기초한 적합성에 대한 시장세분화의 확인이 실행되었으며, 그의 연구는 건강한 고객의 세 가지 뚜렷한 세분화의 정의로 마무리를 지었다.

- Winners: 인생에서 필요한 것은 얻기 위해서 무엇이든 하는 경향이 있고, 다가오는 인생에 필요조건을 감지하고 그것을 보충하려고 함
- Dieters: 주로 체중감량과 신체적 외모 등의 목표들을 얻기 위해 이용하는 운동에 관심이 있는 사람들
- Self Improvers: 운동을 기분 전환의 한 형태로 하는 사람들

② 브랜드 충성도 수준(Brand Loyalty Status)

행동적 세분화에 의해 둘러싸인 두 번째 기술은 브랜드 로열티 수준이다. 이것은 고객들의 구매근거와 사용패턴에 관하여 고객을 세분화한 시도이다.

Wilson(1994)은 다음과 같은 네 가지 구분을 통해 증명하였다.

- Hard-core Loyals: 항상 한 브랜드만을 사는 소비자들이다. 그러므로 AAAA 패턴의 구매는 아마도 브랜드 A의 일관된 구매 형태로 나타나곤 한다.
- Soft-core Loyals: 규칙적인 기초에 관한 제한된 브랜드들을 구매하는 소비자들이다. 그들의 구매 유형은 AABAB로 나타날 것이다.
- Shifting Loyals: 작은 조건에도 변하는 구매자들을 말한다. 그들의 구매 유형은 AABBCC로 나타날 것이다.
- Switchers: 어떤 한 브랜드에도 로열티를 보이지 않는 구매자들을 말한다. 이 그룹은 특별한 제안들에 영향받기 쉬우며, 수시 혹은 정기적인 변화에 의해 관심을 가질 것이다. 그들의 구매 유형은 ABBCACB로 나타날 것이다.

그러나 만약 누군가 로열티 수준을 세분화하기 위한 기준으로서 간주하고 있다면, 그것의 측정에서 겪게 될 오류를 염두에 두어야 할 것이다. 브랜드 로열티 구매 패턴이 될 무언가는 실제로 습관, 무관심, 저가격, 혹은 다른 브랜드의 배제 가능성을 반영할 것이다. 따라서 관찰된 구매 패턴들 뒤에는 보이지 않는 또 다른 요소가 존재하므

로 엄밀히 조사해야 할 필요성이 있다.

③ 사용자들의 상품소비 정도(User Status)

시장을 세분화하기 위한 더 인기 있는 방법은 생산품/서비스 사용율과 관계있는 데이터를 사용하는 것이다. 고객들은 아마도 그들이 상품의 비중 있는(heavy), 중간의(medium), 비중이 없는(light) 사용자들인지 아닌지에 따라서 분류될 것이고 그에 알맞게 대우될 것이며, 이 방법은 특히 유용할 것이다. 왜냐하면 그것은 작은 고객을 대상으로 하더라도 때때로 비교적 큰 소비 비율을 올릴 수 있기 때문이다.

(4) 심리적인 시장세분화(Psychological Segmentation)

물리적으로 관찰할 수 있고 측정할 수 있는 요소들이 아닌 순수하고 심리적인 다양성을 판단하는 세분화 기준이다. 심리적인 측면의 변화를 일컬으며 이에 대해 가장 유용하게 활용되는 심리적 변이의 두 가지에 대해 설명하고자 한다.

① 성격(Personality)

고객들의 성격 차이를 인식하고 그 차이에 따라 시장을 세분화하기도 한다. 마케터는 고객의 이미지 또는 자아개념에 적합한 상표의 이미지나 상표개념을 개발하려고 한다. 세분화에 대한 단순한 인구통계학적 접근을 넘어서 시장조사자들은 임상심리학에서 두 가지 기술을 차용했다.

첫 번째 접근은 1960년 Koponen에 의해 제안된 표준화된 성격 목록이라 알려진 것을 이용하는 것이다. Koponen은 9,000명 정도의 미국인에게 성격표준시험을 시행했다. 필수적으로, 이것은 그들이 가장 잘 공감할 수 있는 일련의 진술을 선택한 응답자들을 포함한다. 이 진술은 너무도 구성적이라 많은 특별한 인간욕구의 강도를 특정 지을 수 있다. 이 자료를 알려진 구매습관과 비교했을 때 성격의 변이와 연관되어서 나타나는 구매 패턴을 공감할 수 있었다.

두 번째 접근은, 성격기술을 이용한 접근으로 구매동기조사를 설계하기 위해 임상

심리학에서 사용된 모형들과 이론들을 적용한 것을 포함한다. 이런 연구의 목적은 왜 개인들이 그런 식으로 행동하려고 하는지를 이해하기 위해서이다.

② 태도(Attitudes)

고객들은 어느 특정 제품에 대하여 열렬한 호응이나 적극적 태도를 보여 주거나, 혹은 무관심 내지 부정적 혹은 적대적인 태도를 보일 경우가 있다.

태도는 많은 조직에 의해서 분류의 기초로 사용되어 왔다. 예를 들면 흡연이나 음주 같은 행위의 특정한 형태에 관한 사회적 태도를 바꾸기 위한 마케팅 홍보를 벌이는 비영리조직과 관련되어 있다. 그러나 이런 경우에는 태도와 실제 구매 성향 사이의 명백한 연결점이 있다고 가정하는 것이다.

(5) 심리도식적인 시장세분화(Psychographic Segmentation)

생활양식이나 라이프스타일의 세분화는 행동학, 인구통계학, 사회경제학에 있어서 사람들이 중요하게 표현했던 기존의 견해와는 다르다. 이러한 경우에 사람들은 그들의 취미나 관심, 느낌, 영감 등에 의해서 그룹화된다.

Kotler는 생활방식은 개인의 행동이나 관심, 의견 등이 표현되는 삶의 패턴, 라이프스타일은 환경과 상호작용하는 전체 개인을 묘사한다고 정의하고, 생활방식은 개성과는 다른 이런 지나치기 쉬운 다양성들을 공급한다고 하였다.

Boyd와 Levy는 마케팅은 소비자들에게 그들 자신의 생활방식의 예술가로서 그들이 선택하고 고르는 시간이 최고의 것이 될 수 있도록 다양한 모자이크를 소비자들에게 제공하는 과정이라고 하였다. 이런 방식으로 생산물을 생각하는 경영자들은 고객의 잠재적인 환경을 이해하고 고객의 라이프스타일과 다른 부분과의 관계를 이해하고 그 패턴에 적용할 수 있는 다양한 방법들을 많이 만들어야 한다.

Young은 이런 일반적인 사회 세분화시스템은 정확성에 있어 결코 동일한 수준이 아니라고 경고한다. 그 결과 Young은 Wells에 의한 관점, 즉 특별한 생산과 서비스 개념에서 그들을 분석하는 것이 다양한 생활 유형을 가장 효과적으로 이용할 수 있는 유일한 방법이라고 주장한다. 이것은 중요한 논의인데, 왜냐하면 조직들은 그들의 조직과 가장 근접한 다양한 생활방식을 살피는 것, 그리고 이런 근거 아래 우선 잠재적인 세분화를 관찰하는 것을 제안할 수 있기 때문이다.

일반적인 헬스케어 연구에 있어 Rubinger는 고객들이 그 항목을 어떻게 보느냐에 따라 결정된 9개의 생활양식을 아래와 같이 설명하였다.

- Quality Minded Users: 가장 많은 그룹으로 비용에 관계없이 가장 좋은 헬스케어를 추구
- Ready Users: 두 번째 많은 그룹으로 헬스케어에 대해 매우 수용적이고 이용할 수 있는 모든 것을 받아들임
- Independently Healthy: 스포츠에 참여하고 영양공급에 집중하며 헬스케어에 비용을 지불
- Avoiders: 헬스케어로부터 멀리 있는 이들
- Naturalists: 전통적인 헬스케어에서 대안을 찾음
- Family Oriented Users: 가족에 기원을 둔 사용자들은 영유아기의 건강을 최고로 여기고 영양, 예방 차원의 건강관리를 하고, 가족에게 관심을 가짐
- Clinic Cynics: 모든 종류의 헬스케어에 회의적임
- Generics: 한 기관과 다른 기관과의 헬스케어 제공에 있어 차이점이 없다고 봄
- Loyalists: 한 기관을 발견, 거기에 머무름

고객의 라이프스타일을 이해하는 것은 어떻게 이런 고객을 비용 면에서 효과적으로 도달하게 하는 매개체를 선택하고 특별한 그룹이 직관적으로 좀더 흥미를 유발하도록 장려하는 메시지를 선택하는 것을 가능하게 하는가를 명확하게 설명하고 지적하는 것이 중요하다.

스탠퍼드 리서치기관의 라이프스타일 유형(Armoid michell)

가장 국제적인 홍보기관은 그들 자신의 캠페인 계획을 도와줄 분할시스템을 가진다. 또한 상업적으로 이용할 수 있는 시스템도 많이 있다. 이들 중에 VALS(Values and Lifestyles Segmentation)로 알려진 시스템은 그들의 목표, 동기 그리고 가치에 기초한 사람들을 측정하는 것이다. 12개의 다른 나라 사람들은 이제 유형화되고, 스탠퍼드 리서치기관의 Armoid Michell에 의해 미국에서 연구된 이 시스템은 사람들을 9개의 라이프스타일 중 하나로 유형화되었다.

- Suvivors: 일반적으로 불리한 입장이고 절망하는 경향이 있음
- Sustainers: 불리한 입장이나 가난으로부터 벗어나기 위해 어렵게 싸우는 중
- Belongers: 전통적이고 과거지향적이고 새로운 생각에 도전하길 꺼려함
- Emulators: 야망이 있고 권력지향적인 사람
- Achievers: 일을 만들며 인생을 즐김
- I AM Me: 자기 자신에게 몰두하며 일반적으로 젊은 사람
- Experientials: 삶이 제공하는 다양성을 경험하길 원하는 자
- Socially conscious: 사회적으로 책임감과 사회조건이 개선되길 원하는 자
- Integrateds: 정신적으로 완전히 성숙하는 내부와 외적으로 가장 좋은 요소로 조화된 자

사회복지조직의 모금활동에 있어 시장세분화 작업은 앞에서 나열한 기부자의 지리적 변수, 인구통계학적 변수, 심리묘사적 변수, 행동적 변수 등에 대한 분석을 통해 잠재적 기부자 집단을 찾아 주는 것이다.

사회복지조직의 결연후원사업에서 시장세분화 작업을 위한 기본적인 분석을 다음과 같다.

첫째, 사회복지단체의 결연후원사업 시장세분화 작업은 단체의 목적과 사업에 따라 이루어져야 한다. 곧 결연후원사업의 사업대상의 성격에 따라 환경, 인권, 여성, 소비자, 복지, 교통 등 각 분야에 따른 시장조사를 해야 한다. 각 후원대상(아동, 노인, 장애인 등) 분야에 따라 관심을 지니고 있는 잠재적 기부자를 찾아내야 한다.

둘째, 사회복지단체의 종교적 성격에 따른 시장세분화 작업이 이루어져야 한다. 일반적으로 종교인들의 후원은 자신들의 종교에 부합하는 단체를 우선적으로 후원하게 된다.

셋째, 연령층에 대한 시장 분석을 해야 한다. 일반적으로 후원은 성인들만 할 수 있다고 생각하기 쉬운데 결연후원의 경우 청소년이나, 대학생 등 젊은 층도 참여하는 경우가 많다. 특히 젊은 층의 경우 미래의 후원자가 될 수 있는 잠재적 기부자 시장이다.

넷째, 기부자의 소득, 직업 등 사회적 계층에 따른 시장세분화 작업이 필요하다. 일반적으로 결연후원사업에 가장 많이 참여하는 사회 계층은 30~40대 직장인으로 조사되고 있다. 이는 결연후원의 금액이 많지 않더라도 정기후원의 성격을 지니고 있으므로 직장인과 같이 안정적인 수입이 있는 계층이 많이 참여하고 있음을 말해 준다. 다음의 〈표 5-2〉는 시장세분화를 위한 분석틀을 종합하여 보여 주는 것이다.

▌표 5-2▌ 시장세분화 분류기준

변수		분류방법
지리적 세분	지역구분	대도시, 중소도시, 농어촌,
	인구밀도	10만 이하, 30만 이하, 50만 이하, 100만 이하, 100만 이상
	지역특성	도시, 농촌, 상업, 산업단지
인구통계적 세분	연령	20세 미만, 30세 미만, 40세 미만, 50세 미만, 51세 이상
	성별	남성, 여성
	가족구성원 수	1~2명, 3~4명, 5명 이상
	가족생활	미혼, 결혼
	직업	전문직(의사, 변호사 등), 기술직, 자영업자, 경영자, 공무원, 학생, 주부, 군인, 교사
	학력	중졸(중퇴), 고졸(고퇴), 대졸(대퇴), 대학원졸
	종교	개신교, 가톨릭, 불교, 원불교, 기타, 무교
	소득	100만 원 미만, 200만 원 미만, 300만 원 미만, 400만 원 미만, 400만 원 이상
심리묘사적 세분	사회적 계층	최상, 상, 중, 하, 최하
	라이프스타일	소유형, 성취형, 적분형
	성격	소극적, 적극적, 사교적, 권위주의적, 야심적

행동적 세분	사 용 기 회	규칙적, 산발적, 특수적
	추 구 효 용	상품, 서비스, 경제적 여건
	사 용 여 부	신규 기부자, 전 기부자, 비정기 기부자
	후 원 정 도	소액, 보통, 고액
	인 지 도	무지, 미흡, 보통, 보통이상, 매우높음
	상 품 태 도	무관심, 만족, 보통, 불만족

3) 시장세분화 절차

시장세분화를 실시하는 일반적인 절차는 [그림 5-2]에 제시된 바와 같이 먼저 시장을 세분화하는 수준을 결정하는 것으로부터 출발한다. 즉 얼마나 많은 고객을 하나의 집단으로 묶을 것인지를 먼저 결정하여야 한다. 다음으로 세분화 변수를 선정하여 제품시장을 세분화한 다음, 각 세분시장의 특성을 파악하는 단계를 거친다(권익현 외, 1999).

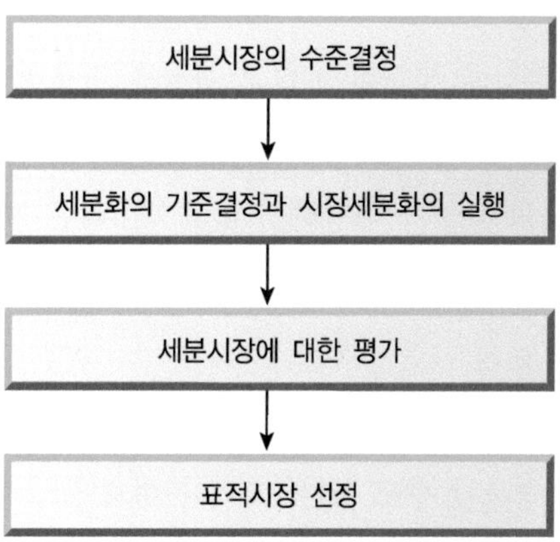

▌그림 5-2▐ 시장세분화의 절차

〈시장세분화 수준의 결정〉

마케터는 시장세분화 과정에서 우선 어느 수준에서 하나의 세분시장으로 묶을 것인지에 대한 의사결정을 내려야 한다. [그림 5-3]에서 보는 바와 같이 모든 소비자를 하나의 세분시장으로 보고 접근할 수도 있고 반대로 각각의 소비자를 별도의 세분시장으로 간주할 수도 있다. 그러나 실제로 많은 기업들은 두 방법의 중간적인 형태로 일정 수의 동질적 소비자들을 묶어 세분시장으로 나누는 방법을 채택하고 있다(정무성 외, 2003).

▮그림 5-3▮ 시장세분화의 수준

출처: Armstrong & Kotler (2000).

① 대중마케팅(Mass Marketing)

이는 제품 시장 내 고객들을 구분하지 않고 불특정 다수의 전체 고객에 대해 하나의 마케팅 프로그램을 제공하는 방법이다. 예를 들면 ○○치약, ○○라면, ○○자동차의 경우와 같이 고객들의 욕구가 다양하지 않을 때, 혹은 제품이 처음 출시되어 세분화된 시장이 형성되어 있지 않았을 때 많은 사람들이 사용하는 일상 생활용품들은 대중마케팅이 적합하다.

대중마케팅이 제품시장에서 성공적으로 받아들여질 수 있다면 대량생산을 통한 원가절감을 통하여 이익을 창출할 수도 있다. 그러나 현재와 같이 고객의 욕구가 다양해지고 기업 간 경쟁이 치열한 상황에서는 하나의 제품과 마케팅 프로그램만으로 모든 고객을 만족시키기는 어려우며, 이 방법은 제품수명 주기상의 도입기에 제한적으로 사용할 수 있는 접근방법이다.

모금마케팅의 경우에도 연말이나 특정 국가적 이슈가 있는 경우 국민 전체를 대상으로 하는 마케팅이 유효하지만 단일기관에서 특정 목적을 이루기 위한 모금의 경우는 세분화된 전략이 요구된다.

② 세분화 마케팅(Segment Marketing)

고객들의 욕구가 다양해짐에 따라 기업들은 일부 세분시장에 마케팅 노력과 자원을 집중하여 경쟁우위를 확보하려는 접근방법을 도입하고 있다. 예를 들어, 모금마케팅의 경우 연령, 성별, 종교, 직업, 소득수준 등에 따라 기부자집단을 세분화하여 차별적인 접근을 시도할 수 있다.

③ 틈새시장 마케팅(Niche Marketing)

틈새시장이란 세분시장을 더욱 세분화한 보다 적은 규모의 고객집단을 의미한다. 예를 들어 유아식을 다시 연령대에 따라 초유 성분의 제품, 3개월 미만, 3~6개월 사이에 맞는 제품으로 구분하거나 30대를 겨냥한 화장품을 다시 주름살을 제거하는 화장품이나 기미를 제거하는 화장품 등으로 구분하는 경우이다. 틈새시장은 세분시장에 비해 규모는 작지만 경쟁자가 많지 않으며 독특한 고객욕구를 만족시켜 줌에 따라 고객이 기꺼이 고가의 제품을 구매하는 경우가 많다. 따라서 틈새시장에 규모가 작은 사회복지조직이 제한된 자원을 집중하면 비교우위를 확보할 수 있는 기회를 맞을 수 있다. 미국의 대학에는 잠재적 고액기부자들을 선정하여 그들 특성에 맞는 틈새시장 마케팅 전략으로 접근하여 성공한 사례가 많으며 사회복지조직도 이러한 잠재적인 고액기부자나 지속적으로 기부 가능성이 있는 기부자, 기부 의향은 있으나 기부방법을 잘 알지 못하는 기부자 등을 발굴하고 그들의 특성에 맞는 틈새시장을 공략해야 한다.

④ 미시적 마케팅 혹은 개별마케팅(Micro Marketing)

개별적인 고객수준에서 각 고객의 욕구에 맞춰 제품과 마케팅 프로그램을 개발하여 제공하는 방법이다. 이러한 방법은 한정된 경영자원을 효율적으로 관리하는 것에 대한 어려움으로 인하여 일반 소비재시장에서는 널리 활용되지 못하였으며 소수의 거래

고객들을 대상으로 하는 산업재나 소규모의 기업에서 제한적으로 적용되어 왔다. 그러나 최근에는 컴퓨터기술의 발전과 함께 대량의 고객정보에 대한 분석과 처리가 가능해짐으로써 개별적인 고객에 맞는 마케팅 프로그램을 개발·적용하는 데이터베이스 마케팅(database: DB)[2)]이 확산되고 있다.

시장세분화의 사례

Zara: '패스트패션'이란 고객의 니즈를 제품으로 빠르게 반영하여 시장에 출시하는 것을 의미한다. 패스트푸드 시장이 널리 익숙해져 온 것과는 달리 패스트패션이란 용어를 기업경영이념과 접목시켜 지속적인 성장으로 이끌어온 업체는 드물다. Zara의 성공 포인트는 사업모델의 핵심인 매장의 적극적인 활용, 짧은 컬렉션 준비기간, 품목별 소량생산 원칙, 고객에게 제공할 수 있는 차별화된 가치 창조 그리고 지리적 이점의 활용이다.

SONY: 'SONY Style'이라는 새로운 인터넷쇼핑몰을 개장, 기존의 쇼핑몰과 구별되는 가장 큰 차이점은 제품 위주의 화면구성에서 벗어나, 고객의 생활양식을 기준으로 디스플레이를 했다는 점이다. SONY는 e-customer를 라이프스타일에 따라 6개 집단으로 나누어 각각의 타입별로 클릭하면 가장 대표적인 가공의 인물에 대한 신상정보와 그의 삶을 소개하고 있다. 이는 고객에게 오락적 요소와 함께 쌍방향적인 느낌을 가지게 한다. 6개 집단은 예술전문가, 여행애호가, 가정적인 사람, 혼자 있기 좋아하는 사람, 형식타파주의자, 전문 프로페셔널 집단이다.

대형 할인점

- 애견용품 전문 판매점을 꾸려 사람이 아니라 철저히 애견 위주로 애완용 호텔·카페·유치원·병원·미용실 등 시설을 갖추고 있다.
- 1층을 공원으로 꾸미고, 지하 1·2층 매장, 지하 3·4층은 주차장으로 하고 매장의 옥상부에 해당하는 지상에는 나무숲과 산책로, 자전거도로 등이 있는 공원을 조성하여 고층건물이 밀집해 있는 지역주민들에게 할인점과 함께 공원을 선물하려는 의지를 표현한다.
- 매장 내에 식물공장인 '행복가든'을 설치하고 상추를 직접 재배한 뒤 이를 포장해 판매한다. 작은 정원처럼 꾸민 녹색채소 재배장은 LED를 설치해 실내에서도 식물이 자라는 데 필요한 빛을 충분히 공급하고, 내부를 클린룸으로 만들어 외부에서 들어오는 오염물질을 차단해 씻지 않고도 먹을 수 있다는 것을 강조한다.

출처: 안운석, 장형섭 (2011).

---

2) DB마케팅이란 제한된 시장과 치열한 경쟁에서 우위를 확보하기 위해 ① 고객에 대한 여러 가지 정보를 컴퓨터를 이용하여 데이터베이스화하고 ② 이를 바탕으로 고객과의 장기적인 관계를 구축하기 위해 개별고객의 욕구에 맞는 차별화된 마케팅 전략을 수립하고 집행하는 과정으로 정의된다.

4) 시장세분화의 이점과 한계

박찬수(2000)는 시장세분화의 효과에 대해서 경쟁우위의 확보와 마케팅 기회의 발전을 들었다.

(1) 경쟁우위 확보

시장세분화의 핵심은 하나의 상품보다는 여러 개의 상품을 내놓는 것이 고객욕구를 더 잘 충족시킬 수 있다는 데에 있다. 그러므로 경쟁자보다 한발 앞서 세분시장 마케팅을 하는 조직은 경쟁우위를 확보할 수 있다.

(2) 마케팅 기회의 발전

시장세분화를 하면 하지 않는 경우에 비하여 고객들의 욕구를 보다 잘 이해할 수 있기 때문에, 자칫하면 눈에 띄지 않을 수도 있을 마케팅 기회를 더 잘 발견할 수 있다. 평균적인 고객만 보아서는 발견되지 않을 중요한 기회가 세분화시장 수준에서는 발견될 것이다.

이러한 시장세분화의 이점에 대해 살펴보면 아래와 같다.

시장세분화 작업을 통해서 사회복지조직은 기부자 개발과 모금활동에 있어 다음과 같은 이익을 얻을 수 있다.

첫째, 시장세분화 작업은 보다 정확한 모금목표를 세우도록 도와준다.

둘째, 가장 수익성이 높은 모금시장에 자금과 노력을 투입하게 한다.

셋째, 조직에서 가장 유리한 모금 촉진도구가 무엇인가를 발견하게 해준다.

넷째, 시장세분화 작업은 기부자의 욕구에 따라 정확한 시장을 찾아 준다.

다섯째, 시장세분화를 통해 사회복지조직은 모금활동을 위한 홍보에 있어 광고매체 선정의 최적화와 최적 촉진믹스를 가능하게 해준다.

여섯째, 사회복지 모금시장의 변화를 신속히 파악하고 그것을 유리하게 이용하게 해준다.

일곱째, 시장세분화 작업은 변화하는 시장요구에 대처할 수 있는 모금기관의 능력을 강화시켜 준다.

여덟 번째, 경쟁자보다 한발 앞서 세분시장 마케팅을 하는 사회복지조직은 경쟁우위를 확보할 수 있다.

아홉째, 경쟁 및 사회복지조직의 시장지위를 정확하게 평가할 수 있게 해준다.

하지만 시장세분화는 이러한 이점을 가지는 반면 아래와 같은 한계점도 가지고 있다.

첫째, 매스마케팅에 비해 비용이 많이 든다.

둘째, 조직의 능력과 자원의 투입을 필요로 한다.

셋째, 조직이 너무 작은 세분시장에 몰두함으로써 오히려 수익성을 저해시키고 조직력을 분산시킬 수 있다.

넷째, 고객의 욕구이동을 잘못 이해하여 세분화 작업이 잘못될 위험성이 있다.

다섯째, 당초 브랜드가 지나치게 다양화되어 과다한 비용을 초래하기 쉽다

여섯째, 단기 시행적인 전략으로 전락할 수 있다.

일곱째, 시장세분화 전략에 지나치게 집착하면 고객에게 혼돈을 줄 수 있다.

따라서 사회복지조직은 시장세분화 작업에 있어, 사회복지조직이 설정한 표적시장이 모금의 효과를 가져올 만큼 충분한 규모이며, 우리조직에 적합한 지원형태인가, 충분하고 적합한 시장이라 할지라도 판매촉진과 접근 채널의 노력을 통해 접근이 가능한가, 표적시장의 마케팅조사 등에 대하여 유념하여 접근해야 한다.

(3) 시장세분화의 다양성 평가를 위한 기준

앞서 살펴보았듯이 시장을 세분화할 수 있는 방법은 여러 가지이다. 공공조직 또는 비영리조직인 사회복지조직은 지역사회의 클라이언트 시장뿐만 아니라 조직을 대상으

로 재정적인 원조를 해줄 기부자를 구할 수도 있다. 여기서는 어떻게 조직을 세분화할 수 있는가, 즉 조직의 시장세분화 요건을 장애인복지관을 예로 들어 살펴보도록 하자.

- 조직규모(organization size): 조직은 규모에 따라 대·중·소로 분류된다. 장애인복지관은 대규모의 재단이 소규모의 재단보다 기부 또는 자원의 가능성이 더 크다고 판단할지도 모른다.
- 지리적 위치(geographical location): 사회복지관은 지역사회 외에 있는 재단보다는 지역사회 내에 있는 재단을 더 선호할 것이다.
- 관심프로필(interest profile): 재단마다 나름대로의 관심 있는 분야가 있으며, 지원하는 대상자들이 있다. 장애인복지관은 장애인 분야에 관심이 많은 재단에 접근하려 할 것이다.
- 자원수준(resource level): 재단마다 특정 프로그램에 지출하고자 하는 자금의 양이 있다. 따라서 장애인복지관은 필요한 규모의 자금을 지원해 줄 수 있는 재단에 접근하려 할 것이다.
- 구매기준(buying criteria): 재단마다 지원을 요구하는 조직에 적용하는 기준에 차이가 있다. 조직의 운영하는 경영방침이나 질을 보는 경우도 있으며, 사회에 기여도를 기준으로 하기도 한다. 또한 조직의 사회적인 인지도나 재정적인 어려움을 중시하는 재단도 있다. 따라서 장애인복지관은 구매기준이 스스로에게 맞는 재단에 초점을 맞추어야 한다.
- 구매과정(buying process): 재단에 따라 요구하는 문서의 종류나 양, 심사과정의 절차가 다르다. 장애인복지관의 입장에서는 제출해야 할 문서가 적을수록 유리하고 판정결과도 신속하고 정확하게 알려주는 재단에 초점을 맞추어야 할 것이다.

하지만 기관 운영자들이 처한 어려움은 어떻게 정확히 그 가능성을 평가할 수 있느냐 하는 것이며 실제로 제안된 각각의 시장세분화를 위해서 사용될 수 있는 기준은 다음의 일곱 가지가 있다.

① 측정가능성(Measurable)

이는 세분시장의 규모와 구매력을 정확하게 측정할 수 있는 정도를 말하며, 시장은 쉽게 측정 가능해야 하고 시장분할의 정보와 그 특징들은 효과적인 가격으로 존재해야 한다.

② 접근가능성(Accessible)

세분시장은 효과적으로 도달할 수 있고, 충족할 수 있는 정도를 나타내는 것이다. 즉, 효과적인 가격으로 마케팅 혼합의 설계가 가능해야 한다.

③ 실질성(Substatial)

조직이 별도의 제품과 마케팅믹스로서 개척할 만한 충분한 규모와 높은 수익성을 가진 시장이어야 한다.

④ 안정성(Stable)

세분화의 행위는 미래의 발전이 계획한 대로 정확히 예측 가능함을 보증할 수 있을 정도로 비교적 안정적이어야 한다.

⑤ 적절성(Appropriate)

조직의 목표자원, 목적 등을 위해 특별히 분할을 적절하게 개발해야 한다.

⑥ 유일성(Unique)

시장분할은 시장행동의 반응이라는 조건에 있어서 유일성을 가져야 하며 그러기 위해서는 다른 시장분할과는 구분되어야 한다.

⑦ 지속가능성(Sustainable)

중요한 이익에 대해서 재빨리 이슈화해야 한다.

2 표적시장의 이해

1) 표적시장 선정의 개념

표적시장이란 판매자가 자신의 마케팅 노력을 특별히 기울이는 고객(사람과 기업)집단을 말한다. 다시 말하면, 판매자들이 전체 시장을 공략하기 위해 분산하여 마케팅 노력을 기울이는 것보다 상대적으로 구매욕구가 높은 고객에게 초점을 맞추어 집중할 수 있기 때문에 판매자에게 보다 확실한 시장기회를 제공할 수 있으며, 이에 따라 기업은 각각의 세분시장을 적절한 상품, 가격, 유통, 광고정책에 사용할 수 있게 된다.

적절한 시장세분화 변수를 선정하여 전체 시장을 복수의 세분시장으로 세분화하였다면, 마케팅 담당자는 각 세분시장의 매력도를 평가하여 이들 중에서 자신의 조직에게 가장 매력적인 하나 혹은 그 이상의 세분시장을 표적시장으로 선정하게 된다.

▮표 5-3▮ 세분시장의 분석(3C의 분석)

3C	평가요소	평가기준
Customer	- 시장규모 - 시장성장률	- 해당 세분시장이 적절한 시장규모인가? - 성장가능성이 높은 시장인가? - 각 세분시장별 잠재수요는 어느 정도인가?
Competition	- 현재의 경쟁사 - 잠재적 경쟁사	- 현재의 경쟁사들이 공격적이고 강력한가? - 새로운 경쟁사의 진입가능성이 높은가?
Company	- 조직목표 - 자원 - 시너지효과	- 조직의 목표와 일치하는가? - 인적, 물적, 기술적 자원을 갖추고 있는가? - 기존 브랜드의 마케팅믹스 요소를 연계하여 시너지 효과를 가져올 수 있는가?

2) 표적시장의 선정 및 유형

표적시장을 선정하는 것은 마케팅 담당자들이 고려하는 첫 번째 쟁점 중의 하나이다. '표적시장 선정'이란 사람들이 마케팅 노력을 기울일 대상을 규명해 내는 것을 의미한다. 우리의 제품과 서비스를 구매할 사람들이 누구인가를 파악하는 것은 중요하다. 보통 제품구매자들과 비구매자들로 표적시장은 구분된다(Kevin Clancy & Robert Shulman, 1997). 각 세분시장을 3C 분석에 의해 평가한 후 진출할 가치가 있는 전략시장을 선정한다.

시장세분화를 통해 몇 개의 잠재적 세분시장으로 나눈 다음에는 각 세분시장별로 3C 분석과 수요예측 등을 통하여 기업에 가장 유리한 하나 또는 그 이상의 표적시장을 선정한다.

표적시장을 선정하기 위하여 마케팅관리자가 여러 세분시장을 평가할 때에 사용되는 기준은 다음과 같다. 첫째, 특정 세분시장에 진입하는 것이 조직의 사업목표 및 마케팅 목적과 일치하는가를 검토하여야 한다. 둘째, 조직이 특정 세분시장에서 성공하는 데 필요한 기술과 자원을 갖추고 있는가를 고려하여야 한다. 셋째, 세분시장이 적절한 규모와 성장을 유지하고 있는가를 검토하여야 한다. 넷째, 세분시장이 수익성의 관점에서 매력성을 지니고 있는가를 검토하여야 한다(예종석 외, 1998).

이때 조직은 각각의 표적시장이 측정 가능한가, 최소한의 이윤이 보장될 만큼의 크기가 되는가, 접근이 가능한가 등을 분석하여 여기에 자신의 조직능력을 대입하여 수행할 전략을 세운다. 다시 말하면 마케팅 노력을 투입할 시장의 범위를 결정해야 하는데 우리는 표적시장을 다음과 같이 정의할 수 있다.

표적시장이란?
판매자가 자신의 마케팅 노력을 특별히 기울이는 고객(사람)집단을 말함 표적시장을 선정하는 데 가장 중요한 제품과 시장이라는 두 요인을 고려하면 다음과 같은 다섯 가지 대안이 있을 수 있다.

① 단일구획 집중화

단일구획 집중화(single-segment concentration)는 가장 단순한 경우로 단일시장을 선택하여 그곳에만 마케팅 노력을 집중하는 것이다.

② 제품전문화

한 가지 제품으로 다양한 고객층에 판매하는 전략이 제품전문화(product specialization)에 해당된다. 가령 냉장고 하나만을 생산하여 가정, 소매점, 병원, 학교 등에 판매하는 경우가 그것이다.

③ 시장전문화

시장전문화(market specialization)는 특정 고객층이 지니고 있는 상이한 여러 욕구의 충족에만 집중하는 전략이다. 가령 대학이 필요로 하는 각종 설비와 기자재만을 판매하고 있다면 그 회사는 시장전문화 전략을 채택하고 있는 것이 된다.

④ 선별적 전문화

선수익성이 높고 조직의 자원이나 목표와도 부합되는 몇 개의 시장만을 선별해서 진출하는 전략이 선별적 전문화(selective specialization)에 속한다.

⑤ 전체 시장 포괄

전체 시장 포괄(full market coverage)은 각 고객집단들이 필요로 하는 모든 제품을 생산판매하는 전략으로서 흔히 대규모의 회사에 의해 채택된다.

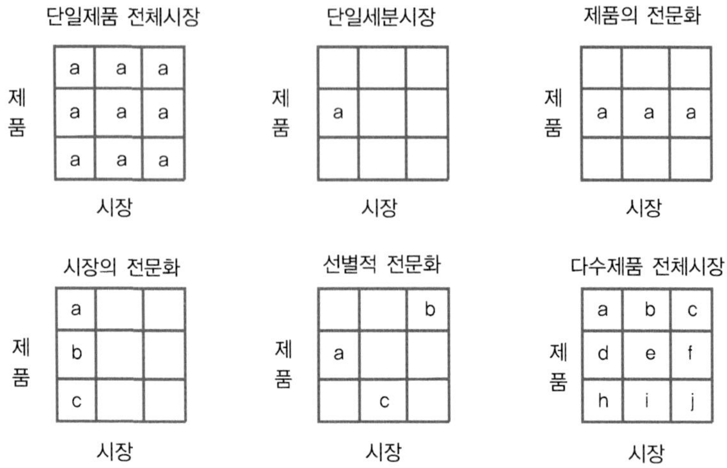

▌그림 5-4▐ 표적시장의 유형

특정 고객집단이나 표적시장을 파악하는 일은 다음과 같은 다섯 단계의 과정을 거친다(박충환 외, 1993).

① 환경변화에 가장 영향을 받는 표적시장들을 파악한다.

② 환경변화에 대한 표적시장의 반응 정도를 파악한다.

③ 환경변화에 대해서 세분화된 표적시장들이 각각 차별적인 반응을 보이는 이유를 분석한다.

④ 환경변화에 반응하는 각 표적시장의 차별적인 반응양식을 파악한다.

⑤ 각 세분화된 표적시장에서 창출될 수 있는 시너지효과의 정도를 파악한다.

위와 같은 다섯 단계의 과정을 거쳐 표적시장이 결정되면, 조직은 이들 정보를 특정 마케팅믹스 전략에 반영시켜야 한다.

3) 표적시장 전략 마케팅

표적시장은 비차별화 마케팅, 차별화 마케팅, 집중화 마케팅의 세 가지로 유형으로 나눌 수 있다.

(1) 비차별화 마케팅(non-differentiated marketing)

이는 구매자 욕구의 차이보다는 공통적인 것에 초점을 맞춰 전체 시장을 상대로 동일한 마케팅믹스를 적용시키는 마케팅 전략으로 대중마케팅이라고도 한다. 이는 조직이 상이한 세분시장을 인정하지 않고 한 가지의 제품만을 시장에 출시하면서 한 가지의 마케팅활동만으로 모든 고객으로 하여금 구매하도록 하려는 전략이다.

표준화 대량생산을 통해 원가경쟁력을 가질 수 있는 비차별화 마케팅은 광고와 유통에 있어서도 비용을 절감시킬 수 있으며, 전형적인 비차별화 마케팅 전략을 이용하고 있는 조직은 그 시장에서 가장 큰 세분시장을 목표로 제품을 개발한다.

하지만 시장이 변화하거나 전략이 잘못 수립됐을 경우 쉽게 포용할 수 없는 결과를 발생시킬 수 있다.

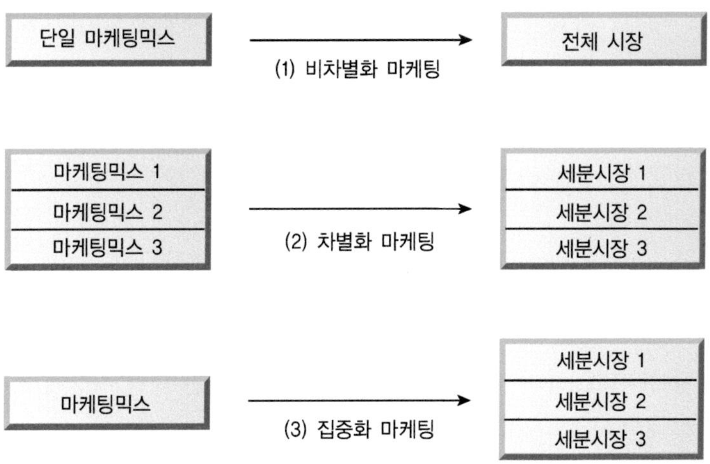

▌그림 5-5▌ 표적시장의 마케팅 유형

이에 대한 예로 공동모금회와 같은 대규모의 모금단체에서 대중매체를 통해 모금활동을 펼치는 것이다. 대다수의 사람들에게 광범위하게 소구될 수 있는 '모금'이란 보편적인 주제로서 다른 조직의 모금활동과 실질적인 차이를 떠나 공동모금회의 모금활동이 보다 우월한 이미지를 심어 줄 수 있다. 이 전략은 대중매체를 통해 단시간에 엄청난 모금액을 모을 수 있으므로 규모의 이득에 따른 비용이 절약된다. 예컨대 대중광고매체를 이용해서 모인 모금액을 통해 지역사회의 여러 사회복지조직들의 프로그램에 지원해 줌으로써 보다 공정하고 공평한 금액이 지원될 수 있다.

(2) 차별화 마케팅(differentiated marketing)

상이한 구매자의 욕구에 초점을 맞춰, 세분화된 각각의 시장에 상이한 마케팅믹스(제품, 가격, 유통, 촉진)를 사용하는 전략으로 기존에 소외되었던 각 계층시장의 잠재적인 시장평가를 새로이 인식하고 재평가함으로써 사용되는 전략이다.

이 마케팅은 각 세분시장을 다르게 보는 계층마케팅이므로 고객들에게 제품의 이미지를 강화할 수 있는 장점이 있지만, 각각 세분화된 제품, 유통, 촉진을 이용함으로써 비용이 많이 든다.

오늘날과 같이 고객욕구의 질적・양적 다양화는 심지어 소비의 개성화 경향까지 생기게 하므로 시장을 획일적・전체적으로 보아 평준화된 욕구를 충족하려는 비차별적 마케팅 전략에 비해 개개인은 아니더라도 시장을 공통적인 속성을 갖는 세분시장으로 세분화하고, 이러한 시장계층에 대응하는 마케팅활동을 전개하는 것이 보다 합리적이고 소비자 지향적인 것임은 더 말할 나위도 없다(정익준, 1999).

(3) 집중화 마케팅

표적마케팅이라고도 하며 세분된 시장 중 가장 매력적인 특정 시장에 초점을 맞춰, 마케팅믹스를 집중시키는 전략이다.

이는 조직의 자원이 제한적인 중・소 조직의 경우, 하나 혹은 몇 개의 세분시장에 대한 점유율을 높이려는 데에서 비롯되었다.

이러한 마케팅 전략을 활용하면 생산, 유통 및 촉진 면에 있어서 전문화로 인해 비용이 절감되며, 최적의 마케팅믹스 개발로 이윤의 증대 및 높은 수익률을 올리면서 동시에 특이한 명성 때문에 특정 세분시장에서의 시장지위가 강화될 수 있다. 집중화 마케팅을 성공시키기 위해서는 그 세분시장에 대한 충분한 지식을 바탕으로 전문화를 이루어야 한다.

집중화 마케팅을 행하면 평소보다도 위험성이 높은데 그 이유는 그러한 시장이 돌연 축소되거나 없어져 버릴지도 모르기 때문이다. 또한 규모가 큰 경쟁사가 진입하면 조직의 존립에 영향을 미치게 된다. 이런 종류의 마케팅은 특정 문제만을 다루는 가족치료협회나 노인치매문제 연구자에게 기부금을 주는 민간재단에서 사용하면 효과적이다.

표적시장 선정은 세분화 정도에 따라 비차별화 전략, 차별화 전략, 집중화 전략 세 가지로 접근할 수 있다.

▮표 5-4▮ Targeting 전략 유형

구 분	Same Product	Different Product
Same Customer	비차별화 전략	집중화 전략
Different Customer	차별화 전략	

표적시장 선정에 따른 마케팅 전략을 표로 나타내면 아래와 같다.

▮표 5-5▮ 표적시장 선정에 따른 마케팅 전략

전략구분	특징	장단점
비차별화 전략	• combined target market approach • 대중시장 겨냥 • 보편성 높은 제품	• 경제적 • 규모의 경제 • 시장기회 적음 • 설탕, 야채 같은 필수품에 활용

차별화 전략	• multiple target market approach • 다양한 고객 needs에 다양하게 • 각 세분시장별 마케팅 전략수행	• 소비자 인식, 이미지 강화 • 마케팅믹스 복잡 • 비용과다/수익저하 우려 • 각 세분시장이 명확할 경우
집중화 전략	• single target market approach • 특성 세분시장에만 대응 • 니치마켓 개념	• 한정된 자원으로 효율극대화 • 마케팅활동을 전문화 • 특정시장에서의 거점 확보 • 고객욕구 변화 시 위험 • 조직의 자원이 제한적이거나 추가적인 세분시장 진출을 위한 교두보를 확보하고자 할 때

(4) 표적마케팅의 선택

어떠한 마케팅 전략을 사용할 것인지는 조직이 직면한 특정 요인에 의해 좌우된다. 고객의 선호 내지 특성이 동질적인 시장에서는 비차별적 마케팅을, 몇 개의 세분시장에서 선구자로서 입지하기를 원한다면 차별화 마케팅이 유리하며, 조직이 활용 가능한 자원이 제한적이어서 모든 시장을 커버할 수 없다면 남은 세분시장에 마케팅을 집중시키는 집중적 마케팅을 선택해야 한다.

모든 조직이 그러하지 않지만, 대부분의 조직들은 무차별 마케팅이나 집중적 마케팅에서 시작하여 어느 정도 성공을 거두면 차별적 마케팅으로 전환한다.

위의 세 가지 표적시장 선정의 대체 안 가운데 자신의 조직에 가장 알맞은 안은 어느 것인가를 결정해야 하는데 이러한 대체 안 선정 시 고려할 요소는 아래와 같다(이종영 외, 1994).

① 조직의 목표 이미지

② 조직의 자원: 차별화 마케팅 전략과 비차별 마케팅 전략은 일정수준 이상의 자원이 요구된다. 차별화 마케팅에서는 가장 많은 자원이 요구되며, 비차별적 마케팅에서도 상당한 수준 이상의 자원이 투입되어야 영업성과가 나타난다. 만일 조직의 자원이 매우 제한되어 있다면, 그 조직의 선택대안은 집중화 마케팅 전략뿐이다.

③ 제품의 동질성: 제품 자체가 거의 차이가 나지 않는 동질적인 성격의 제품은 비

차별화 전략이 적합하고 제품의 디자인, 가격 등에서 차별화가 가능한 제품의 경우 차별화나 집중화 마케팅이 적합하다.

④ 제품수명주기: 신상품은 비차별화 혹은 집중화, 성숙기에 접어든 제품은 차별화 전략이 좋다.

⑤ 시장의 동질성: 고객의 제품에 대한 기호와 선호 정도가 비슷하여 차이가 나지 않는다면 굳이 시장을 세분화할 필요가 없기 때문에 비차별화 마케팅이 적절하다.

⑥ 경쟁조직의 마케팅 전략: 경쟁기업이 적극적인 시장세분화를 실시하고 있을 때에는 비차별화 마케팅을 채택하기 어렵다. 경쟁기업이 비차별화 마케팅을 실시하고 있을 때에는 차별화 마케팅이나 집중화 마케팅이 적합하다.

⑦ 시장의 크기: 시장의 크기에 따라 마케팅 전략이 달라지는데 보청기의 경우에는 고객의 수가 제한되어 있으므로 차별적 마케팅 전략이 어렵지만 카메라, 자동차의 경우에는 고객의 광범한 욕구를 충족시키기 위하여 차별적 마케팅 전략을 선택하는 것이 좋다. 즉, 인구통계 변수, 심리적 변수, 사회경제 변수에 입각하여 잠재고객 수가 적을 때는 차별적 마케팅 혹은 시장세분화는 적합하지 않다(임종원, 1997).

⑧ 고객의 민감도(consumer sensitivity): 제품의 포장, 품질, 광고문안, 광고매체 등의 변화에 고객이 얼마나 민감하게 반응하는가에 따라 마케팅 전략은 달라진다. 생필품의 경우에는 수요의 탄력성이 높지 않으므로 비차별적 마케팅 전략이 바람직하고 민감도가 높은 고급의류, TV, 오디오와 같은 내구소비재에 대해서는 차별적 마케팅 전략을 선택하는 것이 좋다.

⑨ 경쟁자 수의 증가: 경쟁자 수가 증가됨에 따라 다른 조직의 마케팅 전략과 뚜렷이 구분될 수 있는 마케팅 전략을 선택하기가 점점 어려워진다. 이런 경우에는 조직의 제품이나 서비스에 가장 민감한 고객집단을 선택하여 차별적 내지 집중적 마케팅 전략을 선택하는 것이 효율적이다.

이러한 요소들을 고려하여 어느 조직이 집중화 마케팅 전략을 사용할 경우, 그 조직은 이제 가장 사업 전망이 좋은 세분시장, 즉 표적시장을 골라야 한다. 그러한 세분시장은 다음의 두 조건을 갖추어야 한다(유필화 외, 1995).

첫째, 객관적으로 보아 매력이 있는 시장이어야 한다. 즉 현재의 매출액, 성장 속도, 수익률, 경쟁의 강점, 유통의 난이도 등의 기준에 비추어 볼 때 전망이 밝다고 인정되어야 한다.

둘째, 조직이 그 시장에서 성공할 수 있는 강점이 있어야 한다. 객관적으로 좋다고 하여 모든 세분시장에 진출할 수는 없다. 그 시장에서 성공할 수 있는 특유의 요건을 갖추어야 한다. 다시 말해 객관적으로 매력 있고 그 시장에서의 성공요건을 갖춘 세분시장을 표적시장으로 결정해야 한다.

표적시장 선정의 순서와 기준은 아래의 세 가지로 간단하게 정리할 수 있다.

① 세분시장에 관한 자료를 수집하여 평가한다.

② 세분시장을 자신의 조직의 강점 및 약점과 관련시켜 분석한다.

③ 가장 매력적이며, 경쟁적 이점을 누릴 수 있다고 판단되는 세분시장을 표적시장으로 선정한다.

요컨대, 조직은 조직의 고유한 특성과 장단점을 파악하여 조직의 매력을 어필할 수 있는 차별화 대상이 되는 이점을 가진 세분시장에 초점을 맞추어야 한다.

시장세분화와 표적시장 선정에 대한 분석을 통해 우리는 시장을 성장시키고 유지시키는 데는 매우 다양한 방법들이 존재한다는 사실을 발견하였다. 다양한 전략적 방법이 책에 소개되고 있지만, 접근방법 중 서비스를 이용해 보거나 기부자를 대상으로 하는 접근방법을 가장 선호한다.

그 이유는 첫째, 모금에 있어 기부금을 낸 고객이나 서비스 이용을 기반으로 파악된 세분시장들은 단순히 전술적인 차원에서의 차이가 아닌, 각기 독특한 마케팅 전략이 필요하도록 유도하기 때문이다. 기존의 고객들이 표적으로 선정되면, 목적은 이들 고객을 유지하는 것이고 가능하다면 이들로 하여금 서비스를 늘리거나 기부금을 지속적으로 늘리는 것으로 유도할 것이다. 만약 다른 조직의 서비스를 이용하는 고객들이 표적으로 선정된다면, 이들이 자조직의 서비스로 전환하는 데 드는 노력, 즉 전환비용을 충분히 보상하고 남을 만한 이익을 얻을 수 있도록 제품을 포지셔닝해야 한다. 그리고 비사용자가 표적고객으로 선정될 경우 그들이 그 서비스를 이용하지 않는 이유에 대해서 논의되어야 한다.

둘째는 서비스 이용에 기반한 접근방법은 여러 가지 대안 표적시장들을 공략할 때, 이들 시장과 관련된 비용과 기대수익에 초점을 맞추어야 한다. 단기적으로 현재 고객들이 가장 접근하기 쉽고 수익성도 높다. 그러나 비사용자를 사용자로 끌어들이는 데는 많은 비용이 들지만 브랜드를 장기적으로 유지하는 데는 매우 중요하다. 공동모금회의 경우도 기존의 기부자들을 유지하기 위한 DM발송, 현판 제작 등의 유지 전략을 펼침과 동시에 지속적으로 새로운 기부자를 발굴해 내기 위해 노력한다.

이러한 점들이 시장세분화와 표적시장 선정에 있어서 서비스 이용과 기부자의 기부에 기반한 접근방법을 선택해야 하는 중요한 이유들이라고 믿고 있지만, 어떤 접근방법이 좋을지는 얼마나 효과적인 포지셔닝 전략으로 이어지는가의 여부에 달려 있다.

시장세분화와 표적시장

◆ A 침대

구 분	세분시장 1	세분시장 2	세분시장 3
추구하는 편익	정통성 / 다양성	기능성 / 가격	조화성
인구통계학적 특성	35세 이상의 주부	25~34세의 주부	미혼여성
주요 구매브랜드	전문업체	종합가구업체 중소가구업체	종합가구업체

- 〈세분시장 1〉: 고급 침대의 점유율이 높은 시장
- 〈세분시장 2〉: 가격이 비싼 침대를 외면하는 시장
- 〈세분시장 3〉: 다른 가구와 세트구매로 가격경쟁력이 있는 시장
  → 1단계로 〈세분시장 2〉에서 점유율을 높이기 위해 가격인하보다는 "침대는 과학입니다"로 인체공학적 기능강조 전략을 활용해 세분시장 2 진입 가능성 높임

◆ 치약시장

추구하는 편익	인구통계적 특성	행태적 특성	심리분석 특성
경제성(싼 가격)	남성들	치약을 많이 쓴다	자립심이 강하다
충치예방	대가족에 속해 있다	치약을 많이 쓴다	보수적이다
미용추구(흰 치아)	청소년들	담배를 핀다	사교적, 활발하다
좋은 향기(맛)	아이들	향기 나는 치약을 애용한다	쾌락추구 경향이 강하다

◆ '표적시장'을 보다 더 구체적으로 세분화하여 성공한 H카드

기존 카드업체를 인수하여 설립된 H카드는 '열심히 일한 당신, 떠나라'라는 광고 캠페인으로 잘 알려졌듯이 자동차 카드로 시장에 진입하였고 그 분야에서는 독보적인 위치를 점유하고, 표적시장을 25세에서 35세 사이의 사회활동에 적극적이며 풍요롭고 아름다운 삶을 추구하고 자기만족적 삶을 추구하는 젊은 고소득층의 사람들로 집중하였다.

특히 이들 세대를 공략할 전략으로 감성적인 구매욕구에 민감한 반응을 보이는 25세에서 35세의 고소득층 젊은이들에게 확실한 인지도를 얻기 위해 '알파벳 연상 광고', 유명 영화를 차용한 'Tie-in 광고', 'M Song' 등의 광고는 25~35세의 표적시장 층으로부터 큰 반향을 일으키고, 표적시장을 더 구체화하는 맞춤카드로 성공을 거두었다.

구분	Group 1	Group 2	Group 3	Group 4	Group 5
	소극적 개인주의형	적극형 활동형	최신유행 추구형	보수주의형	건전활동형
인구구성비	24%	19.5%	10.2%	15.7%	31.5%
Life-style	대외적 소극적	계획적 적극적	최신유행 추구	계획구매 가정지향	계획적 리더지향 스포츠활동
Profile	20대 후반~ 30대 초반 낮은 교육수준	25~30대 활동적	20대 여성	30대 후반~ 40대 초반 남성	40~50대 중년남성
특징	소극적, 낮은 경제력, 심사숙고 후 제품구매	사람들 사이에 중심적 위치, 외향적, 취미, 사교적	패션에 관심이 많음, 여행을 좋아함	가정지향적, 보수/전통	계획적, 스포츠활동, 리더지향
월평균 사용액	19.7만	27.3만	23.6만	22.3만	25만
연체율	23.3%	24.8%	43.8%	33.1%	28.1%

출처: 유필화, 김용준, 한상만 (2012).

Chapter

06 포지셔닝과 브랜딩

Chapter 06

포지셔닝과 브랜딩

1982년 Ries와 Trout는 저서인 《Positioning: The Battle for your mind》에서 "포지셔닝(Positioning)은 상품에 대해서 어떻게 하는 것이 아닌, 잠재고객의 마인드에 어떤 행동변화를 일으키게 하는 것이다. 즉 잠재고객의 마음속에 해당 상품의 위치를 잡아주는 것으로 자기 자신을 차별화하는 방식이다."라고 하며 "커뮤니케이션과 정보 홍수 사회의 유일한 해답은 잠재고객의 마인드에서 일어나고 있는 체증현상을 뚫고 들어가기 위해서는 지나치다 싶을 만큼 단순화한 접근방식을 써야 한다."고 하였다. 그들은 또한 포지셔닝이 실제적인 차별화의 창조와 창조된 차별화를 타인에게 알리는 것을 포함함에 있어 이러한 차별화는 조직과 제품을 통해 실현시킬 수 있다고 주장하였다. 이를 위한 세 가지 전략으로서 자조직의 현재 강점에 대해 강화(build upon your present strengths), 틈새시장의 탐색(search for the niche), 그리고 재포지션(reposition)을 제안하였다.

조직이 표적시장을 선정하여 고객이 원할 것으로 판단한 새로운 제품을 출시하였다고 하더라도 표적시장 내 고객들이 그 제품을 자신들에게 적합한 제품이 아니라고 생각한다면 마케팅 노력은 모두 허사가 된다. 이러한 문제점을 극복하기 위해 마케팅관리자는 표적시장의 고객들에게 자사제품이 경쟁제품들에 비해 어떤 차별점을 갖고 있으며 고객의 욕구를 제대로 만족시킬 수 있음을 확신하게 하는 포지셔닝 전략을 펴야 한다(권익현 외, 1999).

여기에서는 이러한 포지셔닝을 비영리조직인 사회복지조직에 있어 어떻게 활용하는지에 대해 살펴보고, 포지셔닝과 관련한 재포지셔닝과, 포지셔닝맵, 그리고 브랜드 포지셔닝에 관해서 알아보고자 한다.

1 포지셔닝

1) 포지셔닝 전략의 유형과 전략 절차

원래 포지셔닝이란 용어는 '상품을 사람의 눈높이로 진열하는 것이 가장 좋은 포지셔닝'이라는 말로 제품진열과 관련되어 사용된 용어이다.

포지셔닝의 현대적인 적용은 고객의 눈에 잘 띄는 것보다는 고객의 마음속에 잘 기억되어야 한다는 것을 강조한다. 결국은 포지셔닝은 고객에게 잘 기억되기 위한 활동인 것이다.

비영리조직에서는 조직의 제품이나 서비스가 고객에 의해 어떤 특징을 지녔다고 정의 되는, 즉 경쟁조직에 비해 고객의 마음속에 차지하는 상대적인 위치인 서비스를 차별화하는 포지셔닝 전략을 구사해야 함을 의미한다.

포지셔닝을 잘하기 위해서는 다른 기관들보다 차별적 위치를 차지하여 고객욕구를 잘 충족시키는 서비스를 표적시장에 제공해야 한다. 즉, 포지셔닝이란 기관의 시장에 대한 의사결정을 종합적으로 반영하고 있다. 고객은 누구이며(표적시장), 그들에게 어떤 이미지를(제품·서비스 콘셉트), 어떤 방법으로(마케팅믹스 전략) 심으려고 노력하는가를 포지셔닝 전략에 의해 파악할 수 있다는 것이다.

예를 들어 우리 지역사회에는 다양한 형태의 사회복지시설이 있다. 종합사회복지관은 지역사회에 필요한 다양한 서비스를 제공하고, 각 재가복지서비스, 노인 및 장애인 재활 프로그램 사업, 지역아동센터 등 지역사회성원들의 연령과 특성에 따라 각기 다른 프로그램을 계획하여 지역사회 성원이면 누구나 이용할 수 있도록 서비스를 제공한다. 지역사회에 또 다른 기관인 장애인복지관은 장애인이란 특정 서비스 대상을 전문화하여, 장애인들이 쉽고 편리하게 서비스를 제공받을 수 있도록 한다. 어떤 복지관은 노인들이 편안하게 사용할 수 있도록 턱을 없애고, 입구의 경사를 완만하게 하였다. 또 어떤 복지관은 지역주민들이 자유롭게 만남의 장소로 활용할 수 있도록 복지관 앞 공터에 벤치와 테이블을 놓고 커다란 시계탑도 세웠다. 또한 복지관 현관에 들어서면 누구나 따뜻한 차를 마실 수 있게 하였으며, 청소년들이 자유롭게 공연하고 즐길 수 있는 작은 무대도 설치하였다.

위와 같이 많은 서비스기관들이 포지셔닝의 개념 아래 제각각의 기호를 가진 여러 고객들의 욕구를 충족시키고 있다.

즉, 시장은 여러 세분시장으로 구성되고 각 세부시장을 표적시장으로 삼는 각각의 복지관들은 그들의 고객을 끌어들일 여러 수단들을 고민하게 되며, 이에 따라 다른 복지관들과 차별적으로 인식되는 포지션을 구축하게 된다. 고객들은 복지관을 선택할 때, 그 기본욕구를 생각하면서 각자의 의식적 혹은 무의식적인 의사결정 과정을 밟게 되고 그 의사결정 과정에서 각 복지관들에 대한 인식이 중요한 역할을 함은 두말할 나위도 없다. 이런 맥락에서 고객들의 인식을 호의적으로 그리고 독특하게 형성시키려는 노력은 그것이 의도적이든 자연발생적이든, 고객들에게는 하나의 콘셉트로 인식되며 형성된 콘셉트는 바로 각 복지관들의 포지셔닝 전략에 의해 시장에 나타나게 되는 것이다. 사회복지조직이 마케팅계획을 위한 적절한 대상을 결정하였다면 사회복지조직이 그런 대상의 마음속에 새기고 싶은 이미지를 형성하는 전략을 개발하는 것이 필요하다.

조직은 다양한 고객집단이 어떻게 시장에서 다른 공급자와 관련하여 그 조직을 인식하는가를 이해해야 한다. 예를 들어 Bloomsville이라는 이름의 대학에 대해 예비대학생들이 어떻게 인식하고 있는지를 알고 싶다고 가정해 보자. 학생들은 다양한 이유에 의해 이 대학에 이끌리지만 그중 두 가지 요소의 측면(즉 학문적 명성과 대학에서 제공하는 삶의 질)에서 이 대학이 다른 대학과의 관계 속에서 어떻게 자리매김 되는지 가늠하고자 한다. Bloomsville은 삶의 질 측면에서는 높이 평가되지만 학문적 명성에 있어서는 낮게 평가되었는데 만약 Bloomsville의 학문적 연구가 학문공동체에서 상당히 높게 평가되고 대학이 최근의 연구평가에서 높은 순위를 차지했다면 관리자들은 이러한 인식을 받아들이려 하지 않을 것이고 인식을 향상시키기 위한 행동을 시작할 것이다(이유재, 1994).

이렇게 볼 때, 포지셔닝은 조직의 시장세분화와 표적시장 선정 단계에서 얻은 정보를 기초로 다음 단계인 마케팅믹스 전략을 이끌어 주는 역할을 한다는 것을 알 수 있다.

포지셔닝 전략의 유형은 아래의 네 가지로 살펴볼 수 있다(권익현 외, 1999).

① 제품 속성에 의한 포지셔닝

표적고객이 중요하게 생각하는 제품 속성에서 자사제품이 차별적 우위를 갖고 있음을 직접적으로 강조하는 방법이다. 예를 들어 대형 유통점의 장점, 하이브리드 자동차의 환경적인 강점을 집중적으로 강조하여 경제성과 환경을 추구하는 고객에게 소개하고 있다.

② 사용 용도에 따른 포지셔닝

제품이 사용될 수 있는 적절한 상황과 용도를 자사제품과 연계시키는 방법이다. 예를 들어 술 마시기 전후에 마시는 숙취해소제, 김치를 보관하기 위한 김치냉장고 등이 사용 용도에 따른 포지셔닝이다.

③ 제품 사용자에 따른 포지셔닝

표적시장 내의 전형적 고객을 겨냥하여 자사제품이 그들에게 적절한 제품이라고 소개하는 방법이다. 예를 들어 스마트폰의 다운로드 속도를 강조하여 젊은 고객들의 정보활용성을 중심으로 선택하도록 유도한다. 사회복지기관에서도 젊은 직장여성을 대상으로 한 재즈댄스 프로그램, 맞벌이 부부를 위한 주말과 저녁시간의 스피드요리 프로그램 등 서비스 이용 대상자를 고려한 프로그램을 개발할 수 있다.

④ 경쟁제품에 의한 포지셔닝

고객의 마음속에 강하게 인식되어 있는 경쟁제품에 비하여 자사제품의 차별점을 제시하는 방법이다. 국제전화 요금이 경쟁사보다 싸고, 인터넷이나 홈쇼핑 보험 가입이 저렴하다는 것을 주장하는 광고를 예로 들 수 있다. 방과 후 어린이교실을 운영할 경우 대부분의 학부모들은 복지관에서 운영하는 프로그램은 교육수준이 떨어지고 경제적인 사정이 어려운 경우에 보내는 곳이라고 생각한다. 이러한 경우에는 사교육 학원에 비해 양질의 학습지도 교사를 적절한 수준의 유급 자원봉사자들로 활용하여, 저렴하면서도 우수한 교육을 제공해 줄 수 있음을 강조할 수 있다.

그렇다면 포지셔닝 전략은 어떠한 절차에 의해 개발되고 확인되는 것일까? 다음의 5단계의 과정을 통해 이를 설명하고자 한다.

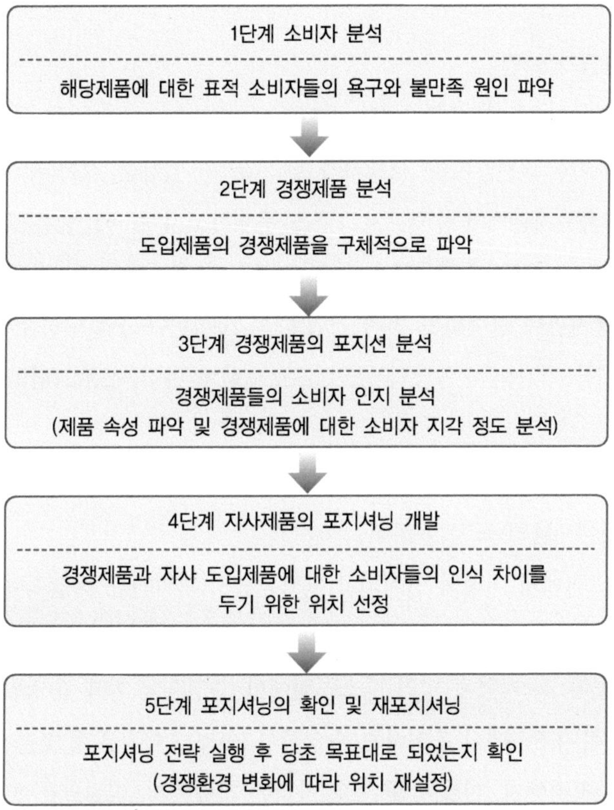

▌그림 6-1▐ 포지셔닝 전략의 절차

① 1단계: 고객 분석

해당 제품군에서 고객들이 얻고자 하는 것이 무엇인지, 그리고 기존 제품들에 대해서는 어떤 불만을 가지고 있는지 등 고객요구와 기존 제품에 대한 불만족 원인을 파악하는 과정이다.

예를 들면, 사회복지기관의 수영프로그램을 운영하면서 대상자들의 문제를 확인하고 욕구를 조사하는 과정으로 해당 프로그램을 통해서 고객들이 어떠한 문제를 해결하고자 하는지, 어떠한 목표를 달성할 수 있을지를 파악하고, 기존에 다른 기관에서 유사한 수영프로그램을 실시했을 때의 불만사항이나, 과거에 실시해 오던 프로그램이라면 어떠한 점이 개선되길 바라는지 등도 파악해야 한다.

② 2단계: 경쟁자 확인

도입하고자 하는 제품의 경쟁상대를 파악하는 과정으로, 이때 주의할 것은 표적시장을 어떻게 설정하느냐에 따라 경쟁자가 달라질 수 있다는 점이다.

예를 들어 사회복지관에서 수영프로그램을 운영하고자 할 때, 넓은 의미에서 그 지역사회 전체에 있는 모든 수영시설을 갖춘 기관들이 경쟁자가 될 수도 있으며, 좁은 의미에서 사회복지관이 관여하는 범위 지역 내의 사설이나 공설수영장이 경쟁자가 될 수도 있다. 그러한 기관의 수영장의 규모, 프로그램의 가격, 프로그램의 내용 등을 파악하는 것이다.

③ 3단계: 경쟁제품의 포지션 분석

경쟁제품이 고객에게 어떻게 인식되고 평가받는지 파악하는 작업이다. 이때 포지셔닝맵을 작성해 보면 경쟁제품의 속성과 고객의 지각상태를 파악하는 데 매우 유용할 것이다. 예를 들어 그 지역에 영리 헬스클럽에서 수영장이 함께 운영된다면, 그 수영장에 비해 사회복지조직에서 운영하는 수영장이 가지는 이점은 무엇인지를 살펴볼 수 있다. 수영장이 청결한지, 시설이 좋은지, 가격은 저렴한지, 직원들은 친절하고 서비스가 좋은지, 교통이 편리한지, 강사나 프로그램은 어떠한지 등을 살펴볼 수 있다. 이러한 포지셔닝맵을 작성해 보면, 경쟁제품과의 비교뿐만 아니라, 자신의 제품의 장단점을 파악할 수 있다. 즉 자사제품이 고객에게 어떠한 제품으로 인식되고 평가되고 있는지를 확인할 수 있다.

④ 4단계: 자사제품의 포지션 개발

경쟁제품에 비하여 고객의 욕구를 더 잘 충족시킬 수 있는 적합한 자사제품의 포지션을 결정한다. 예를 들어 YWCA나 사회복지조직에서 수영장을 운영할 때 지금까지의 수영프로그램이 대상자의 수영 수준이나 시간대별로 편성되었다면, 어린 자녀를 둔 주부를 겨냥하여 젊은 주부들이 수영하는 시간 동안 아이들을 돌봐 주는 수영 프로그램과 같이 사각지대의 포지션을 개발할 수 있을 것이다.

⑤ 5단계: 포지셔닝의 확인 및 재포지셔닝

포지셔닝 전략이 실행된 후에는 자사제품이 목표한 위치에 포지셔닝되었는지 확인해야 한다. 매출성과로도 마케팅 전략의 효과를 알 수 있겠으나 전문적인 조사를 통해 보다 구체적으로 고객과 시장에 관한 분석을 해야 한다. 만약에 아이들을 돌봐 주는 수영프로그램을 실시하였다면, 어린 자녀를 둔 주부들이 그 프로그램을 통해 수영도 하면서 아이들을 안심하고 맡길 수 있는 수영프로그램으로 인식되고 있는지 되짚어 봐야 한다. 또한 초기에 성공적인 포지셔닝이 되었다 하더라도 시간이 흐름에 따라 경쟁환경과 고객욕구가 변화하였을 경우에는 목표 포지션을 재설정하여 그곳으로 이동시키는 재포지셔닝을 하여야 한다.

표 6-1 포지셔닝의 전략적 사례

유형별	접근방법
속성	• '캐주얼 슈즈' 메이커가 만든 편안한 정장구두 • '삶은 세탁기'의 삶는 효과 • '자동차'의 충돌실험 장면을 통한 안전성 강조 • '껌'의 입냄새 제거, 무설탕껌의 효과 강조 • "부드러운 여자예요."라는 카피로 '부드러운 커피'로 포지셔닝
사용자	• '경차'는 젊은 신혼부부를 광고에 등장시켜 이들에게 적합한 실용적인 차임을 강조 • 샴푸와 린스 겸용샴푸로 아침시간에 바쁜 직장인, 맞벌이 부부를 등장시켜 시간을 절약할 수 있는 제품으로 포지셔닝

사용상황	• '콜라'가 한국의 전통음식에도 적합하다는 것을 강조하기 위하여 불고기나 빈대떡 등과 함께 제시
경쟁제품	• 세탁세제 시장에서 경쟁사들이 세척력을 강조한 데 비해 중소기업의 한 세제업체는 소비자들이 집들이 선물용으로 세제를 많이 구입하는 사실을 감안해 집들이 선물용으로 적합한 것으로 포지셔닝

2) 포지셔닝맵(positioning map)

포지셔닝맵은 고객의 마음속에 있는 자사제품과 경쟁제품의 위치를 2・3차 공간에 작성한 지도로, 고객 지각에 의해 도표화된 각 상표의 위치를 말한다.

각 제품군에 있어 선택의 기준이 될 만한 중요한 두세 가지 지표를 선정하여 2차원 또는 3차원의 도면상에 자사제품과 경쟁제품의 위치를 표시한 것이다. 고객들의 인지를 기준으로 하여 작성되기 때문에 인지도(Perceptual Map)라고 하기도 한다. 물론 단순 속성이나 기능을 가지고 포지셔닝맵을 그리기도 하지만 마케팅에서 의미를 가지는 것은 고객들의 인식이기 때문에 포지셔닝맵과 인지도는 흔히 같은 의미로 쓰인다.

포지셔닝맵을 그릴 때 가장 중요한 것이 지표 선정이다. 만약 고객이 구매의사결정을 내릴 때 별로 중요하지 않게 여기는 지표를 선정하여 포지셔닝맵을 그리고 여기에 기초해 제품개발이나 마케팅 전략구사가 이루어진다면 고객에게 다가가기 어렵고 오히려 외면당할 확률이 높다. 예를 들어, 고객은 자동차를 구매할 때 디자인과 제조사의 신뢰도를 가장 중요한 변수로 생각하는데, 가격과 A/S를 양 축으로 놓고 포지셔닝맵을 작성하여 그 결과로 마케팅 전략을 구성했다면 결과는 매우 다르게 나타날 것이다. 또한 고객이 생각하는 중요 속성도 사회변화 등의 외부적 요인에 따라 달라지는데, 불황기에는 유지비가 자동차 구매 시 중요 요소로 대두할 것이다.

따라서 많은 속성들 중에서 고객이 제품을 구매할 때 중요하게 여기는 의미 있는 속성을 신중히 선정하되, 마케팅 담당자의 개인적인 생각이 아닌 충분한 고객조사를 통해 선정된 것이어야 한다. 즉 포지셔닝맵은 고객의 뇌리와 가슴을 이해한 후 그려져야 하는 것이다.

마케팅관리자는 포지셔닝 맵을 그려 봄으로써 크게 다음 다섯 가지 측면에서 유용한 정보를 얻을 수 있다.

① 지각한 상태 시장의 공백 규명

충분한 시장성이 있음에도 경쟁제품이나 자사제품이 소구하지 않은 시장의 빈 곳을 알려줌으로써 신제품의 개념을 적절히 선정할 수 있다.

② 자사제품의 현 위치 파악

자사제품이 고객에게 어떻게 인식되고 있는지 보여 준다.

③ 경쟁자 및 경쟁상황 파악

자사제품의 위치와 가까운 경쟁자가 누구이며 자사 주변에 얼마나 많은 수의 경쟁자가 있는지를 알려 준다. 포지셔닝맵 상에서 가장 가까운 거리에 있는 제품일수록 서로 경쟁관계에 있고 대체가 가능한 제품이다.

④ 이상점(Ideal point) 파악

고객이 가장 이상적으로 생각하는 제품의 속성상태를 파악함으로써 신제품 개발이나 자사제품의 개선에 있어 이상점으로 삼을 수 있다.

⑤ 마케팅효과 측정

정기적으로 자사제품의 위치를 추적 · 조사하며 포지셔닝맵을 그려봄으로써 의도한 바대로 포지셔닝이 되었는지 확인할 수 있다. 이로써 자사의 마케팅믹스 전략이 얼마나 효과가 있는지 알 수 있게 된다.

3) 사회복지조직의 포지셔닝의 실행 방안

사람들이 자주 찾는 것에는 합당한 이유가 있다. 사회복지시설의 이용에 대한 설문조사를 실시해 보면, 사회복지관을 이용하는 클라이언트들이 그 복지관을 이용하는 데는 이유가 있다. 물론 그 이유가 반드시 한두 가지로 요약될 수는 없을 것이며, 사람들 개개인의 취향에 따라 천차만별일 수 있다. 포지셔닝은 이러한 이유를 찾아서 이를 강화시켜 주거나 혹은 바람직하지 않게 인식되어 있거나 의도적으로 바꾸고자 하는 것을 원하는 인식으로 바꾸는 활동이다. 이러한 활동은 다음과 같은 단계나 사고의 틀을 적용한다면 보다 체계적으로 전개할 수 있을 것이다.

① 우선 사회복지관을 한마디로 표현하는 단어나 문장을 생각해 본다

이때 '최초'라고 할 수 있는 사실을 발견할 수 있다면 이는 분명 강력한 포지셔닝이 될 수 있다. 사람들의 기억 속에 가장 먼저 들어가는 일이 그만큼 효과가 있기 때문이다. 이는 우리가 에베레스트를 처음 오른 사람은 기억하지만, 두 번째로 오른 사람은 기억하지 못하는 것과 같은 이유라고 할 수 있다.

최초가 아니라 하더라도, 고객의 입장에서 중요하다고 생각하는 것이라면 포지셔닝의 중요한 요인으로 삼을 수 있을 것이다.

② 이러한 포지셔닝의 결과를 문장으로 표현해 본다

이를 포지셔닝 선언문(positioning statement)이라고 하는데 최근 들어서는 이러한 선언문 대신 고객의 입장에서 원하는 바를 이야기하는 형식인 버블스피치(bubble speech) 형식의 선언문이 선호되기도 한다. 또 다른 방법으로는 도표화하는 방법(perceptual map)이 있다.

③ 포지셔닝이 마케팅활동의 전략적인 기초가 되어야 한다

고객이 중요하게 생각하는 요소를 이용해서 성공적으로 포지셔닝을 하고, 노력 끝

에 선언문도 작성을 했다고 하자. 그러나 이를 실제 마케팅활동에 적용하지 않거나 포지셔닝과 전혀 관계가 없는 마케팅활동을 한다면 그야말로 전략이나 계획 따로, 실행 따로의 말뿐인 포지셔닝이 되는 것이다. 예를 들어 강북의 한 비영리단체는 청소년들의 문화공동체라는 포지셔닝 전략을 가지고 있다. 이는 단지 구호와 홍보용이 아니다. 실제로 이 비영리단체의 경우 청소년 연극축제, 청소년 전통문화한마당, 강북 청소년 문화제 등의 행사를 지속적으로 실시하고 있으며, 지역사회의 청소년 문화네트워크를 형성하기 위한 연구와 교육을 실시하고 있다.

④ 포지셔닝은 일회성의 의사결정이 아니다

지속적으로 모니터하고 필요하다면 재포지셔닝해야 한다. 포지셔닝은 새로운 경쟁자의 등장 혹은 경기 변동과 같은 외부의 여건이나 혹은 내부 사정의 변화, 즉 경쟁상황과 고객의 욕구변화에 따라서 수정・보완되어야 하며 이를 재포지셔닝이라고 한다.

포지셔닝 전략

포지셔닝 전략수립 과정

우리의 경쟁자는 누구인가? → 우리와 우리의 경쟁자와의 관계는 어떠한가? → 어디에서 우리는 경쟁하는가? → 언제 우리는 경쟁하는가? → 어떻게 우리는 경쟁하는가? → 우리 제품을 어떻게 포지셔닝할 것인가?

포지셔닝 과정에서 경쟁자와의 '관계' 규명

- 갈등: 일반적으로 갈등은 상호 양립할 수 없을 때 일어난다.
  예) 독과점 → 경쟁체제로 돌입할 때
- 경쟁
  - 시장매력도: 시장의 크기, 성장률, 경제상황, 규모의 경제의 가능성, 기술혁신, 차별화・세분화
  - 산업구조: 경쟁자들의 수, 경쟁자들의 다양성, 해당 산업에 대한 투입 정도, 진입용이, 퇴출장벽
- 공존: 서로 다른 틈새시장, 독립적인 경쟁
- 협력: 공통의 목표, 시장에 빠르게 진입, 새로운 시장 잠재력, 기술접근성
- 담합: 제3자에게(소비자, 공급자) 유착하지 않는 다른 경쟁자들

포지셔닝: 고객 인식의 한 자리를 차지하는 것

- Mind Share/Market Share
  - Mind Share: 소비자에 의한 지명도 또는 이미지의 Share
    예) '……'하면? 소비자가 쉽게 연상 또는 떠올리게 하는 전략
  - Market Share!!: 총 거래량 가운데 특정 상품이 점유하는 시장점유율
  - 재포지셔닝 전략: '틈'을 발견하라, 다중 세분시장, Cannibalism

사회복지에서 '포지셔닝'이란?

- 시장세분화, 복지의 비어 있는 영역을 찾으라.
  예) 군사회복지, 국제사회복지, 교정복지, 탈북사회복지, 광산사회사업, 섬사회사업, 사회적기업, 기업사회공헌 등
- 시장세분화된 영역을 다시 분할하여 점령하라.
  예) 청소년 가운데 요보호 청소년, 여성 가운데 위기여성, 가족 가운데 위기가족 등으로 범주의 재설정

출처: 안운석, 장형섭 (2011).

2 브랜딩

브랜딩은 훌륭한 전략과 훌륭한 창의력을 연결하는 과정이다.
브랜딩은 훌륭한 전략과 형편없는 창의력, 형편없는 전략과 훌륭한 창의력, 혹은 형편없는 전략과 형편없는 창의력을 연결하는 과정이 아니다.

– Maety Neumeier –

많은 조직들은 포지셔닝의 과제로서 자신들의 브랜드를 어떻게 차별화하고 브랜드 이미지를 구축할 것인가로 보고 있다. 브랜드는 가치에 대한 간단한 전달법(shorthand)일 수도 있고 어떤 정보를 의미할 수도 있으며, 감정을 수반할 수도 있고 심지어 그 자신의 특징적인 성격(personality)을 가지고 있을 수도 있다.

오늘날 기업은 세계화・정보화의 물결과 함께 수많은 경쟁자들과 치열한 경쟁을 벌

이고 있다. 이러한 무한경쟁시대에서 브랜드는 차별화의 가장 중요한 수단이 되고 있다. 요즘 유행하는 "브랜딩은 곧 마케팅이다."라는 말처럼 현대의 마케팅에 있어서 가장 중요한 브랜드를 어떻게 구축하고 이를 관리해 갈 것인가의 여부가 기업의 마케팅 활동에서 가장 중요한 이슈로 떠오르고 있는 것이다. 마케팅은 잠재고객의 기억 속에 브랜드를 형성하는 것이며, 강력한 브랜드를 형성할 수 있으면 마케팅계획을 가질 수 있다.

세계적 브랜드 전문 조사기관인 인터브랜드와 시티은행이 공동 실시한 2000년 브랜드 가치평가에서 상위 20위까지를 살펴보면 하나의 공통점을 찾을 수 있을 것이다. 그 공통점은 20위의 브랜드들은 모두 고객들의 마음속에 강력한 어떠한 아이덴티티를 보유하고 있다는 점, 그리고 무수한 브랜드 특성을 가지고 있다는 점이다. 또한 이러한 브랜드 아이덴티티로부터 고객들은 브랜드가 고객에게 주고자 하는 가치를 인식하고 고객은 필요시 브랜드로부터 그 가치를 찾으려고 한다는 것이다.

Kotler(2010)는 브랜드를 개발하고 성장시키며 계속 유지하는 것은 힘든 과제라고 하였다. Make-a-Wish 재단의 새로운 브랜드 전략과 대비적으로 VOA는 대단히 큰 조직임에도 불구하고 사람들의 인식이 거의 없어 2000년에 들어와서야 브랜드캠페인에 착수했다.

그러나 이것이 모든 비영리조직이 조직의 브랜드와 포지셔닝을 강조하는 것이 좋은 것이라고 말하는 것은 아니다. Vikki Spruill은 이러한 브랜드와 포지셔닝의 강조가 자칫 비영리조직들이 상호협력하여 더 큰 지지기반을 갖도록 하는 데 걸림돌로 작용한다고 지적하고 있다. 또한 비영리조직 간의 가시적 성과에 대한 건전하지 못한 경쟁은 재산정보의 은폐를 촉진하고 기부자들에게 그들의 지원이 어떠한 결과를 만들었는지에 대해 혼돈스럽게 만든다고 지적하고 있다.

현재 브랜드와 포지셔닝의 개념의 사용에 대한 압력이 매우 강해지고 있다. 최근에는 정부기관(MB 정부의 국가브랜드위원회, 미국의 콜린 파월 국무장관의 'brand the State Department')들과 대학에서 브랜드 프로그램을 개발해 오고 있으며 여러 재단에서도 시도되고 있다.

이 장에서는 브랜드에 대한 개념과 이것이 비영리조직으로서 사회복지조직에 어떻게 적용될 수 있는지에 대해서 살펴보도록 할 것이다. 또한 브랜드에 관한 다양한 모델들과 전략을 살펴봄으로써 함축적인 의미에 통합적인 커뮤니케이션의 발달에 대해서도 살펴보도록 한다.

1) 브랜드의 개념과 기능

(1) 브랜드의 개념

브랜드에 대한 개념이 명쾌하게 머릿속에 들어오지 않는 이유는 크게 두 가지로 볼 수 있다.

첫째는 아마도 '브랜드'라는 용어가 우리나라 말이 아니기 때문에 무언가 깊은 뜻이 있을 것이라고 미리 단정 짓고, 그 심오한 의미를 찾겠다는 마음에 너무 쉬운 개념에 대해서는 무시해 버리기 때문이다.

두 번째는 브랜드는 고정되어 있는 개념이 아니라 상황, 시간, 목적에 따라 변하는 살아 있는 개념이기 때문이다.

브랜드에 대한 정의를 바르게 하기 위해서는 이 두 가지 문제를 염두에 두어야 할 것이다(박준형, 2004).

브랜드란 흔히 업계에서는 상표(trade-mark)라고 하며 그외에 품질, 종류, 소인(燒印), 낙인(烙印), 강한 인상, 횃불, 검(劍), 때로는 오명(汚名, disgrace), 누명을 씌우다 등 여러 가지 뜻을 나타내기도 한다. 따라서 좋은 뜻은 살려 전략효과를 내도록 하여야 할 것이며 나쁜 뜻의 브랜드가 되어서는 안 될 것이다.

브랜드는 기업의 경영이념, 의지, 서비스, 번영을 상징하는 뜻을 문자나 그림을 통합하여 고유한 것으로 만들어 독자적이어서 타기업과 구별하는 CI(Corporate Identity)와, 제품의 특성을 다 같이 융합하여서 고객의 이해와 애호를 받아 고객은 그 브랜드 하나로 기업과 제품을 믿고 구매하는 상징(symbol)이 되도록 정성을 다해야 한다.

브랜드에는 다음과 같은 구별이 있다(한국마케팅연구원, 2002).

① 내셔널 브랜드(National Brand: NB)

제조업자가 제품을 상품으로서 시장에 낼 때 쓰이는 명칭과 디자인을 말한다. 오랫동안 전국에 통용되고 각계각층으로부터 폭넓게 지지와 신용을 얻어 애용되는 상품 명칭과 디자인이 NB가 되는 것이다. 따라서 고객에게는 상품 선정의 기준과 신뢰의 근거가 된다.

② 프라이빗 브랜드(Private Brand: PB)

이것은 도매업자나 소매업자 등 판매업자가 설정한 명칭과 디자인을 가리킨다. PB의 기원은 1920년경 미국에서 체인오퍼레이션(chain operation)에 기초를 둔 소매업의 대규모화가 진행되어 판매력이 강화된 소매업자가 시장지배력을 강화해 가려고 하는 과점적 대규모 제조업자에 대항하기 위해 자신의 상표를 만들어 사용한 데서 비롯된 것이다.

③ 프라이빗 내셔널 브랜드(Private National Brand: PNB)

예컨대 의류 제조업자(apparel marker)와 백화점 또는 전문점 등의 소매업이 공동으로 기획하여 개발한 상표를 가리킨다. 전국의 일률적인 내셔널 브랜드 자체는 메이커 브랜드가 붙어 있어도 실제는 소매 측의 요청에 따라 상품화하는 것이다.

(2) 브랜드의 기능

브랜드는 상품을 판매하고 이익을 추구하는 데 주요한 요소가 된다. 브랜드의 기능을 살펴보면 다음과 같다.

① 브랜드 아이덴티티(Brand Identity)

오늘날 네임, 로고타입, 또는 캐릭터마크 등이 합쳐져 초기 브랜드의 개념이 탄생하였다. 그것이 바로 우리가 말하는 BI, 즉 브랜드 아이덴티티(Brand Identity)이다. 초기의 브랜드 개념은 이처럼 남과 나를 분명하게 구분 짓는 역할을 하는 브랜드 아이덴티티라는 개념이다.

② 브랜드 차별화(Brand Differentiation)

구성요소들이 브랜드의 차별성을 갖게 만들었고, 여기서 브랜드 차별화라는 개념이 생겨났다. 이렇게 아이덴티티와 차별화라는 두 가지 큰 개념으로 브랜드는 식별역할과 평가역할을 겸한 개념으로 발전하게 되었다. 이것이 우리가 이야기 하는 확장된 브랜드의 개념인 것이다.

이러한 개념에서 브랜드를 정의해 보면 브랜드는 '고객에게 자사제품을 식별하도록 도와주는 브랜드 아이덴티티 개념'이라는 협의의 정의와, 여기에 평가의 개념을 보완한 '브랜드를 차별화시켜 줄 수 있는 공급자가 제공하는 모든 대상 및 행위와 그것에 대한 고객의 총체적 인식'이라는 일반적 정의를 만들어 낼 수 있다.

공급자가 제공하는 모든 대상 및 행위는 공급자가 제공하는 제품과 서비스, 유통환경과 서비스, 고객이 지불하는 가격, 그리고 고객과 모든 형태의 커뮤니케이션을 말한다.

그리고 고객은 이러한 공급자의 일련의 행위에 대한 경험을 통해 나름대로의 그 브랜드에 대한 인지상태와 이미지, 그리고 선호도 등의 가치평가를 하게 되는 것이다.

넓은 의미의 브랜드란 공급자가 고객에게 제공하는 모든 것과 여기에 대한 고객의 평가와 인식까지를 모두 포괄한 개념인 것이다(박준형, 2004).

2) 브랜드마케팅

브랜드와 브랜딩, 그리고 마케팅 간의 개념을 정리해 봄으로써 브랜드마케팅의 개념을 정의할 수 있다. 브랜드마케팅이란 브랜드 아이덴티티와 브랜드 차별화의 모든 요소들을 전략적으로 관리함으로써 공급자가 원하는 차별화된 브랜드 개념을 만들어 내는 브랜딩을 위해 고안된 가장 유용한 행위들이다.

3) 브랜드와 브랜딩 개념의 차이점

그렇다면 브랜드와 브랜딩의 차이점은 무엇일까?

브랜드는 현상의 기술이라는 개념이며 결과적인 개념인 반면, 브랜딩은 전략의 개념이 들어가 있는 말로서 과정을 말하고 있는 개념이다. 즉, 브랜드를 공급자가 원하는 방향의 차별성 있는 브랜드로 전략적으로 육성해 가는 과정을 브랜딩이라는 용어로 정의할 수 있다.

이러한 브랜딩 방법에는 여러 가지가 있는데 가장 광범위하고 유용한 수단이 바로 마케팅이라는 개념이다(박준형, 2004).

미국마케팅협회(The American Marketing Association: AMA)는 '브랜드를 이름, 개념, 표현, 상징, 디자인, 조합된 것, 판매자와 판매자 그룹의 상품과 서비스의 확인을 통해 다른 경쟁자와 구별하는 것'으로 정의하고 있다. 이러한 브랜드란 표시와 상징에 관한 통괄 명칭이며 단순히 상품에 부착하는 표시가 아니라 상품에 의미를 부여해 상품을 만드는 표시이자, 나아가 시장을 지배하고 시장을 형성하는 표시이다.

비영리 영역에 있어 브랜드는 특정 비영리조직에게 이름, 상표, 로고 등을 대중에게 인지시키는 것을 말한다. 브랜드는 일정한 허가 없이는 도용되거나 모방될 수 없으며, 북유럽과 북아메리카는 법적으로 브랜드를 지적재산으로서 보호해 준다. 한 조직을 대표하고 그 조직에 대한 대중의 인식에 영향을 미칠 수 있는 브랜드는 매우 중요하다.

Aaker(2009)는 브랜드 요소는 고객에게 여섯 가지의 구별되는 의미로 전달된다고 하였는데 이는 속성, 이익, 가치, 문화, 개성, 사용자이다.

① 속성(Attributes)

브랜드는 조직이 지녀야 할 특별한 속성을 제공할 수 있다. 이러한 속성은 비영리조직의 크기, 활동범위, 부여받은 과업의 본질을 포함한다. 브랜드는 조직이 무엇을 하고 어떻게 해야 하는지를 요약하여 전달매체로서 활동한다.

이것은 단순한 로고보다 더 큰 의미를 지니며 브랜드 전략에서 중요한 역할을 하고 비영리조직이 지니는 특성을 제공한다. 각 조직들의 브랜드 로고를 통해 그러한 조직의 속성을 표현하고 상징하며 핵심 내용을 포함한다. 예를 들어 사회복지공동모금회의 로고인 '사랑의 열매'는 사회복지공동모금회의 정신을 담고 있는 상징이자 심벌로서, 세 개의 빨간 열매는 나, 가족, 이웃을, 빨간색은 따뜻한 사랑의 마음을, 한 줄기로 모아진 열매는 함께 사는 사회를 만들어 가자는 의미를 담고 있다. 이는 단순하지만 선명하며, 대중들은 '사랑의 열매'를 사회복지와 기부문화의 상징으로서 인식하고 있다. 사회복지공동모금회는 '사랑의 열매'라는 강력한 로고를 통해 대중에게 친밀하게 다가가고 있는 것이다.

② 이익(Benefit)

브랜드는 기능적이고 감정적인 이익을 연속적으로 제공한다. 기부자는 자신의 관점에서 특성 있는 브랜드를 가진 기관을 선택할 것이다. 이를 위해 먼저 기관이 어떠한 일을 하고 있는지 정보를 수집하여 자신이 기부하고자 하는 목적과 이익에 부합하는 기관에 기부할 것이다. 기부자들은 기부를 결정할 때 좀더 친숙하고 명확한 정보를 제공해 줄 수 있는 기관을 선호하게 될 것이다. 기부자들이 기부를 통해서 사회복지조직이나 비영리기관이 수여하는 기부증서나 기능적인 혜택뿐만 아니라 사회복지조직이 가지고 있는 브랜드 가치에 따른 기부자의 감정적인 이익도 발생하게 된다. 대중들은 '사랑의 열매'를 가슴에 달고 다니면 사회복지공동모금회에 기부한 사람들로서 가난하고 힘든 이웃에게 기부와 봉사를 하는 사람으로 인식한다. 시상식이나 공식 모임 등에 '사랑의 열매'를 가슴에 달고 출연하는 모습을 TV를 통해 볼 수 있는 것도 이러한 연유이다.

또 다른 예로 미국 암 환자들을 위한 기금을 마련하기 위해 만든 랜스암스트롱재단의 의식 팔찌인 '리브스트롱'은 미국을 중심으로 세계적으로 선풍적인 인기를 모으면서, 유행처럼 우리나라 대중들에게도 인기를 모았다. 리브스트롱 팔찌가 유행을 하자 우리나라에서도 사랑의 전화 복지재단에서 결식아동 및 청소년을 위해 비프렌드 팔찌를 의식 팔찌로 만들었으며, 가난으로 인해 소외받는 결식아동들의 정서적 치유를 위한 '친구되어 주기' 카운슬링 프로그램에 팔찌의 수익금이 사용되고 있다.

또한 최근 건강서비스와 관련된 기관의 사람들이 잠재된 환자나 일반 환자 및 대중에게 브랜드의 유용성을 제공해 줌으로써 전문적인 서비스를 실시하는 경우가 증가하고 있다. 예를 들어 안구이식 수술에 관한 최고 권위 있는 병원이 가난한 사람들을 대상으로 무료로 안구이식 수술을 하는 과정을 TV프로그램을 통해 제공한다고 하자. 그 병원은 안구이식 수술 전문병원이라는 브랜드 가치를 높이면서도 사람들에게 안구이식에 관한 의학적인 정보를 제공해 줄 수 있다. 아울러 병원의 사회공헌활동을 대중에게 알림으로써 윤리경영 측면의 긍정적인 이미지를 한층 부각시키는 효과를 볼 수 있다.

③ 가치(Value)

브랜드는 조직의 가치를 전달할 수 있다.

사회복지조직은 가치 있고 대담하며 권위를 지니고 있으며 도전적인 반면, 사람들에게 도움을 주며 동정심을 유발하기도 하고 보호하는 기관으로서 인식된다. 이러한 기관의 가치는 종교적인 성향을 띨 경우 이러한 기관의 특성, 기관을 설립한 창립자의 열정에 의해서 설정되기도 하며, 기관의 부여된 임무에 따라서 가치가 결정되기도 한다.

조직의 다양한 이해당사자들의 가치는 외부세계와 조직이 어떻게 커뮤니케이션하는지에 반영된다.

④ 문화(Culture)

비영리조직의 문화는 다양한 이해당사자 그룹의 가치에 의해 운영된다. 비영리조직은 조직이 가지고 있는 가치에 의해 조직행동을 유발한다. 예를 들어 Green Peace's culture는 환경을 해하는 상업조직에게 압력을 행사한다. 또한 대한정신보건 가족협회와 한국정신보건 전문요원협회는 '정신장애에 대한 편견을 풀어 적극적이고 사회대중적인 정신질환 치료를 이끌어 내자'는 취지로 정신장애인들과 가족, 관계자들이 모여 체육대회, 정신장애인에 대한 편견 극복에 관한 거리캠페인, 현수막을 이용한 시가행진을 하기도 한다.

⑤ 개성(Personality)

몇몇의 브랜드는 개성을 전달한다. 예를 들어 영국 자선단체 코믹릴리프(Comic Relief)의 '빨간 코의 날(Red Nose Day)'도 눈여겨볼 만한 성공사례이다. 이 단체는 영국의 BBC방송과 협력하여 유명인사 및 코미디언들이 빨간 코를 달고 오락프로를 진행해 모금활동을 펴는 기발한 아이디어를 냈다. 우리나라의 사회복지공동모금회도 2006년 10월부터 매월 12일을 나눔의 날로 선포하고 '빨간 코' 캠페인을 열기도 하였다.

⑥ 사용자(User)

많은 브랜드는 사용자의 본질을 전달한다. 기부자의 특성 중 나이를 예를 들면, 연령층에 따라 분류시켜 그들의 욕구에 부합하는 기부 패턴을 발전시킨다. 또한 ENABLE은 스코틀랜드의 가장 큰 조직으로 학습장애와 가족보호자를 위한 것이다. 1954년에 형성된 작은 그룹의 부모조직으로 자녀에게 더 많은 지원과 부모에 대한 지원을 요구하였다. 시간이 지나면서 기부자로부터 이 그룹이 진정 무엇을 바라는지에 대한 관심을 전달하였으며, 그 메시지의 내용은 '동정이 아닌 그들의 삶을 진정으로 변화시킬 수 있는 것은 자신의 역량강화'라는 것이었다.

기관들은 단순히 적당한 이름을 선택하기보다는 훨씬 더 브랜딩화시키려고 노력한다. 사업을 수행함에 있어서 비영리조직의 브랜드 이미지를 강화시키려고 노력하고 있으며 이는 이메일, TV, 라디오, 인터넷 등 다양한 의사소통 도구를 활용한다.

[그림 6-2]에서 보듯이 비영리단체의 목적 또는 미션은 브랜딩 전략의 발전을 위한 출발점이다. 비영리단체의 존재 이유는 따라서 조직의 업무와 이유의 본질에 관해 주목할 만하다.

조직을 특징적으로 나타내는 것은 그림에서와 같이 그들이 가지고 있는 가치들의 기능 또는 수행하는 활동, 이러한 활동을 수행하는 방법, 즉 조직들의 다양한 원칙들이다. 이러한 가치, 행동, 원칙들이 윤곽을 나타내면 조직이 원하는 계획한 이미지와 특성을 구성할 수 있다. 언어적이고 시각적인 형태로 나타나게 되며 그 조직의 브랜딩을 창출하게 되는 것이다.

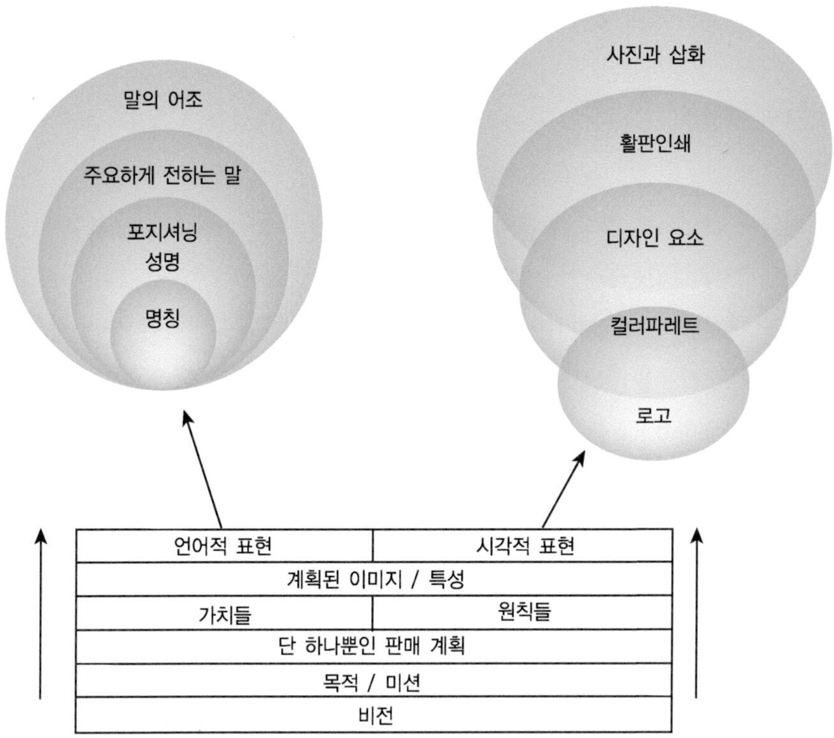

▮그림 6-2▮ 브랜드의 구조틀

출처: NSPCC (2004).

세계야생생물기금(World Wildlife Fund: WWF)은 재브랜딩하는 과정을 브랜드의 기능적, 비교적, 감정적인 분류에 의해 결정하였다.

- 기능적: 우리들은 교육, 현장실습, 지지와 파트너십을 통해 우리의 행동과 태도에 영향을 미친다.
- 비교적: 우리들은 실천 경험, 지식을 지방자치화와 세계화, 장기간의 문제해결에 초점을 맞추어 수립한다.
- 감정적: 우리들은 지구촌의 삶의 질 향상을 위해 노력한다.

브랜드 전략을 발전시킴에 있어 다음 단계는 타깃이 되는 이해당사자들의 집단에 언어적이고 비언어적인 형태로 표현하는 것이다. 만약 조직의 브랜드가 발전한다면 적당한 이름을 선정하는 것부터 중요하다. 언어적인 표현은 효과적인 포지셔닝을 진술함으로써 달성될 수 있다. 기관은 또한 전달함에 있어 핵심적인 메시지를 고려할 수 있다.

- 캠페인과 관련하여 타깃 청중에 기초하여 특별한 행동을 격려한다. 예를 들어 재활용캠페인, 금연운동, 아동학대예방 등과 같은 운동들이 있다.
- 모금과 관련하여 조직의 일이 중요한 이유, 그 기관이 후원받아야 하는 정당한 이유, 모금된 기금을 어떻게 쓰게 될지에 대한 계획의 강조 등을 설명한다.
- 교육과 관련하여 조직의 업무에 관한 측면들을 이해당사자들에게 깊이 이해시킨다.

마지막으로 비영리조직이 의사소통을 함에 있어 사용하는 목소리 톤은 조직의 브랜드 특성을 전달한다. 적절한 문구와 문체를 사용하는 것은 매우 중요하며, 외부로부터 기관이 어떻게 보일 수 있는지를 결정한다.

의사소통을 함에 있어서 브랜드의 시각적인 표현 또한 중요하다. 시각적인 표현이 가장 확연히 드러나는 것은 조직의 로고이다. 초기에 디자인된 유명한 로고들은 타깃 집단에게 가능한 많은 의미를 전달하는 방법이 된다. 따라서 영리조직이든 비영리조직이든, 조직의 로고 개발에 많은 시간과 노력을 투여하게 되고, 초기에 로고를 결정하고 나면 오랜 기간 동안 로고를 바꾸지 않는 경향이 있다. 대중들에 의해 지지된 조직의 가치는 변하지 않고 지속되며, 로고만이 시대적인 흐름과 최신 경향에 따라 약간의 수정을 가하며 발전된다.

4) 브랜드 전략의 필요성

브랜드 전략은 비영리조직에 필수불가결한 부분이다. 경영진들이 브랜드 전략 개발의 가치에 대해서 인식하지 않고 있는 조직에서조차 브랜드를 개발하는 단체들에 대한 여러 사례들이 존재한다. 아직도 많은 사회복지조직에 있어서 브랜드 전략을 선택하는 것은 매우 시기상조이다. 하지만 확고한 브랜드 전략을 통해서 사회복지조직들은 다양한 이점을 경험할 수 있을 것이다. 여기서 성공적인 브랜드 전략에서 나타나는 현상들을 살펴보면 다음과 같다.

(1) 차별화(Differentiation)

브랜드를 통해 활동범주를 구별할 수 있으며 이러한 활동의 접근방식을 알 수 있다. 이것은 서비스 이용자들에게 그들이 이 단체의 서비스를 이용할 것인지에 대해 스스로 선택권을 부여해 주며, 이용자들이 복지단체로부터 어떠한 서비스를 받을 것인지에 대해 기대하는 것을 전달할 수 있다.

이익을 산출하는 면에 있어 브랜드는 대중들에게 그 단체를 인지하는 데 도움을 줄 수 있고 다른 단체와 혼동되는 것을 막아 준다. 기금조성에 관한 연구에 따르면 유사한 이름과 가치와 특성을 가진 단체들은 한 단체에 정기적인 기부금을 지불하고 있다고 쉽게 혼동한다는 것이다. 이러한 단체에 기부자들은 후원하는 동안 그들이 다른 단체를 지원하고 있다고 믿는다. 즉 기관은 브랜드가 가지는 차별성을 통해 기관에 대한 확고한 이미지와 활동범주를 구별시킬 수 있는 것이다.

'아름다운재단'은 3년 전부터 '아름다운가게'를 통해 물품기증에 관한 기부문화를 정착시켜 나가기 시작했다. 연두색 나뭇잎 로고는 '아름다운가게'의 상징으로서 사람들은 연두색 나뭇잎이 그려져 있는 가게만 봐도 재활용 물품을 수거하여 판매한 수익금으로 어려운 이웃을 돕는 단체임을 알 수 있다. 연두색의 단순하고 강력한 시각효과는 '아름다운가게'의 간판, 홈페이지, 로고, 상품포장 등 전반에 걸쳐 통일적으로 운영되며, 다른 복지재단과 차별화되는 브랜딩을 구축해 나간다.

(2) 향상된 성과(Enhanced performance)

효과적인 브랜드는 사회복지조직의 상품과 서비스가 향상되도록 돕는다. 효과적이며 장시간에 걸쳐 알려진 브랜드는 신뢰를 증가시키고 그 복지단체의 서비스를 이용하지 않을 수도 있는 사람들을 그 단체로 향하게 한다.

브랜드를 개발하는 기관들이 기금조성에 성공적이다. 우리나라에도 월드비전의 기아체험, 공동모금회의 사랑의 열매, '아름다운재단'의 '아름다운가게' 등 자신들의 브랜드를 가지고 대중에게 접근한 복지재단들이 기금조성에 성공을 거두고 있다. Frumkin과 Kim(2001)은 그들 단체의 영업과 브랜드화에 더 많은 비용을 투자한 비영리단체들이 기금조성에 훨씬 나은 실적을 보인 것을 발견하였다. 비영리단체의 어떠한 분야에 관계없이 긍정적으로 브랜드를 사용하는 것은 후원에 영향을 미친다.

(3) 명성보험(Reputation insurance)

브랜드화는 일종의 명성보험의 이익을 제공한다. 기부자들과 주주들에게 신뢰를 받고 이해를 증진시켜 오랫동안의 긍정적인 이미지를 형성하므로 단기간의 위기에서 생존할 수 있다. 미국공동모금회(United way)는 회장이 콩코드 비행기와 같은 불필요한 비용으로 기부금을 허비했다고 고발된 Aramony scandal로 흔들렸었다. 이 일은 단기간의 기부금에 엄청난 영향을 미쳤지만 중장기적으로는 기부금을 다시 회복했고, 시장에서의 상대적인 위치를 되찾았다. Aramony 사건만큼 큰 스캔들은 그리 흔치않으며, 어느 누구도 인간으로서 때때로 실수할 것이라고 인정하지 않는 사람은 없다. 강한 브랜드는 그런 실수가 용서될 것이며, 심지어는 간과될 수 있게 만들어 준다.

(4) 고취된 충성심(Enhanced loyalty)

특정 단체의 브랜드를 선택하는 사람들은 앞서 살펴본 기능적이고 감정적인 이익을 얻을 수 있다. 기부자들이나 고객, 일반 대중들은 긍정적인 브랜드 가치를 평가 받은 사회복지기관의 한 부분과 자신들이 연관됐다는 기쁨에서 자연적인 이점이 발생한다. 이런 경우에 브랜드의 개성이 실제로 증가하거나 지지자들이 얻는 감정적 이득이 깊어진다.

미국 인디애나주립대학교의 Adrian Sargeant 교수는 비영리마케팅을 통한 기부자 충성도 전략에서 충성도를 움직일 수 있는 요인은 기부자의 로열티라고 강조했다. 또한 충성도는 헌신과 관련이 있고, 기관이나 단체의 가치에 대한 이해에 따라 달라지므로 기관의 사명과 목적에 대해 교육시키고 설득시키냐에 따라서도 충성도를 높일 수 있다고 하였다.

(5) 추가되는 파트너십(Additional partnerships)

성공적인 브랜딩은 공익연계 마케팅의 사례처럼 적절한 제3의 파트너와의 브랜드 기회를 열어 줄 수 있다. 미국에서 많은 자선단체들은 그들의 브랜딩된 상품을 소개해 왔고, 결과적으로 많은 실질적 수입을 올린다.

이러한 브랜드 전략을 발전시키는 것으로부터 얻는 몇 가지 이득이 있다.

첫째, 만약 브랜딩이 여러 해 동안 대중을 교육시키는 도구로 사용되어 왔다면 브랜드들은 정보를 지식으로 만들어 주는 도구이다. 이것은 오랜 시간 동안 시장에서 브랜드 커뮤니케이션으로 마케팅 작업이 정보를 주입시킨다. 즉 마케팅 작업은 브랜드 커뮤니케이션을 통해 시장에 정보를 흘린다는 뜻이다. 사실 브랜드는 우리가 받아들이는 다양한 정보들이 머릿속에 기억될 수 있게 하는 갈고리와 같은 역할을 한다.

둘째, 브랜드는 조직과 관계를 맺기 위한 사전조사에 대한 위험을 줄여 준다. 이것은 특히 기부자나 이용자들이 조직의 특정 부분이나 서비스와 처음 관계를 맺을 경우에 해당한다. 이런 상황에서 적절한 공급자를 선택하는 것은 기부자나 이용자에게 위험을 줄이는 것 같이 보인다. 만약 그들이 이미 특정한 브랜드 이름에 친숙하다면, 그들은 인지하고 있고 친숙한 특정 사회복지조직이나 비영리단체를 그렇지 않은 기관에 비해 믿으려고 할 것이다. 모금과정에서도 브랜드는 조직이 신뢰할 가치가 있다. 브랜드가 주는 신뢰감은 모금된 기금이 오랜 시간에 걸쳐 형성된 그 기관의 비전과 이념,

그리고 규정에 따라 양심적으로 사용될 것이라는 확신을 제공한다.

5) 브랜딩 전략 수집

지금까지 브랜딩의 개념에 대해 그 요소들을 중심으로 살펴보았다. 다음에서는 비영리조직인 사회복지조직에 있어서 브랜딩 전략을 어떻게 수립할지에 관해 살펴보도록 하겠다.

(1) 브랜드 관계성(Brand Relationship)

비영리조직 자체로서 브랜딩될 것이라고 맹목적으로 추정해 왔으나 사실 그렇지 않다. 비영리의 이름이 하나의 브랜딩 수준으로 구성되는 동안 뚜렷한 자금조달의 상품이 브랜드화될 수 있거나 심지어 서비스조직의 분리된 구성요소가 수익자에게 공급할 수 있는 가능성이 있다.

- 기업우산 브랜드(Corporate umbrella brand): 조직 이름 자체가 브랜딩되는 것이다. 가장 보편적인 비영리단체가 이에 해당된다. 적십자사, 유니세프, 세계야생생물기금(WWF), 태화, 월드비전과 같이 강력하고 국제적이거나 국내에서 인지도가 높은 브랜드를 가지고 있다.
- 패밀리 브랜드(Family brand): 비영리는 그들의 기금 형성과 서비스를 제공하기 위해 분리된 브랜드를 보유하는 것을 선택한다. 이는 기부자들의 특성에 따라서 모금 형태를 달리하거나, 프로그램의 내용을 달리하여 세분화시켜 서비스를 제공해 주는 것을 말한다.
- 타깃 개별적인 브랜드(Individual brand): 전체적으로 관련이 없는 브랜드와 분리된 모금이나 개별서비스에 따른 브랜드 요소들을 선택할 수 있다. 그러한 전략은 기부자 또는 서비스 사용자의 인구가 다양한 곳에서, 다양한 구성요소를 가지고 있고 서비스 조항이 복잡한 곳에서 각각의 기부자와 서비스 이용자에 맞는 맞춤형

브랜드가 더 실용적이 될 수 있다.

다양한 타깃 시장에서 리더십과 다양한 브랜드를 개발함으로써 조직은 생존할 기회가 늘어난다(Kotler, 2010).

강력한 브랜드는 조직이 위기를 극복하게 하는 데 도움을 준다. 조직이 다양한 브랜드를 개발한다면, 대중들의 신뢰를 깨는 일이 생기더라도 그러한 위기를 완화시키고 극복해 낼 수 있다. 다만 다양한 브랜드는 다양한 서비스와 상품을 통해 정확하게 관리되어야 한다.

(2) 차별화(Differentiation)

어떠한 접근방법을 최종적으로 선택하게 되든, 각각의 브랜드는 다른 경쟁상대와 신중하게 차별화되어야 한다. 이를 성취하기 위해 조직은 시장의 다른 공급자에 대해서 세밀하게 분석해야할 의무가 있으며 특히 유사한 이름, 브랜드, 가치, 활동, 이해당사자들을 가진 조직에 관해 확인해야 한다. 조직은 각각의 브랜드를 다른 조직의 특성과 면밀히 비교해 볼 수 있어야 한다.

이를 위해 사회복지조직은 [그림 6-3]과 같은 모델을 활용할 수 있을 것이다. 이것은 앞서 브랜드의 개념에서 살펴본 Aaker의 여섯 가지 분류와 비교해 보면 유사한 것을 알 수 있다.

이 모델은 나아가 간단하게 브랜드를 개념화하는 방법이고, 진짜로 구별할 수 있는 구성요소들을 확인하는 것이다. 또한 기부자가 그들의 도움에 대한 근본적 이유를 정확하게 인식하는 브랜드의 이성적이고 합리적인 요소와 잠재의식의 수준에서 영향을 줄 수 있는 브랜드의 감정적인 요소를 구별하는 데 유용하다.

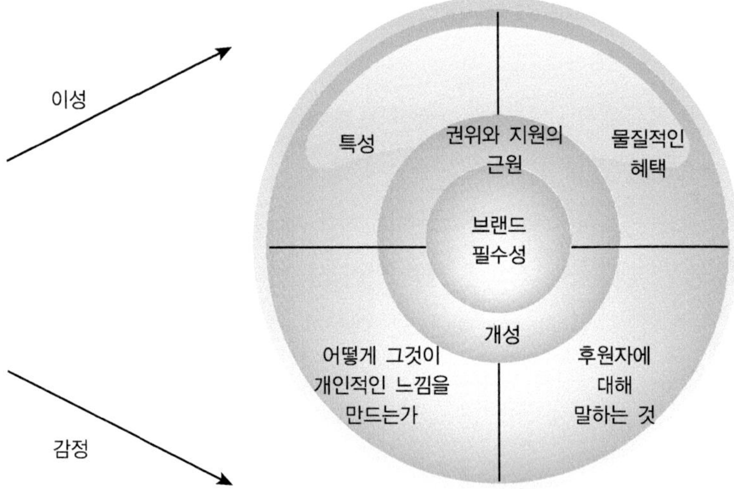

▌그림 6-3▐ 차별화된 브랜드 모델

① 브랜드의 필수성 혹은 본질(Brand essence): 이것은 브랜드가 무엇을 상징할 것인지에 대한 핵심이다.

② 권위와 지원의 근원(Source of authority and support): 브랜드는 조직의 질적인 측면에 기초로 하여 차별화된다. 많은 암 리서치 자선단체들을 예로 들면, 그들을 대표하고 그들의 관점을 표현하는 조사자들과 의료 담당자들의 권위에 의존할 수 있다.

③ 특성(Attributes)

④ 물질적 혜택(Physical benefits): 기부자 또는 서비스 이용자들에게 혜택을 준다.

⑤ 개성(Personality): 브랜드의 인간적 속성이 있다.

⑥ 어떻게 그것이 개인적인 느낌을 가지게 하는가(How it makes the individual feel): 브랜드는 그들의 지원에 대한 보상으로써 서비스 이용자 또는 기부자에게 감정적인 혜택을 제공하는가.

⑦ 개인이라는 것에 대해 무엇을 말하는가(What it says about the individual): 브랜드가 그들의 지원에 대한 미덕으로 본질을 서비스 사용자 또는 기부자에게 전달하는가?

브랜드는 이러한 하나 또는 여러 개의 구성요소들에 의해 달라질 수 있다. 가장 강력한 브랜드는 일곱 가지 구성요소에 대한 강한 차별성을 제공할 수도 있지만, 실제로는 그 모든 것을 충족하기가 쉽지 않다.

(3) 브랜드 파트너십(Brand Partnerships)

대부분 미국과 영국의 비영리조직은 강력한 브랜드를 개발하려고 노력하고 있으며, 신중히 전략을 전개해 나가고 있다.

조직이 어쨌든, 브랜드는 주어진 마켓에서 조직이 가지는 존재의 미덕에 의해 발전하고 있다. 반면에 최근 사회복지조직은 공익연계 마케팅을 통해 영리기업과 손을 잡고 자신들의 브랜드를 형성해 나가고 있다. 사회복지조직과 기업의 브랜드 파트너십을 통해 사회복지조직은 필요한 자원과 기금을 획득할 수 있고, 기업은 사회공헌활동에 대한 사회적 책임의 이행과 긍정적인 이미지 향상을 꾀할 수 있다.

예를 들어 푸드뱅크는 다양한 식품업체들과 손을 잡고, 기업의 생산과 유통과정에서 남겨진 제품을 수거하여 어려운 이웃과 복지단체를 통한 식품기탁사업을 실시하고 있다. (주)비알코리아의 베스킨라빈스는 2002년부터 '프리스쿱데이 행사'를 개최하여 푸드뱅크와 손을 잡고 결식아동·소년소녀가정을 지원했으며, 2004년부터는 백혈병소아암협회와 한국자원봉사센터협회의 후원으로 백혈병 소아암 어린이 환자를 돕기 위해 100원 이상의 후원금을 기부하는 모든 고객에게 일정 시간 동안에 전국매장에서 동시에 싱글 레귤러 아이스크림을 무료로 제공하는 행사를 가졌다. 이러한 공익연계 마케팅을 통한 영리기업과 비영리단체 간의 브랜드 파트너십은 다음과 같은 이익과 손해를 가지게 된다.

① 이익

- 비영리조직은 영리조직과의 관계를 통해 부족한 재정금과 인건비를 충족할 만한 수입을 확보할 수 있다.
- 영리기관의 긍정적인 브랜드 이미지가 적어도 일부분에서 비영리기관에 반영

될 수 있다.

② 손해

- 비영리조직은 영리기관과의 파트너십을 통해서는 그에 부합하는 특정 목적을 위한 제한된 업무를 수행하게 될 것이다. 이는 비영리조직이 자체적으로 브랜딩과정을 개발하는 것을 더디게 할 것이다.
- 사업상 파트너로 영리조직과 함께 운영함에 있어서 부적절하게 행동하거나 사회복지기관의 미션과 맞지 않을 경우, 사회복지조직의 이미지가 손상될 위험이 발생한다.

6) 브랜딩 전략 개발 원칙

브랜딩 전략 개발을 위한 원칙은 다음과 같다.

① 자신의 브랜드의 현재 위치와 경쟁사의 위치를 알라

이것은 첫 번째로 당신의 경쟁자가 누구인지 아는 것으로부터 시작된다. 여기에서 핵심은 경쟁이 일어나는 일련의 행위들을 결정하는 것이다. 또한 당신의 브랜드가 어떻게 인지되고 있는지를 이해하기 위해 당신이 접촉해야 되는 대상집단을 결정하는 것도 포함된다.

② 자신이 배워온 바를 분석하고 어디로 가길 원하는지 결정하라

이것은 브랜드가 평가되는 현재의 위상을 이해하는 것이 요구된다는 것이다. 즉, 표적집단에게 가장 중요한 것이 무엇인지와 그들이 대안으로서 이상적으로 생각하는 포지셔닝은 무엇인지를 아는 것이다. 대상집단들이 선호하는 것은 몇 가지 군집을 이룰 것이고 마케터들은 가장 중요한 집단이 어떤 집단인지를 결정할 필요가 있다. 그다음, 어떻게 그들에게 가장 호소력 있게 재포지셔닝할 것인지를 결정한다. 이것은 주로 오래된 비영리집단이 직면하는 문제이다.

③ 어떻게 새로운 브랜드 포지션을 할 것인지 결정하라

이 단계에서는 현실의 문제인지, 인식의 문제인지 또는 두 개가 결합된 것인지에 따라 방법이 결정될 수 있다.

④ 필수적인 독창적 의사소통에 대한 기교와 질서를 도입하라

비영리기관에서 브랜드와 포지셔닝에 대한 완벽한 합의를 찾는 것은 매우 어렵다. 왜냐하면 기관의 미션과 기본적인 전략들에 대한 이슈가 계속 발생하기 때문이다. 따라서 이러한 작업은 끊임없이 비난의 대상이 되기도 하고 자칫 흩어진 의견들은 가장 좋은 브랜드 안을 훼손시킬 수 있는 가능성도 있다. 따라서 언제나 고정된 의사소통이 브랜드 문제를 해결하리라고는 생각하지 말아야 한다.

⑤ 반드시 통합된 전략이 있어야 한다

브랜드는 당신의 조직에 대한 감정과 의미를 담고 있는 것이다. 이 브랜드와 관련된 일을 하는 모든 사람들과 모든 물리적・정신적 요소들이 통합되어 브랜드를 지지하도록 해야 한다.

⑥ 반드시 모든 사람들이 사들여야 한다

브랜드는 독창적이어야 하며 지속적이어야야 한다. 모든 사람과 모든 것들이 브랜드와 그것의 인식을 같은 선상에서 보호하도록 하는 과업을 가진 브랜드 추종자(brand steward)를 갖는 것은 종종 유용하다. 이것은 특히 여러 부서나 여러 사이트로 나뉘어져 있는 비영리기관들에게 매우 어려운 과제이다. 이러한 조직이 당면하는 가장 어려운 과제는 모든 부서들이 한 가지 전략에 동의하여 자신들의 영역에서 완전히 그것들을 실행하도록 하는 것이다.

⑦ 가능한 사전테스트를 하라

목표는 목표대상들의 마인드를 어떠한 것으로 옮기는 것이다. 당신의 성공 여부를

말해 줄 수 있는 사람들도 바로 그들이다.

⑧ 지속적인 모니터링을 하라

이것은 내부적으로 브랜드의 가치를 강화하고 보호해 주는 것이 무엇인지를 추적하는 것과 어떻게 이것들이 시간에 따라 대상집단에게 인식되는지 모니터링 하는 것을 의미한다. 경쟁 세상에서의 현실은 변화무쌍하다. 정기적인 모니터링은 중요하다. 또한 모니터링은 때때로 전문적인 심층연구에 의해 보충되어야 하며 특히, 주요 환경적인 변화 이후에는 더욱 그러하다.

7) 브랜드 가치와 커뮤니케이션

비영리 부문에서도 특히 복지 분야의 브랜드에 대한 관리와 자원봉사 부문에 초점을 맞추는 것은 매우 가치 있는 일이다. 특히 이러한 부분은 다른 비영리 부문들과 차이가 있다. 최근 Sargeant와 Hudson(2003)의 조사에 따르면 브랜드의 가치에 대한 관리는 훨씬 더 복잡해지고 있다. 조직은 현재 자신들이 가지고 있는 가치를 명확하게 목표로 삼아야 하며, 어떻게 특정 마켓에서 다른 조직의 운영자들과 구별할지에 대한 차별화 방안을 마련해야 한다.

조직의 브랜드 가치는 조직의 자발성이나 자선적인 상황에서 발생한 힘에 의해 형성된다. Malloy와 Agarwal(2001)은 자원봉사 부문은 돌봄에 관한 모델이나 여성주의적인 모델에 기초하며, 전반적으로 신뢰나 자발성과 같은 공통의 가치에 기초한다고 하였다.

조직적인 가치(organizational values)에 대한 조사는 각각의 자원봉사조직이 역사와 경영스타일, 전반적인 접근을 통해 형성한 다양한 가치의 힘에 의한 제도적인 가치들의 독특한 결합으로 제안된다. 이것은 자원봉사 부문의 기원으로 여겨지며, 어떻게 조직의 미션에 접근할지에 대한 근본이 되는 것이다.

이러한 구조는 어떤 확실한 가치가 자원봉사조직이나 자선조직의 조직적인 힘에 의한 조직의 브랜드로 발전한다면 훨씬 더 의미 있다. 개인적인 마케팅 실천에 중점을 맞춘 가치에 대한 필요성이 최근에는 줄어들고 있다. 동시에 어떠한 원인에 맞추는 수준에 이른다면, 한 조직보다는 전체의 하위 부문의 가치가 되는 것을 촉진하거나 관리하게 될 것이다. 분명히 마케팅 자원이 부족한 특수한 조직은 핵심 경쟁조직으로부터 차별화된 가치에 치중해야 한다. 하지만 경쟁자들이라도 같은 부문에서 일을 할 때는 협동을 통해 임무를 수행하고 목표를 달성해야 한다.

브랜드의 특성을 이해하고 이를 반영하기 위해서는 커뮤니케이션이 모든 활동에 필요하다. 커뮤니케이션은 조직의 응집력을 향상시키는 데 필수적인 요소이다. 브랜드를 개발하는 비영리조직에 특히 필요하며, 조직 전반에 커뮤니케이션이 반영되어야 한다. 조직에서 발생하는 모든 의사소통은 일관성을 가져야 하며, 이러한 의사소통의 형태는 조직의 전체적인 브랜드를 반영해야 한다.

대부분의 비영리조직이 이해당사자들과의 관계에서 성공하려면, 전체 조직은 '브랜드 살리기'와 일관된 의사소통의 형태로 그것의 다양한 범위를 반영해야 한다.

하지만 일관성을 확보하는 것은 쉽지 않으며, 다음의 다양한 단계들은 비영리 부문에서 일관성 확보를 위해 유용하게 활용될 수 있을 것이다.

① 이해당사자들의 논의 및 개입

주요한 이해당사자들에게 그들의 의견을 묻는 것이 중요하다. 이해당사자들의 가치를 지지하는 시도로서 존중의 의미를 내포해야 하며, 그러한 메시지는 의사소통의 가능성을 열어 줄 것이다.

만약 전반적인 논의와 내부 이해당사자들의 투입이 실패한다면 안정적인 매입 또한 실패하게 된다. 이러한 문제로 인해 의사소통과 다른 사람과의 관계를 통해 브랜드를 지각하는 형태를 나타내는 개별화된 집단 구성원들이 발생한다. 비영리조직은 이들에 대한 발의권을 지지함에도 불구하고, 각각의 그룹들이 적절하다고 느끼는 가치와 메시지를 반영하는 것은 실패하게 된다.

② 브랜드북 발간

브랜드가 무엇이고 어떤 것을 나타내며 어떻게 전달될 것인지에 관한 세부내용을 제공해야 한다. 또한 직원들에게 가이드라인을 제시할 수 있는 정보를 제공해 주어야 한다.

③ 직원과 자원봉사자의 교육

직원과 자원봉사자는 '브랜드북'에 있는 지침대로 자신의 역할을 수행해야 한다.

또한 공식적 커뮤니케이션에서의 적절한 태도나 전화 응대, 문서작성, 보도자료 배부 등의 훈련도 요구된다.

④ 각 부서 간에 브리핑과 회의

비영리조직은 내부 커뮤니케이션에 대한 책임으로서 모금, 캠페인, 서비스 제공과 전체적인 커뮤니케이션 간에 여러 분야로 나뉘어져 있다. 각각은 자신들의 축적된 노하우에 따른 세부 마케팅을 개발시켜 나가고 있다. 하지만 내·외부 간의 원활한 의사소통을 위해서는 다른 부서와의 빈번한 접촉이 필요하다. 조직의 일관된 커뮤니케이션을 위한 팀 보고와 회의는 성공을 위한 필수요소이다.

⑤ 연간계획

특정 개인을 지명하여 주요 이해관계자 그룹의 일원으로서 이해 관계자들이 받는 일련의 커뮤니케이션에 동참하면서 그 역할을 맡아 보게 하는 것은 매우 유익하다. 이해당사자들의 감정적이고 기능적인 가치에 기반하여 브랜드를 개발하는 것이 중요하며, 수렴된 커뮤니케이션의 내용을 정확히 개별조사하고 특정 이해관계자의 욕구와 향후 1년간 계획을 세움에 있어 기관이 바라는 바가 일치하는지를 고찰해 보는 것이 중요하다.

브랜딩의 여러 사례

민족친화적인 용어를 활용한 브랜드

- 중국에서는 초코파이를 '하오리여우(하오리여우)', 이마트는 '이매득(이마이더; 사기 쉽다)', 미국의 야후는 '야호(우아한 호랑이)'라는 브랜드를 쓰고 있다. 이는 원래의 브랜드와 발음도 비슷하면서도 또 다른 이미지를 심어 주어 소비자들의 큰 인기를 끌었다고 한다.

기업의 경영목표가 뚜렷한 브랜드

- 코카콜라의 브랜드 가치는 무려 79조 원(660억 달러), 마이크로소프트, 코닥, IBM 등도 10조 원에 이르는 것으로 평가됨
- 제너럴 일렉트릭(GE)은 1860년부터 이미 GE라는 명칭과 로고, '전기를 통한 더 나은 삶'이라는 슬로건을 만들어 사용
- 프록터앤갬블(P&G)은 백 년 동안 사용해 온 '순수함'이라는 콘셉트로 '순도 99.4%'의 '아이보리 비누'를 부동의 베스트셀러로 유지
- 자동차 회사 아우디는 '독일인의 장인정신이 배어 있는 승용차'
- 베네통은 '다양한 인종들이 조화롭게 살아가는 하나의 세계'라는 비전을 일관되게 제시
- 필립모리스는 카우보이, 부두 노동자, 트럭운전사 등 남성적 이미지가 강한 모델을 등장시켜 남성중심의 광고 전략을 40여 년 동안 유지

시각정보를 활용한 브랜드

- 맥도널드의 '황금색 아치', 애플 컴퓨터의 '사과', KFC의 '콜로넬 샌더스 할아버지', 벤츠의 '엠블럼', 코카콜라의 빨간색 로고와 날씬한 병 모양 등
- 인텔의 '인텔 인사이드'나 마이크로소프트 윈도우 95 호환제품에 부여되는 '창문로고', 나이키의 '저스트 두 잇(Just Do It)', 코카콜라의 '코크 이즈 잇(Coke Is It: 코카콜라 바로 그것뿐)'

출처: 유필화, 김용준, 한상만 (2012).

Chapter 07

마케팅믹스

1. 마케팅믹스의 의의
2. 마케팅믹스의 요소

Chapter 07

마케팅믹스

1 마케팅믹스의 의의

1) 마케팅믹스의 개념

마케팅믹스(Marketing Mix)는 마케팅의 도구와 기법을 서술하기 위해 사용되는 용어이다. 마케팅 목표는 마케팅 노력의 결과를 나타내고 마케팅 전략은 마케팅 목표를 달성하고자 하는 수단을 말하며, 마케팅믹스의 조정은 이러한 전략을 수행하기 위한 하나의 전술이다. McCarthy는 성공적인 마케팅을 위해 조직이 고려해야 하는 4개의 구성요소를 처음으로 제안하였는데 그 핵심되는 개념이 4P이다. 마케팅믹스의 4P는 상품과 그 특성을 결정하고(Product), 가격을 설정하며(Price), 상품의 유통방법을 결정하고(Place), 상품의 촉진방법을 선택하도록 요구(Promotion)하는 내용으로 구성되어 있다. 이러한 마케팅믹스 전략은 마케팅 목표를 달성하기 위해 4P를 어떻게 적절히 배합(Mix)할 것인가에 관한 전략이다.

2) 마케팅믹스 전략

마케팅믹스 전략은 제품, 가격, 유통, 촉진 등 마케팅믹스의 기본 요소가 잘 조화되어 시너지효과를 낼 수 있게끔 하는 혼합마케팅 전략이다. 신상품 마케팅 전략 과정은 환경변화의 분석과 예측을 통하여 신제품의 기회를 발견한 다음, 기회시장에 대한 시장세분화로 목표시장을 명확히 하고, 다시 목표 시장 내의 고객 니즈 분석과 콘셉트 도출로 마케팅 목적을 분명히 하여 제품개념을 전달하고, 고객에 의한 구매가 활발히 이루어지도록 여러 장애요인을 제거해 나가는 과정으로 이루어진다. 마케팅믹스는 바로 이러한 제품 개념의 전달활동, 즉 신제품이 출시될 때 이것이 고객의 어떠한 욕구에 부응하는지 명확히 일관성 있게 의사소통할 수 있는 것이 되어야 하고, 구매 장애요인을 제거할 수 있는 것이 되어야 한다.

이러한 마케팅믹스가 적절하게 이루어지기 위해서는 시너지효과와 적절한 혼합을 위한 전제조건을 이해해야 한다. 즉 전체의 합이 부분의 합보다 큰 시너지 효과를 얻기 위해서는 먼저 전체가 무엇이고, 부분이 무엇인지 명확하게 구분하여야 한다. 구체적으로 마케팅 목적이라 할 수 있는 제품 개념 전달활동과 구매 장애 제거활동이 어떠한 것들인지 명확히 하여야 한다.

이러한 개념적 이해를 바탕으로 시장지향적 마케팅믹스 활동을 담당하는 조직을 구성해야 한다. 즉 의사소통활동 및 구매 장애요인 제거활동을 담당하는 마케팅조직, 그리고 이를 지원하는 R&D, 인사, 재무 등의 관련 부서는 물론 고객지향본부와 같은 상위조직이 구성되어져 전사적으로 그 활동이 이루어져야 한다. 이는 마케팅믹스 활동이 마케팅 부서에서만 이루어지는 것이 아니라 전사적으로 최종 고객을 위한 가치창출 활동임을 의미한다.

예를 들어 마케팅믹스의 요소인 제품, 가격, 유통, 촉진은 상위의 마케팅믹스 요소들이다. 이 상위 요소 밑에는 각각의 하위 믹스요소들이 있다. 제품의 경우 제품기능, 디자인, 상표, 포장 등과 같은 것을 하위 믹스요소라 할 수 있는데, 이러한 하위 믹스요소 중에는 상표, 포장 등과 같이 마케팅 부서에서 직접 통제 가능한 요소가 있고,

제품의 성능, 애프터서비스와 같은 통제 불가능한 요소가 있다. 이런 통제 불가능한 하위 믹스요소는 최종 소비자들의 욕구를 충족시키기 위해 기업 내의 생산, 연구개발, A/S같은 업무를 수행하는 부서의 협조를 받아야 한다. 또 촉진의 경우에도 상품화 부서와 광고매체를 선정하고 집행하는 부서가 각각 분리되어 있는 경우라면 마찬가지로 광고 관련 부서의 협조를 받아야 하고 광고 관련 업무를 수행하는 부서는 마케팅믹스 활동을 상품화 부서와 함께 하고 있다고 볼 수 있다.

즉 마케팅믹스 활동은 신상품 개발을 추진하는 마케팅 부서만이 아니라 전사조직이 고객의 가치창조를 위해 함께 하는 활동인 것이다.

2 마케팅믹스의 요소

1) McCarthy의 마케팅 구성요소(4P)

▌그림 7-1▐ 마케팅 구성요소

마케팅믹스란 마케팅을 하는 주체가 4개의 각 영역에 자원을 할당하는 방식을 의미한다. 예를 들어, 사회복지기관에서 서비스의 질을 높이기 위해 상품에 많은 예산을 투자하면 홍보와 같은 분야에는 상대적으로 낮은 예산이 배정될 수밖에 없다. 이러한 과정을 통해 최적의 함수를 도출해 내는 조직이 사회복지계에서 경쟁력을 갖게 되는 것이다(정무성, 1998).

한편 전통적인 관점에서의 마케팅믹스는 지나치게 물질적 상품의 마케팅 지향이라는 의미에서 비판을 받아 왔다. 이는 대부분의 비영리조직들은 비물질적인 서비스에 더 많이 관여하는 서비스마케팅으로 외부 마케팅, 내부 마케팅, 상호작용적 마케팅과 같은 하위 마케팅을 갖고 있어 제품 마케팅보다 여러 관련 요소가 많기 때문이다.

① 제품(Product)

제품이란 고객의 욕구를 충족시키는 재화를 총칭하는 말로 물질적인 것뿐만 아니라 서비스, 사람, 장소, 조직, 아이디어 등을 모두 포함하는 개념이다. 기업의 목표는 상품을 더 우월하게 차별화시켜, 목표시장이 그들의 상품을 선호하고 심지어 추가 가격까지 지불하게 하는 것이다. 따라서 마케터는 고객의 욕구의 특성을 명확하게 할 필요가 있으며 이러한 지식을 바탕으로 고객의 욕구를 충족시킬 상품이나 서비스를 고안해야 할 필요가 있다. 또한 생산될 재화와 서비스의 범위와 상품 생산 시간, 그리고 어떤 패키지상품으로 만들 것인지를 규명할 필요가 있다.

사회복지기관에서 모금과 관련하여 잠재적 기부자들의 공감을 얻어낼 수 있는 가치를 구체적인 상징물로 만들어 내야 한다. 예를 들어, 월드비전의 마케팅상품으로 잘 알려진 '사랑의 빵' 저금통은 제3세계의 굶주린 아동들을 돕기 위해 만들어진 것이다. 상품과 관련하여 중요한 것은 그것의 명칭이다. 상품의 이름에 따라 구매자의 반응이 크게 다르기 때문에 적합한 이름을 붙여 주는 것은 매우 중요한데, 이를 위해서는 언어심리학적인 감각이 필요하다.

또한 상품을 개발하는 데 있어 중요한 것은 생산자가 판매하려고 하는 것을 강조하는 것이 아니라 구매자가 사려는 것이 무엇인지를 파악하는 것이다. 따라서 사회복지기관의 기부자 개발을 위한 마케팅에서는 후원금 자체에 중점을 두기보다는 후원 행위를 통한 사회적 기여와 소외계층의 삶의 질 향상에 중점을 두어 상품이 개발되어야 한다(정무성, 1998).

사회복지조직에 의해 창출된 프로그램이나 서비스도 프로그램 측면에 있어서는 제품이 될 수 있다. 기업이 상품의 브랜드를 강조하듯 상품의 구성요소를 강조함으로써 마케팅을 더욱 효과적으로 할 수 있다. 사회복지조직은 클라이언트들의 문제를 해결하고 그들의 욕구를 충족시켜 주기 위해 그들의 욕구를 분석하고 프로그램과 서비스를 개발 및 개선하는 활동을 한다. 이러한 활동은 프로그램을 확대 또는 축소하거나 개설 또는 중단하는 조치 등 다양한 형태로 이루어진다. 이러한 생산측면의 가장 핵심적인 전략은 서비스에 차별을 두는 것이며, 고도의 전문가를 활용한다거나, 고객 맞춤식 서비스, 찾아가는 서비스, 또 그 지역의 특성을 최대한 살린 프로그램, 보다 새롭고 획기적인 기술을 활용한 서비스 등의 전략이 요구된다.

② 가격(Price)

가격이란 상품과 서비스에 대한 대가로 지불해야 하는 제품의 화폐가치를 말한다. 가격은 수익을 창출하는 면에서 마케팅믹스의 다른 요소들과 구별된다. 생산자는 가격을 결정하기 전에 사람들이 그 상품에 어떤 가치를 부여하고 있는지를 파악하여야 한다. 일반적으로 사람들은 비싼 제품이 더 나은 가치를 지닐 것이라고 믿기 때문에, 그 상품의 가치가 낮게 평가되고 있다면 상향조정하는 업무가 선행되어야 한다. 진정한 가치를 사정하기 어려운 비영리 부문에서는 같은 영역의 두 기관을 구별하려는 고객이 대부분 가격이 비싼 곳이 서비스가 더 나을 것이라고 결론짓는 경향이 있다.

그러나 가치가 돈으로만 측정되는 것은 아니다. 상품의 거래에서 구매자들이 지불하는 것에는 시간, 노력, 생활양식의 변화, 혹은 다른 기회비용이 포함된다. 특히, 사회복지기관에서 잠재적 기부자들을 대상으로 마케팅 전략을 세울 때는 이들 '사회적 가격'이 반드시 고려되어야 한다. 예를 들어 기부자가 후원금을 내기 위해 은행에 가야 하고, 또 그곳에서 긴 줄을 서서 대기해야 한다면 후원을 위해 너무 높은 사회적 비용을 지불하게 하는 것이라는 사실을 명심해야 한다. 따라서 후원 절차의 단순화는 사회적 비용을 감소시키고, 이는 좋은 홍보의 소재가 되기도 한다.

사회복지 프로그램 측면에서 보면 가격이란 모금에 있어 후원금뿐만 아니라, 사회복지조직에서 실시하는 프로그램을 이용하는 대가로서 부담하는 비용, 즉 수강료나 교육비(훈련비, 참가비) 등을 말한다. 프로그램의 이용에 대한 비용을 결정하는 것은 매우 복잡한 과정이며, 투명성과 정확성을 요구한다. 하지만 적절한 선에서 결정된 가격은 주민들의 참여도를 높일 수 있다. 이러한 가격을 조절하기 위해서는 다양한 전략들이 필요하다. 자원봉사자를 활용하여 인건비를 낮출 수 있으며, 행정상의 비효율적인 면을 수정하여 행정비용의 경감을 도모하거나, 프로그램의 제공에 있어 집단 사회사업적인 접근을 시도할 수도 있다.

③ 장소(Place)

유통 장소는 제품이나 서비스가 고객에게 이용이 용이하게 만드는 장소를 말하며, 판매경로의 유형에 대한 구체적인 분석과 고용된 사람들의 물리적인 배분방법에 대한 고려를 포함한다. 이는 상품에 대한 구매자의 접근 용이성을 의미하는 것으로, 모든 판매자는 그들의 상품이 목표시장에서 구매되고 사용될 수 있도록 하는 방법을 결정해야 한다. 비영리기관에서 장소에 대한 고려는 매우 중요하다. 주 고객의 물리적・심리적 접근성이 용이하여야 기관의 소명에 따른 과업을 수행할 수 있을 것이다.

프로그램 측면에서 장소는 클라이언트의 참여와 관련이 있는데, 사회복지조직에서 개발한 프로그램을 어느 장소에서 운영하느냐에 따라 잠재적 클라이언트들의 실질적인 참여에 영향을 미친다. 즉 사회복지조직은 잠재적 클라이언트들이 프로그램에 많이 참여할 수 있도록 접근성이 용이한 장소를 결정하는 데 신중해야 한다.

④ 프로모션(Promotion)

프로모션은 고객의 마음에 관심을 자극하고 궁극적으로는 구입할 의도를 자극하기 위해 도입된 모든 판매촉진 수단을 의미한다. 이는 광고, 판매촉진, 직접 마케팅, 홍보(PR), 개별 판매, 전시회 또는 무역박람회를 포함한다. 기업의 제품판매에 있어서 구매를 자극하는 촉진활동이 없으면 판매의 부진이 발생하기 때문에 광고에 대한 시장경쟁이 치열하게 이루어지고 있는 실정이다.

비영리기관에서도 프로그램과 서비스에 대한 프로모션 전략은 매우 중요한 업무 중의 하나이다. 기관의 이미지 제고만이 아니라 프로그램 참여 또는 지원 요청에 있어서 기관 및 사업의 프로모션은 주요한 과정의 하나이다. 비영리조직들은 다양한 방법(무료방송 취재, 자원봉사자들의 입소문, 연속 간행물, 직접 서신, 서비스조직, 모임 등)을 통해 스스로를 홍보할 수 있다. 또한 틈새시장을 확보하기 위해 지리적 · 인구론적인 특성,

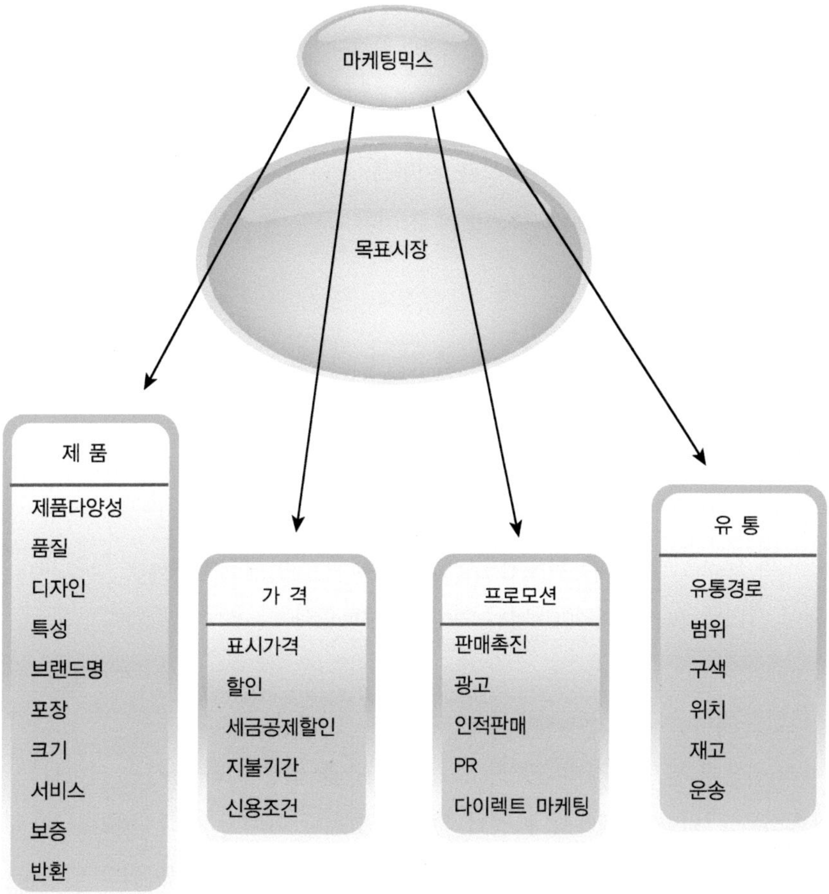

▌그림 7-2▐ 4P의 개념

수입, 직업, 사회(적)문제 유형, 교육수준, 종교 등에 기초한 차별화 노력 등을 점검해야 한다(조운희, 2004).

프로모션은 창의성과 다양성이 요구되고, 중요한 것은 기발한 소재이다. 특히 사회복지기관에서는 창의적인 아이디어를 발휘할 것을 요구한다. 한편 상품을 프로모션하는 통로는 매우 다양한데, 일반적으로 대중매체가 많이 사용되지만 광고, 대변, 로비활동, 교육프로그램 등 사람들과의 직접적인 대면방법도 사용된다. 실제에 있어서는 다양한 방법들이 동시에 이용된다(정무성, 1998).

프로모션은 사회복지조직에서 창출된 프로그램과 서비스를 잠재적 클라이언트들에게 알리기 위해 다양한 의사소통 전략을 사용하는 것으로, 여기에는 라디오나 텔레비전, 신문, 현수막, 전화, 포스터, 게시판, 이벤트 등이 있다. 사회복지조직은 프로그램에 대한 적극적인 홍보를 통해 주민들의 참여를 높일 수 있다.

2) 마케팅 추가 구성요소

(1) Booms와 Bitner의 추가 3P

Booms와 Bitner는 3P, 즉 과업환경(Physical evidence), 과정(Process), 사람(People)을 추가하여 서비스 마케팅믹스 개념의 7P를 제시하였다.

① 과업환경(Physical evidence)

서비스 생산에 필요한 장비나 기구 또는 서비스를 위한 기타 환경을 의미하는 것으로, 마케터는 서비스가 행해질 환경의 특성을 고려할 필요가 있다. 따라서 박물관의 큐레이터들은 방문객의 상호작용을 극대화할 수 있는 물리적인 디자인과 배치를 고려할 필요가 있다. 최근 대형 의료기관병원에서 고객중심으로 환자들을 위해 친근한 환경을 조성하는 것도 일례이다. 장애인복지관에서 이용이 편리한 셔틀버스를 운영한다거나 거동이 불편한 대상자를 위한 안전바(Safety bars) 및 휠체어를 비치하여 이용하는 것도 물리적 환경을 고려한 것이라 볼 수 있다.

② 과정(Process)

서비스를 이용하는 고객들이 접근하는 활동의 흐름에 대해 특별한 관심을 기울일 필요가 있다. 마케터들은 서비스를 구성하는 단계의 수와 그 과정에서 고객의 참여가 필요한 범위를 고려할 필요가 있다.

③ 사람(People)

조직이 고용하고 있는 사람은 고객이 경험하는 전체적인 서비스 경험의 일부분이기 때문에 매우 중요한 요소이다. 그러므로 이 요소에 고용, 훈련, 서비스를 제공하는 개별 구성원들의 동기화를 포함시키고 있다. 물론 내부 마케팅 커뮤니케이션의 중요성은 항상 포함되어 있다.

조직 내적인 측면에서는 자원 및 자문을 제공하는 개인, 집단조직 등의 기관 외부인이 포함되는 투입자, 기관의 서비스/프로그램 수혜를 받는 클라이언트 또는 이용자인 산출자 그리고 기능직, 사회복지사, 이사 , 간호사, 사무직 등 서비스/프로그램 운영에 영향을 미치는 기관 종사자들이 포함되는 전체의 서로 어우러진 생태학적인 균형(ecological balance)이 존재해야 할 뿐만 아니라 발생하는 욕구를 충족시키기 위해 쉽게 해산되고 재조직될 수 있는 탄력적인 균형(flexible balance)이 있어야 한다. 그리고 조직 외적인 측면에서는 상기의 투입자, 산출자, 전환자가 경쟁적인 관계와 협력적인 관계가 공존하기 때문에 반드시 동일한 이익은 아닐지라도 호혜적인 목적을 달성하기 위해 함께 활동하는 관계형성이 유지되도록 해야 한다(조운희, 2004).

(2) Fine의 추가 3P

비영리기관의 마케팅에 관해 언급한 Fine(1992)은 비영리기관에서 4P만을 가지고 최적의 마케팅믹스를 도출해 내는 것은 무리가 있다고 주장하면서 추가적으로 3P가 포함되어야 한다고 강조하였다. 즉, 마케팅을 하는 주체인 생산자(producer), 마케팅을 통해 호소를 해야 하는 대상자인 구매자(purchaser), 과학적인 탐구과정인 조사 등이 마케팅 함수에서 고려되어야 한다는 것이다. 여기서는 참고로 사회복지리뷰 제3집에 게재된(정무성, 1998) 내용을 재인용한다.

① 생산자(producer)

마케팅을 위해 구매자와 교환할 아이디어를 창출하고 메시지를 생산해 내는 주체를 의미한다. 후원자 개발을 위한 마케팅에서는 사회복지기관이 생산자가 된다. 사회복지기관의 주된 목표는 사회복지대상자들에게 서비스를 제공하여 삶의 질을 증진시킴으로써 더불어 함께 사는 복지사회를 실현하는 데 기여하는 것이다. 이러한 목표를 달성하기 위해 잠재적 후원자라고 할 수 있는 일반 시민들이 사회복지에 대한 관심을 갖고 후원할 수 있도록 도와줄 필요가 있다. 우선 사회복지기관은 마케팅의 주체인 생산자가 되어 사회복지기관의 목표에 대한 가치를 확신시켜야 한다. 이를 위해 사회복지기관은 일반 시민들로부터 믿을 만하고 의지할 만한 기관으로서 신뢰를 받아야 하고, 사회복지대상자들의 중요한 대변인 역할을 하여야 한다. 마케팅의 주체로서 사회복지기관은 교환하고자 하는 아이디어나 메시지에 책임을 질 수 있어야 한다. 신뢰할 수 있는 개인이나 조직에 의해 마케팅이 이루어질 때 그 효과가 더욱 커지기 때문이다.

② 구매자(purchaser)

기업의 마케팅에서 구매자는 일반적으로 잠재적 고객을 의미한다. 사회복지기관의 후원자 개발을 위한 마케팅에서 구매자는 잠재적 후원자들이다. 구매자인 잠재적 후원자가 될 사람들은 마케팅의 초기단계에서 반드시 파악되어야 한다. 그리고 사회복지기관은 이들에게 특별한 인상을 심어 주면서 호소할 필요가 있다. 이를 효율적으로 하기 위해서 대상을 특정 기준에 따라 여러 범주로 나누는 것이 바람직하다. 이러한 과정을 시장세분화라 한다.

③ 조사(probing)

소비자조사는 마케팅 담당자들이 사용하는 가장 중요한 도구이지만 때로는 지나치게 남용되기도 한다. 대부분의 경우 조사가 너무 과장되거나 불충분하기 때문에 일어나는 현상이다. 오늘날과 같은 첨단 정보화사회에서는 낡은 정보나 저품질의 정보는 전혀 가치가 없다. 따라서 조사는 필요성이 매우 높을 때 행해져야 하며, 철저하고 주의 깊게 이루어져야 한다.

3) 뉴 마케팅 구성요소

(1) Kotler의 마케팅 구성요소(4C)

Kotler는 40여 년간 네 번에 걸친 마케팅의 진보를 제시하면서 마케팅에 대한 안이한 사고, 즉 상품을 만들면 고객은 창출되거나 판매에 따라 달라지는 것이라는 단순한 견해를 지닌 경영자들에게 《미래형 마케팅(*Kotler on Marketing*)》을 통해 경고했다.

결국 마케팅은 회사가 상품을 내기 훨씬 이전부터 시작되고, 고객을 발굴하고, 유지하며, 새로운 고객을 창출하는 일련의 종합적인 과학이다.

마케팅의 출발점은 조사(R: Research)단계이며, 시장세분화(S: Segmentation)・표적시장 설정(T: Targeting)・포지셔닝(P: Positioning)・마케팅믹스 실행(I: Implementation) 단계를 거치게 되는데 마케팅믹스는 가격・상품・유통・판촉(4P) 4 요소를 적절하게 결합하는 단계이다. 여기서 한발 더 나아가 미래형 마케팅으로 Kotler는 1960년대 McCarthy가 제시한 4P 외에 다른 요소를 고려해야 제대로 된 마케팅믹스라고 하였다.

특히 이는 글로벌마케팅 요소라고 주장하면서 4C, 즉 고객가치(Customer value), 고객의 비용(Cost to the Customer), 편리성(Convenience), 커뮤니케이션(Communication)을 들었다. 4P가 판매자의 관점이라면 4C는 구매자의 관점에서 본 요소이며, 마케터가 판매에 관심을 가지는 반면, 구매자는 가치 혹은 문제해결책을 위해 구매한다는 것이다.

(2) 감성마케팅의 구성요소(4E)

구매와 관련해서 신경학자 Donald Calne는 "이성과 감성의 근본적인 차이는 이성은 결론을 낳는 데 반해 감성은 행동을 낳는다는 점이다."라고 했다. 사회의 변화하는 모습에 따라 마케팅믹스 전략도 개발과 수정이 되어야 한다. 따라서 이제 감성사회를 맞이해서 뉴 마케팅믹스 4E가 필요하다고 주장하면서 고객전도사(Evangelist), 열광(Enthusiasm), 체험(Experience), 교환(Exchange)으로 이루어진 새로운 마케팅믹스 4E를 제안했다.

기업 성장의 원동력이 되는 고객전도사, 소비자를 감동시키려는 기업의 노력이 담긴 열광, 범람하는 광고의 홍수 속에서 더욱 중요해진 체험, 고객과 고객 간의 경험을 공유하는 서포트 형식의 교환이 그것이다.

① 고객전도사(Evangelist)

평가기준은 남들에게 제품을 권하는 추천율(Recomand Rate)과 제품에 대한 충성도를 체크하는 심리적, 행동적 충성지수다. 충성지수가 높은 고객전도사들은 제품 구매를 통해 회사에 기여하며 자신이 활용 가능한 인적 네트워크를 통해 상품의 우수성과 효과성을 알리는 구전 홍보, 즉 11장에서 언급되는 입소문 마케터들이 되는 것이다. 이런 고객전도사들은 조직의 성장에 비용이 들지 않는 유무형의 성과를 기대할 수 있게 해준다.

② 열광(Enthusiasm)

열광은 가격(Price)에서 기회비용(Cost)을 넘어 감성시대의 브랜드 가치를 매기는 척도다. 열광은 크게 두 가지로 나뉘는데, 고객을 감동시키는 상황적 열광 포인트와 제품이 갖고 있는 요소를 통한 열광이 그것이다. 이러한 감동은 초기 생성은 비교적 어렵지만, 한번 생성된 후의 지속성은 고객전도사로 역할을 담당하게 되는 과정으로 발전할 수도 있다.

③ 체험(Experience)

다양한 제품과 서비스의 선택의 기로에서 고객은 자신의 경험을 가장 신뢰하게 된다. 정보의 홍수 속에서 고객 자신이 원하는 콘셉트의 제품을 고르는 것은 쉽지 않기 때문에 사용해 본 브랜드는 유통(Place)과정에 대한 용이성, 사용에 대한 편의성(convenience)을 모두 포함하는 체험(Experience)에 대한 확신을 가장 먼저 하게 된다. 다만 체험이라 함은 단순한 경험만을 의미하는 것이 아닌 고객의 체험 설계라고 보아야할 것이다.

④ 교환(Exchange)

고객들은 자신의 구매가 만족스러우면 타인에게 전달하거나 입소문을 내게 된다고 앞서 설명한 바 있다. 여기에 더해 특히 최근 들어서는 IT기술의 혁신으로 온라인은 물론, 오프라인을 통한 정보 교환을 통한 구매에 대한 확신, 혹은 실망감을 더욱 공고히 하게 된다. 상품평이나 모니터링시스템, 추천 및 조회 횟수 등이 그 교환과정의 기본적인 활동이다.

전략적 마케팅 기획 사례

스타벅스

- 2008년 하워드 슐츠의 '스타벅스 회생 전략': 화요일 오후 5시 30분부터 약 7,100개의 영업 중단[대외적인 사유: 완벽한 에스프레소를 위한 직원훈련, 실제 사유: 대중의 관심 끌기(TV, 라디오, 블로그 웹사이트 보도→바이럴마케팅)]
- 슐츠의 마케팅 전략 목표
  - 3개의 표적(고객, 직원, 주주)이 에너지 넘치게 하는 것
  - 커넥터들(블로그, 웹사이트, 미디어)이 스타벅스에 대해 말하게 하는 것
  - 3개의 이해관계자들이 이미 아는 메시지를 갖고 계속 성장하는 것
- 스타벅스의 5P 마케팅믹스
  - Product(제품): 일주일이 지난 원두는 사용하지 않음, 추출 후 한 시간이 경과된 커피는 판매하지 않음, 타 브랜드와 차별적인 제품
  - Place(유통): 커피와 감성의 장소라는 이미지 추구, 현대인의 라이프스타일에 맞춘 공간을 제공

- Price(가격): 고가정책으로 시장진입을 해서 고급스러운 이미지정책, No Sale 전략
- Promotion(촉진): 일체의 대중매체 광고를 하지 않음, 고객의 호기심과 입소문에 포커스, 스타벅스 종업원=홍보대사, 브랜드 네임에 대한 투자
- People(사람): 전 종업원 사회보장제도에 가입, 커피 · 서비스 · 기업이념에 대한 철저한 교육, 종업원 간 친교활동 활성화

• 스타벅스의 STP 분석
- Segment: 시장의 3분할(인스턴트 커피시장, 고급 프리미엄 원두 커피시장, 고급향 커피시장)
- Targeting: 표적대상 선정요인(20, 30대 젊고 활동적인 층, 유럽풍 커피문화 선호고객, 기존 커피에 식상한 애호가들, 커피에 대한 인식변화)
- Positioning: 스타벅스 기업목표(최고의 품질과 우리만의 문화를 판다), 최고의 직원만족, 성공적인 디자인 경영, 직영매장만을 운영, 독특하고 신비감 주는 상표로고, 오감의 절묘한 조화
- 제휴를 통한 전략: 펩시, 유나이티드에어라인, 뉴욕타임즈 등
- 소비자 의견 중시: 무지방 우유 사용
- 시각적, 청각적 효과: 매장 CD판매, 나무장식, 향
- 머그컵 텀블러 효과: 흰색 바탕에 로고만 장식
- 광고 전략: 위치가 경쟁력, 입소문 통한 위치 선정, 영화에서 스타벅스 로고 사용, 소셜미디어 활용 마케팅(SNS)

Part 03

사회복지 마케팅 실제

Chapter 08

사회복지조직과 모금

1. 비영리조직과 기금
2. 비영리단체의 모금
3. 모금 프로그램
4. 모금의 20가지 수칙

Chapter 08

사회복지조직과 모금

사회복지조직의 생명은 서비스를 제공하고자 하는 조직의 철학과 가치관, 프로그램의 질적 확보 이전에 그 프로그램을 여하히 수행해 나갈 수 있는 자원의 존재 여부에 달려 있다고 해도 과언이 아니다. 자선기관과 관련된 모금활동의 유래는 17세기로 거슬러 올라가 영국의 법적, 재정적 구조에 자선이라는 단어를 소개한 1601년의 자선사용법(Charitable Use Acts)이라고 할 수 있다. 사실상 모금활동은 초기부터 현재까지 대부분 개인을 대상을 한다는 한계를 가지고 있으며 조직과 개인, 조직과 조직 등의 서로 간을 통해 이루어진 네크워크를 구축하여 확대해 나가는 방식으로 전개되어 왔다.

더구나 현대사회에서는, 모금 및 자선적 수입에 대한 다양한 경로가 개발되고 그 원천들이 생겨나게 되었다.[1)] 궁극적으로 사회복지조직은 그 자원의 원천에 접근하고 자원을 이끌어 내는 전 과정에 대한 체계적이고 과학적인 기법의 활용에 고민하게 되었다. 단순한 지원요청 방식이나 일회성적인 모금보다는 지속적이고 사회적인 확산 메시지를 담아낼 수 있는 방법으로의 모금 아이디어에 대한 욕구가 높아지면서 마케팅 기법을 활용한 모금활동에 전면적으로 들어서기 시작했다. 사실상 사회복지 마케팅이 결국 모금, 즉 자원개발을 위한 활동의 메커니즘에 대한 연구라는 것이 이런 이유이다.

특히 우리나라 모금시장의 특성은 감성적이고 일시적인 기부가 주류를 이루고 있다. 한국인의 정서적인 감성을 터치해 순간적으로 기부에 참여하게 하는 등의 모금은 기부자와 또 그 기부금의 활용에 있어서 사회적인 가치를 부여하는 데 한계가 있다.

1) 자선 수입의 새로운 원천으로는 개인 기부, 기업 기부, 유산, 상품과 서비스의 판매, 대여/투자 수입, 세금 급부금 중앙 정부, 지방 정부, 해외, 위탁/재단, 전국 복권기금 등을 통한 지원금 등이 있다.

그러나 1990년대에 들어서면서 범국민적인 기부문화 확산운동이 전개되고, ARS나 온라인 등의 새로운 매체를 활용한 기부시장이 성장하면서 사회복지조직 간의 기부에 대한 경쟁은 본격적으로 춘추전국시대를 맞이했다고 볼 수 있다.

이러한 차원에서 민간 부문의 기능을 강화하는 데 매우 중요한 역할을 하는 자원개발의 현실, 특히 모금의 현실을 논하고자 한다.

1 비영리조직과 기금

1) 비영리조직의 자원개발

'비영리조직'이란 정부기관이나 이익을 중심으로 하는 영리법인이 아닌, 이익을 목적으로 조직되지 않은 사회복지법인, 사단법인, 학교법인, 의료법인, 종교법인, 각종 사회기관 단체 등을 말한다. 일부 학자들은 공공기관을 제1섹터, 민간영역을 제2섹터, 그 밖의 모든 비영리조직을 총칭하여 제3섹터라고도 한다.

비영리조직은 정부기관이나 기업보다도 역동적이며 해결해 나가고자 하는 미션에 대한 수행이 민감하고 신속하다는 장점이 있는 반면에 재정적인 어려움에 직면하여 언제나 물적 자원개발에 조직의 많은 에너지를 할애해야 하는 단점도 있다.

(1) 자원개발의 필요성

일반적으로 자원개발이 원활한 사회복지조직은 긍정적인 측면에서는 직원들이 친절하고 적극적이며, 지역주민사회 즉 자원봉사자들의 참여가 활발하며, 기관이나 시설의 프로그램이 다양하고 활발하다. 반면 부정적인 측면에서는 자원개발에 전 조직이 지나치게 치중하다 보니 서비스 질이 저하되고 재정의 불투명성이 나타날 우려가 있게 된다.

현재 우리나라의 전반적인 국민 생활수준이 높아지면서 다양한 복지수요 욕구는 증대되고 IMF 극복과정에서의 소외계층의 상대적 박탈감은 날로 심화되고 있어 사회복지조직의 욕구는 날로 확대되고 있는 실정이다. 이와 같이 급증하는 복지수요의 해결에 있어서 가장 핵심적인 제약요인은 복지재원의 조달 문제인데 정부의 복지예산 상승수준은 급증하는 복지수요를 충족시키기에는 역부족인 상황이어서 민간 복지재원 조달의 활성화가 절실한 상황이라는 것은 대부분 공감하는 상황이다.

일부 조직은 후원사업부, 후원개발실, 자원개발부, 후원담당 등의 전담 부서를 설치하고 지역사회 내 인적·물적 자원개발에 조직의 힘을 쏟고 있다. 하지만 아직 우리나라 대부분의 비영리조직은 모금활동이 전문화되지 못하고 모금액수가 전체 운영비 중 차지하는 비중은 그리 높지 못한 편이다. 또한 정부보조금은 항상 최소한도의 경상비와 운영비이지만 이것마저 기관의 특성에 따라 비율의 편차가 있고 점차 줄어드는 형편이다.

이러한 상황에서 무엇보다 중요한 것은 비영리조직의 자원개발 및 재정적 자립을 확보하는 것이다. 이 재정적인 취약성을 극복하지 않고는 비영리조직이 추구하는 목적 사업을 성실히 수행하기 어렵고 결국 존립 위기 문제에 직면하게 되기도 한다. 그러므로 지속적인 재정적인 측면이나 인력적인 측면의 자원개발은 모든 비영리조직이 당면한 절실한 과제이다.

(2) 자원의 종류

비영리조직, 즉 사회복지조직의 자원의 종류는 크게 두 가지로 분류하여 볼 수 있다.

① 인적자원

조직 내의 직원과 이사회 그리고 자원봉사인력을 말한다. 비영리조직의 인력구조는 크게 프로그램 개발 및 집행자, 자원봉사인력, 프로그램을 이용하는 이용자 그룹으로 나눌 수 있다.

② 물적자원

물적자원은 재정, 즉 돈과 현물을 포함하게 된다. 정보자원(각종 정보 총괄), 인터넷을 활용하여 입수한 다양한 정보(복지넷, 복지마을, 보건복지부 사이트 이용), 컴퓨터 네트워크를 통한 정보 교환(가상사회복지관, PC통신청소년상담, 가상 재가복지서비스 등 새로운 복지자원들이 전자공간을 통해 효율적인 교환) 등도 이에 속한다.

2) 모금문화와 모금환경

(1) 기부자와 현실

기부자(Donor)는 크게 개인기부와 법인기부로 나뉘는데 우리나라는 개인기부가 이제 갓 20%를 넘는 정도에 머물고 있다. 특히 기업의 고액기부인 법인기부가 주류를 이루고 있는 현재 실정에서 개인 기부를 활성화하는 노력에 그 관심이 집중되고 있다. 더더욱 모금 전문기관과 대규모 사회복지조직을 제외하고는 개인기부에 의존하는 비율이 높으므로 개인기부자 발굴과 활성화에 보다 많은 관심과 노력을 기울여야 할 것으로 본다. 결국 개인기부(individual donation)가 대부분의 민간기부의 근간을 형성하게 될 것으로 본다.

(2) 민간조직의 현실

① 신뢰성과 투명한 운영

모금과 관련된 민간조직들이 사회에서 갖게 되는 신뢰도의 정도는 일반 시민들의 모금활동 참여를 유도하는 데 있어 결정적인 영향을 끼칠 수 있다.

미국의 경우에서와 같이 모금과 관련된 민간조직의 신뢰성 정도는 중요한 요인으로 평가되고 있고, 우리 사회에서도 일반 시민들의 모금 참여를 결정하고 지속하는 데 강력한 영향력을 지니고 있다. 따라서 이러한 측면에서 모금대상 조직 및 모금수행 조직의 현실을 살펴보는 것은 중요하다.

위에서 언급한 것처럼, 모금과 관련된 민간조직의 신뢰도와 기부금 사용의 투명성은 일반 시민들의 기부행위에의 참여 및 지속과 중단에 영향을 끼치는 중요한 요인임을 국내의 조사들도 보여 주고 있다.

그리고 모금과 관련된 민간조직의 신뢰도 문제는 민간조직에 대한 각 정부의 규제정책 마련과 집행기준 설정에 있어서도 실질적으로 매우 중요하게 고려되는 요인이 된다. 2010년 10월 법정 모금기관인 사회복지공동모금회 직원들의 비리에 대한 내부감사자료가 사회에 노출되면서 조직과 기부금 집행에 대한 불신이 가중되어 해당 연도 연말 집중 모금에서 예년에 비해 모금수준과 규모가 줄어든 것도 한 예라고 할 수 있다.

② 개별모금 조직들의 투명성과 책임성

민간 비영리조직의 투명성과 신뢰성은 민간조직의 생존을 가늠하는 절대적인 요건이다. 현재 모금 활동을 활발히 벌이고 있는 개별모금 기관들은 십수 년 전부터 우리나라에서 그동안 개발되지 않았던 민간자원을 매우 적극적으로 개발하였고, 아울러 과거에 비해 비교가 되지 않을 수준에서 일반 시민들의 모금 참여를 확대시켰다는 점에서 그들의 기여는 매우 높다고 평가할 수 있다. 특히 우리 정부에 의해서 제대로 보호받지 못하는 소외계층에 대한 시민들의 관심을 불러일으켜 불우한 이웃과 일반 시민을 연계시키는 프로그램들을 점차 다양하게 개발하여 시민참여의 폭을 넓혔다는 점에서 그들의 활동이 우리나라 민간모금 분야의 발전에 중요한 획을 그었다고 평가할 수 있을 것이다.

③ 사회복지공동모금회(이하 공동모금회)의 활동: 책임성과 리더십

공동모금법에 의해 1999년 설립되어 민간 사회복지활동을 위한 모금 및 배분에서 대표적인 위치를 갖는 공동모금회의 책임성 및 리더십 확보는 우리나라 모금문화의 정착과 발전을 위해 상당히 중요한 기능을 한 것으로 평가받고 있다. 특히 여타 민간 모금 조직들이 지닐 수 없는 공공성 및 대표성 등을 지니고 있는 공동모금회의 활동은 일부 개별모금 조직들의 차원에서는 접근되기 어려운 다양한 과업과 기능을 수행하여 우리나라 모금문화의 수준을 한 단계 높이는 데 큰 기여를 하였다. 또한 포괄적인 배분정책, 사회문제 해결과의 직접적인 연계, 모금활동을 수행할 수 없는 소규모 민간조직들에 대한 기금지원을 통한 빈익빈 부익부 문제 감소 등은 기금활용의 책임성 부문에서 보다 차별화된 기여를 하는 것으로 볼 수 있다.

(3) 모금환경

기부문화가 활성화되어 가고, 모금개발에 대한 조직의 노력도 한층 강력하게 변화하고 있음에도 불구하고 모금환경은 시시각각으로 변하고 조직 간의 경쟁구도가 심화되어 가면서 안정적인 기금확보를 위한 모금 전략에 사회복지조직은 고민을 하고 있다. 이러한 모금시장은 확대되나 기관별 모금은 축소될 수 있는 영향 요인을 살펴보면 다음과 같다.

- 조직의 영역으로 끌어들이는 자발적인 수입의 저성장
- 등록된 사회복지조직 수의 증가
- 조직의 철학에 합의하는 대의 목적의 다양성
- 주요 조직원들의 의지와 태도
- 복권 등 자신의 이익과 기부를 동시에 추구하는 대체적인 상품의 출현

새로운 데이터베이스 기술, 새로운 입법적인 틀, 정교화된 관리의 증가하는 수준의 소개를 포함하여 모금활동에 최근에 영향을 주는 많은 다른 요인들이 개발되는 것도 모금환경의 변화를 부추기고 있다. 실제적인 모금목표와 전략의 유래는 단지 환경에서의 추진행동이 어떻게 그것이 결정되는 행동에 영향을 줄지에 대해 조직이 이해하게 될 때에만 가능하다(Sargeant, 2009).

3) 비영리조직의 자원개발 전략

일반적으로 비영리조직의 재원은 정부보조금, 기부금, 이용료 수입 등으로 구성된다. 조직의 형성 초기에는 재원확보 체계가 다양하고 변동적이지만, 안정적인 단계에 돌입하면 비교적 고정적인 기금을 확보하게 된다. 조직의 업무 특성과 양, 재원의 통제와 예측 가능성 등에 따라 다양한 차이를 보이게 된다. 그러나 대부분 사회복지서비스 조직은 재원의 주요 세 가지 유형(이용료 수입, 기부금, 정부보조금) 모두로부터 재원을 확보하고 있어 이에 적합한 전략을 우선적으로 모색하게 된다. 이를 위한 전략에는 클라이언트에 대한 마케팅, 기부자 확보와 개발, 정부보조금과 계약의 확보와 관리 등이 포함되어야 한다.

(1) 클라이언트(서비스 이용자)에 대한 마케팅

사회복지조직에 클라이언트가 지불하는 이용료는 조직의 매우 매력적인 자원 중의 하나이다. 특히 조직이 그 업무를 관리하는 시간, 구조, 내용, 담당직원의 할당 등을 직접적으로 조직하고 관리하는 것을 가능하게 해주므로 선호될 수 있다. 그러나 문제는 이러한 재원은 클라이언트의 특성이나 공급에 대한 통제의 부족 등으로 유동적이고 불확실하다는 것이다. 일반적으로 지불요금의 수준은 상품을 판매하고 관리하는 조직의 능력을 나타내는 것이기 때문에 조직은 클라이언트의 서비스 욕구에 민감하게 반응하고 끊임없는 변화를 추구하여야 한다.

이용료를 기관 재원확보의 주요한 수단으로 활용하는 조직들의 안정성에 영향을 미치는 가장 중요한 요소는 이용료 총액에 대한 예측 가능성이다. 특히 조직은 오랫동안 지불할 수 있는 예측 가능한 클라이언트를 확보하기 위해 노력해야 하며, 이를 위해서는 개별적인 클라이언트보다 집단화된 조직 클라이언트를 찾게 된다. 또한 클라이언트의 확보를 위해 보다 유능한 서비스인력을 확보하고 개발하는 데 많은 노력을 기울이게 된다.

(2) 정부보조금과 계약의 확보와 관리

정부보조금은 정부의 과제를 민간 비영리조직을 통해 행함으로써 민간의 융통성과 전문성을 활용하고자 하는 목적에서 배분된다. 따라서 이용료나 기타 다른 재원과 비교하여 안정적이기는 하나, 대부분의 공공기금이나 계약은 사업내용의 제한점을 갖거나 강제적인 보고를 요구함으로써 많은 양의 관리 업무를 부과하거나 재량권을 제한하는 등 상당한 외적통제가 주어진다. 그러나 공공기금의 지속적이고 안정적인 특징 때문에 많은 사회복지조직들은 특별한 관리실천방식을 제도화하면서까지 정부보조금에 적응할 수 있고 예측 가능한 관계를 만든다. 그러나 정부보조금의 이러한 특징 때문에 정부로부터 자유스러운 활동을 보장받고 싶어 하는 비영리조직들은 공공기금의 활용에 대해 회의적인 태도를 취하게 된다.

(3) 기부자의 확보와 개발

이용료를 통한 재원의 확보는 경쟁이 치열해짐에 따라 지나치게 영리적인 행태라는 비난을 받기 쉽고, 정부보조금은 비영리조직의 고유활동을 제한하기 때문에 대부분의 비영리조직들은 자발적인 기부자의 증가를 통한 재원확보를 위해 최대한의 노력을 기울인다. 그러나 클라이언트의 직접적인 이용료와 마찬가지로 대부분의 기부금은 비영리조직에게 유동적인 기금원이다. 따라서 비영리조직들은 기부금을 확대해 나가기 위해 조직의 이사진 및 지역 오피니언 리더에게 기부자 개발 및 추천을 의뢰하는 등의 다양한 전략을 추구하며, 조직 차원에서의 노력도 병행・실시한다.

조직 중 일부는 보다 폭넓은 기부자에게 접근하기 위해 특별한 마케팅 전략을 수립하고 목표를 정하여 체계적으로 접근한다. 그러나 대부분의 비영리조직은 제한된 주요 기부자들만이 있으며, 이들은 대부분 조직과의 관계를 통한 개인적인 신념을 가진 개인들로 구성된다. 일부 비영리조직들은 기부자와의 관계를 보다 예측 가능하고 통제 가능하게 하기 위하여 보다 공식적이고 체계적인 자금확보를 위해서도 노력을 기울인다.

4) 비영리조직의 기금개발 및 모금조직

기금개발은 더 깊은 의미를 부여하는 사람에게 있어 자신의 진정한 성장과 발전의 잠재력이 기부자에게 있다고 보고 기부자들이 더욱 발전하여 자신들의 직접 프로그램에 동참하는 데 있다는 것을 인식하고 있는 것이다. 이는 단순히 기부자들을 매년 기부금만 내는 갹출대상으로 간주하지 않는다는 개념이 저변에 깔려 있는 것이다.

비영리조직이 진정으로 성공하는 것은 그 조직과 단체가 표방하는 일을 어떻게 추진해 나가는지에 관해서 더 많은 사람들이 호의적인 관심을 가지는 데 달려 있다. 그렇게 될 때 기부자들은 모든 프로그램을 자기 일처럼, 소위 우리가 말하는 프로그램의 소유자가 되는 것이다. 미국심장협회의 부사장 겸 최고경영자로 재임하고 있는 Haffner 회장은 조직단체의 목표는 사명과 직결되며, 목표실천을 위한 다양한 활동과 연구를 위해서 얼마나 많은 기금을 조성하느냐에 달려 있고, 그러한 모든 것이 지역사회의 혜택으로 환원되는 것으로 연결되어야 한다고 언급하였다(Drucker, 1995).

Haffner 회장은 Drucker 교수와의 대화에서 자신의 기부행위자로 개발하기 위해 "우리들의 도전적인 사업의 윤곽과 규모, 각오와 추진방법, 그러한 도전을 성취시킬 수 있는 현실성의 여부를 상세히 제시한 후 우리에게 기부하는 후원금이 사업을 성취하는 데 없어서는 안 될 힘이 된다는 것을 요약해서 말할 것입니다. 또한 기부자가 우리들의 사업에 계속 관심을 가질 분이라는 판단이 들면 몇 차례의 서면을 통하여 사업추진에 관한 정보를 계속해서 보내드릴 것입니다. 또 기부자를 우리들의 사업후원자로 서게 해야겠다는 판단이 되면 더욱 적극적으로 사업을 위한 대행을 할 것이며, 어떤 경우는 사업목적에 부합하는 프로그램을 수행하는 데 필요한 일손이 되어 달라고 할 것입니다. 기부금 후원자로서 많은 사람들을 개발한다는 말은 우리 비영리조직단체가 사명감으로 출발하여 추진하고자 하는 사업을 성공적으로 성취시키는 데 귀하께서 참여하여 공헌할 수 있는 기회를 제공한다는 의미를 담고 있습니다."라고 말하였다.

비영리조직에서 이용료를 받고 제공하는 제품과 서비스가 많이 증가하고는 있지만 이들의 주된 자금 지원처는 모금이다. 사적인 형태의 비영리조직은 모금, 기업기부,

개인기부에 의존할 수밖에 없다. 따라서 모금은 비영리 영역에서 마케팅 원칙의 가장 중요한 적용방법의 하나이다.

(1) 고객중심 모금(Customer-Centered Fundraising)

Kotler(2010)는 고객중심 모금에 대하여 다음과 같이 기술하고 있다. 어떻게 하면 효과적으로 모금을 할 것인가에 대한 생각을 갖고 모금하는 조직은 전형적으로 마케팅 지향의 세 단계를 거친다.

① 생산중심 전략(Product orientation stage)

"우리는 사람들이 우리를 지원해 주는 게 당연할 만한 좋은 유인책을 가지고 있다." 많은 교회와 대학이 이런 개념을 가지고 운영된다. 최고경영자들에 의해 원칙적으로 기금이 모이며, 조직은 추가적인 기금을 모아 줄 자원자들에게 의존한다. 극소수의 로열 기부자들이 자금의 대부분을 지원한다.

② 판매중심 전략(Sales orientation stage)

"외부에는 돈을 주고자 하는 사람들이 많으며 따라서 우리는 밖으로 나가 그들을 찾아 돈을 기부할 수 있도록 확신시켜 주는 것이다." 이 기관은 이에 합당한 직원을 고용하는 개발감독자를 임명한다. 이 직원들은 모든 가능한 자원들로부터 돈을 모금하며 전형적으로 동정심을 유발하는 전략을 사용한다(예: 에티오피아의 어린이, 에이즈 등). 이 기관의 자금 동원가는 기관의 정책이나 성격에 큰 영향을 받지 않는데 이는 그들의 일이 돈을 모으는 것이지 기관을 향상시키는 것이 아니기 때문이다. 큰 비영리 기관들의 대부분은 이런 단계에 있다.

③ 고객중심 전략(Customer orientation stage)

"모든 마케터들과 마찬가지로 우리의 임무도 표적시장의 욕구와 요구를 어떻게 충족시킬지를 이해하는 것이다." 한 조직이 판매중심에서 고객중심으로 모금 전략을 바꾸는 계기는 그것이 우선 기부자의 욕구를 충족시키는 것으로 이루어질 때이다. 즉 기부자의 욕구가 충족되면 당연히 조직의 욕구는 충족되기 때문이다.

1980년대에 미국의 United Way는 조직지향적인 접근에서 고객지향적인 접근으로 방향을 바꾸는 것을 추구했다. 그 시기에 미국의 마케팅 접근방법은 다음과 같이 기술될 수 있었다. "당신은 꼭 기부해야 합니다. 왜냐하면 우리는 걸스카우트나 지역의 노숙인쉼터와 같이 매우 훌륭한 자선사업을 지원하기 때문입니다." 그러나 그러한 접근방법들은 급속하게 성장하는 기업의 사회공헌이나 기부 업무를 담당하는 젊은 전문가들, 기부 파트너들의 등장과 영향으로 어려움에 처하게 되었다. 이들은 구체제의 일원이 아닌 사람들이다. 이 표적시장의 멤버와의 인터뷰는 United Way가 욕구와 요구를 진실로 이해하지 않고 그들의 요구들을 충족시키기 위한 스스로의 자리매김도 명확히 하지 않았다는 것을 명백하게 드러냈다. 인터뷰가 나타냈던 것은 이들 젊은 전문가들이 자비로운 기부를 그들의 또 다른 투자로 보았다는 것이다. 대개 그들은 지역사회에 환원이 되고 가치 있는 일을 하고 있다고 생각되는 기관에 지원하기를 원했다. 그러나 그들은 얼마나 기부해야 하는지와 그들이 생각하기에 다양한 자선단체들 중 그것을 어떻게 기부해야 할지 확신하지 못하고 있었다. 이러한 전문가들은 그들이 많은 양의 정보와 충고를 얻을 수 있는 주식시장에 투자하는 것에 익숙했다. 그들은 그들의 포트폴리오를 만족시킬 개별 주식을 선택하거나 위험을 분산시킬 수 있는 뮤추얼펀드를 하나 또는 다량으로 선택하기 시작했다.

이러한 United Way의 전략의 강점과 단점의 분석 조사 결과로서 다음과 같은 제안이 만들어졌다.

- United Way는 집합기관에서 자선 파트너로서의 위치를 새롭게 자리해야 한다.
- 기부자에게 어떠한 선택도 주지 않는 전통을 포기해야 한다.
- 단지 돈을 기부하고 끝나는 형태가 아니라 뚜렷한 '자선 뮤추얼펀드'를 제공해야 한다. 즉 돈을 기부하면 그 조직의 기부자는 수익자인 동시에 주주가 되는 것이다. 기부금을 통해 매입해 언제든지 주주가 되지만 필요할 때는 매각할 수 있다.
- 확장된 자원이 기부자에게로 돌아가 보고되어야 한다.

(2) 모금조직과 관리

모금조직 역시 일반 조직과 마찬가지로 효과적인 업무 수행을 위해서는 다음과 같은 조직의 체계와 관리가 필요하다.

① 모금조직의 규모

조직의 규모는 기관의 마케팅 규모와 관계가 있다. 기관의 모금시장과 규모에 따라 모금조직도 그 규모를 달리할 수 있다. 모금조직의 규모가 마케팅의 규모에 따라 여러 차원으로 구분될 수 있으나 비영리기관의 모금을 위한 조직으로는 대개 다음의 두 가지 형태가 있다.

첫째, 사업과 모금조직의 병행 조직 형태이다. 이는 대개 처음 모금을 시작하는 기관이나 마케팅 규모가 작은 기관에 적합한 형태라 할 수 있다. 이 경우 사업담당 직원이 모금의 업무를 함께 병행하게 된다. 이러한 조직은 기존에 있는 인적자원을 최대한 활용함으로써 비용의 절감을 위해 처음부터 무리하게 모금을 시행하는 데서 오는 시행착오를 줄일 수 있는 장점이 있다.

둘째, 모금전문조직과 직원을 갖춘 전문적인 모금조직의 형태이다. 이는 기관이 어느 정도 모금의 경험과 기본적인 기관의 조직운영, 자금의 지원으로 전문적인 모금 활동을 할 수 있는 기관에 적합한 조직으로 모금을 전문적으로 실시할 경우 이러한 조직의 형태를 갖추게 된다. 기관의 조직과 사업이 일정한 규모 이상으로 성장된 상태에서 첫 번째의 조직과 같은 병행 형태를 고집한다면 오히려 사업과 모금 양쪽을 다 효과적으로 진행할 수 없는 결과를 초래할 수 있다. 이는 기관의 일정 한도 사업 규모와 자금운영 능력이 전제되며 모금의 전문화를 위한 초기 투자와 준비가 필요함을 말해준다.

② 모금조직의 형태

조직의 형태는 모금의 역할에 따라 다음 두 가지로 크게 나눌 수 있다.

첫째, 기능적인 조직이다. 이는 모금을 위한 상품이나 프로그램의 성격으로 조직을 구분하는 방법이다. 이러한 조직의 장점은 모금 분야에 대한 전문성이 보장된다. 즉 상품이나 시장, 고객의 특성에 대하여 전문성을 지니고 접근할 수 있는 장점이 있다.

둘째, 지역적인 조직이다. 지역적인 조직은 모금대상 지역을 구획하여 모금의 책임성을 강조하는 조직의 형태이다. 일반적으로 이는 지부와 같은 전국적인 조직을 지닌 기관에서 채택하여 사용하고 있다. 그러나 이 경우 모금 접근방법의 전문성이 약화될 수 있다.

③ 조직의 체계와 업무의 기술

조직은 업무 수행에 따른 보고체계와 조직의 업무 기술에 따라 그 역할을 수행해 나간다. 모금조직 역시 보고체계와 조직의 업무내용을 분명히 해야 한다. 조직의 보고체계는 업무 수행에 따른 위임과 권한, 책임소재를 분명히 해준다. 업무의 위임은 시간과 비용의 절감을 위해 반드시 필요하며 권한과 책임이 역시 효과적인 업무 수행을 위해 반드시 명시되어야 한다. 모금 직원은 자신의 업무 기술을 사전에 작성하여 모금을 하기 위한 전문 기술, 책임, 위임사항, 권한 등을 함께 기술해 놓는 것이 필요하다.

(3) 모금 전문가

일반적으로 모금 전문직원은 헌신성을 가지고 성실히 일하면 된다고 생각할지도 모른다. 그러나 이제는 모금 역시 전문화가 이루어져 모금 전문직원도 그에 상응하는 자격과 자질이 있어야 한다. 모금 전문직원으로서의 기본적인 자질과 자격은 다음과 같다.

첫째, 무엇보다 중요한 것은 좋은 대인관계를 가질 수 있는 인격의 소유자여야 한다. 모금 직원은 많은 사람들과 접촉을 하므로 타인에게 호감을 주면서 자신의 생각과 논리를 설득력 있게 말할 수 있어야 한다.

둘째, 모금 전문직원은 대중 앞에서도 효과적으로 의사전달을 할 수 있는 커뮤니케이터가 되어야 한다. 그러나 한 가지 명심할 것은 종종 말만 그럴듯하게 하고 실제적인 결과를 얻지 못하는 경우가 있다는 것이다. 곧 남들에게 말만 잘한다는 인식보다는 모금을 위한 본래의 목적을 정확하게 전달하여 듣는 사람이 참여하도록 하는 능력이 있어야 한다.

셋째, 모금 전문직원은 글 쓰는 자질이 있어야 한다. 모금 전문직원은 기부자에게 편지를 쓰며 모금활동을 위해 여러 언론, 기업, 기관 등 여러 분야에 공문을 보내기도 한다.

넷째, 모금 전문직원은 자원봉사자의 동원과 관리 능력이 있어야 한다. 모금 직원이 아무리 능력이 뛰어나도 여러 전문 분야에 필요한 모든 기술과 자질을 지니고 있을 수는 없다. 모금 전문직원은 모금을 하는 데 필요한 인적자원을 적절하게 동원하고 그들의 능력을 잘 활용할 수 있어야 한다.

다섯째, 모금 전문직원은 기관의 사업에 대하여 전문적이어야 한다. 잠재적 후원자나 기존 후원자들 그리고 후원 회사 등 만나는 모든 사람들이 가장 궁금하게 생각하는 것 중의 하나가 사업의 내용과 효과에 관한 것이다. 그들이 이에 대한 질문을 했을 때 충분한 신뢰를 심어 줄 수 있을 만큼 사업에 대한 설명을 할 수 있어야 한다.

여섯째, 모금 전문직원은 단지 돈만을 끌어 모으는 자가 아닌 조직운영과 의사결정에 핵심적인 인물이 되어야 한다. 사업계획을 하는 데 있어서 예산확보의 가능성을 사전에 점검하는 일은 의사결정에 매우 중요한 일이다. 모금 전문직원은 잠재적 기부자들에게 기관의 비전과 프로그램, 그리고 필요한 예산에 대하여 분명하고 설득력 있게 말할 수 있어야 한다. 마지막으로 모금 직원은 위의 기본적 자질뿐 아니라 기관의 사명과 방향, 프로그램을 디자인하는 데 있어서도 한 팀의 일원으로서 일해야 한다. 그들이 사업계획의 업무로부터 고립되어서는 효과적인 모금활동을 할 수 없기 때문이다.

(4) 모금 자원봉사자 활용

모금 자원봉사자는 사업에 있어서뿐만 아니라 모금을 위해서도 아주 중요한 자원이다. 많은 기관들은 자원봉사자의 중요성을 말하고 또 그들의 도움을 필요로 하면서도 막상 어떻게 그들을 동원하고 관리해야 하는지 모를 때가 많다. 자원봉사자는 직원과는 다르다. 따라서 자원봉사자에 대한 관리와 운영은 직원들과는 다른 체계와 방법이 요구된다.

① 모금 자원봉사자의 개발

많은 기관들이 자원봉사자 활용의 중요성과 효과를 알고 있으면서도 그들을 개발하는 데 있어서 소극적이다. 특히 모금에 있어서 자원봉사자의 활용은 비용의 절감과 효과적인 자원개발 측면에서 볼 때 아주 필수적인 요소라 할 수 있다. 다음의 방법은 자원봉사자를 모집할 수 있는 방법들이다.

첫째, 가장 보편적인 방법은 언론매체를 이용하는 것이다. 신문, 방송, 잡지 등에 자원봉사자를 모집할 수 있는 홍보란을 이용하면 되고, 최근에는 지역 생활정보지나 지역의 자원봉사센터, PC통신을 통한 모집도 적극 활용할 수 있다.

둘째, 지역사회를 통한 모집이다. 지역의 관공서, 학교, 교회, 단체들은 자원봉사자를 모집할 수 있는 좋은 통로이다.

셋째, 각종 집단 및 단체를 이용하는 방법이다. 전문가 집단, 친목단체, 사회단체 등에 자원봉사자 모집을 의뢰할 수 있다.

넷째, 기부자를 통한 모집 방법이다. 기관의 기존 기부자들을 대상으로 자원봉사자를 모집하는 것이 매우 유용하다. 기부자들은 이미 사업의 내용과 보람 등에 대해 숙지하고 있으므로 그들을 자원봉사자로 활용하면 더욱 효과를 발휘할 수 있다. 특히 모금을 위해서는 본인들이 기부자이므로 더욱 확신을 가지고 기부자 또는 후원금을 모집할 수 있는 장점이 있다.

② 모금 자원봉사자의 관리

자원봉사자의 관리는 개발 이상으로 중요하다. 일반적으로 많은 기관들이 자원봉사자를 개발하는 데 힘을 쓰고 있으나 그들을 관리하는 데는 많은 허점을 지니고 있다. 자원봉사자의 관리에 있어서 다음 몇 가지 사항은 반드시 지키는 것이 중요하다.

첫째, 자원봉사자의 교육이다. 기관들은 자원봉사자를 확보하자마자 그들을 활용하기 위하여 교육을 소홀히 하기 쉽다. 그러나 자원봉사자들의 교육은 그들이 얼마나 사명을 가지고 지속적으로 자원봉사를 하게 하느냐 하는 데 결정적인 역할을 한다. 따라서 자원봉사자를 확보하면 기관의 사업목적, 내용, 역할, 기술 등에 대한 자세한 교육을 먼저 실시해야 한다.

둘째, 자원봉사자들의 자질과 전문성에 대한 분류와 활용이 필요하다. 아직 우리나라에서는 전문적인 자원봉사자의 활용이 미비한 실정이다. 이는 아직 전문인력이 자원봉사활동에 참여하는 일이 적기 때문이기도 하지만 그들을 적절히 활용하고자 하는 기관의 전문성이 결여되었기 때문이기도 하다.

전문인력은 자원봉사를 위해 자주 많은 시간을 낼 수 없지만 적은 시간의 자원봉사자라도 그들의 전문성을 최대한 살려 모금에 활용한다면 큰 효과를 거둘 수 있다. 그리고 자원봉사자의 전문성뿐만 아니라 자원봉사자의 자질과 성격 또한 효과적인 자원봉사 활용에 있어 중요하다. 예를 들어 모금활동은 크게 사무실 내에서 하는 업무와 밖에서 하는 업무가 있는데 이들 업무는 사람들의 성격과 자질에 따라 효과가 매우 다르게 나타날 수 있다. 같은 기부자를 만나는 일이라도 사무실에서 전화마케팅을 통해 접촉하는 일과 밖에서 직접 방문 또는 접촉하는 일은 아주 큰 차이가 있다.

셋째, 자원봉사자들의 지속적인 관리운영이 필요하다.

일반적으로 우리나라 사람들의 자원봉사기간은 짧다고 한다. 이는 기관이 자원봉사자에 대한 지속적인 관리를 못했기 때문이라고 할 수 있다. 기관은 자원봉사자들이 자신들이 하는 일에 대하여 보람을 느낄 수 있도록 봉사의 결과와 보람에 대하여 자주 피드백시킬 필요가 있으며 일정 기간을 두고 계속적인 교육을 통해 하는 일의 전문성의 제고가 요구된다. 그리고 자원봉사자의 관리운영에 있어서 무엇보다도 중요한 것은 그들에 대한 시간관리이다. 자원봉사자들은 자신들의 일상 업무 외에 그들의 여유시간을 자원봉사에 활용하는 만큼 기관에서는 그들의 여유 시간을 사전에 미리 파악하여 그들의 자원봉사 업무가 필요한 시간에 적절히 배치하도록 해야 한다. 그러기 위하여 기관에서는 모금프로그램의 장기적 프로그램을 미리 작성하여 언제, 자원봉사자가 필요한지 사전 통보할 수 있도록 준비해야 한다. 그리고 자원봉사자들의 봉사시간이 그들의 업무에 따라 달라질 수 있기 때문에 이에 대해서도 사전에 파악하여 대처해야 한다. 자원봉사자의 이러한 모든 관리 운영을 위해서 자원봉사자 관리 카드의 작성은 필수적이다.

(5) 모금비용

모금을 할 때는 일정의 비용이 지출되기 마련이다. 모금을 하는 사람이나 기관들은 모금액 대비 비용의 적정선에 대해 고민할 때가 있다. 일반적으로 사람들은 모금비용과 행정비는 적게 쓸수록 바람직하다고 말한다. 그러나 얼마가 과연 바람직한가는 분명하지 않다. 미국의 경우 기관에 따라 적게는 약 5% 선에서 많게는 약 30% 선까지 사용하고 있다. 미국 내 구호기관들의 평가 및 감시 역할을 하는 BBB(Better Bureaus' Philanthropic Advisory Service)는 사업에 최소한 50% 이상을, NCIB(National Charities Information Bureau)는 60% 이상을 사용할 것을 기준으로 제시하고 있다.

기금 사용에 가장 우수한 기관으로 기록되는 미국노인수발기금(Ameri-Cares Foundation)은 1995년에 기금의 98.8%를 국내외의 재난을 당한 희생자들의 의약품과 의료기구 배부에 사용하였다. 많은 사람들은 Ameri-Cares의 운영에 칭송을 보내고 있지만 어떤 이들은 그들이 기증한 물건들이 현장에서 얼마나 잘 사용되고 있는가에 대해서는 의문을 제기하지 않을 수 없음을 지적하고 있다. 그들의 주장에 의하면 행정비(overhead)의 사용이 적게 지출되었다 해서 반드시 효과적인 것은 아니라는 것이다. 세계적 구호단체인 CARE의 미국 부회장인 Bill Novelli는 "Ameri-Cares는 희생자들이 정말로 필요로 하는 욕구보다는 재난의 겉모습에 더 관심을 나타낸 것 같다."라는 비판적인 말을 하였다.

우리나라의 경우 사회복지기관이나 비영리기관의 모금 대비 행정비 지출에 대한 공식적인 통계는 아직 없다. 사회복지공동모금회는 모금액의 10%를 행정비로 지출하게 되어 있으나 그 집행은 그에 미치지 못하고 있다. 1996년 7월 1일자로 개정된 기부금품 모집규제법에 따르면 누구든지 모금을 할 때는 행정자치부장관(전국단위) 또는 관할 자치단체장(자치단체 단위)의 허가를 받아야 하며 행정비용을 모금비용의 상한선 2%로 제한해 왔다. 그러나 이는 비현실적인 할당이라는 점에 논란이 있어 왔고, 2008년 개정된 기부금품 모집에 관한 법률에서는 모집비용을 기부금품의 규모에 따라 15% 이내에서 대통령령으로 정한다고 현실화시켰다.

그러나 모금비용을 사용하는 데 있어서 중요한 것은 얼마나 사용하느냐 하는 것보다 사용내역에 대한 명확한 공개(투명성)가 더 중요하다. 모금기관이 사용내역에 대하여 명확하게 밝힌다면 기부자들은 자신들의 후원 여부의 올바른 선택을 할 수 있을 것이다. 기부자가 클라이언트에게 제공한 후원금이 100% 전달되었다 하더라도 사용에 대한 관리를 소홀히 하여 목적 이외의 다른 용도로 사용되었다면 오히려 도움을 주지 않은 것보다 못할 수도 있다. 다소 행정비가 높더라도 만일 그 비용이 기부금의 올바른 사용을 위한 관리와 사업의 효과성을 높이는 데 사용되었다면 후원자는 이해할 수도 있을 것이다.

모금비용은 기관의 전체 비용뿐 아니라 각 모금상품별 모금방법에 따른 비용도 생각해야 한다. 모금하는 자는 모금계획을 세울 때마다 비용의 효율성을 생각할 것이다. 비용은 모금방법에 따라 크게 차이가 날 수 있다. 적을 경우는 거의 비용이 들지 않을 때도 있으며 많이 들 경우에는 모금액의 50% 이상이 지출될 때도 있다. 개인이나 기업의 고액기부자를 만났을 때나 언론과 함께 이웃돕기캠페인을 벌여 공동모금을 실시할 때는 아주 적은 비용으로 모금을 할 수 있다.

그러나 음악회, 자선달리기, 모금만찬 등의 이벤트성 행사는 많은 비용이 들게 된다. 일반적으로 안정적인 기부금을 가능하게 하는 정기후원은 어느 모금방법보다 적은 비용이 드는 모금방법이다. 그리고 정기후원은 기부자의 후원기간이 오래 지속될수록 모금비용은 더욱 적게 드는 장점이 있다.

(6) 모금 사용의 투명성

마케팅의 핵심은 "교환과정을 통하여 고객의 욕구를 만족시키는 것"에 있으며 따라서 "판매자중심의 지향이 아니라 고객중심의 지향"이 되어야 함을 이미 앞에서 언급한 바 있다. 비영리조직 역시 마케팅 개념에 의해 모금을 하는 데 가장 중요한 요소는 기부자의 욕구를 분석 · 만족시키는 데 있다고 할 수 있다. 그러나 대다수의 기관들은 기부자의 생각과 욕구가 무엇인지 먼저 조사 · 연구하기보다는 자신들의 관점에서 계획하고 목표를 세우기 쉽다.

사회복지기관을 후원하는 기부자들의 공통의 욕구가 있다면 그것은 자신들의 후원금이 가장 올바르고 가치 있게 사용되기를 원한다는 것이다. 불행하게도 종종 우리들은 일부 구호기관들이 기부자의 후원금을 잘못 사용하는 경우를 보게 된다. 종종 보도되는 사회복지조직의 기부금 유용 사실은 선한 뜻을 가지고 소외된 이웃을 돕고자 하는 많은 사람들에게 실망과 분노를 가져다 주고 그 이후 기부자의 후원금이 줄어드는 결과를 초래한다. 기관에 대한 책임(accountability)과 신뢰(trust)가 모금에 미치는 영향이 얼마나 큰 것인가를 단편적으로 보여 주는 사례이다. 이러한 일은 우리나라에만 있는 일이 아니다.

전 세계에서 국민들이 가장 기부를 많이 하는 나라인 미국에서도 일어나고 있다. 1995년 6월 United Way의 전 회장이었던 William Aramony가 120만 달러라는 거액을 횡령한 죄로 법원으로부터 유죄 선고를 받았다. 미국에서는 민간 비영리조직의 사업 운영을 감시하는 NCIB와 BBB가 약 300여 개의 미국 내 주요한 민간 사회복지 또는 구호기관들의 기부금 사용 내역에 대하여 매년 평가를 하고 있다.

사회복지기관들이 아무리 훌륭한 기술과 전문성을 가지고 마케팅 차원에서 모금을 한다고 하더라도 그 기관이 후원자들로부터 신뢰성을 잃으면 더 이상 모금은 기대할 수 없다. 기부자의 입장에서 신뢰할 수 있는 기관을 선정하는 것도 중요한 일이다. 기부자들이 신뢰할 수 있는 기관을 선정하는 데에는 대개 다음의 다섯 가지 기준이 도움될 수 있다.

첫째, 그 기관의 내부사정을 잘 알고 있는 자원봉사자에게 문의하는 것이다.

둘째, 이사회 구성원들의 전문성과 헌신성, 그리고 그들이 1년에 두 번 이상 모이는가를 살펴볼 필요가 있다.

셋째, 후원요청을 받았을 때 그 기관의 미션이 있는가를 확인하는 것이다. 미션은 기관의 현재 상태와 가능한 미래의 목적을 한마디로 요약한 것으로, 제약적인 것이 아닌 동기부여와 분명한 차별성을 지닌 것이어야 한다(Hannagan, 1992).

넷째는 기부금의 사용내역을 확인하는 것이다. 기관의 신뢰성에 대해 호주에서 가장 큰 NGO인 호주선명회의 재정국장인 Boyne Alley는 "기관이 자원을 계속하여 확보하기 위해서는 사업의 질을 높여야 하며 모금한 기금의 사용에 대한 보고의 질을 높여야 한다."고 말하며 기부금 사용의 투명성(transparency)을 강조하였다.

마지막으로 전문성이 뛰어나고 제도가 아무리 훌륭하여도 모든 것을 계획 · 관리 · 집행하는 것은 사람이라는 것을 잊어서는 안 된다. 모금을 하는 데 직원들의 일에 대한 전문성과 사명감이 부족하다면 좋은 결과를 기대할 수 없다.

비영리조직들이 마케팅 차원의 기관경영과 모금방법을 도입하더라도 그것을 운영하기 위한 직원들의 사명감과 자질이 더욱 중요하며 기관은 이를 위한 직원들에 대한 교육을 철저히 해야 하는 까닭이다.

2 비영리단체의 모금

마케팅계획(마케팅 audit, 마케팅 목표, 전략, 전술)의 기본적인 구성요소는 특별한 조직을 위한 자금을 모으기 위해 수행할 활동계획의 직무에 모두 똑같이 관련된다. 성취된 정보에서 두드러지는 모금목표의 사려 깊은 유도와 폭넓은 평가를 위해 필요하다.

1) 개인기부자로부터의 모금

(1) 기부자 신규모집 VS 기부자 개발

초기에 조직의 기부자를 모집하는 것은 아마도 자원개발자가 성취해야만 하는 가장 어려운 일일 것이다. 신규 기부자 모집을 확대해 나가는 것은 오랜 시간의 투자를 필요로 하며, 구조화된 자선활동에 그치기도 하지만 때론 조직 안에 흡수될 수도 있으며, 개발된 기부자가 상당한 이익을 창출하기도 한다.

신규 기부자는 대부분 소액기부자이지만 기부 이유와 욕구를 지지함으로써 발달단계를 거칠 수 있는 잠재적인 존재임을 인식해야 한다. 신규 기부의 가능성을 발견하면 더 큰 금액으로 연결하고, 자동이체 등을 통한 정기적인 기부자로서 발전될 수 있어야 한다. 기부자의 개발 행동에 의해 기부되어지는 자원은 신규 기부자의 것보다 더 유리한 것으로 신규 개발과 기존 기부자 개발의 균형 맞추기에 노력해야 한다(기존 기부자: 신규 기부자 = 80:20).

(2) 기부자 신규모집활동

기부자 모집활동의 표적이 되는 선택은 자선이 수립되어 온 시간들과 기록을 보유하는 데 따라 세련화된 정도에 따르는 두 가지 접근방법이 있다. 두 가지 가능한 접근방법은 다음과 같다.

① 사전접근(연역적인 방법)

조직은 모금활동에 앞서 조직이 가치 있게 표적화되는 개인의 범주를 결정한다. 이러한 접근법은 자선기관이 신규 설립되었거나 기부자를 다루는 경력을 가지지 못하여 조직에 기부자가 많이 존재하지 않을 때 사용한다.

조직은 먼저 어떤 타입의 사람이 어떠한 경우에 기부를 할 것인지에 대해 파악할 수 있어야 한다.

- 기부자와 비(non)기부자를 구분한다.
- 일반 기부로부터 구체적 사업을 위한 기부자를 구분한다.
- 다양한 변수들 인구학적 변수, 성, 사회적 지위나 수입, 종교, 가치관, 라이프스타일 등에 따라서 구분한다. 예를 들어 인구학적 변수인 연령을 살펴보면 나이 60~75세가 자선기부를 많이 하며, 성적요인에서는 여성이 남성보다 많으나 기부금 총액은 유사한 경향을 보인다.

② 사후접근(귀납적인 방법)

조직은 기존에 존재하는 기부자의 프로필을 분석하고, 미래전망에서 그것을 선택하는 데 도움이 되기 위해 그러한 정보를 이용한다. 후자의 접근법은 명백히 그 기부자의 관점에 관하여 정확하고 세분화된 경력을 유지하거나 이같은 정보를 보유하기 위해 부가적인 조사를 기꺼이 행하는 것이 조직에는 필요하다.

잠재적인 새로운 기부자들을 대상으로 사후접근(Post Hoc Approach)하는 방법은 조직의 기초자료기록(data base)들을 상세히 분석하거나 예비조사를 수행한다. 현재 일반적으로 자선단체에 기부하는 개인들의 품성과 특성에 관해 연구하고, 이와 유사한 성격을 보이는 지역사회의 기부자들을 표적으로 하는 것이다. 이것은 고객의 기부보다 지속적인 관계에 더 중점을 둔다.

(3) 기회

잠재적인 새로운 기부자들이 표적으로 사용될 수 있는 명확하게 다양한 표준들이 있지만, 이것을 유용하게 사용하는 자선기관들은 비교적 적다. 개인기부자들을 구별하기 위해 각 방법을 사용하는 자선단체들의 비교적 낮은 비율은 새로운 기부자들을 표적화하는 데 다소 우연적인 방법을 사용한다는 것을 제시해 주고 있다. 이것은 시장에 잠재된 다른 기부자들을 정확하게 집어내기 위해 도움이 되는 기초자료를 단지 21%의 기금조달자만이 프로파일하고 있다는 사실에 의해 지지된다. 약 70% 정도의 기금모금 자선단체들은 일반적으로 객관적인 우편물을 사용하고 있었고, 10% 이상은 해외 텔레마케팅을 하였다는 사실을 통해, 아직도 많은 조직들에서 직접적인 기금모금활동 형태를 중요하게 생각하는 것으로 나타났다.

이 자료에서 특별히 흥미로운 것은 인구지리학적 변수와 생활양식 변수들이 비교적 작지만 중요하게 사용된다는 것이다.

(4) 기존 기부자로부터의 모금

기부자 모집은 자선기금 모금활동에 있어서 단지 하나의 측면에 불과하다. 일단 기부자들이 모집되면 자선단체에서는 오랜 시간을 두고 그 기부자들과 관계를 맺으며 관리해야 한다. 이 관리과정에 있어서 중요한 것은 시장세분화이다

현재 모든 자선단체들이 폭넓은 기초자료를 가지고 있지만 놀랍게도 그 충분한 잠

재력을 사용하는 조직은 없다. 세분화에 있어서 자선단체의 업무를 위해 기초자료를 세분화하고 자료를 입력하는 것은 결과적으로 수입(revenues)을 증가시켜 준다. 이 상황에서 세분화의 가장 중심이 되는 것은 '다른 시간적 조건에서 다른 액수의 모금액을 각기 다른 기부자집단에게 요청할 수 있는 능력' 이다. 여기에서는 이것이 어떻게 성취되는지에 관한 기술적인 부분을 설명할 것이다.

어떤 자선단체의 기초자료를 수집한다고 가정할 때 특별한 캠페인에 표적이 되는 기부자들을 선택하기 위한 기초자료에 관한 수많은 표준들이 제공될 수 있다. 우리가 이미 살펴본 많은 변수들(나이, 성, 수입, 지리적 위치, 인구통계학적 코딩, 직업, 생활양식 등)은 이러한 목적을 위해 사용될 수 있다. 특별한 주제에 관한 명확한 우편물들은 가장 잘 받아들일 것 같은 표적집단에 보낼 수 있다. 기초자료 세분화의 상황에서 유용한 수많은 다른 변수들이 있다.

기초자료의 세분화 항목 변수들의 예로는 최고 기부액 및 최근 기부액, 최근 교류한 날짜, 기부 빈도, 개인기부의 시기, 요구되는 관계의 본질이 있다.

(5) 기부자 인식

'어떻게 충성도(로열티)를 발전시킬 것인가?'라는 질문에 대해서 간단하게 고려해 보는 것이 가치 있을 것이다. 가장 기본적으로 충성도는 오랜 시간 동안 기부자와 의미 있는 대화를 유지해 나가는 것을 의미한다. 기부자들(특별히 높은 가치의 기부자들)은 그들이 높이 평가되고, 그들의 노력이 자선단체에 실제로 중요한 영향력을 제공하였다는 것을 느끼기를 원한다. 게다가 그들은 자선단체가 그들의 과거 업적을 기억하기를 기대하며, 그들을 한 개인으로서 조금이라도 이해해 주기를 바란다. 그래서 더 성공적인 기금 조성자들은 그들이 개발시킬 수 있고 확장시킬 수 있는 모든 기회를 사용하여 그들의 기부자들과 대화한다.

- 뉴스레터: 소식지 제공(Newsletters)
- 이벤트 초청하기(Invitations to events)
- 자선 감사장(Citations in charity literature)

- 개별화된 의사소통(Personalized communications): 앞에서 말한 바와 같이, 높은 가치의 기부자들은 독특하게 개별화된 의사소통을 받을 것이고, 기관장이나 기금모금 책임자로부터 연락을 받을 것이다.
- 보상품, 선물 등(Premium materials, gifts, etc.)
- 감사패, 승인증명서(Plaques, certificates of acknowledgement)

2) 기부자 관리

(1) 고객중심의 관리

기부자들이 자신의 후원행위에 대하여 만족하기 위해서는 후원기관의 철저한 서비스를 통하여 기관과 기부자 사이에 원활한 교환이 일어나야 한다. 고객만족을 위한 원활한 교환을 이룩하기 위해서는 먼저 기부자를 일선에서 직접 만나는 직원들이 자신들의 업무와 환경에 만족해야 한다. 그리고 보다 적극적인 기부자 관리를 위해서는 기부자의 욕구를 파악하고 그에 따른 서비스를 실시해야 한다. 결국 복지관의 입장이 아닌 기부자중심의 고객만족을 위한 기부자 서비스가 이루어져야 한다.

(2) 기부자 정보관리와 서비스 체계의 구축

기부자 서비스를 잘하기 위해서는 기부자에 관한 정확한 정보관리와 체계적인 서비스시스템을 갖추어야 한다. 첫째로, 기부자의 정보관리는 기부자의 성별, 연령, 직업, 소득, 종교 등 기부자에 대한 인구통계학적 특성과 후원 형태, 후원금 전달경로, 후원금액의 크기, 후원 지속기간, 후원관리 프로그램 등 마케팅 혼합요소에 관한 것들이 있는데 이들 정보분석에 따른 효과적인 전략은 기부자의 지속적인 후원행위에 관계있는 것으로 조사되었다.

두 번째로, 기부자 서비스를 잘하기 위해서는 체계적인 서비스 시스템을 가져야 한다. 기부자 관리는 복지관의 기부 담당자나 어느 한 사람이 하는 것이 아니다. 기부관리 담당자가 있다 하더라도 모든 직원들이 기부자로부터 전화를 받고 기부자들과의 접촉이 이루어지므로 사실 모든 직원이 기부자 관리에 책임을 지니고 있다고 볼 수 있다. 이를 위해서는 기부자 관리 직원뿐 아니라 복지관의 모든 직원들이 기부자 관리 체계에 대한 절차와 내용을 알고 있어야 한다.

기부자 서비스의 체계는 기부자의 등록, 후원금 입금, 자료 발송, 문의사항 처리, 서비스 실시 등 모든 업무에 있어서 체계적으로 이루어져야 한다. 담당자는 기부자 등록, 자료의 발송, 후원금의 접수, 기부자 문의사항 처리, 기부자 서비스 실시 등 모든 업무 처리를 체계적으로 처리해야만 한다.

(3) 기부자 관리 전산화 프로그램 개발

기부자 관리에 있어서 전산화는 매우 중요하다. 왜냐하면 기부자 관리는 곧 데이터베이스관리(database management)이기 때문이다. 많은 사람들이 전산프로그램의 문제를 전산화 작업 자체로만 생각하고 있다. 그러나 대개 전산프로그램의 문제는 전산프로그램 개발 이전에 발생한다. 곧 정확한 업무분석과 효과적인 관리체계가 미흡한 상태에서 프로그램을 개발할 경우 업무의 전산화 작업이 비효율적이 된다.

전산프로그램 개발 이전에 사업, 모금프로그램, 기부자 관리 데이터, 후원금 관리 데이터, 협력업체 관리 데이터, 자원봉사자 관리 데이터 등 총 데이터 수량과 그에 따른 출력 데이터 등 소프트웨어 부분을 생각해야 한다. 소프트웨어 부분이 결정되면 어떤 하드 기종과 OS를 사용할 것인지를 결정하게 된다. 소프트웨어 개발 시에는 기존 데이터의 전환, 소프트웨어 보수 및 유지, 소프트웨어 교육, 상위 소프트웨어(up grade)개발의 용이성 등을 고려해야 한다. 그외에도 통신의 발달에 따른 전사적 네트워크 구축, 인터넷을 통한 홍보, 기부자 개발 및 관리 등을 위한 인프라 구축 등을 고려해야 한다.

3) 기업기부의 일반적인 유형

Sargeant(2009)는 기업지지의 유형에 대하여 다음과 같이 기술하고 있다.

(1) 기업지지의 유형

- 현금지지(Cash Support): 아직까지 기부의 가장 일반적 형태이다.
- 자선기능 또는 기부자(스폰서십: Sponsorship): 자비 혹은 다른 곳에서는 일어나지 않을 행사를 하는 데 실시하는 이벤트 형태이다.
- 파견지원(Secondment): 미국의 37%의 회사들은 자원봉사조직과 더불어 작업을 하기 위해 직원을 파견하여 지원하는 프로그램을 추진한다.
- 교육 및 훈련(Training): 이 카테고리는 개시비용과 자선 직원연수를 위한 비용 지불을 포함한다.
- 행정적 지원(Administrative Support): 기업 직원은 행정지원 프로그램을 포함할 것이다.

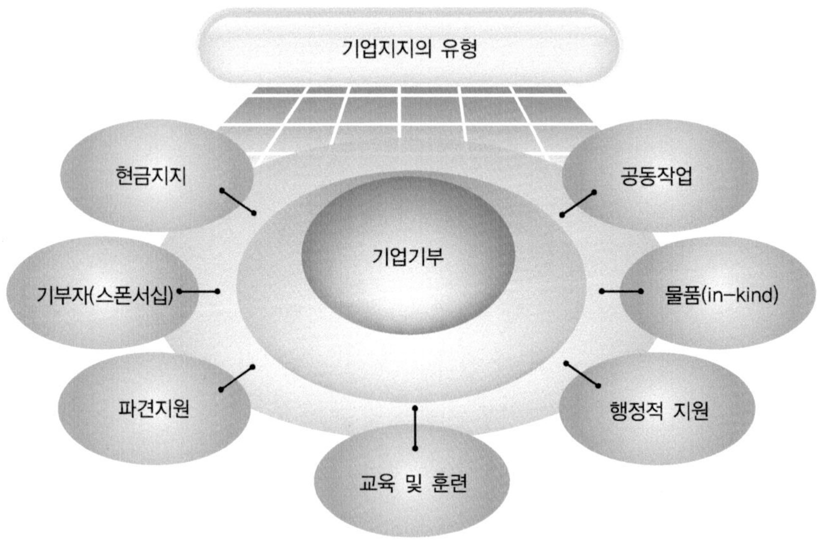

▌그림 8-1▐ 기업지지의 유형

• 물품(in-kind assistance): 지원-회사들은 자선적인 목적을 추구하기 위해서 주식과 혹은 물품을 기부할 것이다.
• 공동작업(Joint Promotions): 공동판촉과 affinity Card(사용할 때마다 자선단체 같은 곳에 일정한 금액이 기부되는 신용카드)의 개발과 같은 형태를 포함한다.

(2) 기업기부 요인

Ostergard(1994)는 기업기부 요인에 대한 두 가지 사고의 패러다임의 존재를 소개하였다. 즉, 책임지향 패러다임에서 기회에 기초한 패러다임으로의 변화를 설명하고 있다.

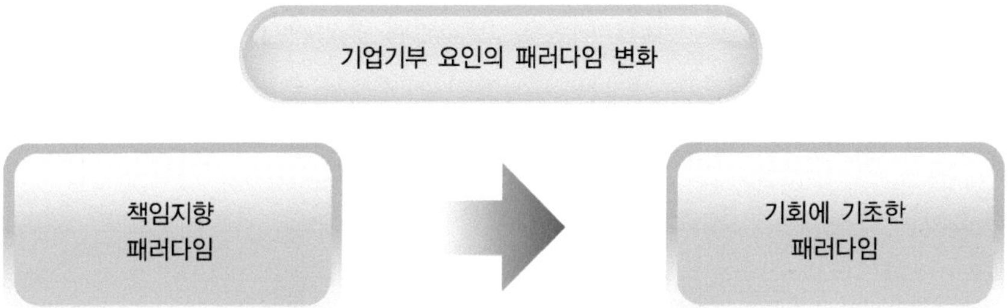

▌그림 8-2▐ 기업기부 요인의 패러다임 변화

① **책임지향적 패러다임**(The Responsibility Oriented Paradigm)

역사적으로 이 패러다임이 우위를 차지해 왔다. 이 패러다임 이후, 기업기부는 박애주의적 행동으로 나타났는데 중요한 목표는 사업을 위해 어떤 것을 지역사회에 환원해 주는 일을 하는 것이다. 기부는 오직 특별한 목적이 가치 있는 느낌을 가지기 때문이지 기부로서 어떤 형태의 획득이 생길 것을 바라지는 않고 만들어졌다. 사실 지지된 목적들은 아마도 종종 기부자의 이익과 관계를 가지고 있지 않을 것이다. 예를 들면, Exxon Education Foundation는 대기업의 세계로부터 더 멀어지기 시작한 1980년대 후기까지 폭넓게 찬양되었다. Foundation에 의해 지지된 프로그램들은 절대적으로 Exxon의 기업 이익의 본질과 관계하지 않는다. 하지만 1989년의 출현과 Exxon Valdez 오일 쇼킹은 Exxon 경영책에 명백한 피해를 주었다. 그 기업은 수많은 미래

이익들을 제공받을 수 있는 자선사업들과 연결을 위한 기회를 놓칠 것이다. 환경 집단과 함께 예를 들면, 장기간의 관계는 성립되지 않을 것이다. Arco과 대조하여, Exxon의 중요한 경쟁자는 수많은 환경적 집단과 함께 전략적으로 연결되었고, 결과적으로 '핫라인' 장치는 상상도 할 수 없는 사건을 발생시켰다. 그들은 환경주의자들에 의해 언급된 기업 장치를 위한 경영상의 전략과 그들의 기업 정체성을 위한 미래 위험을 최소화할 수 있었다. Arco는 패러다임에 기초한 기회 변화를 '욕구'라고 생각한 것이다.

② 기회지향적인 패러다임(The Opportunity Based Paradigm)

기회지향적인 패러다임은 처음 하나의 형태의 이익을 찾기 위해 혹은 그들의 자선적 기부로부터 생긴 많은 조직들과 더불어 1960년대 후반과 1970년대 초반에 시작되었다. 최근 Jones(1996)과 같은 작가는 자애적인 기부에서 측정 가능한 효과와 재정상의 능력으로 인지되는 '전략적 기부'의 출현을 언급하였다. Pifer(1987), Mescon과 Tilson(1987), Wokutch와 Spencer(1987)와 같은 다른 학자들은 'Dual Agend'로서 알려진 것은 기부를 위해 일반적으로 변화를 가진다고 증명하였다. 반면에 조직은 그들 자신의 전략적 목적과 더불어 좋은 전략적 적합을 가지는 자선기부를 좋아할 것이다. 예를 들어 Hunt(1986)는 다음과 같이 지적했다. "Hallmark는 피고용자와 고객들 모두의 공급은 결과적으로 일반화될 것이라는 기대에서 훌륭한 예술과 프로그램을 지지하기로 선택했다."

하지만 1981년 자유여신상의 복원을 위한 자금 축적의 시도가 가능했다. 현재 법인 자선의 새로운 규모는 출현하기 시작하였다. American Express는 마케팅과 관련된 목적(Cause Related Marketing)으로서 그들의 프로그램 지지를 의뢰했다. 회사가 자선을 위해 할 수 있는 것부터 자선이 회사를 위해 할 수 있는 초점을 강조하는 것으로 변했다. 회사 리더의 주장에서 마케팅과 관련된 목적을 정의한 것을 American Express의 상무는 다음과 같이 경고했다. "만약 당신의 주요한 목적이 가치 있는 목적을 위해 돈을 만드는 것이라면 그것으로부터 떨어져라. 그것은 자선을 의미하지 않는다. 당신의 회사를 위한 돈을 버는 것이 목적이다."

(3) 기업기부의 표적화

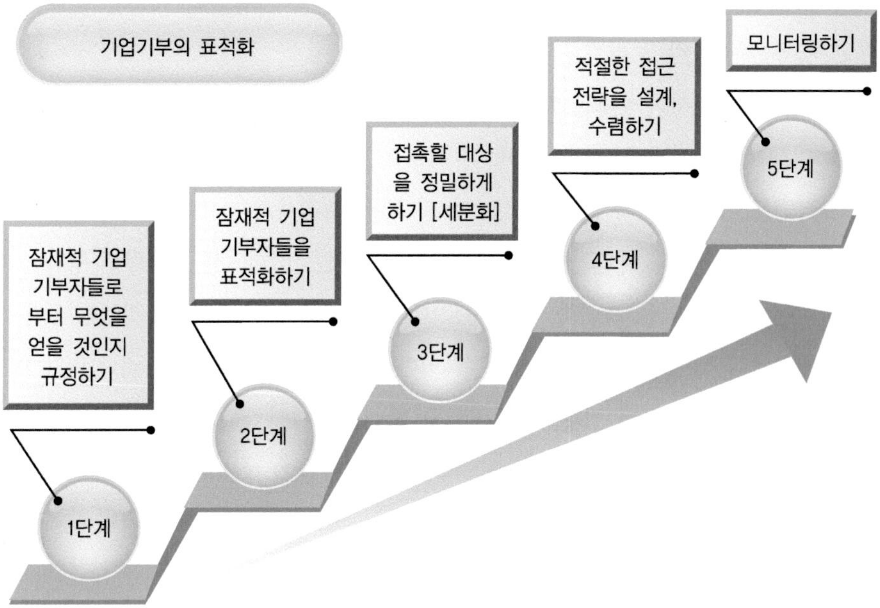

▮그림 8-3▮ 기업기부의 표적화

① 1단계

리더로서 대부분의 단계에서는 기업의 지원을 요청하는 것에만 열중했었다는 사실을 인식해야 할 것이다. 첫 단계에서는 자선단체의 역할을 잠재적 기부자들로부터 지원을 얻어내기 위해서 주위를 기울이는 것으로 한정한다. 전형적으로 이것은 오직 현금기부를 목표를 위한 것이었지만, 초기의 기업기부는 많은 다른 형태로서 선택될 수 있는 것을 의미한다.

② 2단계

두 번째 단계가 아마 가장 어려운 부분일 것이다. 이러한 점에서 자선단체는 기부를 요청할 수 있는 잠재적으로 접촉하는 사람들의 리스트 작성을 시작할 필요가 있다. 기부를 간청할 수 있는 그러한 조직들을 심사하기 위해 일반적으로 사용되었던 기준(지역적 원인, 사업과 관련성, 직원과 관련성, 조직의 크기)을 나타낸다.

③ 3단계

기업 모금과정인 세 번째 단계는 자선단체가 접촉하는 사람들의 목록을 세밀히 구분하는 것을 포함한다.

분명히 초기의 조사단계에서 확인된 기업조직 모두가 동등하게 지지(잠재적인)를 제공하는 것은 아니다. 또한 모든 조직들이 기부의 동등한 입장을 가지는 것은 아니다. 어떤 조직들은 아주 정확하게 다른 것보다 더 열심히 조사하는 것을 중요하게 생각할 것이다. 그 결과 소외된 사람들이 수혜를 받기 위해서는 아마, 접근 전략의 형태가 더욱 개별화될 필요가 있을 것이다. 각각의 기대하는 position(위치)을 계획하는 것은 기대들의 우선순위를 매김으로써 원조할 수 있다. 이 matrix는 portfolio matrix와 매우 유사한 방법으로 구성되어 있다. 본질적으로 자선단체에서 그들 요인들은 첫 번째로 확인해야 한다. 각각의 비용의 대폭적인 삭감과 그 다음에 matrix에서 그들의 전체적인 position을 계획할 때 각각의 기대점수를 얻는 것이 포함되어야 할 것이다. Giving Potential을 주축으로 하는 사례에서, 안정된 기부능력에 중요한 영향력을 주는 요인들이 다양하다. 즉, 재정적인 수행능력, 관리자들의 태도, 기부정책, 기부내용 기록 등을 포함한다. 이러한 요인들은 중요성의 가중치를 주고 각각의 기준과 더 잘 맞는 조건에서 안정된 점수를 줄 수 있다. 가로축의 총계 점수를 얻을 수 있다. 다양한 요인들은 기부자 개개의 기부행위에 중요한 영향을 줄 것이다. 소명헌장의 유사, 표적 지지자의 유사, 유리한 광고의 요구 등을 포함해도 좋다. 다시 각각의 요인으로 점수를 얻을 수 있고, 그리고 종합적인 점수로 위치를 결정할 수 있다. 이러한 기대에 대한 위치가 matrix상에서 계획될 수 있다.

④ 4단계

4번째 단계의 과정에서 보여주려는 것은 그러한 디자인과 잠재적 기부자들을 분류하여 접촉 전략들을 사용하는 것을 포함한다. 이것은 방문판매를 포함하여 DM, 전화판매 등 다양한 매체를 사용하는 것을 포함한다. 그것은 또한 잠재적 기부자들의 특성과 관련성을 가지고 목적에 맞게 신중하게 제안되어야 하는 것이 함께 고려된다.

⑤ 5단계

5단계는 전 과정을 신중하게 모니터링하는 것을 포함한다. 이 과정은 계속적으로 진행되어야 하고, 그래서 기대했던 반응 인지/성과 평가는 성취된 것이 아니고 질문할 수 있고, 활동을 조정할 수 있도록 해야 한다. 단체는 모니터 과정에서 호의를 보이거나 호의를 보이지 않는 두 가지 반응을 나타내는 사람들의 태도 등과 같은 유익한 정보를 발견할 것이다.

4) 재단/기업으로부터의 모금

Sargeant(2009)에 의하면 자선조직은 재단/기업에 의해 기부된 기금과 수익자 그룹의 이익을 위해 기금관리를 위해 존재하는 조직을 말한다. 기부자들은 일반적으로 기부자로 일일이 열거되고, 그것은 실제로 이러한 목적을 위해 사용된 기금을 기금위탁조직(관리자)이 안전하게 관리할 책임이 있다. 영국의 많은 기금관리기관들은 수익자 집단들 자신의 욕구를 충족시키기 위한 직접적인 서비스가 존재하지 않는다. 그러나 오히려 그들의 목표들을 추진하는 데 개인이나 다른 자선단체에게 지원금을 주고 있다.

〈기업기부자에 접근하기 위한 7단계의 접근법〉

① 잠재적인 프로젝트의 감시(Audit of potential projects)

기금관리조직의 모금활동의 첫 번째 단계는 조직이 이익단체(기업)들과 함께 수행할 계획이 단기간인 모든 활동들에 대해 신중한 분석을 하는 것을 포함한다. 대부분의 기금관리조직들은 3년 이상 진행되어야 할 사업에 대해서는 지원하지 않는다. 목표가 명확하고 효과가 있는 프로젝트로 확인된 사업활동들은 외부 기부자들이 어떻게 활동하는지에 따라 분리시켜 평가되어야 한다. 많은 기금관리조직은 기금모금 계획이, 즉 상업적인 지지가 높게 강조되기에 충분한 사업은 오히려 선호되지 않을 것이다. 그리고 또한 총비용으로 이루어져 있는 사업을 원조하는 것이 미숙하고, 혹은 국가가 원조해 줄 수 있다는 것에 대한 믿음에 대해서도 서툴다는 점에 유념해야 할 필요가 있다. 그러나 기금관리조직은 수익자그룹과 함께 높은 효과를 나타낼 만하고, 특히 혁신적일 것 같은 사업에 흥미를 갖게 된다. 그리고 이러한 것들은 상대적으로 단기간 내에 그 효과가 증명될 수 있다.

가능성 있는 적절한 사업이 확인될 때, 자금 조달자들은 각각의 프로젝트의 필요성에 대해 충분한 근거를 제시하고, 각각의 사업이 지원할 만한 가치가 있는 근거에 대해서 일련의 설득력 있는 주장을 할 수 있는 다른 자선조직 직원과 친밀하게 일할 필요가 있다.

② 접근할 가치가 있는 기금조사(Initial Trust Search)

잠재적으로 적합한 프로젝트를 확인했다면, 다음 단계는 기금 리스트를 작성하는 것은 표면상 초기 접근에서 가치가 있다. 기금관리조직에서 정보원의 다양성은 이런 목적에 사용되고 이것들은 대체로 국가와 국가 사이의 특성에 따라 변화하는 경향이 있다.

③ 네트워크 조사(Network Search)

세 번째 단계에서는 두 번째 단계에서 확인된 위탁을 가지고 공식적이거나 비공식적인 연계를 위해 조사하는 것을 포함한다. 이것은 비공식적인 접근방법을 사용할 때 특히 중요한 것으로 종종 지원금 결정에서 매우 실용적인 성과를 가질 수 있다.

④ 우선순위와 기대의 매칭(Prioritization and Matching of Prospects)

제안 경험으로 기부관리조직들은 확실한 지원서 마감기일이 있다는 것을 알 것이다. 다른 쪽은 적은 규모의 펀딩을 제공하기 위한 준비가 되어 있을 것이다. 여전히 다른 쪽은 제한된 시간의 기간만큼 제공할 것이다. 이러한 변수는 자금 조달자들이 목표에 맞게 가장 최선의 가능성을 염두해서 접촉해야 함을 말해 준다. 기부관리조직 역시 많은 프로젝트들 중 가장 적합한 곳과 매칭되어야 한다.

⑤ 접근 전략의 선택(Selection of contact Strategy)

네트워킹의 중요성은 이미 강조되었다. grant-making을 위한 가능한 접근은 개인적인 것과 개인과 기금관리자들 사이에서 현존하는 자원을 개발해야만 한다. 그리고 가장 긍정적인 반응을 가져올 수 있는 방향으로 전략을 수립하는 것은 큰 효과가 기대된다.

⑥ 지원신청서(The Application)

작성된 신청서는 꼼꼼히 그 과정 앞 단계에서 수집된 신뢰에 대한 정보를 명확히 설명해야 한다. 보다 대규모의 기금을 위탁하기 위한 신청서는 항상 초기의 기금을 확보하는 데 어려움을 주기 때문에 기금 신청 전에 우선적으로 만들어져야 한다. Sargeant와 Bater(1997)이 350개의 grant-making trust의 행정가를 조사한 연구에서 제시한 것들을 살펴보자.

- Not reading the requirements: 기금조달에 있어 강제적인 접근의 사용은 피해야만 한다. 지원서에 쓰인 말들이 모호하면, 효과적인 결과를 나타낼 가망이 없다. 지원서들은 각 위탁에 대한 개인적인 관심(이해관계)을 고려하여 매우 신중하고 구체적으로 작성되어야 한다. 실제로 오직 이 위탁은 그 기획에 적합하다는 것을 목표로 삼아야 한다.
- Providing too much/too little information: 좋은 지원서는 짧고 간결한 것이 포인트이다.
- Poor Presentation: 다수의 위탁관리자들은 손으로 직접 작성된 지원서를 받아 보는 것에 대해 불평한다. 지원서는 간결하고, 잘 진술되어야 하고, 읽기 쉬워야 한다.
- Not making the ask!: 의외로 다수의 기금 조달자들은 모든 다른 뜻하지 않는 곤란함을 피하려고 하나, 대체로 지원서에서는 요청하는 기금의 총액 명시를 소홀히 하고 있다. 많은 다른 지원서에서는 사용되는 기금의 용도에 대해서는 충분하게 구체적으로 제시하지 못하고 있다. 그러나 기부자들은 지원서상에서 일반적으로 이러한 용도가 상세하게 설명되기를 기대한다. 기금관리자(수탁자)들은 이익집단이 가지는 효과에 대해서 각 지원서를 평가할 필요가 있다. 그러므로 요구는 명확

하고 계량화할 필요가 있다.

⑦ 사후관리(Follow Up)

마지막 단계에서는 자선조직의 지원내용이 성공했는지 실패했는지 두 가지 모두 신중하고 상세하게 기록하는 것을 포함한다.

3 모금 프로그램

모금을 위한 구체적인 프로그램으로는 개인적인 권유, DM, 이벤트, 정기후원, 모금함 설치, 인터넷모금, ARS모금, 기업연계마케팅, 매체광고, 기부자에 의한 신규 기부자 모집, 설명회 소개자료 등을 들 수 있다.

1) DM

DM을 위해서는 발송 대상자 리스트, 겉봉투, 호소서신, 내용물, 반송 엽서 등이 필요하다.

리스트는 자신의 조직을 후원할 잠재적 기부자를 대상으로 작성한다. 겉봉투는 관심을 갖고 개봉해 보도록 디자인과 형식에 주의를 기울인다. 호소서신에는 DM의 목적과 내용이 뚜렷하게 나타나고 설득력이 있도록 AIDA의 원칙에 의해 작성한다. 내용물에는 호소서신 이외에 브로슈어, 사진, 관계기사, 초청장, 지로용지, 신청양식 등이 들어간다.

AIDA의 원칙

Ⓐ Attention: 집중적인 주의를 끌고 있는가?

Ⓘ Interest: 사람들이 읽도록 흥미를 느끼게 하는가?

Ⓓ Desire: 사람들로 하여금 지원하고자 하는 마음을 불러일으키는가?

Ⓐ Action: 지원하는 구체적인 방법을 제시하고 있는가?

상품결정	자료수집(문서, 보도기사, 사진 등)
준비물작성	자료작성 및 인쇄(겉봉투, 내용물)
명단작성	시장조사에 따른 잠재적 후원자
내용물확인	호소편지, 브로슈어, 사진, 기사, 지로용지, 후원신청양식
발송작업	자원봉사자, DM발송회사
접수 및 확인	반송 우편물확인
감사서신발송	접수 1주일 내 발송
결과분석	회신율, 기부자의 인적사항, 기부금액 등 분석
후원자등록	정기후원자, 비정기후원자 구분

▌그림 8-4▐ DM의 절차

2) 이벤트

바자회, 모금만찬, 음악회, 달리기 등의 이벤트는 특별한 사건(special event)으로서 일상적 사건(daily events)과는 구분된다. 일상적 사건은 자연적으로 발생하며 기대감을 유발하지 않으나 이벤트 계획에 따라 발생하며 기대감을 유발하고 특정 동기가 부여된다. 이 이벤트의 목적은 기업이나 단체가 어떤 목적달성을 위해 특정 장소에서 사전계획을 가지고 사람들에게 시각, 청각, 촉각, 후각, 미각 등을 통해 생생하고 생명력 있는 오감 커뮤니케이션[2]을 하는 것이다.

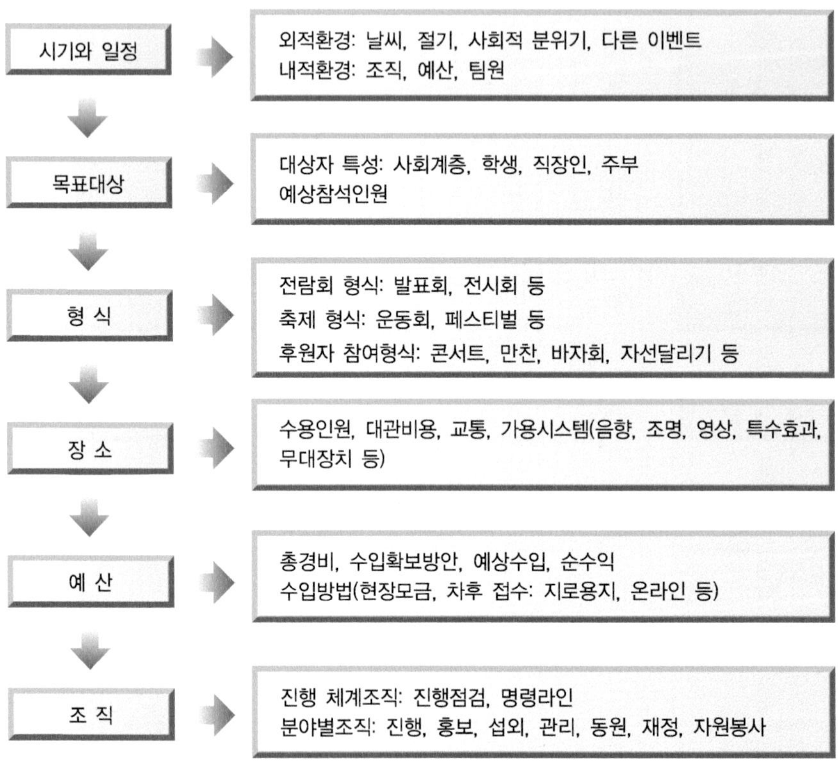

그림 8-5 이벤트 세부계획 및 절차

2) 오감(五感) 커뮤니케이션(5 senses communication)은 사람이 정보를 취득하는 과정은 대상을 감지하는 감각으로부터 시작되며, 오감으로 느낄 때 더 잘 설득된다는 것이다. 따라서 마케팅 자료를 만들 때는 글, 비주얼, 음향을 적절히 사용하여 생생하게 느낄 수 있도록 해야 한다.

이를 통해 사람들에게 신선한 충격을 줌으로써 참가자들의 마음을 사로잡을 수 있는 것이다. 따라서 이벤트는 사람들의 참여와 호응을 얻을 수 있는 홍미(interest)가 반드시 가미되어야 한다. 장애인복지관의 경우 이벤트를 통해 장애인들에 대한 비장애인들의 인식을 높일 수 있으며 후원자들에게는 그들의 후원에 대한 보람을 느끼게 할 수도 있다. 이러한 이벤트는 다른 모금상품에 비해 비용이 높게 드나 통합 모금 프로그램으로서 효과가 있다. 기관을 홍보할 수도 있으며 잠재된 후원자와의 접촉점을 마련할 수도 있다. 또한 이벤트 자체가 하나의 좋은 취재거리가 될 수 있으므로 매스컴을 타기 위한 홍보 전략으로서도 유용하다. 성공적인 이벤트가 되기 위해서는 홍미와 감동을 줄 수 있어야 하며, 기획과 연출에 따라서 진행되어야 한다. 또한 각 직원들의 역할분담과 팀워크를 요구하며, 철저한 점검과 리허설을 통해서 실수를 최소화시켜야 한다. 아울러 돌발적인 상황에 대비하여야 하며 그에 따른 임기응변과 유연성을 지녀야 한다.

3) 정기후원

정기후원은 소액으로 되어 있지만 가장 안정적인 수입을 유지할 수 있는 방법이다. 실시할 수 있는 정기후원의 방법으로는 결연후원, 사업후원, 프로그램후원의 세 가지가 있다. 각 후원프로그램의 내용과 장단점은 다음과 같다.

표 8-1 후원프로그램별 특성

후원구분	내 용	성 격	장 점	단 점
결연후원	후원자와 이용자의 1:1 결연 서신왕래, 만남 추진	지정후원 결연 대상자만을 위하여 사용	물질적 지원뿐 아니라 정신적 지지도 가능, 지속적인 지원	이용자의 신상공개에 따른 인격적 손상
사업후원	복지관의 일반적 사업을 위한 지원	운영비, 일반사업비사용 가능	후원금 사용의 용이성	후원의 호소력이 약함

프로그램후원	특정프로그램 후원: 재활프로그램, 물리치료, 재가봉사 등	지정 프로그램만을 위해 사용	전문성의 강조로 후원의 효과성이 높음	프로그램 진행에 따른 한시적 후원

4) 인터넷모금

1990년 중반 이후 인터넷 사용인구의 급증으로 인터넷을 통한 모금운동이 점차 확산되고 있다. 인터넷상에서 홍보하는 방법을 웹프로모션(web promotion)이라고 하는데 웹프로모션은 서치엔진의 등록, E-Mail, BBS, News Group, What's New, Webzine, Mailing List, Link Exchange, 배너광고 등의 다양한 방법을 통해 효과성을 높일 수 있다.

이중 효과적인 홍보를 위해 가장 기본적으로 이루어져야 할 작업이 홈페이지를 검색엔진에 등록하는 일이다. 일반적으로 검색엔진의 디렉터리 검색서비스는 여러 분야를 주제, 지역 등의 영역으로 나누어 사용자들이 쉽게 정보를 찾아볼 수 있도록 정리해 놓는 것이다. 디렉터리 홈페이지에 등록하기 위해서는 먼저 해당 디렉터리에 관한 충분한 지식을 가지고 있어야 한다. 그리고 주제별 영역의 순위배열 구성과 내용을 살펴보아야 한다. 홈페이지 등록을 한 개 이상 할 수 있는 사이트가 있으면 홈페이지의 내용과 가장 가까운 영역에 복수로 등록하면 더 많은 네티즌을 만날 수 있다. 대부분의 인터넷 검색자들은 상위 10% 정도 내에서 자신이 원하는 정보를 찾기 때문에 디렉터리 검색엔진 등록 시 영역의 상위에 등록되도록 하는 것이 중요하다. 디렉터리 검색엔진은 거의 일정한 순서에 따라 사이트들이 배열되어 있는데 사이트 등록 시 디렉터리 검색엔진의 배열 순서를 먼저 파악한 후 등록해야 한다. 예를 들어 야후의 경우 기호 – 숫자 – 알파벳(야후코리아는 기호 – 숫자 – 한글 – 알파벳)순으로 사이트들이 배열되어 있으므로 여기에 맞게 사이트 등록 내용을 구성하면 된다. 야후의 배열 순서에 따라 제목(title)을 구성하면 야후 영역의 상위 부분에 등록할 수 있다. 그리고 사이트 내용을 설명하는 부분은 사이트에 대한 충분한 정보와 웹사이트 내용과 연관된 키워드를 나열하여 구성해야 한다. 인터넷을 통한 모금방법으로는 다음과 같은 것들을 생각해 볼 수 있다.

▌표 8-2▌ 인터넷모금방법

모금방법	내 용
홈페이지를 통한 개발	고객중심의 콘텐츠, 마케팅 접목
포털사이트 후원자개발	야후, 다음, 라이코스, 네이버 등 국내 유명 포털사이트와 공동으로 캠페인을 전개, 홍보 배너 설치, 온라인모금. 그밖에 사회단체, 동호회, 개인들의 검색 조회가 많은 홈페이지와도 연결
사이버 바자회	인터넷 쇼핑 회사와 공동으로 사이버 바자회나 경매 실시
E-Mail을 통한 개발	mailing list를 최대한 확보하여 활용. 기존의 후원자와 신규 후원자의 e-mail을 반드시 확인하여 이벤트나 특별모금에 활용
조직 네트워크를 통한 개발	대규모 회사의 자체 네트워크를 통해 후원자개발을 요청
인터넷 방송국 운영	후원자의 특성과 관심에 맞는 특정 성격의 인터넷 방송국을 운영하여 사이버공간에서 잠재적 후원자의 개발과 기존 후원자와의 연대를 강화

5) 미디어모금

신문, TV, 라디오, 인터넷, 팩스, 기타 매체를 통한 모금방법이다. TV 휴먼다큐 프로그램이나 신문, 잡지의 정기간행물의 기획 기사를 활용하는 방법이 있다.

6) 텔레마케팅

훈련된 직원 또는 텔레마케팅 회사를 통한 모금활동이 있으며 NGO의 경우 미국의 070 수신자부담전화를 통한 고객의 불만해소 및 서비스제공 프로그램이 있다.

7) ARS모금

불우이웃돕기, 수재의연금 모금 등 TV 프로그램을 통해 실시된 ARS(audio response system) 모금방식은 현재 우리나라의 많은 시민들이 참여하는 모금 프로그램이 되었다. ARS모금의 시작은 시청자들이 성금을 내기 위해 온라인번호를 기록했다가 은행에 입금하는 번거로움을 해결하여 많은 사람들이 소액후원금을 부담 없이 기부할 수 있도록 하기 위해 시작되었다.

8) 설명회

특정한 대상에게 설득력 있게 설명하는 것으로 청중들과 강력한 유대를 형성할 수 있다. 시청각 기자재를 활용하면 더욱 효과적이며, 일시에 많은 지지자와 후원자를 확보할 수 있다는 점과 효과에 비해 비용이 적게 드는 장점이 있다.

9) 사진 및 영상물의 활용

21세기는 감성의 시대, 영상의 시대라고 한다. 영상은 감성에 파고들어 설득하는 강력한 힘이 있다. 홍보인쇄물, 보도, 홈페이지, 이벤트 프레젠테이션 등에 다양하게 사용할 수 있다. 모금 마케터는 사진과 영상자료의 가치를 알고 수집 및 정리, 응용, 관리할 수 있는 능력이 필요하다.

- 사진전: 사진전은 어느 장소에서나 쉽게 할 수 있으며 교육 및 홍보효과가 뛰어나다. 각종 행사 시 분위기 연출의 효과가 있으며 제작방법이 간단하고 비용이 저렴하다. 사진전시를 할 때 유의할 점은 최신 자료로 계속해서 업데이트해야 한다는 것이다.
- 비디오: 비디오는 설득력이 강하며 마치 영화를 보는 듯한 효과를 줄 수 있다. 하

지만 전문적인 제작 기술이 필요하기 때문에 전문적으로 비디오 촬영 기술이 있는 자원봉사자를 활용하는 것이 좋다. 대중 집회에서 영상물 사용 시 사전에 확인하는 것이 필요하다.

- 파워포인트: 파워포인트는 논리적인 설득이 필요할 때 유용하다. 이는 프레젠테이션에 효과적이며 시각효과에 비해 제작비용이 저렴하다.

10) 홍보대사 운영

최근 사회복지조직의 모금활동과 관련하여 그 조직의 이미지에 적합한 홍보대사를 선정하여 캠페인이나 홍보물 제작 시에 활용함으로써 시너지효과를 높이고 있다.

홍보대사의 운영은 선발→교육→활용 및 관리의 과정을 거친다. 먼저 홍보대사 선발 시에는 다음과 같은 사항을 고려해야 한다. 첫째, 단체의 성격과 이미지에 부합되는 사람, 둘째, 한 분야에 탁월한 위치에 있는 사람으로서 대중들로부터 사랑과 존경을 받으며 호감도가 높은 사람, 셋째, 생활이 건전하며 장래에 발전 가능성이 있는 사람, 넷째, 가급적 타 단체의 홍보대사가 아닌 사람으로 선정한다.

모바일 기부방법 개발

- 기부시스템 활용하기: 스카치 위스키 브랜드 J&B는 주류업계 최초로 모바일 기부 시스템을 도입하였다. J&B의 사회공헌 프로그램인 '리저브 유어 러브(Reserve Your Love)' 캠페인을 통해 소비자들이 쉽고 간편하게 기부 프로그램에 참여할 수 있도록 J&B 병뚜껑에 적힌 일련번호를 휴대전화 문자메시지로 보내면 자동으로 기금이 적립되고 참여 고객은 던킨도너츠 매장에서 사용할 수 있는 모바일 쿠폰을 증정하였다.
- KT도 사회복지공동모금회와 함께 '쇼 위젯 사랑나눔' 캠페인을 하며 모바일 기부시스템을 도입하였다, '쇼(SHOW) 위젯' 서비스를 통해 일정 금액이 책정된 '사랑의 열매' 앰블렘을 휴대전화 대기화면에 내려받으면 구매금액 전액을 사회복지 공동모금회에 기부하는 방식으로 진행되었다.

온라인 마케팅믹스 전략

- 파트너십: 인터넷 전자상거래에서는 동일한 고객계층에게 서로 보완적인 서비스를 제공하는 통합된 서비스를 제공하는 것이 매우 중요한데 호텔, 여행사, 여행안내 책자 출판사와 렌터카 업체들이 소비자들에게 여행에 필요한 모든 것을 제공하는 협력망을 구축하는 것이 그 한 예다.
- 참여: 공통의 관심사로 서로 모일 수 있는 가상공동체(virtual community)를 만들고 고객과 활발한 양방향 의사소통을 해야 한다. 가상공동체란 인터넷으로 연결되어 물리적/시간적 제약에 영향을 받지 않고 공동 관심사를 논하는 동호 단체로 이를 통해 회원들의 결속력을 높이고 인터넷 쇼핑사이트에 대한 충성도를 구축하는 것이다. 양방향 커뮤니케이션은 다른 매체가 갖지 못한 인터넷만의 장점으로 고객의 신뢰도와 만족도를 높이는 역할을 하기 때문에 인터넷 마케팅의 성공을 위해서는 매우 중요하다.
- 정보기술: 성공적인 인터넷 전자상거래의 도입을 위해서는 안정된 정보시스템의 인프라 구축과 고객이 언제 어디서나 빠른 속도로 접속하고 정보를 교환할 수 있는 네트워크가 있어야 한다. 또한 인터넷은 개방형 네트워크이기 때문에 고객이 신뢰할 수 있는 수준의 보안시스템이 함께 구축되어야 한다.

4 모금의 20가지 수칙

모금활동에 있어 20가지의 수칙을 나열하면 아래와 같다(이배근, 1999).

① Fund-raising은 인간 간의 신뢰, 관계에 관한 것이며 단순히 금전적인 것이 아니며 돈에 의한 압박감으로 모금을 시작하면 안 된다.

② Fund-raising은 따뜻한 마음을 향해 외치는 고상한 예술이다.
FR의 3단계: Open heart – Open Mind – Open cheque book

③ 필요를 알리라. 필요는 돈을 생산하며 인간적 관계 속에서 이것을 알게 하라.

④ 사람이 사람에게 주는 것이다. 개인을 보고(신뢰성) 주는 것이며 기구나 조직을 보고 기부금을 내는 것이 아니다. 모금자의 자세가 중요하며 모금자는 조직과

기부자의 중개인이다.

⑤ 동종그룹의 중요성을 파악한다. 동일그룹을 활용하면 모금에 더 효과적이다.

⑥ 기부자를 친구로 만들라(Fund Raising = Friend Raising).

⑦ 기부자에 대한 많은 정보를 갖도록 한다. 기부자를 분석하고 성향을 파악한다.

⑧ 나이 든 기부자가 더 좋은 기부자이다. 경제적・시간적 여유가 있고, 보람 있는 일로 일생을 마치고 싶어 한다.

⑨ 현재의 기부자가 모금의 최대 Source가 된다. 새로운 모금을 시작할 때는 우선 현재의 기부자를 기본으로 한다. 신규 기부자를 얻는 것보다 현존하는 기부자에게 추가 후원을 받는 것이 비교적 더 쉽다.

⑩ Major Donor의 관리가 우선 중요하다(전체 모금액의 80%를 차지하고 있는 20%의 주요 기부자).

⑪ 후원금을 내는 과정을 간편하게 하라. 후원하는 데 가장 큰 장애는 게으름과 번거로움에 있는 것을 주목하라.

⑫ 요청하지 않은 것은 받지 말라. 모금목적에 부합된 돈을 필요한 것만을 받는다. 후원금에 대해서 정확히 평가해 주어라(효과, 결실).

⑬ 다양한 경영방법을 모금에 활용하라. 광고전략, 경영학, 시장이론 등을 활용하라.

⑭ 끊임없는 모금의 가능성을 시도하라. 모금의 가능성을 추측, 가정, 당연시하지 말고 끊임없이 시험하라.

⑮ 교육된 돈, 즉 동기부여가 되어 있는 후원금이 중요하다. 동기가 결연된 후원은 일시적인 후원으로 끊기는 경우가 많다.

⑯ 항상 단체의 진실을 말하라. 단체의 활동을 미화하지 말고 단체의 어려운 점, 부족한 점을 정직하게 설명하라.

⑰ 모금 기회를 포착하라(시대상황, 사회적 변화에 민감하라). 유조선 파손 - 환경단체 공익광고 환경보호기금조성 등을 예로 들 수 있다.

⑱ 모금자의 전문성과 헌신적인 태도가 중요하다.
자신의 일에 대한 commitment가 있어야 한다. Involvement와 commitment의

차이점을 명심하라.

⑲ FR의 기술은 세계 공통적인 것이다. 기관과의 정보, 기술교류가 필요하며 'US Syndrome'을 깨야 한다.

⑳ 언제나 "감사합니다"라고 말한다.

기부자는 자신의 후원금에 대한 믿음(효과적 기관이라는)과 희망(후원금이 무엇인가 다르게 쓰여지기를)과 사랑(아가페적인 사랑)이 있으므로 이에 대해서 "thank you"라고 말해야 한다.

사람들이 기부를 하게 되는 요인에는 세 가지 조건이 있다. 첫째는 기관과의 특별한 '관계'인데, 대부분의 개인적인 관계는 기부를 결정하는 데 가장 큰 요인으로 작용한다. 그렇기 때문에 동문들을 대상으로 적극적인 모금활동에 나가면 더욱 효과가 클 것이다. 학교에 대한 자부심을 가질 수 있도록 하고 나의 기부로 더 나은 학교의 미래가 있다는 것을 알게끔 전략을 세우는 것이 필요하다. 둘째는 기관에서 하고 있는 사업에 대한 관심이다. '관계'가 기부의 정서적인 조건이라고 하면 '관심'은 기부의 지적 조건이라고 할 수 있다. 사람들은 정서적인 관계없이도 그 기관의 소명과 사업에 관심을 가질 수 있다. 대학을 다녀 보지 못한 노인이 평생 모은 돈을 대학에 기부하는 것을 보고, 못 배운 한 때문이라고 하지만 그 이면에는 교육의 가치에 대한 신념과 관심이 있기 때문이다. 셋째로는 기관에 기부할 수 있는 '여윳돈'이 있는 경우이다. 하지만 이 세 가지 조건 중 기부를 하게 하는 요인에는 관계와 관심이 더욱 크게 작용한다는 것을 유념해야 한다.

정부의 역량이 세금 걷는 능력에 달려 있듯이 비영리단체의 역량은 모금하는 능력에 달려 있다. 조직은 건강한 재정력이 바탕이 되어야만 그 사명을 성취할 수 있기 때문이다.

대부분의 조직은 필요하고 마땅한 후원을 공개적으로 끌어내기 위해 그들의 사회적인 역할을 효과적으로 제시하는 방법을 모르고 있는 것이 사실이다. 조직이 그 목적을 달성하기 위해서는 좋은 프로그램과 함께 조직을 알리기 위한 확실한 전략을 병행해야 한다. 갈수록 더 회의적이 되어 가는 대중은 질적으로나 그 탁월성에 신뢰가 가지 않는 단체에 대해 후원을 유보할 것이다. 따라서 모금 전략에 박차를 가하기 전에 먼저 조직이 제시하려고 하는 바는 무엇이며, 또 어떻게 그것을 설득력 있게 제시할 수 있을지를 자문해 보아야 할 것이다.

Chapter

09 사회마케팅

- 1. 사회마케팅의 출현과 개념
- 2. 사회마케팅의 요소
- 3. 사회마케팅의 적용과 관리
- 4. 사회복지와 사회마케팅

Chapter 09

사회마케팅

사회를 변화시키는 활동은 이미 예로부터 전개되어 왔으며, 이러한 활동으로 인해 사회 전반에 엄청난 변화를 가져오게 되었다. 고대 희랍과 로마의 노예시대, 산업혁명기에서의 영국의 여성 투표권 부여, 어린이 노동 폐지, 19세기 들어 미국의 노예 폐지 운동, 주류 양조 판매금지, 여성 참정권 부여 등 그 사례는 어디서나 찾아볼 수 있다. 역사적으로 이런 일련의 활동들이 모두 성공을 거둔 것은 아니었으나, 그중 일부가 성공하여 사회에 정착되어 사회 전반에 걸쳐 영향을 미치게 되었다. 사회를 변화시키려는 이러한 활동들이 성공할 수 있었던 주요한 원인은 시대적 배경과 활동가들의 신념, 저변 인구의 확대 등 여러 가지 요소들에 의해 자연스러운 귀결에 기인한다고 볼 수 있다. 즉, 어떤 사회변화 캠페인이라도 이러한 활동의 성취를 위해서는 추구하는 이념과 시대적 상황, 대다수 사회변화 캠페인을 따르는 저변 인구 등 여러 가지 요소들을 확보해야만 성공할 수 있다는 점을 시사하고 있다.

오늘날 사회마케팅이라는 새로운 조류가 사회에 확산되고 있는 배경에는 소비자주의(consumerism)가 지배적이다. 이러한 소비자주의는 시대적 상황이 가졌던 여러 가지 요인들에 의해 대두되었는데, 특히 1960년대 미국 사회가 구조적 변화를 겪으면서 경제적으로도 계속된 인플레이션으로 실질소득이 감소되었고 사회적으로는 빈곤층, 인종갈등과 베트남전쟁으로 불만이 고조되는 상황이 대표적인 사례이다.

한편으로 인구문제와 환경문제에 대해 세계가 새롭게 관심을 갖게 되고, 기업으로서는 과대 포장, 위생상 위험이나 제품 결함과 환경 저해 등의 사회적인 문제를 일으키는 주범으로 불만이 심화되고 있었으며, 정치적으로는 정치인과 정부 당국이 국민들에게 제대로 봉사하지 못하고 있다는 시민사회의 정치 참여적인 분위기가 고조되었다.

그러나 이에 대한 불만 표출만으로는 사회변화를 가져올 수는 없다. 여기에 경제학자인 John Galbraith, Vance Packard, Rachel Carson과 같은 사회문제를 비평하는 연구가 학계에서 활발하게 진행되면서, 정부에 대한 정책공청회가 열리고 1962년 케네디 대통령과 1966년 존슨 대통령의 소비자에 대한 선언이 이루어지면서 소비자주의는 확고하게 자리를 잡게 되었다.

또한 기업 차원에서 GM사가 Ralph Nader의 공격으로 60년대 소비자운동이 거세게 일어나는 계기가 만들어졌으며, 이로 인해 Nader는 대표적인 소비자 운동가로 자리잡기에 이른다.

이런 제반 여건들 속에서 성숙된 소비자주의는 사회마케팅의 이론적 배경과 맥을 같이 하고 있다. 최근에는 사회적 변화를 추구하는 캠페인이 건강, 환경, 교육 등에 집중적으로 이루어지고 있다. 이처럼 사회마케팅의 의의는 사회적 변화를 추구하는 활동 즉, 사회변화 캠페인이라는 것이다.

1 사회마케팅의 출현과 개념

1) 사회마케팅의 출현 배경

원래의 마케팅 목적은 기업의 이윤을 극대화하기 위한 제품판매 증대와 시장점유율 극대화에 있었다. 그러던 것이 1960년대 미국에서 기업의 사회책임론(Social responsibility)과 소비자보호운동(Consumerism)이 활발히 거론되면서 사회와 국민의 복지를 위한 비영리(Nonprofit)적이며 사회 책임을 목적으로 하는 사회마케팅이 등장하였다(Kotler & Zaltman, 1975).

마케팅에서 본격적으로 사회적인 문제를 취급하기 시작한 것은 1970년대에 들어서면서부터이다. 이때부터의 마케팅은 고객의 삶의 질(Quality of life) 향상, 인간재

(Human capital)의 개발, 오염방지와 환경이 개선된 직장과 일할 기회의 발굴, 이웃사랑운동 등에 걸친 제반 사회문제를 다루게 되었다.

사회마케팅은 기업에게 무한정의 이윤추구 자유를 주던 자유방임주의에서 한 걸음 나아가 사회적 책임을 묻는 시대가 도래했다는 것을 알리는 계기가 되기도 했으며 구체적으로 Lazer와 Kelley(1978)는 다음 다섯 가지의 요인으로 등장배경을 분석했다.

첫째, 한 사회가 경제적으로 풍요하게 되면 사람들은 점차 개인의 문제뿐 아니라 사회의 문제에도 관심을 갖게 된다. 둘째, 대체로 젊은 층은 경제, 기업과 관련된 문제보다 이상적이며 인간적인 문제에 더 관심을 갖는다. 셋째, 시민단체, 여성단체들이 소비자보호운동과 같은 사회적 마케팅과 관련 있는 행사를 점차 주관하게 된다. 넷째, 언론에서는 국민들에게 사회적 문제에 관한 인식을 심어 주는 역할을 담당하여 그 결과 사회마케팅을 받아들이는 사회적 분위기를 조성한다. 다섯째, 경제적으로 부유해질수록 다양한 생활스타일을 접하게 되며 국제적 소비자가 되어 사회적 의식을 갖고 사회적 행동에 참여하게 됨으로써 사회적 마케팅이 발전한다.

사회마케팅이란 용어는 사회적 주장, 이념 또는 변화이념의 실행을 보다 효율적으로, 조화 있게 달성하기 위해 마케팅의 원리와 기술을 도입하게 되어 1971년에 처음 소개된 개념이다. 그후 여러 표적집단의 사회적 이념과 활동을 보다 많이 수용할 수 있도록 프로그램을 설계하고, 실행하고 관리하는 사회변화의 관리 기술로 자리 잡기에 이른다. 이러한 사회마케팅에서는 표적집단의 반응을 최대한 유발하기 위해 시장세분화, 활동이념의 개발과 관리, 커뮤니케이션과 촉진, 인센티브와 교환이론 같은 기업에서 적용하는 마케팅기법을 활용하기에 이른다.

소비자주의의 대두로 마케팅 이념에도 근본적인 변화가 일어나게 된다. 앞서 1장에서 살펴본 바와 같이 1930년대 생산지향적 마케팅시대에서 1940년대 판매지향적 마케팅, 1960년대 소비자주의 출현, 마케팅지향적 사고의 전환이라는 시대적 변화를 겪게 된다. 이는 곧 소비자주의가 출현하게 된 계기가 되어 어떻게 하면 소비자 욕구를 극대화시킬 것인가 하는 마케팅 중심형 기업활동을 전개하게 된다. 사회마케팅이란 이념이 여기서 한발 더 나간 단계라고 볼 수 있다. 이러한 마케팅의 흐름을 간략하게 나타내면 [그림 9-1]과 같다.

▌그림 9-1▐ 마케팅의 흐름

2) 사회마케팅의 개념

Sargeant(2009)에 의하면 사회마케팅이란 '특정한 사회문제로부터 도출된 사회적 목표를 달성하기 위해서 사회적 아이디어를 개발하고 그것을 대중에 인식시키기 위한 프로그램을 설계, 실시, 통제하는 일'이다. 1970년대 들어서면서 장기적인 소비자 및 사회복지를 고려해야 하는 사회마케팅 개념으로 확대되면서 마케팅의 적용범위가 비영리조직을 포함하여 보다 광범위하게 확대되었다.

Kotler와 Zaltman(1975)는 사회마케팅이란 사회적 관념을 받아들이게끔 영향력을 행사하도록 계획된 프로그램의 설계, 이행 및 통제이며, 이에는 제품계획, 가격결정, 의사소통 및 마케팅 조사의 요소들이 포함된다. Kotler와 Zaltman는 기업 활동을 중심으로 생성된 마케팅 개념은 병원이나 사회단체와 같은 비영리조직에도 적용가능하다. 예를 들어 병원의 경우 고객은 환자이며 제품은 보건의료 서비스이므로 병원은 환자들이 원하는 효과적이고 효율적인 의료서비스를 제공함으로써 목표달성을 할 수 있는데 이 경우의 마케팅 활동도 역시 마케팅 개념을 근거로 해야 한다.

이에 반해 Fox와 Kotler(1980)는 그들이 말하는 사회 의사소통과 사회마케팅 간의 구분을 했다. 그들은 사회 의사소통을 주로 매스미디어 광고나, 홍보, 직접 판매를 이용하는 사고의 패러다임으로 보았다. 사회 의사소통의 목적은 간단하게 목표 그룹에게 메시지를 전달할 수 있는 모든 가능한 기회의 이점을 취하기 위한 것이다. 그러나 사회마케팅의 패러다임은 사회 의사소통적 접근에서 빠진 최소한 네 가지 이상에 추가적으로 포함하고 있으며, 다음과 같이 설명할 수 있다.

① 마케팅조사(Marketing Research)

사회마케터들은 표적시장을 면밀하게 연구한 후 캠페인 작업을 시작한다. 시장 전체의 크기, 그것의 요구나 욕구, 태도, 행동적 양상, 그리고 개인시장 세분화에서 얻어지는 이익과 비용 모두 세심하게 평가될 것이다. 그렇게 하여 적절한 캠페인이 세분화에 가장 적합하게 배치되도록 설계될 수 있다. 시장조사는 사회마케팅 캠페인으로 행동에 미치는 영향력과 타당성을 크게 개선시켜 줄 수 있다.

② 상품개발(Product Development)

캠페인은 재활용화를 돕고, 최소한의 비용으로 행동적 변화를 일으키게 하는 실제적 기회를 제공하는 중요한 기술이다.

사회마케팅적 접근은 인식이 이루어지는 곳에 따라 여러 가지 어려움이나 세분화된 시장을 가진 많은 조직에 의해 적용되었다. 강조되어야 할 점은 대중매체에서 각 세분화된 시장의 욕구에 맞추기 위한 지지틀로 변화되었다.

③ 보상의 사용(the use of incentives)

사회마케팅은 바라는 방향의 행동변화를 장려할 수 있도록 보상을 사용할 수 있다. 남아메리카나 제3세계국의 어떤 캠페인에서는 특정 서비스를 사용하는 데 동의한 사람들에게 작은 선물을 제공하였다. 가격적 보상은 사회에서 가장 가난한 사람들이 세제상 혜택으로 원조해 주었다. 좋은 사회마케팅 캠페인에서 'sales promotion' 유형의 행동은 부의 분배까지도 이루어지게 할 수 있다.

④ 촉진(Facilitation)

단순히 광고캠페인을 하는 것보다 전체 지역사회에서 실제적인 행동으로 옮겨질 수 있도록 행동양식과 방법을 알리고 활기를 불어넣어 준다.

2 사회마케팅의 요소

1) 사회마케팅의 요소

사회마케팅의 요소는 사회마케팅의 영향을 약화시키거나 강화시키는 요소로 나누어 살펴볼 수 있다.

(1) 사회마케팅의 영향을 약화시키는 요소

- 청중 요소(audience factors): 무관심, 방어적 자세, 인지의 부재
- 메시지 요소(message factors): 동기부여할 수 있는 이익이 담겨 있지 못한 메시지
- 매체 요소(media factors): 가장 좋아하는 형태의 매체를 사용하지 못한 경우
- 반응-기구 요소(response-mechanism): 수용적인 시민들에게 반응을 보이도록 하는데 실패한 경우

(2) 사회마케팅의 영향을 강화시키는 요소

- 독점화(monopolization): 목표에 대치되는 다른 메시지가 전혀 없음으로 매체 내에서 독점을 향유
- 운하화(canalization): 기존의 태도를 변화시키기보다 강화
- 보충화(supplementation): 대량매체를 사용하고 또한 일대일로 대응하는 대면매체를 보충

2) 사회마케팅 영역 및 유형

사회마케팅 전략은 사회마케팅 목표를 달성하기 위한 계획을 구체화하며 사회적 조직들이 목표 채택자로서 목표달성을 기대하도록 해주는 원리를 정의한다.

사회마케터는 우선 구체적이며 측정 가능하고 그리고 달성 가능한 목표를 세워야 한다. 그리고 사회마케팅의 영역 및 유형을 〈표 9-1〉과 같이 살펴볼 수 있다.

▌표 9-1▐ 사회마케팅의 영역 및 유형

사회마케팅 영역 (사회마케팅 결정사항)	표적수용자 반응 및 특성	사회마케팅 유형 (적합한 기법)
표적수용자 집단	수용자 세분화에 대한 인구통계적, 심리학적, 및 심리통계적인 행동특성	수용자 세분화 조사
사회적 제품의 포지셔닝	장점이나 단점의 지각	포지셔닝 조사
제품 특징(컨셉트)	물리적/감각적 제품의 유사성이나 장점 지각	제품 검사
브랜드 이름 선택	인지와 의미의 인상	브랜드 이름 검사
제품 포장	인지와 의미의 인상	포장 검사
제품 이미지와 광고	장점이나 단점의 지각	포지셔닝 조사
매체 결정과 집행	매체의 지각, 이미지, 동기	커뮤니케이션 도구 사전 검사
대중매체 캠페인의 유지	매체의 인식, 회상, 이미지, 동기	커뮤니케이션 효과 조사연구
제품 가격	예정된 가격의 수용성	가격 민감도 조사연구
프로모션 채택과 세대 간 캠페인	채택 행동 및 보급	테스트 마케팅
제품이나 서비스의 전달	채택 행동 및 만족	테스트 마케팅
커뮤니케이션 캠페인	채택 행동 및 보급	테스트 마케팅
유통 구조	표적 수용자에게 제품 전달	유통 구조 조사

이러한 목표 추구를 위해 사용되는 사회마케팅의 도구는 다음과 같다.

① 제품(Product)

사회이념을 팔고자 하는 사람들은 목표로 하는 수용자를 연구하여 적절한 제품을 만들어야 한다. 즉 그들은 사람들이 기꺼이 살 수 있도록 사회이념을 '포장'해야 하는 것이다.

사회제품(social products)은 세 가지 종류로 나누어 생각할 수 있다.

- 신념, 태도, 가치관 등과 같은 아이디어를 대상으로 하는 제품
- 행동과 행위와 같은 실천(practice)하는 제품
- 물질적 제품

예를 들어 '사회보건'을 주제로 캠페인을 할 때 이것은 아이디어 제품이다. 금연운동은 주로 실천 제품이며 담배 자체는 물질적 제품이다.

② 판촉(promotion)

이 분야는 광고, PR, 판촉, DM(Direct Mail), 텔레마케팅을 포함한 전반적인 커뮤니케이션 활동을 말하는 것으로 매체를 통한 매스커뮤니케이션뿐만 아니라 대(對)인간 커뮤니케이션도 포함한다.

예를 들어 우리나라에서는 신문, 방송매체와 광고계가 합동으로 금연운동을 벌이고 있는데 이는 매체광고가 흡연에 대한 태도변화에 큰 공헌을 하였을 뿐 아니라 공익광고가 무엇을 할 수 있는가의 광고 가치를 과시한 예이다.

③ 장소(Place)

사회마케팅에서 장소란 사회변동 캠페인의 주체와 수용자가 서로 만나는 곳이라 할 수 있다. 금연운동을 예로 든다면 금연을 원하는 사람들이 모여 금연에 관한 정보를 나눠 갖고 금연 실습을 하며 서로의 경험담에 관해 대화를 하는 금연교실(Smoker's clinics)이 장소에 해당한다.

절전운동을 벌일 경우 시민들은 주민회의에서 경험과 의견을 교환하고 절전의 성공사례를 발표하며 절전운동본부에서 전달되는 생활정보 책자를 배부받는 일을 할 것이다.

④ 가격(Price)

가격이란 상품이라는 가치에 지불하는 비용을 말하는데 사회마케팅에서 가격을 말할 때는 다만 돈으로 지불되는 비용뿐만 아니라 기회비용, 에너지비용, 심리적 비용을 포함하여야 한다.

금연에서 드는 비용을 예로 들면 마음의 불안정이라든가 초조감 등 주로 심리적인 것이다. 다른 예로 자동차 안전벨트 착용 캠페인에서 가격은 안전벨트를 구매해야 하는 돈의 비용, 벨트를 착용할 때 드는 에너지비용, 그리고 심리적인 불확실성에 따르는 비용으로 구분할 수 있다.

3) 사회마케팅의 여덟 가지 범주

Kotler(2010)에 의하면 사회마케팅을 범주화하기 위해서는 다음의 여덟 가지 경우의 수를 들 수가 있다. 이것은 연관성의 정도, 행동의 지속 여부, 그리고 개인인지 집단인지에 따라서 달라진다.

▌표 9-2▐ 사회마케팅의 여덟 가지 범주

		낮은 연관성	높은 연관성
일시적 행동	개인	자선기금기부	헌혈
	집단	지방의회선거	이웃 간 방범계획 세우기
지속적 행동	개인	- 엘리베이터 내 금연 - 신문재활용	- 흡연과 마약복용 중단 - 모든 가정쓰레기 분리수거
	집단	제한된 속도 유지하며 운전하기	장애인 이동권 확보 지지

Sargeant(2009)는 사회마케팅의 결과물의 종류를 다음과 같이 예를 들어 설명하고 있다.

① 높은 연관성 대 낮은 연관성(High Involvement/Low Involvement)

소비자의 구매결정에 좀더 영향력을 미치는 것은 각각에 관련된 비용과 이익, 대체되는 해결책을 주도록 고려하는 것이다. 그러므로 마케터들이 결정에 관련성이 높은가 낮은가를 인지하는 것은 실제 제공되는 정보의 양에 영향을 주는 것만큼 중요하다. 흥미롭게도 많은 상품과 서비스는 그것과 관련된 감정적 호소에 기초하여 높은 관련성으로 환기시키는 능력을 가지고 있다. 담배가 그런 것 중 하나로, 이것이 왜 그렇게 중요한지 이유를 이해하는 것은 심장병이나 폐암으로 인한 사망률을 줄이기 위한 사회마케터들을 도와주는 셈이다.

② 한시적 대 지속적 행동(One-Time Vs Continuing Behaviour)

한시적 행동변화는 보통 어떤 면에서는 장기간의 적응보다 선동하기에 더 쉽다. 그들은 단지 의사소통 메시지를 이해하기 위한 목표를 요구하고, 그것에 기초하여 행동을 취한다. 물론 표적청중들이 요구된 행동을 취할 수 있게 하는 것은 더 쉽고, 그들은 실제로 그것을 취할 것이다. 행동변화의 이점에 대한 의사소통은 그 자체만으로 충분하지 않고, 어떻게 하면 개인이 제시된 정보에서 좀더 쉽게 행동방법을 찾을 수 있는지 제시되어야 한다.

③ 개인 대 집단(Individual vs Group)

집단행동은 개인의 특정 행동보다 변화시키는 것이 더 어렵다. 사회적 집단 내 존재하는 복잡한 관계의 역동성은 집단구성원의 가치와 태도를 정당화시키고 강화한다.

집단행동 내의 변화에 대해 이야기하는 것은 ① 여론의 리더 ② 여론형성자 ③ 여론추종자 간의 구별을 인지하게 하므로 중요하다. 의사소통 전략은 여론 리더와 형성자의 의미가 행동에서 요구되는 변화에 훨씬 더 많은 영향을 미친다는 것을 인정하는 것이다.

4) 사회행동조사(Researching Social Behaviors)

Sargeant(2009)는 사회적 이슈에 대한 조사는 비영리 관계자들이 다루어야 하는 마케팅의 활동 중 가장 어려운 것이라고 말한다. 사람들은 민감한 개인적 문제들에 대해 이야기하는 것을 거의 마지못해 하거나, 개인의 수입과 같은 악의가 없는 주제에 대한 응답을 요청하는 우편 질문지의 경우에는 불성실하게 체크하는 등 연구자들을 어렵게 한다. 실질적으로 전화나 우편을 통해 질문을 하는 조사 양식은 이러한 상황에 적용하기에는 특히 어렵고 문제에 대한 자료를 수집하는 것도 힘들다.

이러한 이유에서 많은 사회연구가 자연히 질적으로 이루어지고, 상당히 깊이 있게 이루어진다고 하더라도 결과적으로는 연구 주제의 수는 더 적게 이루어진다. 이 자료를 모으는 데 가장 도움이 되는 기술은 인터뷰와 표본집단이 가장 일반적으로 쓰인다.

3 사회마케팅의 적용과 관리

1) 사회마케팅의 적용 단계

모든 활동이 그러하듯이, 사회적 변화를 추구하는 활동이나 캠페인도 여러 가지 단계를 거치게 된다. Kotler는 초기의 개혁단계, 대중단계, 관리단계, 관료적 단계의 네 가지 단계를 거치게 된다고 하였다.

▌그림 9-2▌ Kotler의 마케팅의 적용과정

초기단계는 사회적 문제를 인식한 카리스마와 능력을 가진 소수의 사람들로부터 시작된다. 이들의 능력은 효과적이어서 사회문제를 어떻게 전달하는가에 따라 지지계층을 확보하게 되고, 보다 많은 대중에게 이러한 문제를 자각시키고 변화하는 단계로 발전되어 간다. 이 단계까지는 초기의 지도자들이 사회변화운동을 이끌어 가게 되며 지도자들의 열정과 이념에 따라 움직이게 된다.

점점 사회운동이 확산됨에 따라 구성원들은 각기 분명한 역할과 책임을 나누고, 지속적으로 조직이 확대하기 위한 재원을 확보해야 할 필요가 발생하게 된다. 이 단계에서 초기의 선구자들보다 거대해져 가는 조직을 관리할 수 있는 능력을 발휘할 관리형 지도자가 필요하게 된다.

이 단계에서 관리단계로 접어들게 되고, 리더십이 통제력을 갖게 되고 구체적인 목표의 설정, 계획과 조정의 역할을 분담하게 된다. 대부분 이 단계에서 리더들은 초심을 잃을 수도 있으나 일부 열정을 유지하는 경우도 있다. 마지막으로 관리단계에서 조직이 점점 굳어지게 되면 관료적 단계에 접어들게 되고, 초창기의 열정은 식게 되고, 가장 중요한 변화에 대한 시도는 오로지 조직의 존속에 있게 된다. 이 단계가 되면 사회운동은 마치 물건을 사고파는 비즈니스처럼 움직인다. 여기에는 엄격한 위계질서가 있고 기능적 전문성과 통제를 유지하기 위한 정책들을 포함한다. 분명한 조직으로 자리 잡게 되고, 초기의 운동에 대한 이념도, 조직의 관리, 심지어 추종자와 공중의 지지를 유지하기 위한 일조차 카리스마적 리더에서 매체 전문가에게 넘어가게 된다. YMCA, YWCA, RED CROSS 등 수많은 사회운동단체가 이러한 단계를 거치면서 발전하게 된다.

사회운동의 이러한 단계는 고정적인 것이 아니며 다양하게 파생된 형태의 발전모델들이 발생할 수 있다. 특히 침체된 사회운동을 재생시키는 새로운 리더의 출현도 포함된다. 중요한 것은 각각의 단계에서 캠페인을 최적화할 수 있는 능력을 갖춘 사회개혁추진자들의 출현과 그로 인해 한 단계에서의 약화된 영향력을 상쇄시키는 것이다. 다양한 단계에서 문제들이 수반될 수 있다는 인식은 사회마케팅을 수행함에 있어서 건전하게 적용할 수 있도록 해주는 역할을 할 것이다(김성훈 · 양병화, 2005).

2) 사회마케팅 관리과정

사회마케팅의 관리과정은 사회마케팅 환경 분석, 표적집단의 조사, 사회마케팅의 전략 설계, 사회마케팅믹스 프로그램 계획, 사회마케팅 활동의 조직, 실행, 통제 및 평가로 구성된다.

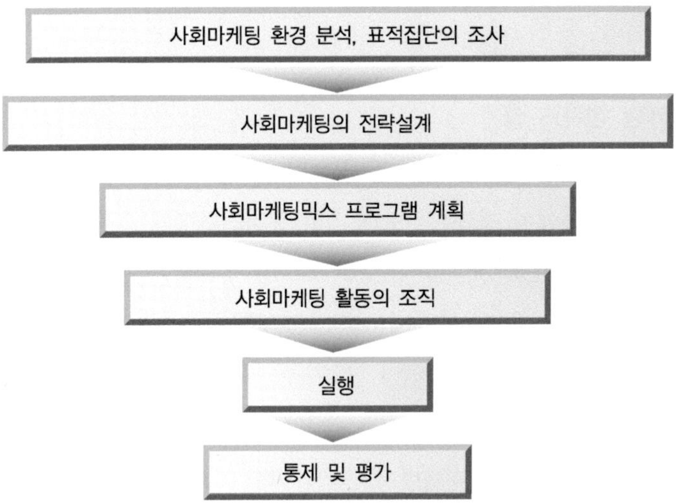

▌그림 9-3▐ 사회마케팅 관리과정의 구성

① 사회마케팅 환경 분석

사회마케팅의 관리과정의 첫 번째 단계인 사회변화 캠페인을 둘러싼 환경을 분석하는 것으로 먼저 전달하려는 사회활동에 대해 현재의 사회환경이 수용할 수 있는가, 또한 전달하려는 주요 계층의 태세는 어느 단계에 와 있는가 등 사회활동을 전개하기 위한 사회적 분위기를 모색하는 단계로 나타나고 있다.

② 표적집단 조사

사회운동가들은 표적집단과 그들의 욕구에 대해 정확하게 파악해야 할 필요가 있다. 이러한 수용집단을 세분화하는 과정은 전체 표적집단 중 그들의 사회운동을 전개

했을 때 공통 특성을 가진 집단으로 세분하는 단계이다. 그들에게 적합한 활동이나 이념의 형태, 명백한 제품(tangible item)의 형태를 결정하는 단계로 각 계층에게 가장 적합한 형태로 사회변화 캠페인을 전달하는 유형, 이념이나 활동, 제품으로 표현하는 것을 들 수 있다. 한 예로 필리핀의 콘돔 사용 프로그램의 사례에서 먼저 피임약 사용 표적집단을 조사한 사례가 있다. 이는 이러한 사회활동을 전달해야 할 주요 계층을 파악하고 그들의 현재 상황이 전달하는 사회운동의 이념이나 제품에 적합한가를 파악하는 것이다.

③ 사회마케팅 전략의 설계

사회마케팅 전략의 설계는 사회마케팅 활동의 목표를 달성하기 위한 계획을 구체화하는 단계이다. 사회마케팅 전략은 사회조직이 표적집단에게 그들의 사회운동이나 이념, 유형 제품을 효율적으로 전달할 수 있는 기준을 마련하는 것으로 구체적인 마케팅 비용의 할당, 마케팅믹스의 전략적 배분으로 구성된다.

④ 사회마케팅 프로그램의 계획

사회마케팅 전략의 수립된 후 개별적으로 관련된 사회마케팅믹스 프로그램의 관리가 마련되어야 한다. 사회마케팅믹스에서 가장 중시되어야 할 믹스 부분은 사회 운동 그 자체이다. 그것이 표현되는 것과 동시에 목적이자 사회운동의 당위성이 되는 것으로 이에 세심한 주의를 기울여야 한다.

⑤ 사회마케팅 활동의 조직, 이행, 통제 및 평가

사회마케팅 관리과정의 마지막 단계로 마케팅 자원을 조직하고, 사회마케팅믹스 프로그램을 실행하고, 관리하며, 그 결과를 평가하는 것이다. 사회마케팅의 활동에 대해 표적집단의 반응에 따라 효율적으로 관리되어야 하며, 이러한 표적의 반응이 사회운동 전체의 성패를 좌우하는 요소가 되기 때문에 표적집단의 반응을 관리하고 통제하는 데 전력을 기울여야 할 것이다.

3) 사회마케팅의 기획단계

Sargeant(2009)는 사회마케팅을 기획하는 단계로 다음의 일곱 가지를 제시하였다.

① 목표고객의 특정화

사회마케팅 영역에서는, 일반적으로 각각의 세분화된 행동과 그로 인한 현재의 패턴으로 상세히 특정화시킬 수 있다. 단지 유한한 이용 가능한 자원으로 사회마케터들은 특별한 중요성으로서 그들이 인지하는 세분화되는 것들을 골라내야 한다.

② 의사소통의 목표

목표의 다른 형태와 같이, 의사소통 목표는 특정화되고 잴 수 있어야 하며 적절해야 한다. 그것들은 캠페인의 다양한 측면으로 서술되어 창설된 조직의 목표를 성취하는데 결과적인 의사소통 전략에 초점이 맞추어져야 한다.

Colley(1961)는 DAGMA(Defining Advertising Goals for Measured Advertising Results)라 명명한 의사소통모델을 발전시켰다. Colley의 결론은 광고효과의 사정을 돕는 것을 발전시키는 것이지만, 그가 발전시킨 모델은 모든 사회적 마케팅에도 적용된다. Colley는 의사소통의 과정이 인식하지 못하는 단계(Unawareness), 인식의 단계(Awareness), 이해의 단계(Comprehension), 확신 또는 신념을 가지는 단계(Conviction), 행동단계(Action)인 다섯 단계를 거친다고 하였다.

③ 홍보메시지의 특정화

홍보메시지를 만드는 데 몇 가지 고려할 요소가 있다. 즉 개입의 정도, 메시지의 내용, 호소에 대한 특정한 양식, 전달방법 등이 그것이다.

④ 대중매체 선택

사회마케팅에서 사용될 수 있는 매체는 다양하다. 텔레비전, 인쇄물, 라디오, 아웃

도어(포스터, 간판, 옥외광고), 인터넷 포털사이트, 소셜네트워크 등이 사용될 수 있다.

⑤ 계획

착수된 의사소통 행동을 보증하기 위해서는 각각의 실행을 위한 적절한 타이밍이 필요하다. 짧은 TV광고가 시작되었다고 예를 들면 그 뒤 옥외광고와 라디오광고가 뒤따라 지지해 주고 이러한 적절한 시기의 광고 지지로 인해 사람들에게 사회적 행동 변화에 관해 인식시켜 주며 표적대상에게도 비용효과를 거둘 수 있는 것이다.

⑥ 예산

마케팅 과정을 집행함에 있어 세부적인 총체적 예산과 방식은 배분된 각각의 다양한 실천방식에 따라 배분될 것이다. 목표된 것과 실제적인 지출 사이에서의 변화는 필요할 때면 언제든지 쉽게 모니터링이 가능하고 교정이 가능해야 한다.

⑦ 모니터링

사회마케팅을 평가하는 데에는 다음의 전형적인 네 가지 타입이 있다.

- 형성평가: 이 단계는 캠페인 기간 동안 사용될 방식들에 대해서 사전 테스트를 하는 것이다. 전형적으로 사용될 홍보 기술에 쓰일 카피본과 디자인, 혹은 다른 광고의 레이아웃이 여기에 포함된다.
- 과정평가: 의사소통 계획의 각각의 단계에서는 표적대상이 적절히 받아들이고 이해할 수 있는지, 이에 따라 캠페인 목표가 잘 수행되고 있는지에 관해 평가받는다.
- 성과평가: 이것은 전형적으로 행동욕구가 변화되었는지에 관한 세부적 분석으로 구성된다. 물론 거기에는 산출평가의 목적을 잴 수 있는 다양한 방법들이 있다.
  - 정보에 관해 요청하는 숫자와 형식
  - 정보에 관해 요청하는 자원: 응답자의 프로파일
  - 캠페인 메시지의 인식, 재응답, 수락, 행동의 변화 측정
  - 목표시장이 메시지에 노출된 정도: 캠페인에 의해 수행된 범위

- 목표 세분화 내에서 행동적 변화가 수행된 정도와 범위
- 영향평가: 단기간 내에 사회마케팅의 효과를 측정하는 것은 불가능한 일이다. 즉 캠페인은 장기간 내의 사회적 행동의 변화에 주의를 기울여야 한다.

4 사회복지와 사회마케팅

1) 모금활동을 위한 사회마케팅

사회복지조직들이 자율성과 융통성의 장점을 발휘하면서 사업을 펼치기 위해서는 활동에 필요한 재원을 충분히 확보하여야 한다. 그러나 우리나라 대부분의 사회복지 조직들은 매우 심각한 재정난을 겪고 있다. 정부의 복지예산 수준은 급증하는 복지 수요를 충족시키기에는 역부족이다. 복지 국가들이 예산의 편성과정에서 복지와 사회개발을 중시하는 반면 우리나라는 아직도 국방과 경제개발 중심의 예산 편성이 주를 이루고 있기 때문에 불평등 구조를 가지고 있는 것이 현실이다. 재정적인 문제의 최우선의 해결책은 무엇보다 정부의 예산지원이 증가되어야 하지만 사회복지비용이 증가할 때까지 기다릴 수만은 없는 노릇이다. 사회복지기관이 스스로 또는 연계하여 재원을 늘리기 위한 부단한 노력을 하지 않을 수 없다. 따라서 사회복지조직은 정부의 부족한 보조금에 대한 보완적인 수단으로 기부자를 개발하고 모금활동을 체계적으로 펼쳐 민간자원을 확보할 수 있는 방안을 강구하여야 한다.

이를 위해 자원동원의 가능성을 분석하고 체계적인 모금활동을 벌이기 위한 전문적인 조직 및 인력을 마련하여 후원자의 자발적인 참여를 유도해 내야 한다.

이러한 활동이 성공적인 성과를 낳기 위해서는 사회복지조직의 내부 마케팅이 선행되어야 한다. 기관의 직원들이 가치를 철저하게 내재화하고 이를 바탕으로 자원봉사자들을 포함한 기관과 관련된 모든 사람들에게 후원 투자가의 개발 필요성과 마인드

를 갖도록 홍보하는 과정이 필요한 것이다. 기부자를 잡기 위해, 사회복지조직은 재정적 어려움을 호소할 것이 아니라 기관이 하는 일이 사회적으로 얼마나 가치 있는 일인가를 제시할 수 있어야 한다. 또한 그 일들이 기부자의 가치에 부합하고 있다는 것도 일깨워 주어야 한다.

시장경쟁 사회에서 재정을 확보하는 방법은 마케팅이고 마케팅으로 사회복지조직의 가치를 높이는 기술이 필요하다. 전쟁에서 무기 없는 군대가 승리할 수 없듯이 시장경쟁 사회에서 마케팅을 하지 않는 조직은 살아남을 수 없다. 80년대까지만 해도 우리나라를 포함한 선진국에서는 마케팅을 기업에서만 활용되는 이윤 극대화 방안으로 생각하였다. 그러나 점점 거대해지고 치열해지는 경쟁 사회가 도래하면서 서구사회에서는 영리·비영리를 불문하고 대학, 병원, 사회복지기관, 문화예술단체를 포함한 비영리조직은 물론 시민운동단체에서도 효과적인 재정관리를 위한 마케팅 개념을 도입하게 되었다.

앞서도 여러 차례 강조했듯이 우리나라에서도 마케팅은 더 이상 기업에만 국한되는 기능이 아니다. 마케팅은 현대사회 모든 조직에 유효한 기능이며, 사회복지조직도 마케팅적 문제를 지니고 있는 만큼 관리자들은 마케팅을 필수적으로 이해할 필요가 있다. 영리 부문에서는 성공적인 마케팅이 기업과 고객 모두 이익을 얻는 윈-윈(win-win)의 성과를 얻지만, 사회복지에서는 기부자와 기관 및 사회 모두가 이익을 얻는 윈-윈-윈(win-win-win)의 성과를 얻을 수 있는 새로운 마케팅 개념을 제시할 수 있다.

사회복지조직은 기부자와 클라이언트를 중개해 주는 역할로 전산망 구축과 마케팅 체계를 확립하고, 기부자 또는 자원봉사자, 기업체는 물품 및 기부금, 능력 등을 제공한다. 이에 클라이언트 또는 지역주민, 사회는 능력 개발과 의·식 해결, 사회안정 등을 보장받는다. 그런데 이것이 한 방향으로만 가는 것이 아닌 쌍방향으로 이루어진다는 것이다. 기부자는 주기만 하는 사람이 아니고 클라이언트는 받기만 하는 사람이 아닌, 사회복지조직이 중간에서 서로 혜택을 주고받도록 가교 역할을 하는 것이다. 이로써 기부자, 사회복지기관, 사회가 모두 이익을 보는 마케팅 전략이 세워져야 한다.

2) 자원봉사와 사회마케팅

자원봉사자는 사회복지조직에서 필수 불가결한 자원의 원천이다. 전문적인 지식과 기술의 도입도 용이하고 인건비를 줄일 수 있다는 점에서 우수 자원봉사자는 조직의 활동성과를 높이는 데 중요한 역할을 담당한다. 사회마케팅 관점에서의 자원봉사와 관련지어, 만일 자원봉사자가 없다면 대부분의 사회변화 캠페인이 실현될 수 없다고 해도 과언이 아닐 것이다. 이는 자원봉사자들의 열정이나 순수한 이념 없이는 어떠한 사회운동이라도 제대로 성공할 수 없다는 것을 의미하고, 자원봉사자가 결국 이러한 사회변화 캠페인의 핵심 부분이 되고, 활력소가 된다는 것을 반영하고 있다. 자원봉사자들은 사회캠페인을 통한 개인적 관심과 욕구, 사회캠페인의 사회적 이익에 대한 신념과 타인에 대한 봉사라는 세 가지 측면에서 자극받게 된다. 자원봉사자들에게 의존하고 있는 활동가들은 자원봉사자들의 욕구를 충족시켜 주어야 한다. 구체적인 상황에 따라 그들이 원하는 것을 충족시켜 주어야 한다. 자원봉사자들은 사회캠페인을 결정하는 데 가장 일선에서 담당하므로 이들의 만족이 곧 사회캠페인의 성패를 좌우하는 결정적인 요인이 되는 것이다.

Chapter 10

기업 사회공헌활동

- 1. 기업 사회공헌활동의 의미
- 2. 기업 사회공헌활동의 이론적 배경 및 의의
- 3. 기업 사회공헌활동 방법과 최근 동향

Chapter 10

기업 사회공헌활동

기업의 사회공헌활동이라는 개념은 사회의 산업화 과정에서 발생한 사회적 취약계층에 대한 기업의 '자선적 기부활동'을 전개함으로써 출발하였다.

최근에는 기업의 기부활동 영역이 교육, 환경, 복지 그리고 문화적 활동을 지원하는 것으로 그 범위가 점차 확대되고 있는 추세이며, 이는 기업의 사회공헌활동이 경영외적 활동이 아니라 경영의 중추적 기능으로 인식되고 있기 때문이다.

따라서 기업의 사회공헌활동은 재정적 기부활동뿐만 아니라 기업시민으로서 지역사회를 위하여 직접적으로 관련을 맺어 가는 경향이 확대되고 있다. 즉 지역사회의 자원봉사활동에 직접 참여하여 기업이 보유한 인적 자산, 즉 직원들이 보유한 기술과 노하우를 지역사회에 기여하도록 하거나, 기업의 설비 혹은 공간을 지역사회에 개방하고 대여해 주는 등의 활동으로까지 다양화되고 있는 추세이다.

1 기업 사회공헌활동의 의미

1) 기업 사회공헌활동의 개념

기업의 사회공헌활동의 개념은 쉽게 이해되는 듯하면서도 그 정의를 명확하게 내리기는 쉽지 않다. 이는 이 개념이 종종 기업의 사회적 책임, 기업윤리, 기업의 지역사회활동, 기업의 박애 등의 개념과 부분 또는 전체적으로 혼동되고 함께 혼합되어 쓰이기 때문이다.

미국의 기업 최고경영자들의 전국 포럼인 '기업사회공헌활성화위원회'(The Committee to Encourage Corporate Philanthropy)는 "기업의 사회공헌활동이란 기업의 광범위한 사회적 책임 가운데 가장 핵심적 요소이며, 현금기부와 현물지원, 임직원 봉사활동 등을 포함한다."라고 정의하고 있다(정진경, 2005).

역사적으로 볼 때 사회공헌활동은 자본주의 사회의 발전 초기에는 기업가의 개인적인 관심과 가치관에 근거하여 이루어져 왔다. 그러나 오늘날은 기업차원에서 전략적으로 수행되는 경향이 높아지고 있어서 이를 전략적 사회공헌(strategic philanthropy)이라고 칭한다. 이러한 경향이 나타난 원인은 기업과 사회의 바람직한 관계 설정이 기업의 경영성과에 미치는 비중이 매우 높아졌기 때문이다.

기업의 사회공헌활동은 기업 본래의 업무인 이윤추구와 직접 관계가 없는 분야라도 사회공익을 위해 경영자원을 활용하는 것이다. 또한 기업의 사회공헌활동은 여유자원의 사회환원이라는 자선의 동기를 넘어, 시민사회를 구성하는 공동체의 일원으로서 기업이 구성원들의 노력을 통하여 만들어 낸 귀중한 자원을 활용해 사회발전을 위해 자발적으로 공헌하겠다는 사회와의 약속이다(정진경, 2005).

이는 사회가 기업에 기대하는 법적, 경제적 역할 수행의 차원을 넘어서 기업이 보유하고 있는 자원을 적극 활용하여 윤리적이며 자발적인 차원에서 사회를 변화·발전시키고 바람직한 관계형성을 하기 위한 기업의 사회적 반응 활동이라고 할 수 있다.

이렇듯 기업의 사회공헌활동이라고 하는 것은 기업이 기업이윤에 대한 사회적 책임을, 기업이 가지고 있는 물적 및 인적자원을 활용하여 사회발전을 위해 비영리적 서비스를 지원하는 총체적인 활동을 의미한다.

2) 기업 사회공헌활동의 필요성

기업의 사회적 책임이라는 용어가 처음 사용된 것은 1929년 미국의 대공황 때이다. 이는 물론 원론적 의미의 책임을 의미했고, 오늘날 같은 내용의 구체적인 관심을 갖게 된 것은 1960년대 급격한 사회환경 및 사회가치의 변화가 나타나기 시작하면서부터이다.

원래 사회공헌활동은 개인이 박애정신 측면에서 행하는 것이다. 자연인이 아닌 기업이 박애정신을 갖고 있지 않으나 기업이 실제로 이를 행하고 또한 행하지 않으면 안 되는 것에 대해 광범위하게 논의되는 것은 기업도 자연인과 같이 시민의 일원으로서 즉, '기업시민'으로 사회에 공헌하는 것이 당연하다는 논리를 갖고 있기도 하다.

기업의 사회적 책임 내용은 논지에 따라 다르나 기업 사회공헌을 포함한 기업의 기본 기능과 이윤추구 행동을 초월한 행동에 관한 책임으로, 그 내용은 다음과 같이 나타낼 수 있다. 기업의 사회적 책임은 기업의 경제적・법적・윤리적 책임과 더불어 사회공헌을 포함하는 광의로 해석하는 것이 옳을 것이다.

기업의 사회적 책임 정의

- 1953년보웬(Bowen): 기업가의 사회적 책임(Social Responsibilities of the Businessman)에서 "기업가에게 주어진 사회 전체의 목적이나 가치에 알맞게 자신들의 정책을 추구하고 의사 결정을 하여 바람직한 방향으로 행동에 옮기는 의무"
- 1960년 Davis: 기업인들이 눈앞의 경제적, 기술적인 이익을 넘어서 취해지는 결정과 행동으로 이는 장기적 관점에서 회사의 이득을 가져다 주는 만큼 정당화된다고 주장(California Management Review)
- 1961년 R. Ells & C. Walton: 기업의 활동으로 인해 발생하는 문제의 관점 및 기업과 사회의 관계를 지배하게 되는 윤리 원칙의 관점에서 기업이 수행해야 하는 제반활동의 가치
- 1963년 맥과이어(MaGuire): 기업의 사회에 대한 경제적, 법적 의무뿐만 아니라 이러한 의무를 넘어서 전체 사회에 대한 책임까지를 의미함
- 1975년 Sethi: 사회환경문제를 해결하고 윤리 원칙을 준수하는 것, 기업은 법률적・경제적 의무를 넘어서 사회규범이나 가치, 그리고 사회적 기대와 조화를 이룰 수 있는 기업행위를 해야 한다고 강조(김진희, 2008)

- 1982년 McFarland: 개인, 조직, 사회 제도 간의 상호의존성 인식과 그러한 인식을 도덕적 · 윤리적 · 경제적 가치의 틀 내에서 행동으로 옮기는 것
- 1990년 Mondy: 다른 집단의 이익에 봉사하거나 그것을 보호하려는 책임과 의무
- 1991년 Bartol: 조직 자체의 이익과 함께 사회복지를 보호하고 증대시키는 행동을 추구해야 하는 의무
- 1991년 캐롤(Caroll): 기업의 사회적 책임에 대한 4단계 피라미드 모형 제시

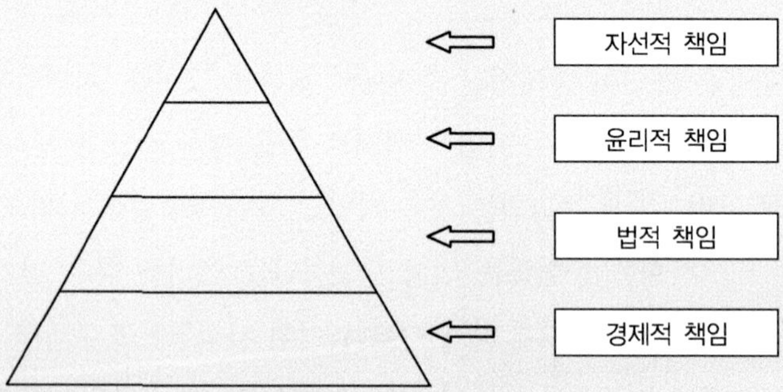

- 이후 많은 학자들이 기업의 사회적 책임과 활동에 대한 다양한 정의를 내린 바 있으나, Caroll의 4단계 피라미드 모형에 대한 것이 현재까지 많이 활용되는 일반화된 기업의 사회적 책임모델이다. 다만 2003년 Caroll은 이 모형에 대해 영역들 간의 우선순위에 대한 오해가 있을 수 있고, 중첩되는 영역을 제대로 설명하지 못하는 한계점을 들어 Schwartz와 공동작업으로 CSR 벤다이어그램을 제시하기도 했다.

(1) 기업의 사회공헌활동과 기업 이미지 관계

기업이 사회공헌활동에 참여하는 이유는 매우 다양하다. 그러나 한 가지 분명한 것은 최근 기업들이 사회공헌활동을 경영 전략의 중요한 요소로 인정하고 있다는 사실이다. 이것은 사회공헌활동이 기업의 이익에 긍정적으로 기여할 것이라는 신념을 전제로 한다. 기업의 전략적 사회공헌활동이 활발하게 진행되고 있는 선진국에서 실시된 연구들은 이를 증명해 준다. 기업의 사회공헌활동은 이미지와 평판을 좋게 하고, 고객들은 이러한 기업의 제품을 선호하는 경향이 있다는 것이다. 기업의 전략적 사회공헌활동은 이렇게 기업의 이익을 증가시키는 동시에 공익활동을 지원함으로써 민간

의 비영리 영역을 발전시키는 데 긍정적으로 기여하게 된다.

기업이 사회공헌활동을 많이 할수록 이미지가 향상되는 것을 알게 된 것이다. 사회공헌활동에 대한 고객의 평가가 기업의 이미지에 미치는 영향을 분석한 결과, 소비자들은 기업 이미지 점수의 57.4%를 사회공헌활동에 관련해 평가하는 것으로 분석되었다(전국경제인연합회, 2008). 다시 말하면, 기업이 고객으로부터 받는 평가 점수의 반 이상이 사회공헌활동을 잘하는 기업인지에 따라 결정된다는 것을 뜻한다.

기업 이미지 점수가 가장 낮은 기업에서 사회공헌활동의 영향력이 가장 높다는 것은 사회공헌활동이 기업 이미지를 향상시켜야 하는 기업에 더욱 필요하다는 점을 시사한다. 또한 기업 이미지가 좋은 기업에서 사회공헌활동 요소가 끼치는 영향이 상대적으로 낮은 이유는 다른 요소들의 영향도 동시에 고려되기 때문이다. 예를 들어 기업이 생산하는 제품, 직장으로서의 매력, 고객에 대한 배려, 기업의 미래 가치 등에 의해 영향을 많이 받고 있다고 해석할 수 있다. 따라서 이미 긍정적인 기업 이미지를 구축하고 있는 기업은 사회공헌활동을 더욱 전략적으로 실시하는 동시에 이에 대한 홍보를 효과적으로 수행해야 할 필요가 있다.

기업 이미지에 영향을 미치는 기타 변수들로는 기업이 생산하고 있는 제품에 대한 평가, 기업의 경영상태에 대한 평가, 기업이 고객을 어떻게 생각하는지에 대한 평가, 일하기 좋은 직장인지에 대한 평가, 끊임없이 변화하는 혁신적인 기업인지에 대한 평가, 그리고 국가의 발전에 기여하는지에 대한 평가를 선정하였다. 이는 제품에 대한 평가가 기업 이미지에 주는 영향력의 절반에 해당하며, 고객을 중요하게 생각하는 기업이라는 평가가 미치는 영향력의 3분의 2에 해당한다. 우리 기업들이 사회공헌활동을 전략적 경영의 중요한 요소로 받아들이기 시작한 것이 최근임에도 불구하고 사회공헌활동의 비중이 상당히 높다는 사실은 사회공헌활동이 우리가 생각하는 것보다 훨씬 더 중요하다는 것을 기업이 이미 실감하고 있다는 것을 입증한다.

(2) 공헌 의욕은 높아졌지만 친(親)기업 효과는 미흡

기업들의 사회공헌활동은 최근 몇 년 사이 크게 활발해진 것으로 추정되고 있다. 2009년 전경련에서 발행한 사회공헌 백서에 의하면 209개사의 기업과 기업재단을 합쳐 사회공헌 집행액이 무려 45,935억 원인 세전 이익의 3.7%로 일본과 미국 등 선진국의 1~2%에 비해 월등히 높다. 문제는 사회공헌활동의 지속성 여부다. 기대하는 효과를 거두지 못하고 있다고 판단하면 언제라도 중단할 수 있기 때문이다. 실제로 같은 기업 내에서도 사회공헌활동 관련 부서를 제외한 나머지 부서, 특히 재무팀이나 마케팅팀의 경우 사회공헌활동비를 소모적인 경비라고 생각하는 경향이 강하다. 아무리 공을 들여도 반(反)기업 정서는 나아지지 않는다는 이유에서다. 사회공헌활동에서 기대하는 것은 기업의 이미지 개선과 이를 통한 매출증대 효과인데 많은 금액을 투자하지만 효과는 미흡하다는 의문을 가지고 있다.

그 이유는 대략 네 가지다.

첫째, 지출구조의 문제이다. 자체 프로그램을 기획하고 이에 지출하는 돈보다는 불우이웃돕기 등을 위해 자선단체나 대규모 모금기관에 고액으로 지출하는 돈이 훨씬 더 금액과 비중이 크다는 것이다. 물론 이러한 활동도 사회 전체적인 복지수준 향상에는 기여하지만 기업의 이념과 가치를 반영해 실행하기에는 어려움이 있다. 특히 정부정책에 의해 조성되는 기금의 경우 기업마다 고액의 출연금을 기부하지만 각 기업의 색깔을 드러내는 데는 한계가 있게 마련이다. 이런 비중이 늘어갈수록 사회공헌 총규모는 늘지만 사회에서 체감하는 정도는 점차 줄어들게 되는 것이다.

둘째, 기업의 사회공헌활동 중 자사의 업종을 연상시킬 수 있는 사업 개발에 주력해야 고객이 사회공헌 이미지를 자연스레 상품으로 연결시킬 수 있다는 것이다. IT업종의 기업이 정보화 격차 해소를 명분으로 내걸고, 자동차회사가 장애인 이동편리를 위한 사업을 하고, 건설회사가 집 고쳐주기 사업을 하는 등이 그 예이다.

셋째, 국내 기업들의 대부분은 CEO의 스타일과 가치에 따라 사회공헌활동을 한다는 인식이다. 사실상 기업의 사회공헌활동은 절대적으로 CEO의 의지와 관련되어 있다고 해도 과언이 아니다. 그러나 사회적인 현상이나 문제보다는 CEO의 성격이나 스타일이 지나치게 반영된 사업이라면 사회적인 공감을 얻기가 어렵다. 또 기업들의 일회성이고 시혜적이라는 인식도 그 효과를 내기 어려운 이유 중 하나이다.

넷째, 수혜자의 문제이다. 이들은 마치 기업은 당연히 돈을 내야 하는 존재로 인식한다는 것이다. 기업이 돈을 줄 때는 반대급부를 생각하는 의도가 감추어져 있다고 생각하는 사회의식이다. 상대적으로 선진국 중 반기업정서가 높은 우리 사회에서 기업의 사회공헌활동의 노력에 대해 박수를 받는 것은 현재로서는 쉽지 않다.

이런 문제를 되짚어 보면서 우리 기업들이 지향해야 할 공헌활동의 미래상은 일회성 기부행사로 끝나는 공헌활동을 지양하고 지속적인 활동을 통해 사회를 변화시키는 성과를 만들어 내는 것에 가치를 두며, 또 기업의 임직원 등을 활용하고, 고객도 함께 참여하는 참여형의 활동으로 전환해야 한다.

앞으로 기업은 사회공헌활동에 더욱 큰 관심을 쏟을 수밖에 없다. 개별 기업차원도 마찬가지이다. 좋은 이미지를 얻으면 다른 기업과 경쟁할 때 유리한 고지를 선점하게 된다는 것을 이미 국내외 연구자료나 축적된 선진기업의 노하우에서 터득했기 때문이다. 기업에 대한 국민감정을 기업 사랑으로 바꾸면 기업들의 활동공간이 넓어지고, 사회공헌활동을 통해 기업 발전에 유리한 환경이 조성되면 기업에는 결국 이익이라는 열매가 안겨질 것이다.

3) 기업 사회공헌활동과 지속가능성

기업의 사회적 책임과 윤리경영이 강조되고 있는 오늘날, 기업의 존재 이유이자 궁극적 목표로서의 이윤추구 또한 기업의 이미지와 분리해 생각할 수 없다. 선진기업 이미지 제고를 위한 대내외 홍보활동의 일환으로서 전략적 사회공헌활동의 역할이 그 어느 때보다도 중요시되고 있다.

대개 기업의 평균수명을 30년으로 보는데 이 기간 중 80% 정도가 사라지며, 부단히 노력하고 변화에 능동적으로 대처하는 20%의 기업만이 살아남는다고 한다. 우리나라도 1960년대 중반 100대 기업을 기준으로 볼 때 2005년 현재 살아남은 기업은 12개라고 한다(삼성경제연구소 '한국 기업 성장 50년의 재조명', 2005).

이렇듯 정글의 법칙이 냉혹하게 적용되는 현실에서 우량기업이 살아남게 되는데, 그 우량기업이 되기 위한 조건이 바로 지속가능성(sustainability)이다.

전 세계적으로 확산되고 있는 지속가능 경영은 시대상을 반영하는 사회적 요구이며. 기업의 생존을 위한 필수적 경영 전략이기도 하다. 일반적으로 지속가능성의 개념을 구성하는 요소로 경제 · 환경 · 사회 세 가지를 꼽는데 이것은 기업의 사회적 책임과 유사한 개념으로 볼 수 있다.

미국을 비롯한 선진국에서는 이미 사회적 책임투자(Social Responsibility Investment)가 보편화되고 있다.

1980년대 이후 시장경제의 확대와 디지털 혁명, 세계화 추세에 따른 빈부격차, 환경문제 등의 심화로 환경을 배려하고 윤리적 · 사회적 책임을 다하는 기업이 좋은 기업이라는 공감대가 형성되면서 우량기업의 평가항목에 환경, 윤리경영, 사회공헌 등이 중요한 요소로 자리 잡게 되었다. 미국의 포춘지가 해마다 선정해 발표하는 '세계에서 가장 존경받는 기업'들의 면면을 살펴보면 거의 예외 없이 윤리경영과 사회공헌을 중요 경영 전략으로 채택하고 있는 것을 볼 수 있다. 월마트, 제너럴 일렉트릭, 마이크로소프트 등은 매년 상위권을 차지하였는데 이들 기업은 모두 환경, 윤리경영, 사회공헌 등에 최고의 의미를 부여하고 있다. 특히 CEO들이 지대한 관심을 표명하고 있어 임직원들의 모범이 될 뿐 아니라 전 세계의 관심의 대상이 되고 있다.

기업의 사회공헌활동은 지속가능 경영을 위한 필수적 요소이다. 기업은 사회공헌활동을 통해 기업의 이미지를 제고하고, 고객의 신뢰를 구축하고, 지역사회와의 좋은 관계를 유지하는 것이 존경받는 기업이 되는 길임을 명심해야 한다. 1994년 삼성 이건희 회장은 '사회는 기업이 자라는 토양인데 토양이 좋아야 기업의 성장도 보장된다.'며 사회공헌활동의 본격적인 시대를 열었으며, 덧붙여 다가오는 미래는 오직 존경받는 기업만이 살아남을 수 있다는 것도 강조하였다.

4) 기업의 사회적 책임 본질

초기 자본주의 사회에서 기업은 이윤을 극대화하는 것이 기업의 책임이라고 생각하였다. 이것은 기업의 1차적 책임이라고 규정할 수 있다. 그러나 1970년대 말 Peter Drucker는 그의 저서 《매니지먼트(*Management*)》에서 경제적 성과 못지않게 사회적 책임도 중요한 기업의 역할임을 강조하였다. 기업이 외부 사람들(특히 소외계층)의 삶의 질에 관심과 책임을 갖는 것이 기업 자체 성장에 도움을 줄 수 있다며 기업의 금전적 기부를 강조하였다. 이는 기업의 2차적 책임이라고 할 수 있을 것이다. 그러나 오늘날 기업은 단순한 금전적 기부만으로는 사회변화의 주도적 역할을 할 수 없다는 것이 일반적 견해이다. 현대사회에서 기업이 사회변화의 주체로서의 역할을 하기 위해서는 사회적 리더십을 발휘할 필요가 있다는 것이다. 윤리경영을 통해 사회의 도덕성을 회복하고, 임직원들의 적극적인 자원봉사 참여를 통해 시민사회의 지도적 역할까지 요구받고 있다. 이를 기업의 3차적 책임이라고 할 수 있다.

기업과 사회와의 관계 속에서 최근 기업의 사회적 책임에 영향을 미치는 요인은 다음과 같다.

(1) 경쟁에 따른 기업의 재구조화

경쟁은 기업으로 하여금 고객의 새로운 욕구를 파악하여 충족시키도록 동기화하는 작용을 한다. 기업은 끊임없이 경쟁상대와 승부방법을 전략적으로 연구하면서 기업 운영의 재구조화를 추진한다. 재구조화 과정을 통해 기업은 제품의 질을 개선하고, 비용을 줄이고, 신속하게 고객의 욕구에 부응하기도 한다. 그러나 기업이 재구조화를 단행할 때마다 사회에 중대한 영향을 미친다. 이 영향이 근로자와 사회에 긍정적인 방향으로 나아갈 수도 있지만 때로는 공장들이 문을 닫을 수 있고, 근로자들이 해고당하기도 한다. 경제상황이 어려워지면 기업의 사회에 대한 지원과 기부는 축소된다. 반면 자살, 알코올중독, 정신질환, 아동학대, 가정폭력, 가족해체 등의 사회문제는 증가한다. 이러한 상황이 악순환되면서 기업과 사회는 최악의 상황으로 빠지게 된다.

따라서 기업의 활동을 통해서 부정적인 영향을 극소화하고 긍정적인 기여를 극대화할 수 있는 방향으로의 전략수립이 요구된다. 이러한 방식의 기업 전략은 경영진의 태도와 의식의 변화를 요구한다. 이는 근로자, 고객, 사람을 최우선으로 하는 태도를 필요로 한다. 기업과 사회와의 관계는 언제나 역동적인 관계이다. 최근 그 관계는 매우 급속하게 변하고 있으며 앞으로도 최소한 수십 년 간은 지속될 전망이다. 성공적인 기업 전략은 사회에서 긍정적인 역할을 지속적으로 수행할 수 있는 방향으로 재구조화하는 것이다.

(2) 윤리적 기대와 대중의 가치

위에서 언급한 바와 같이 현대사회는 기업이 경제적 성과와 윤리성을 동시에 중요시할 것을 요구한다. 현대사회에서 윤리적 기대는 기업환경의 중요한 부분이다. 대중은 기업이 윤리적일 것을 기대하며, 기업이 의사결정 과정에서 윤리적 원칙을 준수할 것을 요구한다. 기업이 정당성을 갖고 대중의 신뢰를 얻기 위해서는 높은 경제적 성과와 동시에 윤리적 기준을 달성해야 한다. OECD국가 중 29개국은 국제 거래에서 외국 공무원에게 뇌물공여를 금지하는 조약에 서명하였다. UN에서도 세계 기업들이 사업하는 곳에서 기본적 윤리수칙을 지킬 것을 선언하기도 하였다. 기업이 제품에 있어 고객의 욕구를 충족시키려고 노력하듯이 윤리적 행동에 있어서도 대중의 기대를 충족시키려는 자세가 요구된다.

그러나 윤리적 기준은 사회마다, 시대에 따라 달라지기도 한다. 과거에 수용되었던 기준이 오늘날에는 받아들여질 수 없는 경우가 많다. 따라서 기업은 최근 사회에서 이슈가 되고 있는 윤리적 문제에 민감할 필요가 있다. 현재에는 다양한 윤리적 기준들이 있지만 인권문제가 점차 중요한 이슈가 되고 있다. 남아공의 인종차별문제가 이슈되었을 때 기업들은 그 나라 정부에 차별정책을 철회할 것을 강력하게 요구한 예도 있다. 우리나라 또한 장애인과 여성 등 사회적 약자를 위한 기업 사회공헌활동이 인권보호의 관점에서 전개될 필요가 있다.

(3) 시민사회와 정부의 역할변화

시민사회의 도래와 함께 정부의 역할이 급속도로 변화되고 있다. 서구 사회에서는 1970년대부터 오일쇼크와 함께 이미 개혁의 바람이 불었다. 정치지도자들에 대한 신뢰가 약화되면서 정부의 정책과 행정에 시민의 영향력이 커지고 있다. 이와 함께 사회복지 분야에서도 복지의 실천 주체를 정부로 집중시키는 대신 협동적인 시민참여를 통해 정부를 포함한 전 사회로 분산시키는 복지사회(welfare society)의 개념이 등장하고 있다. 복지사회에서는 시민들의 삶의 질 확대를 위해 정부의 책임과 함께 시민의 참여와 역할이 강조된다.

이러한 정치적 변화의 핵심은 탈규제화와 민영화이다. 1990년대 동유럽, 남미, 아시아권 국가들에서도 개방과 개혁은 급물살을 탔다. 그 결과 기업과 정부의 역할에 대한 재정립이 요구되고 있다. 그러나 냉전의 종식이 완전한 평화를 의미하는 것은 아니다. 이데올로기의 갈등은 완화되었지만 국가 간의 갈등은 여전하고, 대부분의 사회에서 가난한 자와 부유한 자의 격차는 심해지고 있으며, 정부에 대한 시민들의 거리시위는 늘어 가고, 노사 간의 갈등도 심화되고 있다.

우리나라에서도 지금과 같은 경제난과 함께 빈익빈 부익부 현상이 지속될 경우 소외계층의 인간존엄성 훼손과 함께 노사 간 신뢰의 파괴, 계층 간의 갈등고조 등 경제사회가 감당할 수 없는 사회적 비용이 초래될 수 있다. 특히 상대적 박탈감과 함께 자포자기형의 사람들이 증가하고 있는데, 이들의 사회에 대한 분노가 고조되어 불특정 다수를 대상으로 하는 자폭행위를 할 경우 이러한 불특정 다수를 향한 사회 보복은 전체사회를 혼란에 빠뜨리는 상황을 가져올 수 있다. 따라서 사회발전 과정에서 발생하는 소득분배의 악화, 만성적 고실업 구조의 등장, 노사관계의 불안정, 절대 빈곤인구의 급속한 증가, 소득계층 간 사회적 양극화 등 사회갈등이 확대되는 추세를 극복하기 위한 대안으로서 더불어 사는 '복지사회'라는 새로운 패러다임을 구축해야 한다. 이는 김대중 정부의 생산적 복지, 노무현 정부가 강조한 참여복지, 이명박 정부의 일자리창출복지 등과 같이 맥을 같이하고 있는데, 정부는 소외계층에 대한 기초생활보장 기반을 공고히 하고, 동시에 기업과 종교계의 적극적인 참여를 통해 사회복지의 효과성을 높이고 저변확대를 꾀해야 한다.

이러한 맥락에서 1990년대 이후 우리나라 기업들도 기업윤리와 사회적 책임에 대한 관심이 증가하고 있다. 20세기 후반 이후, 세계화와 정보통신의 발달과 함께 전 세계적으로 기업은 자유로운 경제활동을 통해 그 활동범위와 영향력이 확대되고 있다. 우리나라도 마찬가지로 기업의 영향력이 경제적인 측면뿐만 아니라 정치・문화・교육 등 사회 전반적인 분야에 영향력을 행사하고 있다. 기업의 영향력 확대와 함께 시민사회의 기업에 대한 감시와 견제의 기능은 강화되고 있으며, 기업경영의 투명성과 사회적 책임에 대한 요구가 높아지고 있다. 이러한 사회적 환경변화와 사회적 요구에 기업들은 적극적으로 대처하기 위한 윤리경영, 사회적 책임에 대한 공감대와 사회공헌활동이 전 세계적으로 점차 확대되고 있다. 그러나 기업은 이윤추구라는 본래의 목적달성 없이는 존재할 수 없기 때문에 어떻게 하면 기업 본래의 활동과 사회적 요구를 동시에 해결할 수 있을 것인지가 주요 과제일 것이다.

(4) 기업의 사회적 책임에 대한 국제적 표준 ISO 26000

전 세계의 조직과 이해관계자는 사회적으로 책임 있는 행동에 대한 필요성을 점점 더 인식하게 되었다. 사회적 책임의 목적은 지속가능 발전에 공헌하는 것이다. 조직이 운영되고 있는 사회와 환경에 미치는 영향과 관련된 조직의 성과는 조직의 성과 전반에 효과적으로 운영을 지속할 수 있는 능력을 측정하는 중대한 요소가 되었다.

ISO는 전 세계 모든 지역의 크고 작은 국가, 선진국, 개발도상국 등 163개 국가표준기구로 구성되어 있다. 18,400종 이상의 ISO 표준은 산업계, 정부, 사회에 지속가능 발전의 세 가지 영역인 경제・환경・사회에 실질적인 도구를 제공한다. 이러한 도구를 제공함으로써 조직이 지속가능 발전에 기여하도록 돕고 사회적 책임을 위한 다른 제도와 이니셔티브를 대신하는 것이 아니라 보완하는 것을 목적으로 한다.

조직이 지속가능 발전에 기여하도록 돕는 것을 목적으로 하며 법 준수가 조직의 근본적 의무이고 사회적 책임의 필수 요소라는 것을 인지하면서, 법 준수 이상의 활동을 하도록 권장하고 사회적 책임에 대한 전반적인 지침을 제공하기 위해 개발된 것이 바로 사회적 책임에 대한 지침(Guidance on social responsibility) ISO 26000이다.

이는 기업의 규모, 업종, 소재지와 무관하게 모든 형태의 조직에 적용됨을 원칙으로 하며 그 주요 내용은 〈표 10-1〉과 같다.

▮표 10-1▮ ISO 26000의 주요 내용

핵심주제와 쟁점	내용해설
핵심주제: 조직 거버넌스	사회적 책임 원칙을 존중하고 이를 기존의 시스템, 정책과 관행에 통합하는 활동
핵심주제: 인권 쟁점 1: 실사 쟁점 2: 인권 위험 상황 쟁점 3: 공모 회피 쟁점 4: 고충처리 쟁점 5: 차별과 취약 그룹 쟁점 6: 시민권과 정치적 권리 쟁점 7: 경제, 사회 및 문화적 권리 쟁점 8: 근로에서의 근본 원칙과 권리	조직 내와 조직의 영향권 내의 인권을 존중하고 보호하며 준수하며 실현하는 활동
핵심주제: 노동관행 쟁점 1: 고용과 고용관계 쟁점 2: 근로조건과 사회적 보호 쟁점 3: 사회적 대화 쟁점 4: 근로에서의 보건과 안전 쟁점 5: 직장에서의 인간 개발과 훈련	조직 내와 협력업체를 대상으로 근로자의 노동환경에 영향을 미치는 정책과 관행
핵심주제: 환경 쟁점 1: 오염방지 쟁점 2: 지속가능한 자원 이용 쟁점 3: 기후 변화 완화와 적응 쟁점 4: 환경보호, 생물의 다양성 및 자연 서식지 복원	환경에 미치는 조직의 영향을 줄이기 위해 조직의 결정과 활동의 의미를 고려하여 통합적으로 접근하는 활동
핵심주제: 공정운영관행 쟁점 1: 반부패 쟁점 2: 책임 있는 정치 참여 쟁점 3: 공정 경쟁 쟁점 4: 가치사슬 내에서의 사회적 책임 촉진 쟁점 5: 재산권 존중	조직과 파트너, 공급자 등 조직과 타 조직 간 거래의 윤리적 행동에 관심을 두는 활동

핵심주제: 소비자 이슈 쟁점 1: 공정마케팅, 사실적이고 편파적이지 않은 정보, 공정계약관행 쟁점 2: 소비자의 보건과 안전보호 쟁점 3: 지속가능 소비 쟁점 4: 소비자서비스, 지원, 불만과 분쟁 해결 쟁점 5: 소비자데이터보호와 프라이버시 쟁점 6: 필수 서비스에 대한 접근 쟁점 7: 교육과 인식	소비자교육, 공정하고 투명한 마케팅 정보와 계약, 지속가능 소비 촉진 등 소비자권리보호 활동
핵심주제: 지역사회의 참여와 발전 쟁점 1: 지역사회 참여 쟁점 2: 교육과 문화 쟁점 3: 고용창출과 기능개발 쟁점 4: 기술개발과 접근성 쟁점 5: 부와 소득창출 쟁점 6: 보건 쟁점 7: 사회적 투자	지역사회의 권리를 인식하고 존중하며 그 자원과 기회를 극대화하려고 노력하는 활동

사실상 ISO 26000은 기업의 사회적 책임 전반을 다주고 있으며, 이중 기업의 사회공헌활동과 직접 관련되는 이슈는 '지역사회의 참여와 발전' 주제의 일곱 가지 쟁점에 해당된다고 볼 수 있다.

2 기업 사회공헌활동의 이론적 배경 및 의의

1) 기업 사회공헌활동의 이론적 모델

기업의 사회공헌활동에 참여하는 이론적 근거를 기업의 사회적 책임을 강조하는 기업시민론과 이윤추구를 목적으로 하는 기업경영전략론으로 접근하기도 하지만, 최근의 미국을 중심으로 논의되는 기업 사회공헌활동의 이론적 모델은 크게 신고전주의적

/기업생산모델, 윤리적/이타주의적 모델, 정치적 모델, 이해당사자 모델의 네 가지로 제시되고 있다. 이외 신경제시대의 사회공헌을 설명하는 지역사회투자(Corporate Community Investment: CCI)모델이 있다(곽대석, 1999).

(1) 신고전주의적/기업생산모델(Neoclassical/Corporate Productive Model)

기업의 사회공헌활동의 기본적인 목적은 이윤을 남기기 위한 것이기 때문에 사회를 위한 공헌활동의 성공 여부를 기업의 생산성이 증가하고 재무구조가 개선되는 것에 달려 있다는 관점이다.

기업은 적은 돈으로 보다 큰 효과를 가져다 주고 고객인 일반 대중으로부터 '좋은 기업시민의식'으로 평판받거나 경쟁사들로부터 차별화된 활동으로 자원봉사와 같은 사회공헌활동을 사용하는데, '계몽된 자기이익(enlightened self-interest)'으로서 전략적으로 활용되거나 기업경영의 핵심기능의 하나로 사회공헌활동을 선택한다. 즉, 신고전주의 모델은 '기업의 사회공헌활동도 다른 활동과 마찬가지로 이윤과 생산성 향상에 기여해야 한다'는 것이다.

(2) 윤리적/이타주의적 모델(The Ethical/Altruistic Model)

기업은 사회에 대한 선한 일을 하기 위해 기업가가 활용할 수 있는 경제적・재정적 이윤이나 잉여물을 창출한다는 가정에 기반을 두고 있다. 기업과 기업이 속한 사회는 상호의존적이며, 경영자의 입장에서는 기업의 이윤과 직접적으로 관련되지 않는 자선적인 목적(charitable goals)을 추구할 수 있다는 것이다. 이 관점은 기업도 하나의 시민(corporate citizenship)이고 기업가는 박애적인 활동을 기업경영 전략에 접목시킴으로써 책임경영과 이윤을 창출하는 사회적 지도자의 역할을 수행한다고 주장한다. 즉 기업은 경제활동을 할 때 이타주의에 근거해 이윤추구보다는 사회의 구성원으로서의 역할에 강조하는 모델로서 '기업가가 사회의 전반적 가치나 윤리, 도덕적 기준에 따라 기업의 잉여를 배당하는 것은 자유이다.'라는 입장으로 대변하고 있다.

(3) 정치적 모델(The Political Model)

정치적 모델이 제시하는 기업 사회공헌활동의 기본적인 동기는 정부의 권한이 지나치게 성장하는 것에 대한 하나의 대안으로 민간기업의 주도권을 확보하자는 것이다. 자유경쟁체제에 대한 정부의 간섭을 견제하고 제한함으로써 기업의 권력과 자율성을 보존하자는 것이다. 결국 정치적 모델에 의하면 기업은 경제적 권력을 정당화하거나 보호하기 위해 사회공헌활동에 참여하며, 특히 기업에게 불리한 정책결정이나 일반 시민의 부정적인 여론에 의해 타격을 받을 수 있는 경우에는 기업 스스로가 선한 기업임을 입증하기 위해 외부에 대한 자금지원을 강화하고 비영리조직과 건강한 관계를 유지한다는 것이다. 이와 같이 기업이 단지 이윤만을 추구하는 존재가 아니라 사회에 봉사한다는 인식을 심어 줌으로써 이윤추구를 정당화할 수 있으며, 기업은 독점이윤을 바탕으로 초과이윤이 실현되는 범위 내에서 사회공헌활동을 하게 된다.

이런 관점에서 기업은 정치적인 자금지원도 최악을 대비하는 장기적인 전략으로 해석될 수 있으며 정치적 모델은 권력의 유지와 증진, 관계수립 및 강화, 상호 간의 의견일치를 이끌어 내는 데 타협과 상호이익 원칙을 강조한다. 이 모델이 제시하는 사회공헌활동은 이윤에 의해서 동기화되거나 '사회적 선(social good)' 그 자체에 의하여 동기화되기보다는 기업이 활동되는 환경에서 스스로의 지위를 확고히 하려는 기업의 욕구에 의해서 동기화되는 것으로, 이 같은 목적을 위해 기업은 기업의 본질이 이윤추구임을 표면적으로 노출하지 않고 사회공헌활동에 임하게 된다.

(4) 이해당사자 모델(The Stakeholder Model)

과거의 기업 책임이란 주주에게 이익을 돌려주는 것을 뜻하였으나, 현재는 폭넓은 이해관계자에 대한 배려가 필요하게 되었다. 이때 이해관계자란 주주, 종업원, 고객, 일반 시민 그리고 지역사회를 포함하는 넓은 의미로서 서로 영향을 주기도 하고 받기도 하는 복잡한 실체들이다.

이해당사자들은 기업과의 이해관계가 서로 다르고 기업에 대한 영향력도 각각 다르기 때문에 사실상 기업을 경영하는 것은 다양한 욕구와 이해관계를 가진 당사자를 경영하는 것이다. 기업이 사회로부터 자원 사용을 수탁받았다는 입장에서 기업의 사회공헌활동은 여러 이해당사자의 이익이 서로 다른 상황에서도 하나의 분명한 목적을 가진 기업경영자의 의지에 의해 좌우될 수 있다는 것이다. 이는 기업의 사회적 공헌활동을 가장 종합적으로 이해할 수 있는 모델로서 가장 무정형의 개념적 틀이라고 할 수 있다.

(5) 지역사회투자(Corporate Community Investment: CCI)

세계화(Globalization)와 IT혁명을 시대적 특징으로 하는 '신경제(New Economy)'시대의 기업의 사회공헌을 설명하는 모델로, 글로벌 차원에서 '윤리경영'을 추진 중인 OECD, ILO 등의 국제기구들이 제시하는 이론이며 지역사회를 기업의 '이해관계자'로 본다.

세계화와 IT혁명은 많은 고객들로 하여금 보다 많은 정보를 쉽고 빠르게 입수해서 사회적 책임을 수행하는 기업의 '윤리적 브랜드(ethical brand)'를 선택하도록 고객의 구매결정을 유도하는 강한 경향을 가짐에 따라 신경제시대가 요청하는 기업의 새로운 사회공헌의 모습은 고객의 '윤리적 소비의식' 추이에 주목한다.

기업은 고용과 세금납부를 통해 지역사회 경제에 크게 기여하는 한편, 지역주민의 세금으로 지원되는 공장 등 부지의 면세 혜택 및 각종 정부지원을 받고 지역 노동력에 크게 의존하고 있다. 임직원이 지역사회 회원이라는 점, 지역주민에게 재화와 서비스를 판매하고 영리활동을 하고 있다는 점에서도 기업은 지역사회를 이해관계자로 보고 적극적인 관심을 가지게 된다. 국제노동기구(ILO)의 최근 보고서는 '지역사회투자' 모델의 중요성을 기업이 지역사회에 기여하는 영향과 지역사회가 기업에 기여하는 영향으로 구분하며, 양자의 상호호혜적 파트너십에서 지역사회투자 모델이 실행될 수 있다고 지적한다(전국경제인연합회, 2003).

지역사회투자 모델은 기업의 사회공헌이 기업과 지역사회 양자의 상호호혜적 관계로 발전될 수 있을 때 가장 의미가 있고, 특히 고객인 시민들의 호응과 지지를 끌어낼 수 있다는 시각의 변화를 반영한 것이다. 관리 측면에서는 전문경영인(enterpreneur)의 통합적인 컨설턴트가 주도적이며, 과거의 수동적이고 선별적인 호응 방식이 기업의 주도적인 비즈니스 투자로 바뀌면서 1회성, 일시적인 사회공헌이 아니라 중장기, 지속적인 투자사업으로 추진되는 경향이 있다.

2) 기업 사회공헌활동의 의의

기업의 사회공헌활동이 기업 가치에 미치는 영향은 여러 연구조사를 통해 다음과 같이 긍정적으로 나타나고 있다(신헌철, 2002).

(1) 재정상의 혜택

1999년 하버드 대학에서 미국의 대기업을 대상으로 실시한 조사 결과에 따르면 사회적인 요구와 주주의 이해를 조화시킨 회사의 경우, 주주의 이익에만 치중한 회사에 비해 4배의 성장률과 8배의 고용성장률을 보여 주었다. 국내에서도 연세대 경영학과 박헌준 교수가 295개 한국 상장 8개 제조업체를 조사연구한 결과, 기업의 기부행위는 총자산 순이익률, 경제적 부가가치, 유동비율 각각에 대해 정(+)의 영향을 미치는 반면, 부채비율에 대해서는 부(-)의 영향을 미치는 것으로 나타났다.

(2) 브랜드 이미지와 평판의 향상

사회공헌활동을 하는 기업은 고객들로부터도 좋은 평판을 받을 뿐 아니라 기업들 사이에서의 평판도 향상되어 투자자나 사업파트너를 유치하는 데 보다 유리한 것으로 나타났다. 2001년 Walker Information 조사(National Philanthropy Benchmark Study)에 의하면 기업의 사회공헌활동을 높이 평가하는 고객 중 92.8%가 그 회사가 좋은 평판을 갖고 있다고 답하였으며, 국내에서도 전경련의 사회공헌활동 조사 결과 일반인의

92%가 사회공헌 참여기업에 호감을 느낀다고 대답했다.

(3) 판매증대와 고객충성도

많은 연구에서 사회적으로 책임을 다하는 기업의 제품이나 서비스의 시장이 확대되고 매출도 증대되어 왔다는 점을 제시하고 있다. 1999년 Cone/Roper Cause Trends Report에 따르면 가격과 품질이 같다면 76%의 고객들은 사회적으로 좋은 일을 하는 브랜드로 바꿀 것이라고 답했으며, 약 58%가 공익 후원 기업에 대해 호의적으로 반응했다. 2001년 Walker Information이 실시한 연구에 따르면 사회공헌을 잘하고 있다고 생각하는 기업의 고객 중 46%가 그 회사에 대해 매우 충성도가 높은 것으로 나타난 반면 사회공헌활동에 대해 낮은 평가를 주는 고객 중에서는 15%만이 충성도를 보였다. 국내에서도 2001년 전경련의 기업 사회공헌에 대한 일반인의 인식조사에 따르면, 80%가 사회공헌활동을 기업의 도덕적 의무라고 인식하고 있는 것으로 나타났다.

(4) 우수인력 확보와 직원충성도 향상

기업의 사회공헌활동은 우수인력의 유입과 유지에 기여한다. 취업을 앞둔 청년들이 기업을 사전조사하는 경우에 해당 기업의 사회공헌활동에 대한 내용을 가장 많이 서치(Search)한다는 한 취업포털의 설문 결과에 따라 기업들은 홈페이지 내에 사회공헌 관련 내용을 메인 메뉴에 소개하는 것이 최근 일반화된 경향이다.

3 기업 사회공헌활동 방법과 최근 동향

1) 기업 사회공헌활동 방법

기업에 대한 사회공헌활동은 크게 두 가지로 구분할 수 있다(한동우 외, 2003). 기업의 직접기부 형태와 기업이 출연하는 재원을 바탕으로 재단을 설립하여 사회공헌활동을 수행하는 형태가 그것인데 최근에는 사회공헌을 수행하고자 하는 사업의 전문기관에 위탁하거나 사회복지 전문기관, NGO나 NPO 기관 등과 파트너십을 통해 공동 사업으로 추진하는 형태로 활성화되어 가고 있다.

(1) 기업의 직접기부

기업이 공식적으로 지원금을 모집하는 것을 목적으로 하는 기업재단이나 독립재단, 지역사회재단(community)등과 같은 기관에 지원을 하는 것이 아니라 공익활동에 현금을 직접 지원하거나 비영리단체를 직접 지원하는 형태를 말한다. 기업이 사회공헌을 직접적으로 기부하는 것은 1970년대 이후 기업 재단에 대한 사회적인 부정적 인식과 재단 설립에 관한 법률이 강화되고, 사회공헌 아이템의 폭이 넓어지고 다양해지는 반면, 재단의 목적 사업만을 수행해야 하는 한계 때문에 등장한 대안적인 형태이다. 사회활동에 대한 현금을 직접 지원하는 형태, 장비나 사무실을 지원하는 형태, 소속직원의 직접적인 자원봉사로 지원하는 형태 등으로 이루어진다. 이러한 직접기부는 크게 물적기부와 인적기부로 분류된다.

① 물적기부

기업이 특정한 지역이나 특정한 활동, 예컨대 보건이나 교육 등의 분야에서 활동하는 비영리단체에 기금을 직접 제공하거나 기업의 생산품이나 장비들을 기부하는 경우 등을 말한다. 기업이 비영리단체에 다양한 자원을 제공하는 데에는 기금 제공, 기업의 상품 제공, 기업이 더 이상 사용하지 않는 제품과 장비의 제공, 혹은 이벤트를 위한 시설을 대여하여 주거나 비영리단체에 사무실 공간을 무상으로 제공해 주는 등 다양하다.

② 인적기부

임직원들로 하여금 비영리단체의 프로그램에 직접 참여하여 자원봉사하는 형태 등을 말한다. 이러한 인적기부를 통하여 기업 이미지를 높일 수 있을 뿐 아니라 임직원의 사기나 기업에 대한 충성심을 높일 수 있다. 이러한 이유로 임직원의 자원봉사를 승진을 위한 심사나 인사고과의 주요한 항목으로 제도화하는 기업들이 늘어나고 있다.

이외에도 기업의 기부 형태를 Drumwright와 Murphy는 열 가지로 제안하는데, 시장 내에서 기업의 연속적인 사회적 목표 지향성에 따라 더 세부적으로 구분하여 기부, 스폰서십, 사회적 영역 내에서의 기업홍보, CRM(Cause-Related Marketing), 사회적 연대, 기업자원봉사, 전략적 기업자원봉사, 그리고 기업 등의 형태로 분류한다.

(2) 재단을 통한 사회공헌활동

① 독립재단(Independent foundation)

한 사람이나 몇 사람의 기부자가 헌납한 최초의 출연금에 의해 설립되어 지속적으로 그 기부자나 기부자의 후손에게서 기부를 받아 활동하는 형태의 재단을 말한다. 독립재단은 기부자 개인의 사적인 재산으로 시작되었기 때문에 기부자의 개인적 성향이나 이념에 따라서 재단의 사업내용이 영향을 받는다. 하지만 독립재단의 재정운영 및 사업내용의 선정이 기부자의 모기업의 경영실적이나 이해관계에 영향을 받지는 않는다. 대체적으로 기업의 소유주나 최고경영자가 자신의 사재로 설립하는 재단의 형태로서 록펠러재단이나 포드재단이 이 범주에 속한다고 할 수 있다. 가장 근래의 컴퓨터 재벌인 빌 게이츠가 만든 빌 게이츠-멜린더 부부재단이나 미디어 재벌 테드터너가 만든 재단이 여기에 속한다.

② 기업출연재단(Company sponsored foundation)

기업재단은 기업이 사회적 책임을 인식해서 기업의 사회공헌활동을 조직화하기 위하여 기업이 재단을 설립하는 형태이다. 기업재단은 일반적으로 기부금을 내는 모기업과 긴밀한 관계를 유지하고 연간 이윤에 기초해서 해마다 또는 정기적으로 기업으로부터 기부금을 받는다.

기업재단은 1900년대 이후 미국의 경우 거대기업의 초대 창업주들이 퇴임하고, 기업의 소유와 경영이 분리되면서 나타난 재단의 형태로, 기업의 창업주가 아닌 전문 경영인들이 등장하면서 기업의 자선활동을 위한 필요에 의해 설립된 형태이다.

자본주의가 발전할수록 기업이 사회문제 해결을 위하여 노력할 것이 요구되고 기업의 사회적 책임은 강조됨에 따라, 이러한 사회 분위기 속에서 진보적인 기업의 최고경영자들은 사회공헌활동을 통한 사회적 발전과 기업의 성장이 호혜적인 관계를 가지고 있다는 것을 인식하게 되었다. 또한 1950년대 미국에서는 조세정책의 변화로 기업의 기부활동에 대한 규제가 없어지고, 기부활동에 대한 면세조치가 취해지면서 기업재단이 설립될 수 있는 제도적 여건이 마련됨에 따라, 1960년대 미국의 많은 기업들이 기업 내에 자선재단을 설립하게 되었다.

이러한 관점에서 기업재단의 이사회나 직원은 대개 모기업에 있는 임직원이나 관계되는 사람들로 충원되고, 이들이 지원하는 사업은 기업의 이해관계를 반영하며 모기업이 기반하고 있는 지역을 주 대상으로 하는 경우가 대부분이다.

(3) 공익연계 마케팅(Cause Related Marketing: CRM)

기업 사회공헌활동의 한 방법으로 활용되고 있는 것이 바로 공익연계 마케팅(Cause Related Marketing)이다. 이는 영리조직이 비영리시장에 참여하는 방법으로 기업 자신이 비영리조직이나 비영리적인 활동을 하는 것이 분명 기업의 경영 이익에 직접적인 영향을 미친다는 확신을 갖는 것에서부터 출발한 것이다.

이는 분명 기업의 새로운 마케팅 영역이기는 하나, 기업이나 비영리조직 모두 관계형성에 있어서 반드시 염두에 두어야 하는 몇 가지 고려사항이 존재한다. 먼저 공익연계 마케팅은 기업과 비영리조직에게 많은 이익과 위험을 동시에 발생할 수 있기 때문에 비영리조직은 파트너로서 협력하기 전에 심사숙고함은 물론, 기업과 비영리조직이 함께 일하는 방법과 정서가 달라 상호 간에 합의하기 어렵거나 어려움에 빠질 수 있는 상황이 발생할 수도 있다는 것을 염두에 두어야 한다.

CRM마케팅은 기업과 모금기관의 공동의 이익을 위해 동시에 프로모션을 하는 모금 방법으로 기업도 비영리조직도 대의명분을 지녔다고 하여 대의명분 마케팅이라고 말하기도 한다.

지금까지 알려진 바로는 CRM마케팅은 미국의 아메리칸익스프레스 카드사의 자유의 여신상 복구 기금 마련 활동에서 유래되었다고 하는 것이 일반적이다. 우리나라에서도 1995년 삼성전자가 '작은 나눔 큰사랑' 운동(전자제품을 구매하면서 소비자가 기부하고자 하는 사회복지기관이나 시설에 구내 금액의 1%를 기부하는 방식)을, 같은 시기 주류업체인 금복주에서는 '독도 소주'를 시판하면서 판매 수익금을 독도 환경보호에 쓰겠다고 제품에 명시하여 CRM마케팅의 시대를 열었다.

이들 모두 현재까지 지속되는 활동은 아니지만, 최근 들어서는 금융권의 기부상품, 사회복지공동모금회 등 단체 및 기관이 주도하여 전개하는 착한가게 등의 공동 사업매장을 지정하여 수익과 기부를 병행하는 영업활동을 하고 있는 사업장이 확대되고 있다.

여기서 CRM마케팅이 성공하기 위한 주요 체크 포인트를 살펴보면 첫째, 잠재적인 파트너들을 발굴하기 위해 board members와 지역사회 지지자들을 활용하고, 둘째, 중요한 상호관계가 있는 파트너를 선택한다. 예를 들어 코닥의 kidCareID(사진식별시스템)은 미아를 찾는 공익활동에 기업의 기술력을 활용하는 차원으로 출발하였다. 셋째, 파트너와 기본적인 미션을 공유할 수 있는지를 평가하고, 넷째, 관계된 기업의 욕구와 필요성을 확실하게 설정한다. 즉 비영리의 마케팅 담당자는 공익연계 마케팅 개발 요소와 기업의 이익을 적절하게 매칭하는 방법에 대해 고민해야 한다.

다섯째, 기업에 연락하기 전 프로젝트는 얼마나 혁신적인가?, 가치를 추구할 수 있는가?, 필요한 자원 수준은 무엇인가?, 프로젝트의 비영리적 단체의 조직적인 계획과 품질은 어떠한가?, 어떻게 그들은 그들의 성공을 평가할 것이고 보고할 것인가? 등에 대한 답변을 갖고 신중하게 접근해야 한다.

특히 파트너의 역할을 명백하게 규정하고 장기적인 관계를 고려하여 결과에 대해 신중하게 평가하는 자세를 가져야 한다.

CRM마케팅의 패러다임은 'Exxon'사의 청정해역지역 기름유출사건을 계기로 책임(Responsibility)단계에서 기회(Opportunity)단계로, 그리고 사회적인 투자(Social Investment)단계로 발전해 나간다. 특히 Austin의 3단계 관여 경향(자선적 단계, 업무처리적 단계, 통합적 단계) 중 업무처리적 단계로 조직 간의 자원을 교환하기 위하여 특정 모델의 협력관계를 만들어 나가는 단계를 의미한다.

아메리칸익스프레스의 '자유의 여신상 재건 프로그램

- 1983년 아메리칸 익스프레스는 아멕스 카드를 사용할 때마다 1센트 그리고 카드 신규가입을 할 때마다 1달러를 자유의 여신상 재건 프로그램에 기부 하는 공익연계 마케팅을 실시
- 그 결과 이 캠페인 기간 동안 27%의 카드발급 증가와 총 179만 달러의 자유의 여신상 보수기금이 모금되는 놀라운 성과를 보임

에이본의 핑크리본(유방암 퇴치운동)

- 1992년 영국에서 결성, 유방암 치유책과 관련법을 모색하기 위한 사명을 띠고 미국에서 첫 활동을 시작해, 주로 의료혜택을 받지 못하는 빈곤 여성층을 집중 대상으로 한 가장 많이 알려지고 오래된 '윈-윈 사례'
- 온라인 직접 기부, 전국적인 기금모금 행진 등의 활동을 통해 모은 기금은 각 지역사회의 암 치료센터를 비롯해 유방 건강 관련 단체, 조직에 전달
- 유방암 환자들을 위한 의학연구, 검진 및 진단, 병원치료를 위한 기금 전달, 환자와 가족을 위한 서비스를 지원, 예방교육 세미나와 조기치료 프로그램 진행
- 에이본은 립스틱, 펜, 머그잔, 초, 곰 인형, 화장품 케이스, 우산 등의 '핑크리본' 상품들을 10년 넘게 판매하고 있는데 이 상품들의 순이익은 유방암 퇴치 사업 구매가의 50% 이상 기부됨
- 1993년부터 미국 내 60만 곳에 이르는 에이본의 판매처에서 핑크리본 상품 판매로 얻은 수입은 2009년까지 총 6,600만 달러를 넘어섰고, 전 세계에서 모금된 순이익금은 3억 달러 이상

탐스 슈즈의 One for One

- 블레이크 마이코스키라는 미국 청년이 2006년 여름 아르헨티나를 여행하던 중 맨발로 다니다 상피병에 걸린 아이들을 보며 사업 아이템을 구상
- 탐스 슈즈 한 켤레를 구입하면 한 켤레를 기부하는 방식으로 운영
- '신발 없는 하루'와 같은 다양한 공익 캠페인을 통해 2006년과 2007년에는 아르헨티나와 남아프리카 공화국에 총 60,000여 켤레의 신발을 전달, 2010년까지 총 1,000,000 켤레의 신발을 저개발국 어린이에게 전달

출처: 각 기업 홈페이지.

2) 기업 사회공헌활동 현황

최근 기업의 기부활동은 비영리단체에 수익의 일부를 기부하던 전통적인 방식을 넘어 새로운 경향으로 나아가고 있다. 전통적 기부방식에서 기업은 자의든 타의든 현금이나 장비, 토지 등을 기부하는 것이 자사의 사회적 책임을 가늠하는 척도가 되어 왔으며, 이는 대중과의 관계에서 중요한 역할을 해왔다. 또한 전통적 기부방식에서는 최고책임자의 개인적 관심사나 관계에 따라 기업의 기부가 결정되는 경우가 많았다.[1] 그러나 최근 기업의 사회공헌활동은 전략적 사회적 투자모델에 따라 '자선'보다는 '비즈니스'적 기능, 한발 더 나아가 '사회투자', '사회변혁'의 개념으로 재구성되고 있다. 제품판매에 공익을 연결한 공익연계 마케팅, 직원 채용이나 충성도 유지를 위한 수단으로서 임직원 자원봉사, 비영리에 벤처 비즈니스모델을 적용한 벤처자선, 기업의 스폰서십 등이 있다.

(1) 시대별 활동 특성

우리나라의 기업재단은 1939년 (재)경방육영회와 (주)삼양사의 '양영회'를 설립하여 장학사업을 추진해 왔고, 기업의 사회공헌활동은 경제발전이 가속화된 60년대부터 시

1) 재단 설립 당시의 기금출연 형태는 기업인 개인이 사재를 출연하여 설립한 경우가 51.9%로 가장 많았고, 기업출연이 33.3%, 기업인과 기업이 공동 출연한 경우가 14.8%이다.

작되었으나, 생산 최우선과 고용창출을 위한 경제적 기능에 국한되어 오다 70년대 이후 장학재단의 설립과, 준조세 성격의 기부가 시작되면서 늘어나기 시작하였다. 특히 80년대 민주화 목소리가 높아지고 기업에 대한 사회적 비판이 거세지면서 사회복지 증진을 위한 기업복지재단이 속속 설립되었으며 이 시기인 80년부터 90년대까지 25개(28%) 재단이 설립되었고, 90년대 이후에는 기업의 사회공헌에 대한 관심이 매우 높아지고 있다(백선희, 1993). 90년대에 들어서면서는 기부라는 말 대신 기업의 몫을 강조하는 사회공헌이라는 표현이 본격적으로 등장하기 시작했다. 그 뒤 채 10년이 안 되는 사이에 국내 기업의 사회공헌활동은 상당수 기업에서 전담부서나 전담자를 두기 시작하였고, 기업의 사회공헌활동을 컨설팅해 주는 전문기관들까지 나타나 활동하고 있을 정도로 발전하였다.

(2) 기업별 기업의 사회공헌활동 현황

사회공헌활동은 나눔경영이란 이름 아래 'win-win game'으로서 사회적 갈등의 골이 깊어짐에 따라 기업이 이윤추구 외에도 각종 복지활동 확대와 협력사에 대한 지원 강화를 통해 사회적 책임을 다하고 사회통합에도 기여해야 한다는 것이다. 기업들이 사회공헌활동에 앞장서게 되면 '정부의 실패'라고 비판받을 정도로 각종 사회문제에 적절히 대처하지 못하는 정부의 무능력을 보충할 수 있다는 점에서도 그 중요성은 크다고 할 수 있다.

미국의 경우, 존경받는 기업에는 반드시 적극적인 사회공헌활동을 실시하는 기업이 선정된다. 포춘지에 의해 세계에서 가장 존경받는 기업으로 선정된 월마트, GE, 마이크로소프트는 모두 활발한 사회공헌활동으로 유명하다. 월마트는 'Good Works'라는 슬로건 아래 지역사회, 어린이, 교육, 환경 등 네 가지 사회공헌 분야를 정해 실천하고 있다. GE는 '엘펀(Elfun)'이란 세계적인 자원봉사조직이 있는데 엘펀의 회원이 아니면 절대 이 회사의 고위 임원으로 진급할 수 없다고 한다(머니투데이, 2004. 6. 28).

또한 세계적인 경제주간지 〈비즈니스위크*(business week)* 2003년 12월 1일 자에서 미국에서 지난 1999년부터 2003년까지 가장 많은 돈을 사회에 기부한 자선가는 마이크로소프트(MS) 창업주인 빌 게이츠와 멜린다 부부라고 보도했다. 게이츠 부부는 보건, 교육 분야 사업을 지원하는 게이츠재단을 통해 지난 5년간 229억 달러를 기부한 것으로 밝혀졌는데, 보유자산의 54%에 해당하는 금액을 사회에 환원한 것이라 한다. 〈비즈니스위크〉는 미국의 기부문화와 관련, "자선활동에도 기업가 정신이 도입됐다." 고 분석하고, 이제는 임종 때 재산을 남기고 가는 것이 아니라 생전에 '사업하듯' 측정 가능한 성과와 효율성을 따지면서 재단을 운영하는 사람들이 늘고 있다고 논평하였다.

▮표 10-2▮ 미 · 일 · 한 사회공헌활동 발전단계 비교

	미국	일본	한국
~ 1950	• 기업가 개인재단 설립: 카네기(1911) 등 • 기업 기부금 세전이익 5% 인정(1936): 영리사업 관련 기부	• 재벌가 중심의 자선사업: 복지, 의료, 도서관 등: 중앙자선협의회 설립 • 장학재단 및 과학재단	• 소규모 재단 설립 • 자선적 동기에서 출발 • 삼양사 양영회 설립('39): 국내 기업재단 효시
1950 ~ 1970	• 순수기부 법적 인정: A.P.스미스社 판결('52) • 기업공헌활동 본격화: GE재단설립('53) • '보웬'의 '기업가의 사회적책임' 발간('53)	• 기업사회공헌활동 확대: 환경오염 등 반기업적 사회여론에 대한 대응	• 70년대 들어 기업가들이 장학재단 설립하기 시작: 한국고등교육재단('74), 아산재단('77), 대우문화복지재단('77) 등
1980 년대	• 기부금인정한도 10% • 기업사회공헌 폭발적 성장: 6억불('70) → 40억불('83)	• 사회적 비난여론 지속: 지나친 해외투자 등 • 경단련 미국에 사회공헌 조사단 파견('88)	• 사회복지재단 설립 확대: 삼성생명공익재단('82) • 기업출연 기업재단 증가
1990 년대	• 전략적 사회공헌 등장: 구조조정기를 거치며 주주와 타협책으로 등장 • DSJI 지구 구성요소(기업사회공헌활동 채택)	• 사회공헌 선진화 노력: 1%클럽, 사회공헌추진위원회 결성 등	• 90년 중반부터 기업의 사회공헌 체계화 노력: 삼성사회봉사단('95), CJ사회공헌팀('99)
2000 ~	• 해외사회공헌활동확대	• NPO와의 협력 강화	• 사회공헌 선진화 노력

출처: 대한상공회의소 (2007).

국내 기업들 사이에서도 과거처럼 사회공헌활동을 단순히 비용으로 생각하는 것이 아닌 투자로 인식하는 경향이 강해지고 있다. 기업은 사회로부터 이익을 얻으며 그 이익을 사회에 돌려줌으로써 존경받는 기업이 될 때만이 영속성을 보장받을 수 있다는 인식이 확산되고 있는 것이다. 사회공헌활동은 기업의 이미지를 높이고 고객들의 신뢰 구축으로 연결돼 지속적인 제품 구매를 가져오기 때문이다. 앞서 설명했듯이 미국의 경우 사회공헌을 많이 하는 기업이 그렇지 않은 기업에 비해 3~4배 정도 수익률이 높은 것으로 알려지고 있다. 전경련의 조사에서 사회공헌활동이 활발한 기업에게 호감을 갖고 있다는 고객이 90%를 넘고 있다.

기업들은 이제 사회공헌활동을 주된 경영활동의 하나로 인식하고 있으며, 국내 기업들은 소극적인 봉사가 아니라 주된 경영활동의 하나로 인식하고 전략적으로 접근하면서 체계적으로 확대하고 있다.

미국의 기업 사회공헌 촉진위원회
(Committee Encouraging Corporate Philanthropy)

기업의 사회공헌을 촉진하기 위해 경영자 및 기업 사회공헌 전문가들의 유일한 국제포럼이다.

CECP의 임무는 기업 자선의 수준과 품질을 높이고 비즈니스 커뮤니티를 이끄는 것이다. 독자적인 온라인 벤치마킹 도구, 네트워킹 프로그램, 연구, 최적의 공유를 위한 기회를 포함하여 필수적인 요소를 회원 기업에 제공한다.

CECP는 분야가 다른 비즈니스 기능처럼, 개별 기업의 사회공헌 프로그래밍 효율성, 회계적인 책임, 그리고 그 혜택의 폭을 넓히는 방법, 질병의 근절 또는 문맹 퇴치율을 높이는 등의 혁신적인 프로그램을 통해 브랜드 인지도를 높여 나간다.

회원은 최고경영자와 전문가들로 구성된 강력한 네트워크로 비즈니스에서 가장 눈에 띄는 지도자로 구성되며, 지역사회와 전략적 프로그램을 통해 브랜드 인지도를 높이고, 직원 채용과 고객충성도를 향상하면서 긍정적인 비즈니스의 장기적인 성장을 도모하는데 도움을 준다고 자부하고 있다.

출처: http://www.corporatephilanthropy.org

3) 기업 사회공헌활동의 최근 특징

(1) 기업 사회공헌활동 패러다임의 변화

전략적 사회공헌활동의 대두는 사회공헌활동 패러다임의 변화를 의미한다. 해외 선진기업에서는 이미 사회공헌활동과 관련하여 관점, 인식, 역할 및 행동의 전환이 진행 중이다. 기업들이 이러한 패러다임 전환에 대응하기 위해서는 사회공헌활동의 목표, 전략, 운영방법, 사회공헌활동 조직의 성격 변화가 필요하다.

패러다임 전환의 첫 번째 측면은 '관점전환'이다. 기업은 '시장지향적 관점'에서 사회공헌활동에 접근할 수 있다. 즉, 기업과 수혜자를 사회공헌 생태계 내에서 사회공헌 프로그램 제공자와 수혜자의 입장으로 바라봄으로써 문제를 해결하고 가치를 창출할 수 있다.

둘째, '인식전환'이다. 기업은 사회공헌활동을 넓은 의미에서 경영활동의 일부로 인식해야한다. 사업을 통해서 지역사회의 일자리창출을 달성하는 등 사회공헌활동의 목표를 이룰 수 있다. 이와 동시에 브랜드 이미지 제고를 통한 브랜드 가치 상승 등 기업의 경제적 목표도 이룰 수 있다. 따라서 다양한 이해관계자의 요구를 동시에 만족시킬 수 있는 균형감각과 조정역량이 더욱 중요해지고 있다.

셋째, '역할전환'이다. 기업 사회공헌활동에서 기업은 자선을 베푸는 기관(Corporate Philanthropist)에서 '사회투자자(Social Investor)'로 역할이 전환되고 있다. 즉 '주고 기분 좋은 일(Giving, Donating)'에서 사회 변화와 발전을 위해 '사회에 투자하는 일(Investing)'로 기업 사회공헌활동에 대한 개념이 변화하는 것이다. 이로 인해 기업은 사회투자자로서 사회공헌활동에 투자한 것에 상응하는 '유무형의 성과'를 기대하게 되었다. 또한 사회공헌활동을 가장 잘 수행할 수 있는 파트너 기관을 찾아내 긴밀한 사회공헌활동 파트너십, 즉 사회공헌활동 제휴 관계를 구축하여 효과성을 제고하려는 경향이 두드러지게 나타나고 있다. 이를 위해서 기업은 사회공헌활동의 '프로세스, 목표, 성과관리'를 수행하는 추세이다.

넷째, '행동전환'이다. 사회공헌활동에 대한 기업 내부의 관점, 인식, 역할이 전환됨에 따라 사회공헌활동과 연관된 모든 시스템의 운영방법, 행동방침에 변화가 필요하게 되었다. 따라서 글로벌시대에 대응하여 기업 사회공헌활동의 전략 및 방향성을 설정하고 이를 실행에 옮길 수 있도록 경영시스템을 구축해야 한다. 특히, 해외에서 사업을 하는 기업의 경우 사회공헌활동도 글로벌시대에 걸맞게 혁신해야 한다. 선진기업과의 격차를 줄이고 글로벌기업으로서 역할과 책임을 다할 수 있도록 사회공헌활동의 중장기 목표달성을 위한 구체적 실천과제를 수립하고 내부 구성원들의 이해와 실천을 이끌어 내야 한다(전경련, 2010).

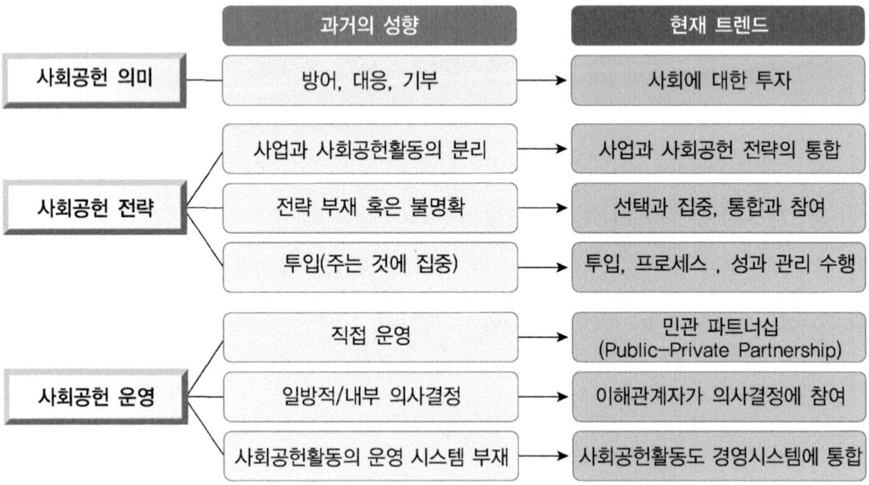

▌그림 10-1▌ 기업 사회공헌활동 패러다임의 변화

출처: 전경련 (2010).

▌표 10-3▌ 업종별 사회공헌활동

분류	회사명	대표사업
보험	교보생명	• 생명과 연계된 미숙아 지원 • 간병인봉사단사업
	대한생명	• 청소년 치료지원: 가정형편이 어려운 불우 청소년 화상 흉터, 문신, 오타모반, 안과질환 등 치료지원

		• 홀트아동복지회 영아들 분유 지원 및 북한 어린이 의약품 및 병동 창호지원 • 정신건강연극제 후원 • 점자달력 무료 배포 • 긴급구호 지원
	삼성생명	• 세살마을 지원사업: 저출산문제 해결을 위한 육아서비스 제공 • 여성가장창업 지원사업 • 이주여성 모국방문 지원사업 • 농어촌 자매결연 지원사업 • 구조견/탐지견센터: 인명구조견 양성소를 설립하여 재해, 재난 및 각종 실종사고에 인명구조견 투입 • 장애인 체육팀지원: 장애인 스포츠 선수에게 장비지원
	현대해상	• 청소년아동: 학교폭력예방, 워킹스쿨(등하교 돕기), 교통안전음악대회, 사투리사랑운동 • 지역사회: 여성운전자교실, 초보맘 119교실, 구세군 성금기부, 사랑의 쌀 기부
	삼성화재	• 교통사고 유자녀 지원사업 • 장애인 지원: 시각장애인 안내견지원, 우수시각장애인 장학금지원, 장애청소년 음악재능캠프, 장애인 인식개선, 장애여성 주방시설 개선사업
	동부화재	• 후원활동: 화재 현장에서 희생된 소방공무원/유가족 후원 • 출산장려금 출연 • 노인지원을 위한 공익기금 조성
통신업	SK텔레콤	• 모바일 미아 장애인, 치매노인 찾기 서비스 • 긴급재난문자정보 서비스
	KT	• KT 소리 찾기: 청각장애 아동 청소년을 위한 인공와우수술 및 재활치료지원, 디지털보청기 제공
식품	CJ	• 푸드뱅크 지원
	농심	• 사랑나눔맛차: 지역아동센터, 보육시설 방문하여 간식제공 및 레크리에이션 진행 • 전국 푸드뱅크 지원
	롯데제과	• 어린이 보육원 신축 기자재 지원 • 푸드뱅크 기부사업
	대상	• 청정원 제품 푸드뱅크 지원 • 순창공장 지역아동 지원

건설업	현대건설	• 사랑나눔-희망도시락으로 결식아동 돕기 • 희망나눔-초록나무 희망나래: 건설재해 유자녀 교육장학사업 및 정서지원
	GS건설	• 지역사회 홀몸 어르신 지원 • 사회복지시설 개보수, 물품지원, 환경미화, 수해복구 등 • 저소득층 대상 김장김치 지원 • 저소득층 가구 주거개선사업: 행정안전부와 연계하여 노후된 슬레이트 지붕을 강철 지붕으로 교체
	대림건설	• 행복나눔: 해비타트와 함께 대구/경북 및 서울의 무주택 서민들에게 집 지어 주기 활동 • 소망나눔: 자활이 필요한 장애인 및 사회적 약자에게 물품과 성금기탁, 수임장학재단 • 문화나눔: 문화 소외계층에게 문화를 향유할 수 있도록 지원
	대우건설	• 사회봉사 • 재난재해/성금: 태풍, 장마, 폭설 등에 의한 피해 시 기부금 전달 및 중장비를 동원한 피해복구, 연말연시 성금모금 및 기부 • 결연: 사회복지시설 시설보수 및 노력봉사
	삼성엔지니어링	• 해외Global거점연계: 현장중심 저소득층 자녀후원, 현지인 교육 및 채용, 미취학 아동대항학교건립 및 교육, 지역주민을 위한 편의시설 제공
운수장비	현대자동차	• 공모사업: 사회복지기관 프로그램 • 이지무브: 교통약자 이동편의 증진사업 • 세이브무브: 교통사고 유자녀 지원, 어린이 교통안전강화 등 교통안전 확립 • 해피무브: 임직원 봉사단 • 아트드림: 소외지역, 소외계층 어린이들에게 문화예술을 접하고 누릴 수 있는 기회 제공 • 현대차미소금융재단 • 화성시 지역아동센터 지원 • 드라이브 포 위시: 난치병 아동지원 • 밥사랑캠페인: 무의탁 노약자, 교통사고 피해자 가정지원 • 현대자동차 천사랑 기금: 직원급여 적립과 매칭그랜트로 사회복지단체 기부
	기아자동차	• 로체원정대: 절대빈곤 및 기아근절 • 키즈오토파크: 어린이 교통안전교육 • 미소금융재단 • 1사 1촌 자매결연 • 사랑의 연탄 나누기: 급여끝전으로 나눔

삼성중공업	• 방과후학교운영 / 결식학생돕기 / 학교폭력예방 • 재해복구지원 / 웰빙공원 조성 • 사랑의쌀독 / 섬마을 사랑 만들기 • 아름다운 경로당 꾸미기 • 거제사랑 페스티발 • 노인건강관련 특강활동 • 1사1촌 • 소년소녀가정 지원/결혼이민자 지원 • 지역사회 자활/자립
대우 조선해양	• 불우이웃돕기 성금 전달 • 사회복지시설 컴퓨터 기증 • 집수리 봉사활동
현대중공업	• 아산사회복지재단 • 사회인프라: 사회복지시설 건립, 울산대학교 병원 건립 • 이웃사랑: 경로당지원, 전통시장활성화 지원, 다문화가정 지원, 헌혈캠페인, 사랑의 기증품 판매전 • 재난구호활동
현대모비스	• 사랑의 헌혈행사 • 해외 법인진출 지역 자원봉사, 후원 • 현대모비스 기금조성 • 아름다운 토요일
현대글로비스	• 사회적 기업 '자연찬' 설립 • 매칭그랜트 실시 • 지역사회봉사활동
두산중공업	• 소외아동, 청소년 지원: 지역아동센터, 아동양육시설, 그룹홈 지원 및 두산 참고서 지원 • 지역밀착형 프로그램: 경남지역 및 웅남동 동민 생활지원 • 글로벌사회공헌: 베트남지역 의료지원 및 파키스탄, 인도네시아 이재민 구호물품 전달, 중국 쓰촨성 지진피해 복구지원, 캄보디아 앙코르와트 정수시설 지원, 인도 및 유럽지역 사회공헌활동
두산인프라코어	• 미래세대를 위한 지원: 전문멘토링, 저소득층 청소년 지원 • 업의특성을 반영한 지원: 긴급구호 시 굴삭기를 통한 재해복구 • 지역사회를 위한 지원: 장애인 돕기, 경로당 지원, 봉사차량 기증, 연탄지원 등

금융	IBK 기업은행	• 치료비 지원: 중소기업 근로자 본인 및 배우자, 미혼의 자녀 희귀난치성질환자 지원 • 장학금 지원: 중소기업 근로자 자녀로서 생활형편이 어렵거나 학업성적이 우수한 자녀 장학금 지원 • 경제교육 및 학술연구활동 지원
	한국 외환은행	• 명동의 낭만, 명랑시장: 이 행사를 통해 사회적 기업 지원 • UN모자보건진흥사업 지원 • 대한적십자사와 헌혈행사 및 국제구호기금 전달 • 은행권 공동 추진사업: 청년 대학생 고금리전환대출 지원 기금 조성, 청소년 금융교육, 은행권 어린이집 설치, BBB Korea 언어문화사업 후원
	우리 금융그룹	• 저소득가정 지원, 무의탁어르신 생활안정 지원, 중고컴퓨터 장애인 기부, 신용회복 지원, 결식아동 지원, 장애청소년 지원, 장애인보장구 지원, 사랑의 집짓기 등
	하나금융 그룹	• 하나더하기: 다문화가정 지원, 노인요양시설/어린이집건립, 어린이청소년 경제교육, 마이크로 크레디트사업 • 하나공익신탁: 투자이익 일부 또는 전부를 공익활동 기부
	신한금융 그룹	• 소외계층 경제적 자립지원 • 신한희망채용박람회를 통한 중소기업 일자리창출 • 신한장학재단을 통한 미래인재 발굴 • 빈곤계층 식료품 지원, 장애인복지 프로그램 및 시스템 지원
	KB금융 그룹	• 청소년: 경제금융교육, 결식아동 돕기, 작은 도서관 건립, 소외지역 청소년 문화지원, 소외계층 청소년 공부방 조성, 지역아동센터 지원 • 노인복지: 급식봉사, 장수 사진촬영, 겨울용품 전달, 실버영화제, 효도여행 등 소외된 어르신 지원 • 전국사회복지시설 차량지원: 경차, 승합차, 휠체어 리프트차
	삼성카드	• 푸른싹 키우기: 아동후원, 청소년 도전골든벨 장학사업 • 희망키우기: 백혈병어린이 돕기, 결식아동, 학대아동 돕기, 빈곤아동 장학사업, 빈곤아동 특기적성 후원
전자 전기	삼성전자	• 시각장애인 컴퓨터 교실 운영 및 경진대회 개최 • 장애대학생 장학사업 '디딤돌 장학회' 운영 • 새내기 사회복지상 시상 및 수상자의 밤 개최 • 사회복지 프로그램 개발사업 • 1사1촌 자매결연 활동

	SK 하이닉스	• 희망배달 아침도시락: 지역 결식아동 지원 • 희망등지 친환경: 지역 소외아동의 보금자리인 공부방 후원/결연사업 추진
	삼성전기	• 풀뿌리봉사활동: 임직원 봉사팀과 러브펀드 후원금으로 어려운 이웃 돕기 • 꿈나무 청소년 지원: 교복지원, 저소득가정 배드민턴 특기자 발굴 육성, 보육시설아동 자립통장 지원, 부산사업장 저소득가정 아동 정서적 지지, 결손가정아동 멘토 장학사업 • 다문화가정 지원: 교육, 문화행사 등 사회통합 프로그램 지원
	LG전자	• 어린이재단을 통해 후원결연 • 청소년: 주니어 과학교실 • 장애인 1:1 방문 PC교육 • 저소득층, 독거노인을 위한 김장 담그기, 헌혈캠페인, 무료급식 지원, 바자회 및 모금행사
공기업	수자원공사	• 효나눔서비스: 효나눔 복지센터 운영, 댐 주변지역 홀몸 어르신, 저소득가정, 장애인가정 가사간병서비스, 사랑나눔 의료봉사 • 소득증대: 일자리나눔 사업, 친환경 농업단지 조성 및 판로 지원 • 사랑의 PC 보내기: 노후화된 PC를 정비하여 취약계층 지원 • 물 공급: 소규모 도서지역 해수담수화시설 공급
	토지 주택공사	• 주거복지향상: 마을형 사회적 기업 설립지원, 저소득가정 아동 멘토링, 공부방 지원, 어린이 급식활동, 합동결혼식 • 사회복지 분야: 취약계층을 위한 소액 금융사업을 위한 LH행복론 운용, 어려운 이웃 식품나눔, 한국해비타트를 통한 취약계층 주거지원 사업, 제3야전군사령부와 함께 참전유공자 집 수리활동, 어린이날 축제지원
	전력공사	• 이웃사랑: 미아 찾기, 사랑의 에너지 나눔 기금(저소득층 전기 제한공급 가구의 체납요금 지원)
	가스공사	• 청소년학교폭력예방 • 월드비전에 매년1억 원 지정 기탁하여 복지시설 지원
	도로공사	• 헌혈뱅크 • 고속도로 교통사고 간병서비스 • 희귀난치병치료사업
	철도공사	• 해피트레인: 사회적 약자 철도여행 지원 • 코레일빌리지: 저소득 계층의 집수리 봉사활동

	KT&G	• 상상펀드: 매칭그랜트로 성금기부활동 • 노인복지: 식생활 지원, 동절기 생활지원, 심리정서 지원 • 아동복지: 재단복지센터 학습지원, 지역아동센터 교육특성화 프로그램 지원, 공휴일 결식아동도시락 지원 • 정착민복지: 다문화가정 나들이/생활지원, 새터민 및 사할린동포 통합지원
철강 금속	포스코	• 사회적 기업설립 • 메세나 • 포스코미소금융 • 다문화가정 지원 • 지역사회 지원: 무료급식소 '나눔의 집', 무료 간병인 지원, 사랑의 공부방, 집 고치기 사업, 장애인 보조기구 지원, 지역마을 자매결연, 의료봉사 및 헌혈, 화재민을 위한 스틸하우스
	현대제철	• 주택에너지 효율화사업: 사업장 인근 저소득층의 주거환경을 개선하는 '희망의 집수리' • 사회적기업 현장 연구자 육성 및 장학사업 • 설·추석 명절선물 나누기 • 전통시장활성화 캠페인 • 헌혈캠페인 • 긴급구호활동
	고려아연	• 종합사회복지사업: 사랑의 도시락, 사랑의 징검다리, 연탄나눔, 북한이탈주민 돕기, 일본지진 돕기, 연평도 위문행사 지원, 조손가정 돕기 등을 통해 소외된 이웃과 나눔 • 아동복지사업: 도서산간지역 생태환경 꾸미기, 도서관 꾸미기 • 불우이웃 지원사업: 희망의 집 짓기, 집 고치기 등 거주지원 • 다문화가정, 미혼모, 장애인 후원
	현대하이스코	• 글로벌사회공헌실천: 공동사업 및 지역친화사업, 캠페인, 이지무브/세이프무브사업 • 사회봉사활동 • 글로벌문화교류사업 시행
유통업	롯데쇼핑	• 해외아동 1대1 결연 후원 • 연탄나눔/주거환경 개선 • 아토피치료비 지원 • 휴먼 네트워크 멘토링
	삼성물산	• 해비타트 • 혼혈아동 지원 • 농촌자매결연활동 • 군부대결연활동: 1975년부터 9공수특전여단 귀성 부대지원

	대우인터내셔널	• 이주민 통역지원센터 설립 및 운영 후원 • 다문화가정 영유아보육센터지원 • 결혼이민여성 친정 식구되어 주기, 홈스쿨 아동들을 위한 영어 교육봉사 • 국내외 긴급재난피해 복구
	SK네트웍스	• 연탄나눔 활동: 상도동, 구룡마을, 창신동, 수원매향동, 북수동 등 전국 SK네트웍스 지사 부근 저소득층 거주지역에 연탄배달 • 스마트, 학생복 후원 – 스마트는 전남 고흥군에 위치한 나로 고등학교, 경남 산청군에 위치한 지리산 고등학교에 학생복 후원 – 대한적십자사를 통해 몽골, 라오스, 카자흐스탄, 베트남, 이란, 방글라데시 등 생활물자가 부족한 국가에 스마트교복을 기증 • 중국 희망소학교 지원: 2008년 12월부터 중국 희망소학교를 방문하여 도서 기증, 생일축하행사 시행. 2009년 3월에는 희망소학교에 1,000권의 도서를 기증했으며 도서관 현판식을 진행
서비스업	SK이노베이션	• 소외계층: 소외아동캠프, 무의탁어르신 나들이, 김장나누기, 연탄나눔, 후원금모금, 제주지역 소외이웃 지원
	NHN	• 재단법인 해피빈: 온라인 기반의 장점을 극대화하여 기부할 수 있도록 기부포탈 운영 • 글로벌나눔활동: 희망학교지원 • 소외계층 고용창출: 고령자에게 일자리를 제공하는 실버IT 사업 진행, 장애인 표준사업장 ㈜엔비전스설립

출처: 정무성 외 (2013).

▮표 10-4▮ 글로벌 기업의 분야별 사회공헌활동

유엔 새 천년 개발 목표	활동 분야
빈곤과 기아 퇴치	글로벌 물류회사 TNT(네덜란드)는 세계식량계획(WEP)과 협조해 아프리카 등에 식량 지원
초등교육의 완전한 보급	인텔, HP, MS는 공동으로 미국 내 '과학, IT, 공학, 수학(STEM)' 교육 지원
양성평등 강화와 여권 신장	웨스턴유니언은 인도 빈곤지역 여아를 대상으로 교육활동을 하는 난디 재단을 지원
영유아 사망률 감소	P&G는 전 세계 아동이 깨끗한 물을 마실 수 있도록 하는 프로그램을 실시
산모 건강 증진	유니레버는 출산 전후 개도룩 여성을 대상으로 건강교육 프로그램을 운영

에이즈, 말라리아 및 각종 질병 퇴치	베링거인겔하임, 로슈 등 7대 제약회사는 개도룩에서 에이즈 치료제 가격을 인하

(2) 공유가치창조 패러다임의 등장(Creative Shared Value)

최근 미국 하버드 경영대학원 Michael Porter 교수가 2011년 1월 〈하버드 비즈니스 리뷰〉(HBR)에 게시한 논문 〈The Big Idea: Creating Shared Value〉에서 '공유가치창조'(Creating Shared Value: CSV)에 대하여 새로운 개념을 제시했다. 이 논문에서 Porter 교수는 "공유가치의 개념은 기업이 기반하고 있는 지역사회의 경제적 그리고 사회적 수준을 발전시키면서 동시에 기업의 경쟁우위를 강화시키는 전략과 사례들로 정의할 수 있다. 공유가치창출은 사회와 경제발전 사이의 연결고리를 인식하고 확장하는 데 초점을 맞추고 있다."라고 하였다. 기업은 이익 자체보다는 기업과 사회의 공유가치를 창출해야 한다고 주장했다.

또한 그는 Milton Friedman의 '기업의 유일한 사회적 책임은 이익 극대화'라는 주장에 반박하며 기업 생태계 내 다양한 이해관계자와 경제적 혜택을 공유함으로써 궁극적으로 기업의 수익과 경쟁력도 제고할 수 있음을 지적했다.

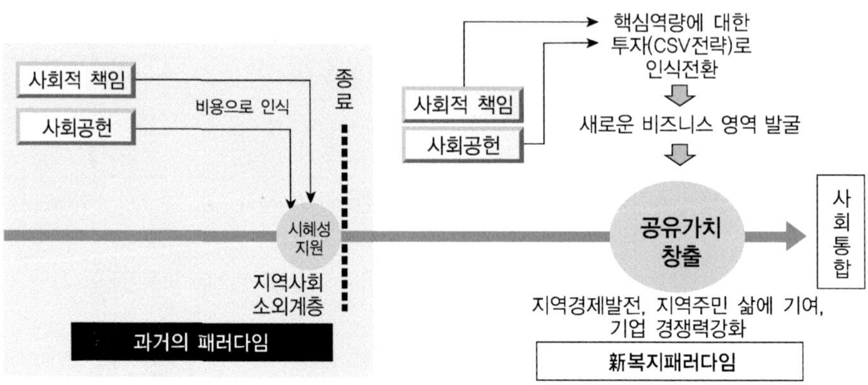

▮그림 10-2▮ 공유가치창출의 패러다임

이러한 CSV의 개념은 특히 한국 기업들로부터 남다른 관심을 받고 있다. CSV는 기업의 중장기 경쟁력 강화와 사회·환경적 목적을 동시에 달성할 수 있는 비즈니스 활동이 가능함을 강조한다. 기업은 사회적 가치와 연결된 기업 가치사슬을 재정의하는 한편, 사회문제 해결과 사회의 지속가능성 기반 강화를 위해 혁신적인 아이디어를 발견해야 한다고 주장한다. 가난한 사람들에게 적정 기술과 제품을 제공해 사회 수요 충족과 신 시장 개척을 이루어 낸 보다폰과 네슬레, 제너럴일렉트릭(GE)의 친환경 사업인 에코매지네이션(Ecomagination) 등을 CSV의 대표적인 사례로 내세운다.

표 10-5 네슬레의 CSV 사례

네슬레	공유가치경영의 모범사례로 평가되는 곳은 스위스의 식음료업체인 네슬레다. 네슬레는 지난 50년간 원유(原乳)를 공급하는 인도 모가 지역에 대한 투자를 아끼지 않았다. 네슬레가 처음 진출할 당시 이 지역은 관개(灌漑) 시설이 제대로 안 돼 있고, 송아지 사망률이 60%나 될 정도로 위생이 취약했다. 네슬레는 이곳에 전문가를 파견해 젖소 관리에 필요한 기술을 전수해 주고, 축산 농가에 대한 자금 지원과 교육에 힘썼다. 그 결과 처음 180곳에 불과하던 원유 공급 농가가 7만5000곳으로 늘었고, 젖소 농가의 우유 생산성도 50배로 증가했다. 인도 전역에서 네슬레 제품 판매가 늘어난 것은 덤이었다. 비용 쥐어짜기를 통한 이윤 극대화보다는 비용을 더 투자하더라도 생산성을 높이는 전략이 유효한 것이다. 캡슐커피를 만드는 네슬레의 네스프레소 사업부도 값싼 커피 원두(原豆)를 찾아 전 세계를 떠돌기보다는 커피 재배 농가의 기술력을 높이는 데 집중했다. 네스프레소는 아프리카와 남미에 기반시설을 갖춘 클러스터를 조성한 후 이곳에 커피 소농가들을 입주시켰다. 입주한 소농가들에 대해서는 고품질의 커피를 재배할 수 있도록 교육을 하고 필요한 자금도 지원했다. 이런 발상의 전환으로 네스프레소는 2000년부터 매년 30%의 경이적인 성장률을 올렸다.

CSV는 CSR보다는 확실히 기업친화적이다. 책임보다는 공유가치라는 용어가 경영자의 부담을 덜어 줄 뿐만 아니라, 사회적 가치창출을 기업의 가치사슬 안에서 이루어 낼 수 있다는 논리를 제공하고 있다. 수익 극대화와 사회적 가치창출 사이에서 고민하던 경영자들의 시름을 덜어준 셈이다(정무성 외, 2013).

4) 기업 사회공헌활동의 인식전환

기업은 사회공헌활동을 통하여 기여한 만큼의 효과를 당연히 기대하는데, 사회에 대한 기여와 함께 기업의 이미지 제고, 우호적인 사회분위기 형성이 그것이다. 하지만 사회공헌활동이 정착된 선진국과 비교해 보면 아직 국내 기업들의 사회공헌활동은 부족한 게 사실이다. 아직도 연말이나 대형재해 때 성금을 기부하는 정도에 그치거나 그마저도 외면하는 기업조차 상당수 있기 때문이다. 아직까지도 국내 기업의 CEO들은 사회공헌활동을 기업 소유주의 과시적 자선이나 사회적 압력에 따른 어쩔 수 없는 행위로 보고 단기간의 성과에 조바심을 내는 경우가 많다. 기업이 보다 효과적인 사회공헌활동을 하기 위해서는 각종 공익단체(NGO, NPO 등)와 파트너십이 필수적인데 "사회공헌의 효과는 단순히 언론 및 이미지 홍보가 아닌 주변 제3자의 자발적 평판이 중요한 효과 기준이 된다. 특히 우리처럼 반기업정서가 강한 나라에서는 기업이 전면에 나서기보다 파트너십 관계를 통해 공익(시민사회)단체를 전면에 내세우는 것이 기업이 제3자의 공정한 평판을 받을 수 있을 것"이라고 제안한 바 있다(이강현, 1997).

기업의 사회공헌활동의 가장 큰 문제로는 사회공헌활동이 무계획적이고 일회성 행사로 이루어지는 비중이 높다는 점인데 국내 주요 기업을 대상을 대상으로 '기업의 사회공헌 애로요인조사' 결과, 계획 없이 그때그때 사안별로 추진한다는 응답(36.0%)이 가장 많았다. 이는 국내 기업의 사회공헌활동이 기업의 사회적 책임을 강조하는 국제적 흐름에 다소 동떨어져 있음을 보여 준다. 하지만 국내 기업이 사회공헌활동에 기여한 지출규모(1개사당 약 54억여 원)는 선진국과 비교하여 결코 뒤지지 않음에도 불구하고, 국민들이 체감하는 기업 이미지 상승에는 비례하지 못한 것이 현실이다.

아울러 최근 기업을 둘러싼 제반환경이 급변하는 가운데 기업에 대한 평가도 점차 변화하고 있다. 지금까지 기업에 대한 평가는 주로 수익과 규모의 지속적 확대라는 측면에서 이루어졌으나, 앞으로는 사회적으로 요청되고 있는 기업의 역할과 책임을 어느 정도 수행할 수 있는가 하는 문제도 중요한 기업평가 요소의 하나가 될 것으로 보인다. 이러한 차원에서 이미 미국, 일본 등 선진국의 기업들은 이러한 시대적인 조류에 부응하여 '선량한 기업시민'으로서의 이미지 구축과 지역사회에 기여하는 기업활동을 활발히 전개하고 있는 상황이다.

기업들의 사회공헌활동 목표는 활발한 지역사회공헌활동을 통해 고객인 지역주민에게 최상의 고객만족(CS)서비스를 제공하고자 하는 데 있다고 할 것이다. 그 결과 기업의 사회적 책임을 이행하고 대외 이미지를 높이며 나아가 지역사회에서의 인지도를 제고시킬 수 있게 되는 것이다. 따라서 향후 장기적인 관점에서 지역사회공헌활동의 적극적 지원 및 지역이벤트 행사의 지속적 참가, 지역과의 유대관계 확대, 지역 밀착화를 위한 홍보활동 강화 등 사회공헌활동은 기업의 사회적 책임을 이행하기 위한 전략적 마케팅 과제의 하나라는 점을 깊이 인식하여야 할 것이다. 요컨대 기업의 사회공헌활동은 단순한 '자선활동'이 아닌 기업의 사회적 책임이라는 마케팅 이념을 실천하는 중요한 전략 수단의 하나라는 점에서, 일종의 장기적이고 전략적인 '사회적 투자'라는 인식전환이 요청된다고 할 것이다.

Chapter

11 사회복지조직에 유용한 마케팅

1. 고객관계관리마케팅(CRM)
2. 감성마케팅
3. 입소문마케팅

Chapter 11

사회복지조직에 유용한 마케팅

1 고객관계관리마케팅(CRM)

1) 고객관계관리마케팅(CRM)의 정의 및 등장배경

CRM이란 'Customer Relationship Management', 즉 고객관계관리의 약자다.

CRM은 고객과의 보다 인간적인 신뢰관계를 전제로 하되 고객의 진정한 욕구(need)를 발견하여 그것을 충족시키고 감동을 불러일으킬 수 있는 전략적인 대안과 경영기법을 발굴하는 데 큰 의의가 있다.

CRM은 회사체제를 철저한 고객지향으로 바꾸는 적극적인 신경영기법으로서 어느 기업(조직)이든 예외 없이 도입해야 할 절대적인 명제이다. 특히 요즘과 같은 디지털 경제 · 경영하에서는 '고객주권'이 매우 중요하다. 즉 고객은 단순한 수요자가 아니라 막강한 경제력의 중심에서 권한과 의사결정권을 행사하는 주도자로서, 공급자를 바꿀 수 있는 권한과 힘을 동시에 지니고 있다. 이런 관점에서 볼 때 CRM은 '고객과의 네크워크'를 강화함으로써 경영의 안정과 고객을 통한 안정적 · 장기적인 수익구조를 실현할 수 있는 최선의 방법이라 할 수 있다.

즉 CRM은 고객과 관련된 기업의 내외부 자료를 분석 · 통합하여 고객 특성에 기초한 마케팅활동을 계획하고 지원하며 평가하는 과정이다. 이것은 과거의 대중마케팅(Mass Marketing), 세분화 마케팅(Segmentation marketing),[1] 틈새마케팅(Niche marketing)과는 확실하게 구분되는 마케팅방법론으로 최근에 등장한 데이터베이스 마케팅(DB marketing)의 개인마케팅(Individual marketing), 일대일마케팅(One-to-One marketing), 관계마케팅(Relationship marketing)에서 진화한 요소들을 기반으로 등장하게 되었다.

(1) 70년대의 대량생산시대

고객에 대한 관심과 욕구는 공급이 수요를 초과하게 되고, 고객의 관심 역시 점차 복잡・다양해지면서 기업들은 고객에 대한 새로운 마케팅에 관심을 갖게 되었다. 이러한 경향은 대중마케팅을 필두로 세분화 마케팅, 틈새마케팅과 같은 다양한 마케팅 방식이 등장하게 되었다. 제품 라인이나 서비스 라인을 고객의 취향에 맞는 형태로 제공하는 것이다.

(2) 80년대

① 틈새마케팅

세분화 마케팅보다는 의미론적으로 좀더 진화된 형태로 다른 기업들이 포지션한 시장에서 다른 기업들이 지나치고 있는 시장으로 이 분야를 적극 공략하는 마케팅기법이다. 특이 체형을 위한 의류업체나 '속옷'시장에서 '고급 속옷'이라는 단어를 탄생시킨 국내 사례 등 틈새마케팅은 새로운 시장을 형성한 후, 완벽한 경쟁적 우위를 지킬 수 있는 마케팅 사례로 분류되곤 한다.

② 데이터베이스 마케팅

IT기술의 발전으로 인하여 기업의 내외부 자료를 통합, 마케팅활동을 지원하는 것으로 컴퓨터기술의 발전과 통신기술의 발전은 대용량 고객정보의 저장과 저장한 정보

---

1) 세분화 마케팅: 목표고객의 욕구에 따른 서비스를 공급할 수 있는 마케팅 능력을 의미한다.

에 대한 분석을 가능하게 하고 이렇게 저장된 정보를 분석함으로써 개별고객의 요건을 발견해 내며, 새로운 고객을 획득하게 된다. 이러한 데이터베이스 마케팅은 고객과의 독특하고 개별적이며 지속적인 관계를 유지하는 개인마케팅, 일대일마케팅, 관계마케팅으로 진화했다.

한국 기업의 경우 1970년대까지 공급자가 대중을 상대로 일률적인 활동을 펼치던 것이나 1980년대 이후에 판매자 관점으로 전환을 시도하여 영업 부문의 강화와 유통망의 통합, 생산과 판매의 결합을 시도하던 것이 이에 해당된다.

이와 같이 제품이나 서비스를 위한 기업들의 치열한 경쟁으로 고객들의 충성도가 점점 낮아지자 기업에 대한 고객의 기여도를 인정하고 이에 대한 적절한 보상을 통해 고객을 계속 붙잡아 두려는 노력이 나타나게 되었다. 회사에 대한 고객의 충성도를 높이는 데 있어서는 고객 개개인의 성향에 맞는 서비스를 제공하는 것이 가장 효과적인 방법이 된다.

이에 따라 개별고객에 대한 차별화된 서비스를 제공을 위해 고객에 대한 정보를 전략적 자산으로 인식하고 고객의 활동을 측정하고 분석할 수 있는 DBM(Database Management)이나 데이터마이닝이 CRM의 주요 부분으로 인식되고 있다.

▌표 11-1▌ 고객관리의 시대적 변화

	판 매 (1970년대)	고객만족 (1980년대)	DB마케팅 (1990년대)	고객관계관리 (90년대 후반)
대 고객관점	수동적 구매자	선택적 구매자	개성화, 다양화된 소비자	능동적 파트너
고객과의 관계	전체 시장에 일방적 공급	고객만족도 측정, 일방적 관계	그룹화된 고객과의 일방적 관계	개별고객과 쌍방향 의사소통
고객관리	단순 영업 위주	영업과 판매 위주 서비스	IT기술팀 위주	전사적 관리

출처: 삼성경제연구소 (2000).

2) CRM의 등장 배경 및 목적

CRM의 등장 배경 및 목적에 대한 내용을 정리해 보면 다음의 네 가지로 요약될 수 있다.

① 시장의 변화

시장의 규제 완화로 인하여 새로운 시장으로서의 진입 기회가 늘어남에 따라 동일 업종에서의 경쟁사가 많아지기 시작했다. 시장의 성숙에 의해서든 또는 전반적인 경제침체 때문이든, 시장의 수요가 별로 늘지 않는 상황에서 공급자들이 늘어나고 대체될 만한 상품이나 서비스가 많아지면서 그 시장은 실제 수요자가 중심이 되는 구매자 시장(buyer's market)으로 변화하였다. 한정된 시장을 놓고 판매업체 사이에는 경쟁이 심화되기 마련이다. 시장에서 실세를 갖고 있는 고객들은 각자의 선호와 욕구에 맞는 상품과 서비스를 찾기 때문에 기업들은 전과 같이 고객을 동질적 집단으로 간주하고 무차별적으로 공략하는 매스마케팅 방식에 더이상 의존할 수 없게 되었다.

이러한 시장상황에서 고객에 대한 정보를 바탕으로 전략적인 고객 세분화를 통하여 목표고객군, 더 나아가서 개별화된 목표고객을 설정하고 그에 적절한 마케팅믹스를 기획하고 실행하여 기존 고객과의 관계를 강화해야 할 필요성이 대두되었다.

② 기술의 변화로서 컴퓨터 및 IT의 급격한 발전

우선 컴퓨터 하드웨어의 저장용량이나 데이터의 처리속도 면에서 과거와는 비교가 되지 않을 정도로 컴퓨터의 성능이 향상되었다. 이를 통해 기업들은 나날이 늘어나는 방대한 양의 고객거래데이터를 웨어하우스라고 불리는 전산시스템에 특정 체계를 갖추어 자동적으로 내장하고 관리할 수 있게 되었다. 또한 소프트웨어 면에서도 하드웨어 성능 향상과 함께 수많은 응용프로그램들이 출현하였다. 이러한 기술 면에서의 빠른 진전과 응용프로그램들은 고객데이터나 관련 데이터를 과학적인 분석기법으로 처리하여, 고객 및 시장에 관한 중요한 정보와 지식을 다양한 영업활동에 이용할 수 있게 되었다.

이처럼 컴퓨터와 관련한 IT의 발달은 고객욕구(needs) 분석과 고객데이터 축적 기술의 발전을 가져오며, 본격적으로 CRM이 확산될 수 있는 외적 환경을 형성해 왔던 것이다.

③ 고객의 변화

최근 들어 어느 시장을 막론하고 고객들이 갖고 있는 기대와 요구가 다양화되고 있으며, 이러한 고객의 필요와 욕구는 고객조차 모를 정도로 끊임없이 변화하여 고객만족은 더욱더 복잡해져 가고 있는 실정이다. 비록 상품 자체는 만족한다 할지라도 고객은 끊임없이 더 나은 서비스나 차별화된 대우를 기대하고 요구하는데, 이것이 바로 관계에 대한 가치이다.

이러한 현실에서 끊임없이 변화하는 고객의 기대와 요구에 부응하여 고객과의 관계를 유지하고 적절한 상품과 서비스의 차별화를 통해 장기적으로 기업의 경쟁적 우위를 고수하는 것이 현재 기업들의 당면과제이다. 이를 위해 많은 기업들은 고객중심적(customer-centric)인 경영방식인 CRM의 도입을 서두르고 있고, CRM은 기업의 필수적인 전략적 선택이라는 생각이 보편화되고 있는 것이다.

④ 마케팅 커뮤니케이션의 변화

기존 매스마케팅 방식의 비효율성은 광고를 비롯한 마케팅 커뮤니케이션 방식에서도 나타난다. 고객의 이질성이 심하고 이로 인해 시장이 점점 세분화되어 가고 있을 때, 뚜렷이 차별화되지 못한 획일적인 메시지를 불특정 다수의 고객에게 반복하여 뿌리는 매스미디어상의 브로드캐스팅 광고는 더이상 효과적이지 못하다.

따라서 광고의 효율성을 높이기 위해서는 우선 구체적인 광고의 목표를 세우고 이를 달성하기 위한 목표고객을 찾아낸 후에 그들의 필요나 욕구를 채워 줄 수 있는 상품이나 서비스에 대한 차별화된 광고메시지를 선별하는 것이 필요하다.

또한 광고는 단순히 상품이나 서비스를 고객에게 알리는 목적이 아니라 고객과의 장기적인 관계유지라는 관점에서 전체적인 커뮤니케이션으로 이해하고 그에 맞는 활동을 전개하는 것이 광고의 효율성을 높이기 위한 방안이다.

3) CRM의 중요성

① 시장점유율보다는 고객점유율에 비중을 둔다

기존 고객 및 잠재고객을 대상으로 고객유지 및 이탈 방지, 타 상품과의 연계판매(Cross-Sell) 및 수익성이 높은 상품을 판매하기 위한 상승판매(Up-Sell) 등 1:1 마케팅 전략을 통해 고객점유율을 높이는 전략이 필요하다. 이를 위해서는 고객을 여러 가지 기준으로 분류하는 작업이 선행되어야 한다.

어느 고객이 우리 기업에게 가장 가치 있는 고객인가? 어떤 고객이 다른 회사로 이탈할 가능성이 높은 고객인가? 연계판매가 가능한 대상고객은 누구인가? 등의 관점에서 기존 고객을 분류하고, 분류된 고객별로 차별적인 마케팅 전략을 집행하기 위해서 고객과의 다양한 접점(contact point)을 활용하며 고객의 반응을 다시 피드백하여 보다 향상된 고객관계관리 전략을 수립할 수 있게 된다.

② 고객 획득보다는 고객유지에 중점을 둔다

마케팅활동의 초기에는 더 많은 고객을 획득하기 위해 노력해 왔다. 심지어는 정보를 제공해 주는 고객들에게는 다양한 상품 및 할인정책을 제시하기도 하였다. 그러나 이제는 바뀌고 있다. 한 사람의 우수한 고객을 통해 기업의 수익성을 높이며, 이러한 우수한 고객을 유지하는 것에 중점을 두고 있다.

매스마케팅을 통해 검증되지 않은 고객들을 획득하기보다는 검증된 한 명의 우수한 고객이 기업에게는 훨씬 더 도움이 되는 것이다.

③ 제품판매보다는 고객관계에 중점을 둔다

기존의 마케팅 방향은 모든 고객을 대상으로 대량생산한 제품을 대량 유통시키고, 판매촉진(Promotion)을 해왔다. 이는 고객 중심이라기보다는 기업의 입장에서 제품을 생산한 것이다. 반면 CRM은 고객의 입장에 맞추는 것이다. 고객과의 관계를 기반으로 고객의 입장에서 제품을 만드는 것이다. 고객이 원하는 상품을 만들고, 고객의 관계에서 고객의 욕구를 파악하여 그 고객이 원하는 제품을 공급하는 것이다. 이러한 CRM의 전략은 기업을 성공으로 이끈다.

반면 효과적인 CRM을 전개하기 위한 전제조건은 다음과 같다.

첫째, 고객 통합 데이터베이스가 구축되어 있어야 한다.

둘째, 고객 특성을 분석하기 위한 데이터마이닝 도구가 준비되어야 한다.

셋째, 마케팅활동을 대비하기 위한 캠페인관리용 도구가 필요하다

4) CRM관리

고객관계관리(CRM)는 각 학문 분야 및 접근방법에 따라서 그 내용 및 관심 분야가 달라질 수 있다. 예를 들자면 마케팅 측면에서는 CRM을 고객이나 전통적인 마케팅 관점에서 이해하고 접근하려고 할 것이다. 정보기술 측면에서는 고객접촉채널, 시스템 기능(functionality)의 효율성 및 시스템 통합과 같은 측면에서 CRM에 대해 관심을 가질 것이다. 또한 데이터마이닝이나 데이터서비스 전문가들은 고객정보나 분석적인 CRM 측면을 강조하려 할 것이다. 결국 고객관계관리를 보다 잘 이해하기 위한 통일된 구분법은 존재하지 않는다는 것이다.

(1) CRM 마케팅 주요 기능

- 제품 및 브랜드관리
- One-to-One 마케팅
- 마케팅 분석
- 웹마케팅
- 텔레마케팅

- 마케팅관리

마케팅/캠페인을 기획하고, 상품별 캠페인 실행채널을 지정한다. 채널에 따라 캠페인을 실행하고 데이터가 비즈니스 정보 웨어하우스(Business Information Warehouse: BW)에 저장되며 이렇게 저장된 데이터는 다시 BW에서 분석되어 향후 마케팅/캠페인 계획 수립에 사용된다.

(2) 마케팅 기획 및 캠페인관리(Marketing Planner)

- 마케팅계획을 계층구조로 수립한다.
  계층구조의 수에는 제한이 없으며, 마케팅이나 캠페인의 구조(structure)에 대해서는 브랜드나 지역과 같은 특성들에 따라서 정의한다. 수립된 마케팅계획은 예를 들어 ERP PS(Project System) 모듈의 WBS(Work Breakdown Structure)와 연계되어 비용을 관리할 수 있다.
- 생성된 마케팅계획과 캠페인은 새로운 마케팅계획과 캠페인 생성 시 템플릿(template)으로 사용될 수 있다.
- 마케팅계획에 관한 자세한 설명은 Long Text로 입력이 가능하며, 여러 언어를 사용할 수 있다. 또한 마케팅계획 담당자와 같은 각각의 책임을 정의한다.
- 마케팅의 자세한 계획은 Microsoft Project와 Online/Offline으로 연동된다.
- 마케팅계획 생성 시, 실제 수행된 날짜와 계획한 날짜를 관리하게 되며 수립된 캠페인 구조에서 하부단계의 마케팅 요소는 상위단계의 마케팅 요소의 계획된 기간을 벗어나서 실행될 수 없다.
- 마케팅달력(calendar)을 이용하여 마케팅계획의 수행기간을 모니터하고 수정, 관리한다.

(3) 타깃그룹 생성

- 고객데이터(Customer Data)를 통해 제품 특성별 프로파일을 생성・수정할 수 있으며 프로파일의 각 속성들은 다양한 기준에 의해 자유롭게 정의하여 사용한다.
- 세그먼트 빌더(Segment Bilder) 툴을 이용하여 다양한 세그먼테이션을 분류하거나 조건에 맞는 샘플 비즈니스 파트너(Sample Business Partner)를 추출한다. 실행결과는 분석 CRM을 통해 분석하여 분류・평가된 주요 세그먼테이션별로 적합한 마케팅활동이 가능하도록 지원한다.
- 고객과의 모든 채널을 통한 트랜잭션 데이터는 분석 CRM에 축적되고 통합되어, 분석 CRM을 이용하여 적정한 분석 결과를 제공한다.

(4) 캠페인 실행관리

고객의 구매행위를 유발하거나 고객의 충성도를 높이는 행위를 캠페인이라고 하는데 대개 모든 고객에게 동일하게 행해지는 것이 아니고 고객을 여러 계층으로 분할하여 각 계층별 캠페인을 달리하는 방법으로 이루어지게 된다. 따라서 이러한 캠페인을 관리하는 도구는 메일, 콜센터, 인터넷 등 다양한 고객 접점을 활용하여 캠페인을 실시하였을 경우에 캠페인에 대한 목적, 형태, 전략을 제시하여 대상고객에 대한 캠페인을 실시한 이후 고객의 반응까지 확인할 수 있는 전 과정을 한눈에 볼 수 있는 프로세스로 제공하는 관리도구라고 할 수 있다.

분류된 고객 개개인에 대한 특성을 바탕으로 해당 고객에 대한 적절한 캠페인 전략을 지원・관리하는 이런 도구는 다양한 형식으로 관련 부서 및 사용자의 목적에 따라 이용될 수 있다.

- 추출된 타깃그룹을 대상으로 캠페인을 실행한다. 캠페인 실행은 전화, 웹, 모바일, 이메일, 팩스, SMS 등을 통하여 처리될 수 있으며 그중에 인터넷마케팅을 위한 고객 중심의 개인화된 이메일로 구성할 수 있다.
- 마케팅/캠페인에 의거하여 콜 리스트(call list)를 생성하고 콜센터 에이전트는 이

콜 리스트를 실행한다. 에이전트는 콜을 실행할 때 마케팅팀이 제공한 인터렉티브(상호작용적) 스크립트를 활용한다. 또한 마케팅계획의 대량메일 발송 기능을 사용하여 타깃그룹(target group)에 속한 고객들에게 이메일을 발송한다.

- 다이렉트 메일(Direct Mail)이나 이메일을 보내는 경우 다양한 폼(html, plain, text, 팩스, white, 메일)을 지원하는 폼 빌더(builder)를 제공하여 고객정보(주소, 이름 등)를 기반으로 하여 다양한 메일 형식(mail form)으로 개인화(personalized)할 수 있다.
- 캠페인을 실행하는 채널에 맞게 폼을 선택한다(팩스, 이메일, SMS 등). 이메일 형식인 경우 고객 개개인에게 맞추어진 주제 라인(Subject Line)과 첨부 콘텐츠를 조건(즉 여자면 A, 남자면 B)에 맞추어 함께 보낼 수 있다.

(5) 리드관리

리드관리는 CRM마케팅 내용 중에서 새로운 고객을 찾아내고 향후 실제로 자사의 고객화하기 위한 고객의 특성 및 마케팅 기회관리를 수행하는 부분이다.

- 리드관리는 영업 부서가 보다 가치 있는 기대고객(prospects)이나 기회(opportunities)에 역량을 집중할 수 있도록 초기 사전영업(pre-sales) 단계를 자동화하기 위해 설계되었다.
- 리드평가(lead qualification): 일정 기간 동안 반복적으로 인터렉티브(interactive)하게 리드를 평가한다.
- 리드리포팅(lead reporting): 리드의 성공 여부를 측정하고 장기간의 의사결정을 지원하기 위한 리포팅 기능이다.
- 기회관리와 통합(opportunity management integration): 리드평가의 주목적은 리드를 기회로 변경하기 위한 것으로 리드평가의 결과에 따라 리드는 수동 혹은 자동으로 잠재고객으로 등록되어 기회와 함께 관리한다.
- 활동관리와 통합(activity management integration): 리드는 활동을 참조하여 생성될 수 있다. 리드와 관련된 다양한 활동 이력을 생성할 수 있으며 향후 고객으로 전환 시에도 통합하여 관리된다.

- 분석 CRM과의 통합: 리드를 분석할 수 있는 다양한 질의가 제공된다.

(6) 마케팅 분석

- 시장 및 경쟁사 분석은 새로운 기회와 잠재성을 평가하고 새로운 전략수립을 지원한다.
- 마케팅계획 및 최적화는 기간별, 지역별, 유통채널별 등 마케팅효과에 대한 사전계획 및 분석을 지원하며 시뮬레이션 결과 및 모니터링을 기반으로 캠페인 및 프로모션 계획을 효과적으로 수행할 수 있도록 한다. 또한 캠페인의 성공요인으로서 고객응답률, 기여도, ROI 등을 쉽게 분석할 수 있도록 한다.
- 상품 및 브랜드 분석은 개별상품 또는 상품 그룹별로 가능하다. 효율적 분석을 통해 알맞은 고객그룹을 대상으로 적합한 캠페인을 수행할 수 있도록 지원한다.
- RFM(Recent, Frequency, Monetary) 분석은 최근 빈번하게 많은 양을 구매한 고객은 캠페인에 반응할 확률이 높다는 기본 가정하에 고객 타깃그룹을 재정의하여 효과적인 수익성 시뮬레이션을 할 수 있다.

5) CRM의 방법 및 영향

(1) 고객관계마케팅 확립을 위한 구체적 방법

① 데이터베이스를 활용한 고객 분석

장기적으로 고객을 유지하기 위하여 처음으로 해야 할 일은 어떤 고객을 장기적으로 유지해야 할지를 결정하는 것이다. 즉 이 말은 모든 고객을 유지하기 위하여 동일한 노력을 들여야 할 필요가 없다는 것을 의미하며 고객차별화가 필요하다는 뜻이다.

물론 기업이 유지해야 하는 고객은 기업에게 가장 많은 수익을 주는 고객일 것이다. 이처럼 유지해야 할 고객을 대략적으로 정의하는 것은 쉬운 일이지만 중요한 것은 어떤 고객이 기업에게 가장 많은 수익을 주는지 구체적으로 파악하는 일은 쉽지 않다는 것이다. 지금까지는 가장 가치 있는 고객이 누구인지를 파악하기 위해서 일반적으로 외부 데이터를 활용하여 예상 소득과 인구통계적 자료를 분석하였다. 또한 기존 고객의 고객소비 및 행동에 대한 자체 기록을 활용하기도 하였다. 그러나 외부 데이터를 활용하는 경우 기업 목적에 정확히 일치하는 데이터를 찾기 힘들다는 단점이 있으며 자체적인 내부 데이터 역시 각 데이터 간에 통합이 이루어지지 않아 고객에 대한 효율적인 정보탐색이 어려웠다.

즉 어떤 상품이나 서비스의 수익성은 쉽게 측정할 수 있는 반면 고객 개개인의 수익성은 측정하기 힘들다는 것이다. 이러한 문제는 고객지향적으로 탈바꿈하려고 시도하는 많은 기업들이 직면하는 문제이다. 컴퓨터기술의 발달로 전 분야에서 컴퓨터가 두루 쓰이고 있지만 아직도 대다수의 기업들은 하나의 통합된 데이터베이스 체제를 구축하고 있지 못하다. 즉 앞에서 언급했듯이 하나의 목적만을 위하여 산재되어 있는 여러 가지 데이터베이스를 고객중심의 상호 연동이 가능한 데이터베이스로 전환하는 것이 고객과의 관계를 구축하기 위한 첫 번째 단계이다.

② 우수고객 및 일반고객들의 욕구파악

집중적으로 유지해야 할 고객들이 파악되면 그 다음으로 해야 할 일은 그 고객들이 어떤 특정한 욕구를 가지고 있고 이들이 추구하는 것이 무엇인지를 파악해야 한다. 어떤 고객이 우수고객인가를 파악할 때와 마찬가지로 고객들의 욕구를 파악할 때에도 기본적으로 사용되는 것이 고객의 데이터베이스이며 여기서 다시 한 번 고객 데이터베이스 확립의 중요성이 느껴진다. 물론 훌륭한 데이터베이스 체제를 확립한다고 해서 고객의 욕구를 손쉽게 파악할 수 있는 것은 아니며 고객의 욕구 파악을 위해서는 세심한 관찰과 지속적인 관심을 필요로 한다.

이런 과정을 통하여 파악된 고객의 욕구는 다시 데이터베이스에 저장되어야 하며 고객과의 모든 접점에서 언제든지 효율적으로 사용될 수 있도록 활용도가 높게 정리되어야 한다.

한 가지 주의할 점은 고객의 개별적인 욕구가 반드시 제품 그 자체에만 있는 것이 아니라는 것을 깨달아야 한다는 것이다. 예를 들어 쌀 같은 경우, 일반적으로 고객들이 쌀에 대해 특별한 무엇을 요구하지 않기 때문에 고객들의 개별적이고 독특한 욕구가 없다고 생각하기 쉽다. 그러나 쌀 그 자체보다는 오히려 부가적인 부분에서 고객의 욕구는 더욱 분화되는 현상을 보인다. 예를 들어 맞벌이 부부나 독신자들은 용량에 더욱 많은 욕구를 가지고 있을 것이다. 그들은 가정에서 식사를 해결하는 일이 매우 드물기 때문에 극소량으로 쌀을 구매하는 것을 선호하기 때문이다. 또한 여기서 더 나아가 원하는 시간에 원하는 양만큼의 쌀을 배달해 주는 서비스를 필요로 할 수도 있다. 이렇게 확보한 고객과 지속적으로 거래를 하면서 고객 각각의 주문 패턴을 추정할 수 있으며 이를 활용해 제품판매를 촉진시킨다면 비로소 고객과 기업 간의 관계가 형성되는 것이다.

다시 처음으로 돌아와 기업은 자사의 쌀을 애용하는 주 고객이 어떤 사람들인가를 파악하고 그들이 주로 20~30대의 젊은 맞벌이 부부 혹은 독신자임을 알게 된다. 기업은 데이터베이스를 근거로 고객이 원하는 제품과 원하는 서비스를 개발하여 공급하고 궁극적으로 앞에서 언급한 것처럼 고객과 지속적인 관계를 형성하는 것이다. 이처럼 고객의 욕구파악은 맞춤제품 생산을 위한 필수단계이며 고객의 다양한 욕구가 제품 그 자체하고만 관계되어 있지 않다는 것을 아는 것이 매우 중요한 것이다.

③ 욕구에 따른 차별화

동일한 제품을 사용한다고 해서 반드시 동일한 욕구를 가지고 있는 것은 아니다. 기업이 외관에만 초점을 맞추어 고객의 욕구가 다양하다는 사실을 망각하는 것은 고객에게 차별화된 서비스를 제공하여 고객과의 관계를 형성할 수 있는 기회를 상실한다는 것을 의미한다. 예를 들어 레고 장난감을 가지고 노는 아이들의 경우를 살펴보면 비록 이 어린이들이 동일한 장난감인 레고를 가지고 놀아도 이들이 레고를 가지고 노는 이유, 레고를 가지고 놀면서 얻으려고 하는 즐거움은 각자 다를 수 있다. 우선 레고를 정해진 설명서에 따라 만들기보다는 레고를 배경으로 하는 이야기를 꾸며 나가는 데 즐거움을 찾는 아이가 있을 수 있고 건축가처럼 정해진 설명서에 따라 복잡한 건축물을 만드는 데서 즐거움을 찾는 아이가 있을 수 있다.

이와는 별도로 설명서를 무시한 채 자기 나름대로의 독창적인 건축물을 만들려고 노력하는 아이가 있을 수 있으며, 만드는 즐거움보다는 만들고 난 후 감상용으로 전시하는 것을 즐겨하는 아이 역시 있을 수 있다.

이처럼 고객의 욕구는 다시 세분화할 수 있으며 그에 따른 효과적인 마케팅 전략을 구사한다면 고객과 더욱 깊은 관계를 맺을 수 있을 것이다. 이야기를 꾸며 나가는 데 즐거움을 찾는 아이에게는 레고시리즈로 구성된 이야기책이나 비디오테이프를 같이 판매한다면 즐거움을 배가시키는 데 도움이 될 것이며, 건축가처럼 설계대로 만드는 것이 목적인 아이들에게는 보다 고난이도의 건축물과 세계의 유명 건축물 등을 제품으로 개발하여 제시한다면 보다 욕구에 적합한 제품이 될 것이다. 또한 자기 나름대로 건축물을 창조하는 즐거움을 추구하는 어린이들에게는 정형화된 제품보다는 건축물의 재료라고 할 수 있는 개별 블록을 판매함으로써 이들의 욕구에 좀더 적합한 정책을 취할 수 있고, 마지막으로 전시를 주목적으로 하는 아이들에게는 전시할 수 있는 테이블이나 완성된 레고를 외부의 충격으로부터 보호해 주는 유리관 등을 판매함으로써 이들을 욕구를 보다 충족시킬 수 있다. 물론 위의 예는 어디까지나 가정에 근거한 것이지만 고객 데이터베이스를 기초로 고객의 욕구를 차별화한다면 같은 제품이라도 사용하는 고객에 따라 고객의 개별 욕구에 보다 적합한 다양한 마케팅을 실행할 수 있을 것이다.

④ 우수고객의 특수한 관리

일단 우수고객이 파악되고 어느 정도 이들의 욕구가 파악되면 고객의 욕구를 근거로 이들을 장기적으로 유지하기 위한 각각의 프로그램을 실행해야 한다. 이때에는 일반적으로 세분화된 고객군마다 전담하여 관리하는 고객 관리자를 임명하는 것이 좋다. 가장 효율적으로 관리할 수 있는 프로그램을 개발・실행하는 것이 중요하겠지만 무엇보다도 가장 중요한 것은 이익의 극대화를 위하여 고객을 관리하는 것이 아니라 정말로 고객에게 고마운 마음을 가지고 고객을 위한 관리를 한다는 정신이다. 우수고객관리의 형태에는 여러 가지가 있으나, 쉽게 떠올릴 수 있는 것이 마일리지제도와 같은 적립프로그램이다. 그러나 적립프로그램은 최근에 들어 그 문제점을 드러내고 있으며 그 문제점은 금전적인 보상제도가 고객과의 깊은 관계를 유도하지는 못한다는 것이다. 고객들이 지갑 속에 여러 종류의 동종업계 카드를 보유하고 있는 것을 보면 알 수 있듯이 고객들은 금전적으로 이익이 될 수 있는 기회를 놓치지 않는다. 그러므로 돈으로 고객들의 충성도를 샀을 경우 그 고객들은 다른 기업에서 더욱 좋은 금전적 혜택을 제공하면 얼마든지 이탈할 수 있는 고객이다. 결론적으로 깊고 친밀한 고객관계를 위해서는 금전적인 혜택보다는 다른 기업에서 쉽게 제공할 수 없는 혜택과 서비스를 주어야 한다.

⑤ 효율적인 피드백 라인의 확립

앞에서 언급한 것처럼 고객과의 지속적인 관계유지를 위해서는 고객과 쌍방향으로 의사소통할 수 있는 피드백 라인을 확립하는 것이 무엇보다 중요하다. 현재의 기술로 볼 때는 그 역할을 가장 잘 담당할 수 있는 매체는 역시 인터넷이다. 빠르고 사용이 용이하며 무엇보다도 양방향적이라는 특성과 데이터베이스와의 호환이 가능하다는 점이 인터넷 사용의 장점이다. 그러나 아직까지 기업의 인터넷 활용도는 낮다. 일반적으로 웹사이트를 구축해 놓더라도 자사 기업상품의 홍보용으로만 사용하는 경우가 대부분이다. 이처럼 전시용으로만 인터넷을 이용하기보다는 인터넷이란 매체가 가지고 있는 장점을 십분 발휘해서 고객에게 좀더 실질적인 혜택을 줄 수 있는 웹사이트를 구축하는 것이 중요하다. 즉 고객이 어떠한 요구를 하더라도 능동적으로 대처해 나갈 수 있도록 해야 하는 것이다. 이러한 웹사이트를 운영함으로써 고객의 욕구를 보다 충족시켜 주고 지속적이고 신속한 사후 서비스를 한다면 고객의 충성도는 더욱 높아질 것이다.

⑥ 고객의 개별적인 욕구를 충족할 수 있는 생산체제

고객과의 지속적인 관계 형성을 위해서는 시간이 흐를수록 다양해지는 고객 각각의 욕구를 충족시킬 수 있어야 하며 그러한 일이 가능하도록 기업에게 힘을 주는 것이 유연성 있는 생산체제이다. 고객유지를 목표로 하는 관계마케팅이 단지 마케팅 부서의 노력만이 아닌 기업 전체의 노력을 필요로 하는 것임을 알게 해준다.

(2) 고객관계마케팅이 경영 성과에 미치는 영향

고객만족은 기업의 장래이익을 나타내는 좋은 지표이다. 고객의 만족은 고객충성도 증진, 가격탄력성의 감소, 미래 거래비용의 감소, 새로운 유인비용 감소, 기업의 평판 증진 등의 효과가 있으며, 고객과 장기적 관계를 유지하는 데 투자한 자원은 새로운 고객을 끌어들이는 데 드는 자원과 비교해 볼 때, 기존 고객에 대한 반복 판매의 기회를 통하여 더 많은 판매와 더 큰 수익을 획득할 수 있다.

다시 말해 고객관계마케팅은 고객지향 사고를 고객관리 및 마케팅활동에 적용한 개념으로, 고객과의 관계를 잘 만들어 놓음으로써 계속 고객을 유지하고 확대하여 판매자와 구매자 모두가 승리하는 윈-윈 전략임과 동시에 동반자관계로 전환하자는 발상에서 비롯된 것이다. 즉 고객과의 상호의존관계를 구축함으로써 고객이 구매선을 변경할 때 드는 비용인 전환비용을 늘리면 고객유지와 확대 재생산은 저절로 이루어진다는 사고이다.

이 같은 판매자와 고객관계관리의 도입으로 높은 결과가 기대될 수 있는 분야를 정리해 보면 다음과 같다. 첫째, 제품 특성 면에서 제품이 복잡하고 상대 가격이 비싸 구매위험성이 큰 산업재나 고관여제품, 개인의 주문에 따라서 제품의 변형이 필요하고 고객의 개인적 욕구에 맞는 제안을 통해 개별 밀착서비스가 필요한 서비스상품, 또는 고도의 전문적인 기술적 특성을 포함하고 있어 고객이 쉽게 제품을 이해하기 어려운 상품의 경우에 관계관리 효과를 크게 볼 수 있다.

둘째, 거래 특성 측면에서 볼 때, 고객의 전문지식이 부족해 지속적으로 사전판매서비스와 사후서비스가 필요한 경우나 거래비용이 높고 미래 혜택의 불확실성이 높은 경우에는 고객과 마케팅 직원 간의 계속적인 상호작용과 상호신뢰에 의해 거래의 정형화를 꾀함으로써 거래비용의 감소를 도모할 수 있다.

셋째, 환경 특성 측면에서 볼 때, 환경의 동적인 변화가 미래의 수요구조와 공급구조에 미치는 영향이 불확실하여 안정적 거래기반을 구축하고자 하는 경우이거나 단기적인 마케팅활동의 성과가 장기적인 마케팅 성과로 연결되지 못하는 불안정한 상황에서 고객들과 우호적인 관계 형성과 결속을 통해 고객들이 안정적으로 머무를 수 있는 환경을 설정하고자 하는 경우에도 높은 성과를 볼 수 있다.

마지막으로 기대효과의 성과 특성 측면에서 볼 때, 단기적인 성과 전략보다 장기적인 성과지향 전략을 추구하는 경우이거나, 단기적인 교환 추진에 따른 성과 편차를 장기적으로 안정시키고자 하는 경우에 판매자와 고객 간 관계관리의 효과를 크게 볼 수 있다.

하지만 주의할 점은 관계마케팅이 모든 경우에 다 효과적이지는 않다는 점이다.

궁극적으로 기업이 어떤 시장에 그리고 어떤 고객에게 관계마케팅을 도입해야 효과가 있을지에 대해 결정해야 한다. 예를 들면 1차상품의 경우처럼 전환비용이 낮고 단기적인 시야를 갖고 있는 고객에게는 오히려 거래마케팅이 효과적일 수 있는 반면, 사무자동화시스템 구매자처럼 장기적인 시각을 갖고 있고, 전환비용이 높은 고객의 경우에는 관계마케팅이 큰 효과를 발휘한다.

또 하나 유의할 점은 관계마케팅을 어떤 기업에 적용하느냐는 산업의 종류가 아니라 특정 고객의 성향에 달려 있다는 점이다. 즉, 양질의 서비스를 우선적으로 평가하는 고객은 이런 서비스를 제공하는 공급자와 오랫동안 관계를 맺으려고 할 것인 반면에 비용절감을 우선적으로 생각하는 고객들은 낮은 비용으로 제품을 공급하는 업체로 공급선을 전환하려고 할 것이기 때문이다. 따라서 이런 고객들은 관계마케팅보다는 오히려 가격이나 판촉 위주의 거래마케팅으로 접근하는 것이 보다 효과적일 수 있다는 점에 유의해야 한다.

기업의 효율적인 고객관리를 위해서는 고객과의 좋은 '관계(relation)'를 유지할 수 있도록 기업의 모든 역량을 쏟아부어야 한다는 결론을 지을 수 있다. 결국 기업은 거래하는 모든 고객을 우리(기업과 고객은 한 가족)라는 관계 속으로 끌어들여야 한다.

기존의 기업 형태는 그저 상품을 판매하고 어느 정도의 고객서비스를 제공하는 것이 최선이라고 생각하여, 고객을 제대로 알고 고객을 '우리'라는 관계 속으로 끌어들이기 위한 노력은 부족하였다.

고객을 '우리'라는 관계 속으로 끌어들이고 좋은 관계를 지속하기 위해서는 고객에 대해서 더 많은 정보들을 알고 있어야 하며 더 나아가서 고객을 제대로 이해하고 있어야 한다.

젊은 남녀의 일반적인 이벤트(여기서 말하는 일반적 이벤트라고 하면 발렌타인 데이, 화이트데이, 빼빼로데이, 로즈데이 등처럼 특정일을 정해서 이름 붙인 이벤트)를 예로 들면, 잊지 않고 서로에게 선물을 준비할 경우에는 무사히 기념일을 넘기고 그로 인한 사소한 말다툼 등 싸움이 될 만한 원인을 갖지 않게 될 것이다. 하지만 상대방을 더욱 기쁘게 하기 위해선 그 정도의 정보만을 가지고는 행복하게 해줄 수 없다. 상대방의 생일이 언제인지, 며칠째 만남인지, 가족들의 구성원 선호도는 어떤지 등 무수히 많은 정보를 가지고 있어야 상대방을 즐겁게 해주고 또한 서로를 이해할 수 있는 폭이 넓어지는 것이다. 이러한 측면에서 고객관계관리는 고객의 일반적인 정보를 획득하고 저장하는 것이 아니라 고객 내면의 깊숙한 곳까지 이해하고 동병상련의 심정으로 고객을 마음속으로 심정적으로 이해해야 한다.

따라서 CRM은 예전에 '고객이 왕이다'라고 했던 것처럼 '남'이었던 고객과의 관계를 진정한 의미의 '우리'라는 관계로 만들어 가는 과정인 것이다.

2 감성마케팅

사회복지조직은 사람에 의해, 사람 간의 관계를 통해, 사람을 변화시키는 업을 수행하고 있다. 즉 문화적 가치를 부여받고 사회적 정체성을 지닌 사람을 주원료로 하며, 사회복지조직은 서비스 제공에 있어서도 이러한 사람을 기본으로 한다는 것은 두말할 필요가 없다. 결국 사람을 중심에 두어야 하는 서비스는 곧 마케팅의 핵심이며, 이러한 핵심 가운데 최근 중요성이 부각되고 있는 감성마케팅은 마케팅의 제1 기본 요소인 사람의 감성에 초점을 맞추어 이를 자극하고 촉진시켜 고객을 사로잡는 마케팅을 말한다.

특히 사회복지조직은 여성인력이 많은 비교적 도덕성이 높은 조직이다. 이는 클라이언트뿐만 아니라 서비스를 제공하는 사회복지사들이 역사적으로 여성들이 많았으며, 사회복지서비스가 발전되어 관료조직화됨에 따라 여성이 주도적으로 이 일에 참여하게 되었다. 따라서 거의 모든 휴먼서비스 조직은 여성이 수적으로 절대적 우위를 차지하고 있다(황성철 외, 2003).

감정적이고 보호 본능적인 여성의 본성이 현대사회의 경쟁적이고 통일성 있는 조직을 유지하기 위해서는 보다 전략적인 감성마케팅이 요구된다. 사회복지조직의 감성마케팅의 성공은 궁극적으로 마케팅의 성과로 직결된다고 할 수 있다. 감성마케팅은 클라이언트에 초점을 맞출 뿐 아니라, 이러한 조직의 구성원인 사회복지사들의 감성을 자극하고, 이들을 훈련시키고, 이들에게 자부심을 불어넣고자 한다. 여기서 한 발 더 나아가 기부자에 대한 감성의 호소를 통해 자원개발도 효과를 발휘할 것으로 기대된다. 여기서는 이러한 감성마케팅이 무엇이며 사회복지조직에 어떻게 활용될 수 있는지를 살펴보고자 한다.

1) 감성마케팅 개념과 사회복지

감성마케팅은 고객의 감성에 어울리는 혹은 그들의 감성이 좋아하는 자극이나 정보를 통해 제품에 대한 고객의 호의적인 감정 반응을 일으키고 소비 경험을 즐겁게 해줌으로써 고객을 감동시키는 것을 목표로 하고 있다.

즉 물질적인 자극뿐만 아니라 한 걸음 더 나아가서 고객의 마음을 상대로 하는 감각 정보를 통해 고객의 감성욕구에 부응하고자 하는 것이다. 인간이 다섯 가지 감각(시각, 청각, 미각, 후각, 촉각)에 기초하여 정보를 받아들인다는 점을 핵심으로 하여 이러한 감성적 측면을 강조한 혹은 감성적 측면에 소구하는 마케팅이라 볼 수 있다.

'데그립고베'의 CEO이면서 크리에이티브 디렉터인 Marc Gobe가 쓴 《emotional braning》에서 언급된 "스타벅스는 단지 커피만 파는 장소가 아니고, 사람들이 커피를 마시면서 즐겁고 친밀한 분위기를 느낄 수 있도록 감성적인 경험을 가능하게 한 곳이다."라는 말이 감성마케팅을 잘 대변해 주고 있다. 최근 십 년 사이 가장 짧은 기간에 성공한 기업으로 뽑히는 '스타벅스'는 상품경쟁력과 함께 새로운 경험의 기회를 제공한 것이다. 스타벅스는 우리나라에도 1999년부터 진입하여 2012년 11월을 기준으로 전국 548개의 매장으로 가히 폭발적으로 그 세를 확장해 나가고 있다. John Naisbitt 교수가 주장하는 "하이테크, 하이터치(High Tech, High Touch)" 개념도 이 감성마케팅과 일맥상통한다고 할 수 있다. 그가 말하는 '하이테크'는 고도의 기술을 말하나 '하이터치'는 인간의 감성에 접근하는 것을 의미하며, 우리가 무용, 미술, 시문학, 음악을 통해, 그리고 공동체, 가족, 관계, 자연 및 이러한 개념들 사이의 균형을 통해 인간성이 움직이는 것을 의미한다고 밝히고 있다. 즉, 감성마케팅에서 주장하는 기술력과 감성의 결합이 'High Tech, High Touch'의 개념인 것이다.

사회복지조직 또한 이제는 단순히 클라이언트에게 사회복지기관에서 만든 사회복지 서비스를 제공한다는 개념에서 벗어나야 한다. 사회복지기관을 통해 클라이언트가 그 공간에서 얻은 경험을 소중하게 기억하고 즐기며, 다시 찾고자 하는 동기를 부여함은 물론 주변에도 자신 있게 내세울 수 있는 추억으로 간직되도록 해야 한다.

2) 감성마케팅의 장점과 단점

(1) 감성마케팅의 장점

감성마케팅의 장점은 첫째, 자극을 통해 고객들의 무의식적 반응을 이끌어 내고 이를 매출 증대로 연결한다는 데 있다. 이성에 호소하기보다는 직관과 이미지를 중시하는 감성을 자극하는 편이 좀더 쉽고 직접적으로 고객을 사로잡을 수 있다.

둘째, 마케팅 경쟁력도 배가시킬 수 있으며 단기간에 제품 이미지를 인식시켜 히트상품 반열에 올려놓을 수 있는 기회를 포착할 수 있다.

셋째, 삭막한 이 사회에 훈훈한 기운을 사람들의 마음에 심어 줄 수 있고 그로 인해 생산자와 고객, 판매자와 고객이란 경직된 경제구조에서 벗어나 좀더 친근하게 고객에게 다가갈 수 있다는 장점을 가진다.

(2) 감성마케팅의 단점

감성마케팅의 단점은 첫째, 상품을 생산하고 판매하는 기업의 입장에서는 상품의 질이나 우수성보다는 마케팅에만 초점을 맞춘 채 고객의 입맛에만 따라가는 극단적 마케팅을 지향하게 된다. 이는 일시적 고객을 만들어 낼 수는 있지만 지속적인 판매를 유도할 수 없다는 단점을 가지고 있다. 또 상품 품질에 대한 투자보다는 마케팅에만 신경을 쓰다 보니 상품의 질이 떨어지는 경우가 발생하기도 한다. 이런 무분별한 감성마케팅은 기업에 부담을 줄 뿐만 아니라 고객보다는 기업의 입장에서 계획하고 고객을 끌어가는 형식이 대부분이므로 능동적인 것을 좋아하고 다양성을 추구하는 현대적인 고객마인드에는 반감을 불러일으킬 수 있다.

둘째, 성향을 고려하지 않는 감성마케팅 도입은 비용만 늘어 기업을 어려움에 처하게 할 수도 있다. 먼저 품질과 기능으로 승부할 수 있는 경쟁력 높은 상품을 개발한 후 감성마케팅을 도입하는 것이 기업경영의 정도이다. 우선 자사상품에 대한 기본적인 경쟁력을 갖춘 후 감성마케팅 전략이 필요하다는 것이다.

셋째, 홍보대사나 연예인의 이미지를 상품에 접목시킬 경우에는 스타의 인기가 지속적이지 않은 것은 물론이고 해당 스타가 스캔들에 연루될 수도 있으며, 운동선수일 땐 성적이 부진해지기도 한다. 이때에는 제품이나 기업이 그 스타의 부정적 이미지를 고스란히 떠안게 된다. 이로 인해 그동안 들어간 제품개발비나 광고활동에 쓰인 각종 비용을 소모하게 되는 위험에 직면할 수도 있다.

3) 감성마케팅의 구성요소

(1) 시각(컬러마케팅)

감각 중에 가장 포착력이 뛰어난 시각을 활용한 컬러마케팅을 살펴보자.

치열한 판매 경쟁에서 살아남으려면 '갖고 싶어 하는 사람에게 파는 것'이 아니라

'사고 싶은 기분이 들도록 하여 구매하도록 하는 것'과 같은 적극적인 판매방식이 필요하다. 사고 싶은 기분이 들도록 한다는 것은 고객의 공감을 얻을 수 있다면 비교적 쉬운 작업일 것이다. 색채는 이러한 경우에 중요한 작용을 한다. 색채가 인간의 마음을 감동시키고 어떤 분위기로 이끈다는 것은 널리 알려진 사실로, 육체적으로나 정신적으로 행동에 영향을 주고 있다. 더욱이 컬러는 우리의 기억 속에 있는 다른 어떤 요소보다도 더욱 선명하게 자기 자신을 드러내며, 상품이 쉽게 인식될 수 있게 만든다. 컬러마케팅을 하는 데 가장 기본적인 요소는 제품개념과 일치하며 타깃 고객들에게 선호되는 색상을 선택하는 데 있다고 볼 수 있다.

한편 이러한 컬러에는 인류가 선호하는 인류 색, 민족이 선호하는 민족 색, 성(性)에 따라 선호하는 성 색 등이 있다. 인류 색으로는 빨강, 파랑, 검정, 흰색이 꼽히며 민족 색으로는 노랑(미국), 흰색(일본), 빨강(중국) 등이 있고 성 색(性色)으로는 남성 색으로 흑색, 갈색, 청색 등이 꼽히며, 여성 색으로는 핑크색, 적색, 백색, 녹색 등이 꼽힌다. 말하자면 제품의 개념 및 특징을 잘 보완해 주며 타깃 고객이 선호하는 색상을 잘 선택하는 것이 컬러마케팅의 관건이라고 볼 수 있다.

(2) 후각(향기마케팅)

한 남자가 가장 매혹적인 향기를 소유하기 위해 위험을 무릅쓰는 프랑스 영화 '향수'에서도 알 수 있듯이 인류의 역사가 시작되면서부터 줄곧 인간의 일상생활에 향은 깊게 자리 잡아 왔다. 사용하는 계층이나 용도와 방법, 그리고 향수를 담아 왔던 용기의 모양 등에 따라 시대를 대변하기도 한다. 한때 일부 귀족들의 사치품이었던 향은 이제는 일반 시민들에게 널리 확산되었으며 현대에 들어서는 마케팅 전략에도 활용되고 있다.

향은 두뇌자극과 직접적으로 연결되어 있으므로 타 감각에 의한 것보다는 더 강력한 반응을 일으킬 수 있다고 한다. 연구 결과 어떤 향은 농도가 아주 낮더라도 인간의 감정에 영향을 준다고 하며 향기를 맡을 때 향수 추억반응을 일으킨다고 한다. 특히 인간의 기억은 향기와 아주 밀접하게 연계되어 있으며 기억회복 능력은 관련된 향기를 맡을 때 더욱 빠르게 느끼게 된다. '아로마테라피(Aroma Therapy)'는 이러한 향의 기능을 치료에 활용한 것이다. 이 요법은 고대로부터 전해 내려오는 민간요법으로 특히 고대 이집트인들은 그들의 몸과 마음을 치료하고, 또한 종교의식에서도 사용해 왔으며 예로부터 중국 및 우리나라의 한방의학에서도 이 요법을 이용해 각종 질병을 치료하여 왔다.

(3) 청각(음악마케팅)

'음악으로 상품을 포장한다.'

백화점에 가면 고객들의 기분을 밝고 경쾌하게 만드는 음악이 흐른다. 레스토랑이나 카페에서도 고급스런 분위기를 연출할 수 있는 음악이 필요하다. 즉, 상품을 음악으로 포장하는 것이 바로 음악마케팅이다.

어떤 음악을 들려주느냐에 따라 매출이 달라진다. 예를 들어 식당에서 느린 템포의 음악을 틀어 주면 식사 시간이 길어지고 음료의 주문도 늘어난다. 반면 빠른 템포의 음악을 틀면 짧은 시간 내에 식사를 마칠 수 있게 된다. 빠른 템포의 음악을 틀어 주면 시간이 빨리 간다고 느끼기 때문이다.

따라서 패스트푸드점에서는 빠른 템포의 음악을, 풀코스의 정식을 갖추고 느긋하게 먹을 수 있는 고급 레스토랑에서는 느린 템포의 음악이 어울린다.

또 무더운 여름날에는 시원한 레게음악을, 가을에는 분위기 있는 샹송을, 겨울에는 발라드를 틀어 따뜻함을 느끼게 한다. 상점에 고객이 쇄도하는 주말에는 빠른 템포의 음악이 제격이고, TV드라마나 광고 역시 무수히 많은 곡들 중에서 극대치의 효과를 이룰 수 있는 음악을 선택해 사용한다.

(4) 미각마케팅

사람에게 있어, 또 하나의 즐거움은 맛을 통해 얻는 것이다. 따라서 미각에 호소하는 마케팅 또한 한층 진화하고 있다. 우선 맛으로 승부를 보는 제품들은 맛을 보게 해야 한다. 시식과 시음을 위해 넓은 공간을 상시적으로 확보할 필요는 없지만, 깜짝 쇼 이벤트와 같은 행사성 시식은 앞다투어 참가해 보고자 하는 욕구를 불러일으키기 때문에 한층 효력을 볼 수 있다. 애인과 함께 먹을 수 있는 환경을 제공할 수도 있고, 추억 어린 그 시절 그 분위기를 느낄 수 있도록 하는 이벤트를 꾸며 볼 수도 있다.

미각이라는 1차원적 감각적 체험을 추억이나 즐거움, 재미를 선사하는 시간과 공간 속에 접목시켜 다차원적 시너지를 낼 수 있다. 백화점이나 대형 할인마트의 시식 시간을 식사 시간을 전후해 집중하는 것도 고객의 시장기를 최대한 자극해 상품판매를 늘리려는 일종의 미각마케팅 전략이다.

(5) 체험마케팅

체험마케팅이란 제품이나 서비스의 특정한 소비상황에서 고객들이 원하는 경험, 가치, 생활양식이 무엇인지를 파악해서 그것들을 최대한 활성화시킬 수 있도록 제품을 개발하거나 광고나 판촉활동을 펼치는 마케팅활동을 의미한다.

전통적인 마케팅과 체험마케팅의 차이는, 전통적인 마케팅이 고객의 구매과정에 초점을 두어 제품의 특징이나 편익을 강조하는 반면 체험마케팅은 고객의 소비과정과 상황에 초점을 두고 있다는 점이다. 고객은 소비과정에서 발생하는 다양한 경험들을 제품에 이입시킨다. 그리고 이입된 경험들은 고객에게 제품이나 브랜드에 대한 독특한 아이덴티티로 자리 잡게 되는 것이다.

(6) 브랜드자산(Equity)

브랜드자산이란 브랜드의 신뢰성과 브랜드 아이덴티티를 포괄하는 개념이다. 즉, 구매자와 판매자 사이에 오랫동안 공유된 경험에서 비롯된다. 브랜드는 강력한 광고효과에 의한 높은 인지도에 의해서뿐만 아니라 지속적인 신뢰관계에 의해 구축된다.

Don E. Schultz는 그의 저서 《마케팅 뉴스(*Marketing News*)》를 통해 "브랜드란 일차적으로 고객의 신뢰와 믿음의 결과이다. 그리고 기업의 제품과 서비스에 대한 고객의 만족스러운 경험과 기업 전체에 대한 전반적인 경험을 토대로 구축된다."고 하였다.

고객과 신뢰관계를 쌓아 왔고, 감성을 바탕으로 브랜드자산을 구축해 온 기업은 새로운 제품의 출시나 새로운 업종으로의 진출이 용이하며, 프리미엄 가격이라는 혜택을 누릴 수 있다.

(7) 에너지(Energy)

'시간은 새로운 형태의 화폐이다.'

에너지는 곧 시간과 관련된다. 어떤 유형의 제품 또는 서비스를 생산하든 기업은 최소한의 시간에 그를 성취하고자 한다. 기업이 고객에게 제공하는 시간, 즉 에너지에 대한 가치와 배려는 또 다른 매력을 만들어 내는 요소임에 틀림없다. 이러한 에너지 요소에 영향을 미치는 방법은 다음과 같다.

- 접근성을 높이라: 접근성이란 고객이 원하는 장소에서, 원하는 시간에, 원하는 방법으로 구매할 수 있게 하는 것이다. 접근성을 높이는 가장 확실한 방법은 제품과 서비스를 다양한 경로를 통해 광범위한 지역에 유통시키는 것이다.
- 편의성을 높이라: 기업은 구매 절차를 간소화해 고객이 해야 할 일을 줄임으로써 고객의 시간을 절약해 줄 수 있다. 신속하고 간편한 비즈니스의 선두주자는 물론 인터넷사이트와 홈쇼핑채널 등이 있다.
- 가치에 확신을 갖게 하라: 일단 구매하면 더 이상 에너지를 낭비할 필요가 없다는 확신을 고객에게 심어 줄 수 있는 제품과 서비스를 제공해야 한다. 이런 기업은 이미 고객의 기대치를 능가하는 제품과 서비스를 제공하기 때문에 사후 수리나 반품, 교체 비율이 비교적 낮다.
- 개인화하라: 맞춤형 솔루션 또는 프로세스는 강력한 효과가 있다. 개인화는 고객 개개인에게 적합한 것과 적합하지 않은 것을 구분한다. 개인화는 고객 자신이 가치 있는 존재로 느끼게 하는 부가적인 이점이 있다. 이는 기업이 고객 개개인과 직접 커뮤니케이션을 하고, 그들의 삶에서 중요한 의미를 갖는 특정 제품을 제공

하는 것이다.

- 정보와 기술을 지렛대로 활용하라: 온라인 중개업체는 정보 제공을 통해 사람들에게 힘을 부여한다. 비록 기술을 갖추지 못한 기업일지라도 고객에게 유용한 정보를 가지고 있을 수 있다. 정보 공유는 고객의 관심을 끌고 신뢰와 로열티를 증대시킨다.
- 보안을 유지하라: 기술과 정보를 이용하는 데 가장 큰 걸림돌은 보안문제이다. 기업은 고객의 신뢰를 얻고 고객의 불안을 불식시킬 수 있는 확실한 보안시스템을 마련해야 한다. 특히 최근 사회문제로 부각되고 있는 인터넷포털이나 각종 금융거래상의 개인정보 유출 피해사례는 기업에게는 치명적일 수 있다.

감성마케팅 신이론: 이모션

Hans-Georg Häusel의 《이모션》(배진아 역)에서는 구매를 결정하는 일은 대부분 무의식으로 이루어지고 언제나 감성적이라는 것을 전제한다. 뇌의 관점에서 본 마케팅이란 소비자가 구매행위를 실행하기 전에 뇌구조 속에서 많은 구매를 촉진하는 활동들이 작동하기 때문에 성공적인 마케팅은 감정을 강화시키는 즉 '감정강화 전략' 혹은 '감정강화 마케팅'이 중요하다고 강조한다.

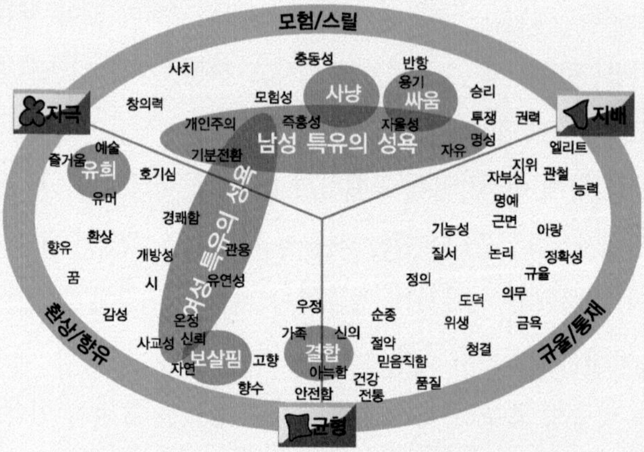

〈림빅 지도: 감정시스템 구조와 가치 구조〉

이러한 뇌구조 속의 감정시스템을 마케팅 실무에 활용하기 위해 림빅(Limbic: 뇌의 감정 지도)을 개발했다.

자극, 지배, 균형이라는 세 개의 감정을 지배하는 꼭짓점에서 사람들의 기질을 나타낼 수 있다. 자신의 기질이 균형과 자극을 주로 추구하는 사람은 환상, 향유의 기질을 가진 사람이다. 특히 여자들이 환상을 좋아하는데 많은 여자들이 자극과 균형의 중간 어디쯤에 존재한다고 한다. 지배와 균형을 소중히 여긴다면 규율 · 통제의 기질을 가지고 있으며 모험심이 강하고 도전정신이 강한 사람들, 즉 모험가나 진취적인 기질을 가진 사람들은 자극과 지배를 소중히 여긴다고 한다.

저자는 이 책에서 림빅을 통해 어떻게 실제 경제활동과 회사 마케팅과 연계시키는지를 설명해 준다. 예를 들어 포드 운전자는 균형과 지배영역이 강한 전통주의자나 조화론자들이고, 포르셰 운전자는 자극과 지배영역이 강한 모험가, 실행가들이 많다는 것이다.

또한 우리는 어떤 제품을 구매할 때 단순하게 가격이 저렴해서, 디자인이 예뻐서 등의 단순한 이유로 제품을 구매하지 않는다. 하나의 제품을 구매하기까지 구매버튼이 수십 개가 작동하는데, 여기서 하나라도 눌러지지 않거나 구매하는 과정에서 하나의 버튼이라도 꺼지게 되면 바로 구매 취소가 되기도 한다. 제품 구매단계에서 카드결제만이 남았는데 직원의 말 한마디가 기분을 나쁘게 했다면 구매버튼이 한두 개가 꺼지고 뒤돌아 나오게 되는 것도 이의 한 예이다.

반대로 제품도 저렴하지 않고, 반드시 필요한 물건이 아닐지라도 친절한 안내와 웃음 띤 미소로 '나를 귀빈으로 대접해 주는구나.'라는 느낌이 든다면 구매버튼 몇 개가 동시에 켜지며 작동하게 되는 것이다.

출처: 배진아 역 (2012).

4) 감성마케팅과 사회복지조직

(1) 감성마케팅의 경향과 변화

최근에 인기가 높아지고 있는 감성마케팅으로는 향기마케팅, 컬러마케팅, 음향마케팅을 들 수 있다.

향기마케팅은 "미국의 슈퍼마켓 내에 있는 빵 매장에서 손님들이 붐비는 시각에 빵을 구워 냄새를 피웠더니 매출액이 세 배나 증가되었다. 영화관의 매표소나 로비에 팝

콘을 뿌렸더니 판매량이 늘었다."와 같은 예라고 볼 수 있다. 베스킨라빈스 같은 경우에 매장에서 1차에 초콜릿향을, 2차에 페퍼민트향을 사용하여 테스트를 실시하고 그 결과를 비교했더니 향기마케팅을 도입한 후 평균 1일 매상이 40% 증가하였다고 한다.

음향마케팅도 컬러, 향과 더불어 감성마케팅의 대표주자로서 우리가 음악의 멜로디나 리듬에 따라 기분이 달라지고 마음이 움직이는 특성을 보인다는 점을 바탕으로 하고 있다. 즉, 감성마케팅이란 눈에 보이지 않는 감성이나 취향을 눈에 보이는 색채, 형태, 소재를 통해 형상화시키는 것을 말한다. 이러한 감성마케팅의 특징은 자극을 통해 고객의 무의식적 반응을 이끌어 내고 이를 매출 증대로 연결한다는 데 있다. 이성에 호소하기보다는 직관과 이미지를 중시하는 감성을 자극하는 편이 좀더 쉽고 직접적으로 고객을 사로잡을 수 있다는 장점 때문에 최근 업계에서는 이러한 감성마케팅에 주목하고 있다.

이러한 감성마케팅은 사회복지서비스를 제공함에 있어 다각적으로 활용될 수 있다.

예를 들어 정신장애인을 위한 사회재활훈련을 위한 다양한 프로그램 개발에 활용될 수 있는데, 아로마테라피와 같이 향기를 통해 심신을 맑게 하고, 편안하게 할 수 있으며, 미술치료와 같이 색채를 통해 자신의 감정을 표현할 수 있다. 프로그램뿐만 아니라 클라이언트가 이용하는 공간에 음악의 리듬이나 멜로디를 통해 클라이언트의 감성을 자극할 수도 있고 건물의 색상이나 벽지의 색상을 심리적으로 안정감을 주는 초록색 계열의 색상을 사용하거나, 장마철에 시원한 페퍼민트향을 이용하여 우울하고 눅눅한 느낌을 감소시킬 수도 있다.

물론 마케팅의 변화를 만들어 내는 가장 중요한 요소인 시대적인 변화, 고객 기호의 변화가 감성마케팅을 만들어 냈다는 것은 두말할 나위 없다. 지속적인 신기술의 등장과 그에 따른 경제발전은 시대의 흐름을 계속 바꾸어 놓고 있으며, 이는 고객의 눈과 마음까지 뒤흔들고 있다. 많은 사람들이 그 흐름에 좇아가지 못하면 낙오자가 된다는 강박관념에 살고 있다. 감성마케팅의 반대 개념인 이성마케팅시대에는 성분, 기능, 가격, 품질 등이 구매 준거였다.

그러나 그러한 요소들이 이제는 거의 평준화되어 그로 인해 감성마케팅이 성행하게 되었는지도 모른다. 이렇게 제품의 속성에서 큰 차이를 느끼지 못하게 되자 감성에 의존할 수밖에 없으며, 고객 또한 그러한 감성 소구에 비중을 두게 된 것이다. 사회복지조직의 수적인 증가와 기관의 프로그램 증가로 인해 기관들에서 제공하는 프로그램들의 내용 면에 있어서도 평준화가 이루어지고 있다. 이제 클라이언트는 단순히 어떠한 프로그램이 이 기관에서 제공되는지, 이 기관의 프로그램의 가격은 질에 비해 어떠한지를 떠나, 사회복지조직의 긍정적인 이미지를 통해 클라이언트의 감각을 만족시키고자 한다. 이는 사회복지조직은 도덕적이고 윤리적이어야 한다는 사람들의 고정된 관념으로부터 더욱 큰 영향을 미치며, 사회복지조직도 이러한 사람들의 감성을 자극하고 노력해야 한다.

이러한 감성마케팅을 실감할 수 있는 것이 바로 광고이다.

예전에 광고는 기능적인 측면, 성능적인 측면, 가격적인 측면을 강조하였으나 최근 그 기업의 이미지를 색감을 통해 표현하거나 사회공익적인 측면을 강조하는 등 사람들의 감성에 호소하고 있다.

사회복지조직이 '하이테크, 하이터치'의 위치에 존재하고 있는지는 의문이다. 하이테크 면에 있어서 여전히 기관 간의 기술적인 측면, 서비스의 질적인 측면 등에 차이가 있기 때문이다. 하지만 사회복지조직은 이 두 가지가 분리되거나 독립적으로 작용하기보다는 함께 이루어져야 한다. 서비스의 양과 질적인 측면의 성장에 발맞추어 우리의 고객인 클라이언트의 감성을 자극하고 이들을 감동시킴으로써 사회복지조직의 발전을 이루어 나가야 할 것이다. 클라이언트의 감동은 곧 클라이언트의 변화와 직결되며, 클라이언트 변화는 사회복지조직이 이루고자 하는 목적과 사명에 부합하는 것이다.

5) 사회복지조직의 감성마케팅 법칙

사회복지조직은 인간을 핵심으로 한 서비스 조직이다. 이러한 서비스조직 기존의 제품마케팅의 4P인 Product(생산), Price(가격), Place(유통), Promotion(촉진)에 People(사람)을 추가함으로써 5P가 성립된다.

아래에서는 스타벅스 감성마케팅의 77가지의 비법으로부터 사회복지조직이 취할 수 있는 여덟 가지 법칙의 감성마케팅 기법을 정리하고자 한다.

① 대표상품을 만들어라

스타벅스는 한국의 커피시장 소득수준 향상이 라이프스타일 변화로 인한 음식문화의 변화와 밀접한 관계가 있음을 일찍이 간파하고 고급커피에 대한 수요가 증가하게 될 것을 예측하였다. 특히나 상표 신뢰도를 중요하게 여기는 한국인들에게 강력한 브랜드 파워는 판매에 용이하다는 점도 간파하고 있었다.

이는 사회복지조직의 프로그램 개발에 활용할 수 있다. 과거 사회복지 프로그램의 클라이언트들은 저소득 빈곤층을 대상으로 이들을 원조하여 자립과 최소한의 생활을 보장하였다. 하지만 최근 사회복지서비스의 지평이 넓어지고, 서비스이용 대상자들의 지불능력이 향상되었으므로 프로그램도 단순한 원조 형태를 떠나 프로그램의 고급화·차별화가 이루어져야 한다.

이러한 고급화나 차별화는 그 지역적 특성에 따른 지역주민들의 서비스 욕구와 서비스 지불능력, 기관의 능력을 고려해야 하며 시대적인 조류를 파악해야 한다. 예를 들어 최근 웰빙에 대한 관심이 증가하면서부터 프로그램에 웰빙을 추구하고자 하는데, 특히 노인복지 프로그램의 경우 이들의 여가와 건강과 관련한 프로그램들이 증가하고 있다.

사회복지조직의 독자적인 프로그램 개발을 위해 고려해야 할 사항은 다음과 같다.

- 우리 기관만이 가질 수 있는 프로그램, 우리 기관이 대표할 수 있는 프로그램을 만들고, 발 빠르게 움직이라.
- 아직 우리에게 선보이지 않은 해외의 우수한 프로그램의 벤치마킹을 통해 사회복지 신시장을 개척하라.
- 꼭 필요한 프로그램, 정말 중요한 프로그램, 독특한 프로그램, 그리고 이 프로그램이 어떠한 프로그램인지, 타깃 대상이 누구인지를 명확하게 하라.

이는 단연 프로그램뿐만 아니라 재원조달 모금에도 활용될 수 있다. 우리 기관만의 특색 있는 모금방법을 만들고 기관만의 아이템을 개발해야 한다. 외국이나 비영리단체, 혹은 다른 기관에서 활용하고 있는 모금방법을 벤치마킹하여 우리 기관의 특성에 맞게 재구조화시킬 수 있어야 한다. 또한 모금활동에 있어 사명감과 비전을 가지고 이 모금액이 어디에 쓰일 것인지를 파악해야 하며, 누구에게 얼마 만큼의 모금활동을 할 것인지를 파악하여 대상자의 특성에 따라 모금 전략을 달리해야 할 것이다.

② 클라이언트의 입맛에 맞추라

2006년 공동모금회에서 전경련의 후원을 받아 전동휠체어를 증정하는 사업을 실시하였다. 전동휠체어는 여러 업체 중 세 가지의 모델을 선정하여 신청한 사람들이 스스로 카탈로그를 통해 성능을 비교한 후 선택할 수 있게 하였다. 제공한 모델은 실사용자의 기호와 특성에 따라서 각 전동휠체어 회사의 직원들이 가정을 방문해 맞춤형 서비스를 제공한 후 사용할 수 있게 하였다.

사회복지 프로그램이 고객의 맞춤형 서비스가 되려면 프로그램을 기획할 때 문제확인과 욕구조사가 이루어져야 한다. 지속적인 지역에 대한 관심과 조사를 통해, 지역의 주민들이 어떠한 문제에 당면해 있는지, 어떠한 욕구를 가지고 있는지를 파악해야 한다. 또한 이러한 욕구를 가진 집단들을 선정하고, 프로그램 내용을 구성함에 있어 클라이언트의 개별적인 특성을 고려해야 한다.

아울러 기부자 개발에 있어서도 기관의 기부자들 개개인의 특성에 맞는 모금활동뿐만 아니라 기부자들이 모금을 하고자 하는 취지에 부합한 대상자들과 프로그램이 구비되어 있어야 한다. 혹은 기관의 특성과 정책에 맞고, 기관이 보유한 클라이언트와 지역사회에 부합하는 기부자들을 개발하는 것이 필요하다.

이제는 손에 주어진 예산, 이미 알고 있는 클라이언트, 찾아오는 기부자들뿐만 아니라 클라이언트와 기부자들을 끌어 들일 수 있는 아이템을 연구・개발하여야 이들을 만족시킬 수 있다.

③ 독창적인 아이디어로 고객을 감동시키라

스타벅스는 녹색 눈금이 그려진 커피잔을 선보이며, 타 커피전문점과는 차별화를 내세워 세계진출에 성공하였다. 이러한 녹색 눈금은 같은 종류의 커피라도 원료를 배합하는 정도에 따라 맛이 달라지는 문제점에 착안하여, 맛의 표준화를 이루기 위하여 커피잔에 원료의 비율을 표시할 수 있는 눈금을 그려 넣게 된 것이다.

이 아이디어로 손님들은 세계 어느 매장에서나 같은 맛의 커피를 맛볼 수 있게 되었다. 이처럼 하나의 상품이 히트되기 위해서는 고객이 원하는 제품개발에 주력해야 한다.

사회복지조직도 프로그램을 기획하는 단계에서부터 클라이언트의 의견을 적극적으로 반영하여야 한다. 조직을 이용하는 클라이언트뿐만 아니라 새로운 프로그램을 기획할 때 그 프로그램을 이용할 수 있는 잠재적인 클라이언트를 대상으로, 다양한 의견을 수렴할 수 있는 기구를 마련할 때 프로그램은 보다 실효성이 있고 독창적일 수 있다. 인터넷을 통한 고객의 창을 마련하고, 기관을 이용하는 사람들에게 프로그램에 대한 아이디어를 공모한다거나, 지역의 여러 단체들, 부녀회나 통・반장모임 등에 찾아가 적극적으로 의견을 수렴하고 그들의 소리에 귀를 기울여야 한다.

④ 가격의 적정선을 유지하라

사회복지 프로그램은 상업적일 경우에는 클라이언트와 외부로부터 비난을 받고, 자선적일 경우에는 서비스에 대한 불신을 낳고 가치를 인정받지 못한다. 따라서 가격의 적정선을 유지함으로써 프로그램에 대한 가치를 향상시켜야 한다.

사회복지 프로그램은 일반 상품과 다르게 내용, 주요 대상, 지역에 따라 클라이언트로부터 받는 가격이 달라질 수 있다. 따라서 클라이언트가 피부로 느끼는 가격의 민감선에 맞추되, 가격으로 승부하려면 무언가 우위적인 요소를 갖추어야 한다. 예를 들어 사회복지관에서 운영하는 수영관이 기본적으로 그 프로그램의 가격에 맞추어 한 달에 5만 원이라고 가정해 보자. 거기에 주말마다 이용할 수 있는 프리미엄을 추가할 시에는 만 원이 추가되며, 수영복과 수영모자 세탁서비스나 대여서비스를 추가할 경우에는 일정 금액이 더 추가될 수 있다고 하자. 사람들은 수영장을 이용할 때 각각의 원하는 프리미엄에 따라 지불하는 금액이 달라질 것이며, 최저 5만 원에서 최고 6만 원 이상의 금액을 지불할 수 있을 것이다.

사회복지 프로그램이 무료로 이용되는 것만이 능사는 아니다. 무료프로그램은 서비스의 질을 떨어뜨릴 수 있으며, 좋은 프로그램이라도 질에 대한 의혹을 불러올 수 있다. 또한 클라이언트의 프로그램에 대한 책임의식과 참여 의욕을 반감시킬 수 있다. 사회복지 프로그램을 이용하는 클라이언트들도 자신들의 프로그램에 대한 자부심을 가지기 위해서는 적절한 가격선을 유지하는 것이 필요하다.

⑤ 사회복지기관을 문화공간으로 만들라

이는 감성마케팅의 핵심 요소인 오감을 자극하는 것과 가장 관련이 있다. 기관을 단지 프로그램을 이용하고, 불우이웃을 돕기 위한 성금을 모으고 배분하는 곳으로 인식할 것이 아니라, 문화적 커뮤니케이션이 이루어지는 공간으로 인식할 수 있어야 한다.

그러기 위해서는 먼저, 기관을 들어서는 사람들의 시각・청각・후각을 사로잡아야 한다. 사회복지기관에 주요 이용 대상자들에 맞게 밝고 경쾌하며 너무 소란스럽지 않은, 거부반응이 없는 적절한 음악을 사용하는 것이 효과적이다.

사회복지관은 감성공간이어야 한다. 벽은 심신의 안정을 줄 수 있는 옅은 녹색계통이나 밝고 화사한 색상이 좋으며, 깔끔하게 정돈되어 있어야 한다. 이 기관의 벽, 가구, 게시판을 통해 주요 사업이 무엇인지, 어떠한 대상에게 적절한 서비스를 제공할 수 있는지, 내가 이용하고 싶은 서비스를 어디에 가면 가장 빠르게 이용할 수 있는지 정보를 확인할 수 있어야 한다. 클라이언트를 당황하게 하는 기관의 구조와 분위기는 일회성 고객으로 만들 것이다.

사회복지기관에 향이 나게 한다. 계절에 따라, 공간의 분위기에 따라, 기관의 특성에 따라 따뜻한 향, 시원한 향이 나게 한다. 공간에 있어서도 통로뿐만 아니라, 화장실과 직원들까지도 일관된 향을 유지하는 것이 좋다. 향기마케팅은 눈으로 발견할 수 없는 '느낌과 인상'을 부여함으로써 활용도 촉진을 유도할 수 있다.

다음으론 촉각을 잡으라. 직원들의 미소, 악수에 따뜻함을 불어넣으라. 소파는 편안하게, 겨울엔 따뜻한 차를 구비해 두는 것이 좋고, 여름엔 시원한 실내온도를 유지해 주는 것이 좋다. 프로그램에 사용되는 도구와 소품, 원료들도 클라이언트들의 착용감을 고려해야 한다.

⑥ 우량 파트너와 제휴하라

사회복지조직은 혼자서는 살아남기 힘들다. 지역사회의 여러 단체들과 연계해야 하며, 정부의 지원을 받아야 한다. 최근 기업들은 사회공헌활동이 활발해지고 그에 따른 파트너를 찾고 있다. 사회복지조직은 지역사회에 존재하는 기업들의 인적・물적자원을 제공받음으로써 그에 부합하는 기업의 도덕적이고 윤리적인 이미지를 제공해 줄 수 있다. 이를 위해서는 사회복지조직은 지속적인 연구와, 프로그램 개발, 그리고 자신들의 기관에 부합하는 기업을 찾고, 그 기업에 제안서를 제출해야 한다. 발 빠른 자만이 살아남을 수 있는 사회 속에서 사회복지조직은 서로가 윈-윈할 수 있는 전략적인 파트너를 마련해야 한다.

⑦ 각종 간행물을 활용하라

지역에 사회복지기관이 있어도 그 기관에서 어떠한 프로그램을 실시하고 있는지 알지 못하는 경우가 많다. 사회복지기관은 지역주민들이 자주 찾고 쉽게 접할 수 있는 곳에 간행물과 함께 모금상자를 두는 것이 좋다. 지역사회 주민과의 접촉이 잦은 마트의 한쪽 게시판에 사회복지관에서 실시하는 이달의 프로그램을 게시할 수 있도록 협조를 구하거나 계산대 옆에 작은 모금함을 함께 비치하는 것도 좋을 것이다. 지하철의 휴식공간이나 지역 게시판에 이달에 실시하는 프로그램이나 사업에 관한 정보를 제공하는 것도 좋으며, 버스승강장, 은행, 관공서 등에 복지관에서 발간하는 지역사회 소식지 등을 비치해 두는 것도 좋다.

⑧ 마케팅의 제1요소는 사람이다

사회복지조직과 같이 인적서비스가 가미된 사업의 경우에는 특히 사회복지사의 전문성과 열정이 중시된다. 열정 없는 사회복지사는 매너리즘에 빠지기 쉽고, 전문성이 없는 사회복지사는 클라이언트를 변화시키기 어렵다. 기관의 경쟁력은 어떠한 직원들이 그 기관을 이끌어 나가는가?, 즉 구성원의 경쟁력에 달려 있다. 이를 위해서는 첫째, 내부의 직원이 고객이 되게 하라. 한 조사에 따르면 일반적으로 서비스에 불만을 느낀 고객 1명은 10명 이상의 주변 사람들에게 자신이 겪은 불만을 전하게 된다고 한다. 그 기관 사회복지사가 '우리 복지관의 프로그램은 별로야.'라고 말하는 이야기를 듣고, 복지관의 프로그램을 이용할 사람은 아무도 없다. 직원에게 기관에서 일하는 자부심과 그 직원이 기관의 프로그램을 이용하고 싶을 정도로 만족시켜 주어야 한다. 직원에 대한 복지부터 이루어지고, 안정된 직장이라는 이미지를 심어 줄 때, 그리고 자신이 속한 사회복지조직의 브랜드 가치를 직원들이 인식할 때, 사회복지조직의 이직률이 낮아지고 열심히 일하는 분위기가 형성될 것이다.

둘째, 사회복지사들 스스로 서비스맨이 되게 하라. 첫인상이 중요하다. '웃는 얼굴에 침 못 뱉는다.'라는 말처럼, 웃는 얼굴을 유지해야 한다. 이는 프로그램을 이용하는 대상자들, 기관 사람들과의 관계뿐만 아니라 기부자들이나 관련 기관들과의 관계에까지 철저한 서비스맨 교육을 통해서 그들이 접하는 모든 인간관계에 있어 고객감동이 실현되어야 한다.

셋째, 첫 단추를 잘 끼우라. 신입 직원을 어떻게 교육하는가? 사회복지조직은 과중한 업무에, 바쁜 직원들로 인해 신입 직원에 대한 교육이 철저히 이루어지기 어렵다. 조직의 사명과 가치, 비전에서부터 조직의 구조와 전반적인 업무 파악, 그리고 자신의 업무에 대한 전문적인 훈련을 실시해야 한다. 그러기 위해서는 가능한 우수한 구성원들을 선발하여 훈련과 교육을 시켜 클라이언트를 대하는 방법에도 만전을 기해야 하고, 일하기 좋은 근무환경을 조성해야 한다.

넷째, 지속적인 직원교육을 통해 서비스를 업그레이드 시키라. 새로운 프로그램, 새로운 지역사회문제, 새로운 조직에 대한 이해를 위한 교육에서부터 자신들의 직책에 맞는 직원교육, 그리고 현 조직의 문화와 가치, 프로그램에 대한 정비교육 등 모든 직원교육은 다양한 이슈와 내용을 가지고 지속적으로 이루어져야 한다. 새로운 인재의 발굴도 중요하지만 기존의 인재가 자신의 능력을 최대한으로 발휘할 수 있도록 교육시키는 것이 더욱 중요하다.

다섯째, 직원들 스스로 즐길 수 있도록 하라. 슈퍼바이저와 직원 사이에 친근함을 유지하고, 수평적인 조직구조를 만들라. 또래 직원들 간의 친목도모를 위한 자체모임 등을 만드는 것도 좋은 방법이다.

여섯째, 클라이언트가 조직을 사랑하도록 만들라. 클라이언트들이 자조모임, 그리고 그 조직을 사랑하는 모임 등을 자연스럽게 만들 수 있도록 하라. 온라인을 통한 참여 기회를 확대하고, 자원봉사자들이나 기부자들이 커뮤니티를 만들고 새로운 조언과 아이디어를 표현할 수 있는 온・오프 공간을 만들라.

이상 여덟 가지의 사회복지조직의 감성마케팅에 관해 살펴보았다. 위의 모든 법칙들은 인간을 바탕으로 한 서비스 조직이기에 가능한 것이다. 고객의 오감을 자극해 그들이 스스로 찾아오고 싶은 욕구를 불러일으키는 감성마케팅은 사회복지조직에 꼭 필요한 마케팅이라 할 수 있다. 그러기 위해는 무엇보다 조직과 조직의 직원들이 변화해야 한다. 조직의 마케팅적인 사고로부터 파생될 수 있는 이러한 활동은 우리의 클라이언트를 감동시키고, 그들로 하여금 복지관에 대한 자부심과 긍지를 심어 줄 것이다.

3 입소문마케팅

최근 중소기업에서 활용되어 오던 입소문마케팅이 대기업 사이에도 확산되고 있다. 세계 최대의 종합 생활용품 회사인 P&G는 입소문마케팅을 전담하는 자회사까지 두고 있는데 이 회사는 청소년 대상 입소문마케팅 서비스의 성공에 고무되어 주부 대상으로까지 자신들의 서비스를 확장하기로 했다.

P&G의 입소문마케팅을 전담하는 자회사인 트레머의 입소문마케팅 캠페인은 과연 효과가 있을까? 있다면 어느 정도일까? 트레머를 총괄하다 최근 북미 마케팅 담당 부사장으로 자리를 옮긴 Ted Woehrle에 따르면, 성공적인 캠페인의 경우 매출액(또는 시청자/관객 수)이 10~30% 정도 증가하는 성과를 보였다고 한다. 또한 트레머는 이제

P&G뿐만 아니라 코카-콜라, 소니, 도요타, 드림웍스 같은 P&G 이외의 고객사를 더 많이 가지고 있다는 사실이다. 이러한 입소문마케팅이란 입을 통해서 전달되는 정보 중 화제가 될 수 있는 정보에 대한 직간접적인 전달을 의미한다. 사회복지기관의 장기적인 성장을 위한 전략으로 입소문마케팅은 자리 잡아야 하며 그렇게 하기위해서는 우리 기관만의 독창성이 있어야 한다. 우리 기관만이 가질 수 있는 차별성은 무엇이 있을 수 있을까?

이러한 차별화를 위한 방법으로 첫째 내가 다니는 기관의 강점은 무엇인가, 가능하면 모든 직원들이 참여하여 떠오르는 대로 나열하라. 둘째 나열한 것 중 다른 기관에서 사용하지 않는 강점을 찾아라. 셋째 아무리 하찮은 것이라도 괜찮으며, 다른 기관이 하지 못하는 점까지 철저히 파고 들어가 보자. 그리고 소리 내서 말해 보고 써보자. 넷째, 찾아낸 강점을 제3자에게 전달하기 쉽게 한 구절로 만든다. "○○한 사회복지관입니다." "○○한 시설입니다." ○○한 부분이 다른 조직에는 없고 우리 조직에만 있는 강점이며 대외적으로 알려야 할 차별화 부분이다. 다섯째, 차별화 내용이 선정되면 ○○한 부분을 철저하게 대외적으로 알린다. 명함, 홈페이지, 간판, 기관 소식지, 전단지를 '차별화한' 내용으로 새롭게 한다.

다음에서는 입소문마케팅을 실시함에 있어 활용할 수 있는 방법들에 관해서 살펴보고, 네트워크를 활용하는 방법과 성공적인 입소문마케팅을 실시하기 위한 방법에 관해 알아보고자 한다.

1) 대중매체 활용방법

입소문을 적극적으로 내기 위해서는 대중매체를 활용하는 전략이 매우 효과적이다. 게다가 그 매체가 상업광고에 물들지 않고 객관적이라면 더욱 좋다. 그렇게 해야 신빙성이 높기 때문이다. 스타를 활용한 홍보대사를 선정하라. 인기탤런트나 모델이 자원봉사하는 기관이나 홍보대사로 있는 기관이 잡지나 TV를 통해 소개되면 그 기관을 홍보하는 데 좋다.

2) 회원 홍보 및 체험

회원을 증폭시키고 시더(정보의 씨를 뿌리는 사람)를 뽑아서 기관의 프로그램과 활동을 홍보하라. 접촉, 체험을 한 시더를 늘리라.

"여기 복지관이 좋아 보여."보다는 "자원봉사활동을 했는데 정말 보람되었어. 여기서 우리 가족 모두 자원봉사활동을 해.", "여기 복지관의 프로그램은 정말 알차. 우리 아이도 이 복지관의 프로그램을 이용하는데 사설학원보다 가격도 저렴하고 성적이 올랐어."라고 말하는 편이 훨씬 설득력이 있다.

사람들은 직접 체험한 쪽에 더 친근감을 느끼고 공감하는 법이다.

타인→친지→친구→가족 순으로 신뢰감은 높아지고 응원한 보람도 있다. 아울러 직접 체험한 회원들과 신문을 발행하고 기관의 새로운 소식, 경험담, 모임 등의 정보로 가득 메우라. 입소문을 지원할 도구를 만들라.

3) 홈페이지 활용과 인터넷 홍보

단일 매체를 고집하지 말고 홈페이지, 전단지, DM도 함께 병행하라. 대중매체 광고는 빠르게 넓게 많은 사람에게, 인지 면에서는 강하지만 구매결정, 설득력, 실감, 신빙성 면에서는 약하다.

그와 반대로 입소문은 구매결정, 설득력, 실감, 신빙성 면은 강하고 빠르게 넓게 많은 사람에게 인지되는 면에서는 약하다.

'우리를 봐주세요, 평가해 주세요.'의 자세를 반복해서 보이라. '호감이 간다'. '이런 기관이라면 응원하고 싶다.'와 같은 모양으로 개인의 마음속에 우리 기관의 이미지가 자라게 하라. 이는 기관 홈페이지를 통해, 기관을 방문하는 회원들을 통해서도 실시할 수 있다.

인터넷을 활용하라. 이메일 매거진만으로도 세미나나 프로그램의 참석률을 100% 채울 수 있다. 독자 투고와 독자 평가시스템을 갖추라.

입소문마케팅을 실시하기 위해서는 사람을 통한 오프라인 마케팅도 중요하지만 인터넷의 홈페이지를 활용한 네트워크 마케팅도 중요하다. 최근 IT 정보화의 발전과 스마트폰의 출현 등으로 활성화된 소셜네트워크 매체(트위터, 페이스북 등)들을 통한 입소문마케팅은 그 활약이 기대된다.

다음에는 입소문마케팅을 위한 홈페이지 구축 시에 고려해야 할 사항들이다.

- 홈페이지를 입소문과 같이 취급하여 네트워크 소문과 같은 개념으로 이해해야 한다.
- 사이트를 만들 때 5개의 키워드 "들어가고 싶다, 참가하고 싶다, 보기 쉽다, 알기 쉽다, 자주 오고 싶다"를 의식하여 만들어야 한다.
- 사이트에 사람들이 많이 모일 수 있는 장치를 만들어 준다.
  이것을 네트워크 소문 프로모션이라고 한다. 아무리 좋은 입소문 사이트를 만들어도 밖에서 찾아오는 사람이 없으면 아무 의미가 없기 때문이다. 입소문 사이트는 사람들이 자기 어필을 할 수 있는 장소가 많은 사이트이다. 사람이 많이 모이는 사이트를 방문하여 벤치마킹을 하라. 디자인이나 레이아웃 같은 화면 구성도 눈여겨보고 패스워드나 아이디가 필요한 사이트에도 회원으로 가입하여 발언을 해보자.

접속 건수가 많은 것은 재접속하는 경우가 많다는 것이며, 그렇게 접속하고 싶은 요소가 무엇인지 연구해 보아야 한다.

- 대화의 공간이 마련되어야 한다. 게시판이 마련되어 있고 거기에 투고자가 활기차게 참여하고 있는가? 인터넷의 게시판은 방문자 간의 의견도 교환할 수 있는 곳이어야 하며 사람이 느껴지는 장소여야 한다.
- 사람의 얼굴을 볼 수 있고 됨됨이를 볼 수 있어야 한다. 특히 메인 페이지에 웃는 사진이 있으면 친밀감을 준다. 기관장, 인터뷰한 클라이언트, 이벤트 현장, 프로그램 모습 등 즐거운 모습이 찍힌 사진을 게재함으로써 좋은 이미지를 남길 수 있다. 기관의 분위기나 문화가 전해지는 장소 '나도 모르게 피식 웃음이 나오는' 분위기 조성이 사이트 방문자 간의 거리를 좁힐 수 있다.

4) 부정적 입소문의 방어

조직의 발전을 위해서는 부정적인 입소문을 조직의 리더가 알고 차단해야 한다. '위기를 기회'로 라는 말이 있다. 예를 들어 이 복지관은 노인들이 다니기 불편하게 턱이 높다든지 식사가 맛이 없다는 등의 부정적인 입소문에 대해서는 개선해야 한다. 부정적인 입소문은 신뢰성과 관련되므로 신속히 차단해야 한다.

부정적인 입소문이 일어나기 전이나 일어났을 때 대처하는 방법을 살펴보면 다음과 같다.

① 고객이 평가할 수 있는 통로를 마련하라

평소에 객관적인 평가를 들을 수 있는 고객의 소리와 같은 장치를 마련해 두어야 한다. 한 조사기관의 조사에 의하면 동일시간에 긍정적인 입소문은 6명에게, 부정적인 입소문은 약 12명에게 전파된다고 한다. 화가 난 사람은 화를 풀기 위해 적극적으로 행동하는 경우가 많아 입소문에 순발력이 있기 때문이다.

불편사항을 신고한 고객에 대한 만족할 만한 대처를 할 경우 더 좋은 평가를 해주는 경우가 있기 때문에 이들의 적극적인 활용방안도 연구해야 한다.

② 고객을 모아 정기적으로 기관장이나, 팀장과 좌담하는 모임이나 의견교환 회의를 열라

사람들의 의견을 듣는 것은 단지 클레임 때문만이 아니라 사람들이 우리 기관을 어떻게 보는가를 솔직하게 알 필요가 있다.

그리고 의견을 피력할 기회를 갖는 것만으로도 이미 우호적인 고객이 될 수 있다.

③ 이유, 동기, 기관이 쏟는 노력에 대한 정보를 솔직하게 공개하라

어떻게 이러한 프로그램을 개발하게 되었는지, 그러기 위해서는 어떠한 노력과 준비를 했는지, 어떤 사명감을 갖고 있는지를 클라이언트에게 솔직하게 호소하고 이해

받을 필요가 있다.

그리고 부정적인 입소문이 많아지기 전에 긍정적인 입소문을 모아야 한다. “어머, 그래요? 나는 괜찮던데, 팬이거든요, 하지만…….” 등과 같이 긍정적인 경험담을 이야기하고, “이건 다른 이야긴데…….”라며 화제를 바꾸게 해야 한다.

이상으로 입소문마케팅을 위한 다양한 방법들에 관해서 살펴보았다. 단순히 입에서 입으로 전달되는 입소문마케팅이지만, 고객이 움직여서 그 프로그램을 홍보하고 기부자를 개발하는 입소문마케팅은 무엇보다 조직의 생명에 영향을 미친다.

이러한 입소문마케팅을 위한 4단계 성공방법은 아래와 같다.

- 1단계 기관의 이념 수립을 명확히 하라.
- 2단계 이념을 바탕으로 한 프로그램을 개발하라.
- 3단계 접촉의 창을 만들라. 예를 들어 자원봉사자 체험세미나, 접촉방식으로 가정방문, 기관 내에서 프로그램 실시한다.
- 4단계 기관과 클라이언트의 접촉감각을 얻을 수 있는 마케팅을 실시한다. 정기적으로 배포하는 카탈로그에는 자원봉사자 체험세미나에 참가한 사람들의 보람 있는 모습, 프로그램을 운영하는 사회복지사의 노하우 등을 게재하여 정보교류지로 활용하도록 한다.

이러한 입소문마케팅이 과연 사회복지조직에 적용되고 성공할 수 있을까? 그것은 사회복지조직의 직원과 기관이 얼마나 그 기관에 참여하는 클라이언트들과 지역사회에 긍정적인 이미지를 수립하고, 그들의 의견을 수렴하고 들어줄 수 있는 공간을 마련해 주는가에 달려 있다.

이를 바탕으로 클라이언트들이 사회복지조직의 마니아로서 활동할 수 있도록 해야 한다. 사회복지기관의 가장 큰 목적은 클라이언트를 원조해 줌으로써 그들의 복지를 향상시키고 사회복지조직과 지역사회의 클라이언트들이 함께 성장해 나가는 것이다.

Chapter

12 사회복지기관에서의 홍보

1. 홍보의 개념
2. 홍보의 기술적 과정
3. 사회복지조직의 PR
4. 홍보방법 및 매체

Chapter 12

사회복지기관에서의 홍보

사회복지 마케팅을 이해하기 위해서 우리는 PR(Public Relation)을 먼저 이해해야 한다. PR을 단순히 홍보라는 일방향적인 커뮤니케이션으로 이해하지 않고, Public(대중)을 이해하고 그들과의 Relationship을 통해 쌍방향 커뮤니케이션이 가능하다면, 사회복지조직의 자원개발에 적극 활용할 수 있을 것이다. 이러한 PR은 사회복지조직의 특성을 고려하여 도덕적이어야 한다. 사회복지의 PR론자는 PR을 활용함에 있어 윤리강령을 따르고, 그를 바탕으로 도덕성과 성실성을 가져야 한다고 한다.

한편 홍보는 단순한 설득을 위한 의사소통의 수단이 아니라 사고의 전환과 친인간적 환경으로의 변화를 이끄는 경영혁신이다. 사회복지조직은 급변하는 환경 속에서 대중과 지역사회를 중심으로 원활한 커뮤니케이션을 하지 않고는 살아남기 어렵다. 특히 사회복지조직은 다양한 이해당사자들(stakeholder)인 정부, 지역주민, 클라이언트, 이사회, 사회복지사, 기부자 등 조직의 생존과 직결하는 사람들과 함께 하며, 이들을 설득시키고 이해시키고, 이들과 함께 공존해야 한다.

최근 위기관리 커뮤니케이션 전략, 주주관계 커뮤니케이션 전략, 지역사회 전략, 직원대상 커뮤니케이션 등 홍보 전략이 다원화되면서 사회는 더욱 과학적이고 체계적이고 세련된 홍보 전략을 요구하고 있다(윤희중·신호창, 2001).

이 장에서는 먼저 사회복지조직과 PR에 관해 살펴보고, 보다 전략적인 홍보 전략을 통해 사회복지조직에서 PR을 어떻게 활용할 수 있을지 알아보고자 한다.

1 홍보의 개념

사회복지조직은 PR활동에 있어서도 특수 목적의 PR활동에 속한다. 예를 들어 노조관계는 협상이론이나 갈등이론 등이 배경이 되어야 하겠지만, 병원 PR활동의 경우 방대한 건강 커뮤니케이션(health communication) 이론들을 도입해야 한다. 교육기관의 경우 학생, 학부모와 같은 특수한 공중을 고려하듯, 사회복지조직도 프로그램의 이용자나 지역사회의 주민, 욕구를 가진 클라이언트를 염두에 두어야 한다.

하지만 이러한 특수성에도 불구하고 조직, 공중, 기능이라는 PR의 특성과 다양한 대중과의 커뮤니케이션을 통한 장기적인 관계 정립을 목표로 한다는 데에는 큰 차이가 없다. 따라서 특수한 이론을 찾기보다는 기본적인 PR의 개념과 이론을 적용하려는 시도가 먼저 이루어지는 것이 바람직하다. 사회복지조직이 PR활동에 의존하려는 이유는 기능적인 것이 우세하지만 결국 프로그램의 성공은 기능주의적인 목적을 공중의 이익과 조화시키는 데 있다는 것을 이해할 필요가 있다. 예를 들어 사회복지조직의 여러 단체들이 스타급 연예인들을 홍보대사로 위촉하면서 조직의 명성과 인지도를 높이려고 노력하고 있다. 이는 기업의 마케팅 PR활동에서 스타급 연예인들을 통한 광고를 하는 것과 크게 다르지 않다.

홍보의 개념을 명확하게 하는 것은 쉬운 일이 아니다. PR에서 큰 비중을 차지하는 것이 커뮤니케이션이어서 이 역할을 중시한 나머지 PR과 퍼블리시티를 동일시하는 경우가 많다. 보다 포괄적인 의미에서 홍보는 '홍보 주체와 홍보 대상 간의 커뮤니케이션을 관리하는 것'이라고 할 수 있다. 여기서 커뮤니케이션(communication)이라는 용어의 어원은 공통·공유를 의미하는 라틴어의 커뮤니스(commuis)이다(최종복, 2002).

또한 홍보라는 개념은 말 그대로 널리 알리는 보도라는 뜻을 가지고 있어 개인 또는 단체가 행하는 모든 설득적 커뮤니케이션 행위를 포괄하는 뜻으로 이해해도 좋을 것이다. 이러한 홍보에 대한 사전적 정의는 ① 해설적인 자료의 배부, 이웃 간의 상호교류를 통하여 의견의 일치나 친선을 도모하는 것, ② 한 개인, 조직체, 기관 또는 공중과의 사이에 이해와 호의의 정도를 높이는 것, 또는 이러한 관계를 달성하기 위한 기술들의 적용, ③ 상호이해와 호의를 높이는 기술이나 과학 또는 이러한 임무를 수행하는 전문적 행위라고 되어 있다.

S. M. Cutlip과 H. Center는 홍보란 "상호 만족할 만한 쌍방향적 커뮤니케이션을 기초로 사회적으로 책임 있고 받아들일 수 있는 행동을 통해 여론에 영향을 주기 위한 계획된 노력"이라고 하였고, M. E. Dimock와 G. O. Dimock는 홍보란 "공중의 신뢰를 조성하고, 그의 계획이나 기능에 대한 공중의 이해를 증진시키기 위해 수립하는 정책과 행동계획"이라고 정의하였다.

홍보는 널리 알린다는 뜻이며 일반적으로 Public Relations의 약자를 따서 PR이라고 번역된다. 영국 PR협회는 "Public Relation이란 조직과 공중 사이의 상호이해를 확립하거나 유지하기 위한 신중하고도 계획적이며 지속적인 노력"이라고 하였다. Grunig와 Hunt(1984)는 "PR은 조직과 공중 간의 커뮤니케이션 관리"라고 규정하고 있다. 또한 최종복(2002)은 "조직과 공중 사이의 호혜를 목적으로 사용되는 조직 자체의 제반 커뮤니케이션 활동과 그를 대행하거나 조력하는 제반활동"이라고 정의했다.

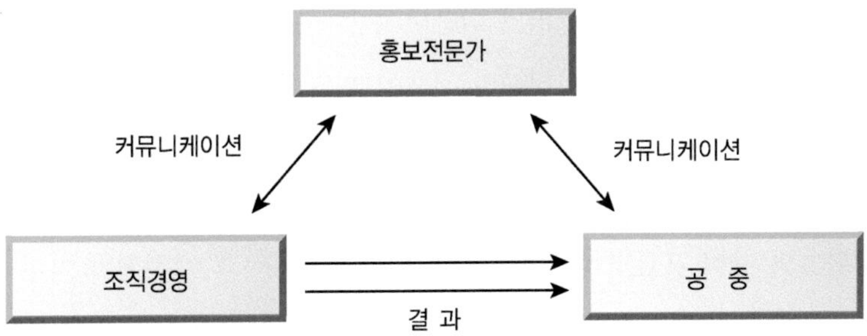

▌그림 12-1▌ 홍보 조직과 공중

출처: 최윤희 (1994). 현대 PR론.

Dunham의 홍보에 대한 설명에는 우리가 일상적으로 사용하는 광고, 이미지 만들기, 좋은 관계 유지, 선전, 마케팅, 여론, 대중정보(Public Information), 지역사회관계(Community Relations), 고객관계(Customer Relations)와 같은 의미를 내포하고 있다. 홍보는 일반적으로 마케팅, 광고, 퍼블리시티, 섭외, 선전 등과 구분 없이 사용되기도 하나, 이들은 여러 면에서 엄밀히 다르며 구분되어 사용되어야 한다. 이것들은 모두 대상을 설득하기 위한 것이라는 점에서 설득 커뮤니케이션으로 분류된다. 그러나 홍보는 대상을 일방적으로 설득하는 차원을 넘어 상호・의사교환(Two-way communication)을 통해 영향을 주고받는다는 점에서 모든 설득 커뮤니케이션을 포괄하고 있는 광범위한 상위개념이다. 따라서 홍보에 대한 개념을 정리하기에 앞서 이러한 개념들이 가지는 특성과 홍보와의 차이점을 살펴보고자 한다.

- 광고: 고객 또는 일반 대중들에게 광고자가 의도하는 대로 영향을 미치기 위한 설득 커뮤니케이션 행위이며, 주로 대중매체를 사용하며 공식적으로 대가를 지불하고 매체를 활용하는 유료 커뮤니케이션이며, 또한 영리추구를 목표로 하는 마케팅 상황에서 발생한다. 선전은 주로 종교단체, 자선단체, 정치조직들이 자신들의 주장이나 이념을 목표집단에 알리기 위하여 주로 사용하는 방법으로 대중들에게 모든 정보를 제공하기보다는 선전자의 견해에 호의적인 것만을 일방적으로 주는 경향이 강하다. 마케팅은 주로 고객으로 하여금 제품이나 프로그램 또는 서비스를 구매하도록 고취하는 판매지향적인 성격을 가지고 있다.
- 홍보: 광고와 같이 유료로 대중매체를 이용하기보다는 홍보 주체가 자체적인 간행물 발간을 통하여 홍보행위를 전개하며, 자신의 조직과 관계있는 사람들, 즉 특수 공중에게 조직의 업무를 알림으로써 그들의 호의를 얻고자 한다. 또한 선전과 같이 일방적인 제공이 아니라 대중과의 우호적인 관계를 설정하기 위하여 양측이 서로 정보를 교환하여야 함을 강조하는 측면이 다르며 방송매체, 신문, 포스터, 도서 등 다양한 매체를 통하여 한 조직의 프로그램이나 제품 또는 서비스에 대하여 긍정적인 관점을 갖도록 하는 체계적인 접근이며, 대중들에게 조직에 관한 사항을 교육시키는 일련의 도구, 기법, 활동 및 전략이라고 할 수 있다.

▌표 12-1▐ 홍보, 광고, 선전, 퍼블리시티와의 차이

구 분	홍보			마케팅/광고	선전
	홍보	퍼블리시티	섭외		
목적	공중의 이해와 신뢰 획득	기사 보도	공중의 이해와 신뢰 획득	상품 및 서비스 판매	주장, 이념 설득
대상	언론, 고객, 직원, 지역사회 등	언론	언론, 고객, 직원, 지역사회 등	상품의 구매자, 고객 등	특정집단
대중매체 관계	비통제적 (홍보비 지불 안 함)	비통제적 (홍보비 지불 안 함)	비통제적 (홍보비 지불 안 함)	통제적 (광고비 지불)	통제적 (선전비 지불)
메시지	사실에 입각	사실에 입각	사실에 입각	특별한 메시지 전달	사실 조작, 은폐, 여론 조작
정보흐름	상호 교환	상호 교환	상호 교환	일방적 전달	일방적 전달
효과	간접적, 장기적	간접적, 장기적	간접적, 장기적	직접적, 즉각적	직접적, 즉각적

2 홍보의 기술적 과정

일반적인 개념에 있어서의 홍보란 결국은 PR주체와 매체 측과의 상호 이해된 신뢰를 바탕으로 협력적인 시각에서 펼쳐지는 PR의 한 기술이자 활동인 것이다. 따라서 현대사회의 요청에 부응하여 수행되기 위해서는 다음과 같은 원칙들이 강조되어야 할 것이다. 첫째, 정확하고 상세한 정보 제공, 둘째, 일방적 정보 제공이 아닌 대중의 바람을 청취함으로써 대중과 서비스 공동주체 간의 상호작용에 근거, 셋째, 홍보의 결과는 대중의 이익과 합치하여야 한다. 홍보는 대중을 의식하고 그들의 이익 또는 공공의 이익을 실행하도록 노력하는 자세에서 이루어져야 한다. 넷째, 홍보는 계몽적이고 교육적 성격을 지녀야 한다. 다섯째, 홍보는 인간관계에 기초하여 이루어져야 한다는 것이다.

1) 조사-청취

조사의 과정은 조직체의 행위나 정책과 관련된 사람들의 의견, 태도, 반향들을 조사하고 그 유입을 평가하는 것을 뜻한다. 이러한 조사의 유형으로는 사전조사(pre-testing), 중간조사(concurrent testing), 사후조사(post-testing) 등이 있다. 조사의 절차는 질문문항 선정, 조사대상 표집, 조사의 진행, 조사의 결과 및 해석 등의 순으로 진행되며, 조사대상 선정방법으로는 전집조사와 표본조사 등이 있다. 이러한 사전조사는 다음과 같은 기능을 가진다.

- 조사는 잘못된 부분을 발견하여 미래지향적인 시정조치(feedback)를 용이하게 한다.
- 조사는 객관적으로 프로그램 전체를 파악하도록 돕는다.
- 조사는 프로그램 입안과 자문을 제시해 준다.
- 조사는 잠재적 문제점을 탐지해 준다.
- 조사는 외향적 커뮤니케이션의 효과를 높여 준다.
- 조사는 유용한 정보를 제공한다.

2) 계획-결정과정

계획과정은 조사과정에서 나타난 의견, 개념, 반향 등이 프로그램의 입안과 정책과 계획들에 영향을 미치도록 하는 것을 의미한다. 이것은 모든 관계자들의 상호이익에 맞는 방향을 책정하여 만들어 놓는다. 홍보계획을 효과적으로 세우기 위해서는 충분한 조사자료를 기초로 계획을 세우고, 조직체의 기본방침 및 목표에 합치되는 계획을 세우는 동시에 그 계획을 통하여 미래상을 제시하여 공중에 희망과 기대를 갖게 하며, 계획의 수립 및 시행에 관련 있는 모든 관계자들의 의견을 참작하여야 한다.

계획의 단계에서 이루어져야 할 내용을 살펴보면 다음과 같다.

- 내용결정: 프로그램 참가대상자의 성향 분석, 욕구나 불만사항을 파악하여 서비스의 정보결정

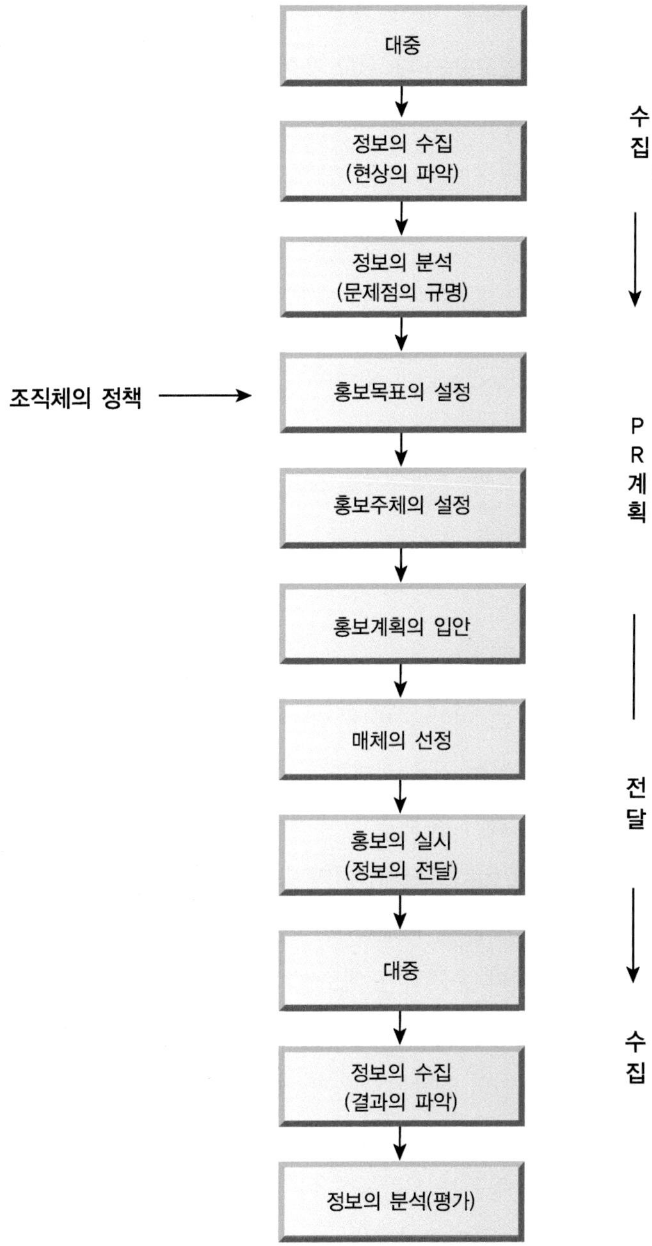

▮그림 12-2▮ 홍보활동의 전개과정

- 매체 관리운영: 신문, 방송, 잡지, 홍보간행물 등의 전문적 관리
- 간행물 제작: 친근감 있고 누구나 쉽고 용이하게 읽을 수 있는 용어의 선택, 그리고 발행 간격이 일정하여 공공 레크리에이션 활동의 참가 희망자들에게 기대감을 갖도록 하는 간행물 제작
- 예산: 충분한 예산의 수립, 예산 부족으로 정보 제공 흉내만 내는 격이 되지 않도록 할 것
- 효과평가: 효과의 정도를 파악하는 데 목적이 있지만 그보다도 잘못을 발견하여 미래지향적인 피드백(feedback)이 있어야 한다.

이러한 것을 토대로 홍보의 전개과정을 도표로 나타내면 [그림 12-2]와 같다.

3) 커뮤니케이션

이것은 선택된 방향을, 그 영향을 받게 되는 사람들과 그들의 지지를 받아야 하는 사람들에게 설명하고 강조하는 것을 의미한다. 즉, 입안된 계획을 홍보 객체인 공중에게 설득하는 단계이다. 그래서 홍보를 설득 커뮤니케이션이라고 한다.

커뮤니케이션의 기본 요소로는 크게 네 가지로 구분하여 설명하고 있는데 그 내용은 커뮤니케이터, 메시지, 수용자, 채널이다. 커뮤니케이터는 신뢰가 가장 중요하며 커뮤니케이터의 신뢰도에 따라 우호적인 태도변화를 증대시키며, 또한 그 사람이 자신의 이익과 상반되는 입장을 주장한다면 더 증대된다고 하였다. 메시지는 정보 전달에 있어 정보에 대한 욕구가 이미 유발되었을 때, 동의하는 자료와 동의하지 않는 자료가 동시에 제공될 때, 그리고 원하고 있던 자료가 제일 먼저 제시될 때 훨씬 더 효과적이라고 하였다. 세 번째로 수용자는 사람들이 어떤 쟁점에 대하여 흥미를 느끼면 느낄수록 그들은 그 쟁점에 대하여 일관성 있는 입장을 취하는 경향이 있다고 하였다. 즉, 사람이 압력을 받게 될수록 그 사람의 의견은 설득적 캠페인 동안 안정성을 잃게 된다. 압력을 받은 사람은 그 사람이 좋아하는 집단의 태도를 수용하여 그 태도를 취하

는 경향이 있어 '침묵의 소용돌이' 현상이 발생된다는 것이다. 외부 수용자들을 위한 커뮤니케이션 채널은 신문과 잡지, 텔레비전과 라디오가 주를 이루며 이외에도 포스터, 게시판, 전단, 영화, 무역박람회, 전시회 등도 이에 포함된다. 한편 내부 수용자들을 위한 채널은 사보와 뉴스레터, 폐쇄회로 텔레비전 프로그램, 비디오테이프, 연설, 회의, 조직 내 전시회, 포스터, 전단, 메모 등이 이에 해당된다.

여기서 PR커뮤니케이터에게 가장 중요한 점은 어느 것이 수용자의 메시지에 가장 적합한 채널인지를 구별해 내는 능력이다. PR 실무자는 목표 수용자에게 도달되고 그들로부터 신뢰받을 수 있는 매체를 선별해 내야 한다.

4) 평가

평가란 정해진 목표에 맞추어 프로그램의 홍보나 전반적인 내용이 얼마나 효율적이었나를 확인하는 과정이다. 이것은 그 계획의 결과와 사용된 기술의 효과의 평가를 의미한다. 평가는 설정된 목표의 수행결과에 대한 측정이다. 우리나라 사회복지조직 홍보활동에 있어서도 가장 큰 약점은 홍보활동 성과에 대한 피드백이 부족하다는 점이다. 미국 PR협회 회장을 지낸 바 있는 Frank W. Wylie는 '평가'에 대하여 다음과 같이 기술한다. "우리는 구체적인 PR목표의 달성과정을 순서대로 평가하는 것을 말하고 있는 것이다. 우리는 수행과정에서 우리가 올바르게 한 것, 우리가 잘못한 것, 우리가 진척시킨 것 그리고 우리가 다음에 어떻게 해야 하는가를 파악하고 있는 것이다."

평가단계는 별개의 단계로 취급되어서는 안 된다. 평가는 PR과정 중 여러 단계, 즉 계획단계, 중간점검단계 및 결과에 대한 분석 등 어느 단계에서나 적용되는 과정으로 생각하는 것이 더 정확하며 유용한 것이다. 예를 들어 첫째, 사회복지조직에서 하는 일을 지역사회에 정확하게 알려서 클라이언트와 가족에게 적절한 정보와 서비스를 제공하기 위해서, 둘째, 지역주민의 사회복지조직에 대한 인지도를 높여 이해와 동의를 구하고 사회복지조직의 프로그램에 동참을 유도하기 위해서, 셋째, 클라이언트의 문제와 복지에 대한 이해를 증진시키고, 인식을 개선하고, 예방과 계몽활동을 촉진하기 위해서 PR은 필요하다.

3 사회복지조직의 PR

1) 사회복지조직의 PR 필요성

사회복지조직은 지역사회 주민들에게 복지서비스를 제공하기 위해서 존재하고 이를 위해서는 지역사회 내의 여러 개인, 단체 및 조직 등과 관계를 유지하여야 한다. 서비스에 대한 정보 제공, 지역주민과 단체의 협조 및 이해를 얻기 위해서는 홍보가 대단히 중요하다. 사회복지조직은 홍보를 통해 기관의 목적을 실현하고 조직의 자원을 동원할 수 있으며, 나아가 복지사회를 구축해 나갈 것이다. 남기민 · 전명희(2001)는 사회복지관 PR활동의 중요성을 다음과 같이 네 가지 측면에서 제시하고 있다.

- 사회복지기관 시설 및 이미지 홍보
- 자원봉사자 모집 홍보
- 기부자 개발 홍보
- 프로그램 홍보

사회복지기관의 홍보 역시 일반 기업의 홍보와 같이 홍보 전략의 기획, 홍보매체의 활용, 홍보자료의 제작 등 기본적인 틀에서 크게 다를 바 없다. 사회복지기관의 홍보의 전문화를 이루기 위해서는 먼저 일반 기업의 홍보 전략과 내용을 살펴보는 것이 도움이 된다. 사회복지기관의 홍보가 일반 기업과 다른 면이 있다면 그것은 복지실현이라는 공익적 가치의 추구에 있을 것이다. 요즈음 기업들이 기업 이미지의 창출을 위해 공익사업의 실시와 기업이윤의 사회환원이라는 측면에서 홍보를 강화하고 있지만 이는 어디까지나 기업의 영리추구라는 대전제 아래에서 이루어지는 것이다. 따라서 사회복지기관의 홍보가 일반 기업과 다른 면이 있다면 공익성이라는 측면을 더욱 현실감 있고 구체적으로 표현해야 한다는 것이다.

Skidmore(1995)는 효과적인 홍보를 위해 다음과 같은 사항을 제시한다.

- 목표가 무엇이며 어디에 있는가를 알아야 한다.
- 접촉하려고 하는 사람이 누구인가를 알아야 한다.
- 이용 가능한 자원(돈, 정보, 인력 및 기술 등)을 고려해야 한다.
- 돌아오는 이익이 접촉하고자 하는 상대방과 어떻게 연관되는가에 유의해야 한다.
- 홍보에 관한 구체적인 기법을 알고 있어야 한다.
- 절대적으로 정직해야 한다.
- 사람들에게 감사해야 한다.

홍보 전략을 세우는 데 가장 중요한 것은 홍보의 목적을 설정하는 것이다. 홍보의 목적은 마케팅의 목적과 함께 작성되어야 한다. 곧 홍보 목적은 마케팅 목적달성을 위한 것이 되어야 한다.

홍보를 실시할 때 마케팅 측면에서 무엇을 위한 홍보인지 분명히 규정되어야 한다. 사회복지기관의 홍보의 목적 설정은 위에서 언급했듯이 일반 기업과는 달리 복지실현이라는 공익성을 언제나 염두에 두고 구체적으로 작성되어야 한다.

사회복지기관의 광고와 홍보가 제대로 이루어지기 위한 여섯 가지 필수요건은 다음과 같다.

첫째, 대상집단과의 커뮤니케이션이 이루어져야 한다.

둘째, 커뮤니케이션이 대상집단의 관심을 끌어야 한다.

셋째, 대상집단이 그 메시지를 이해할 수 있어야 한다.

넷째, 메시지가 대상집단의 욕구에 호소력을 가지고 있어야 한다.

다섯째, 이것이 욕구를 충족시키는 최선의 방법이라는 것을 대상집단에게 설득시켜야 한다.

여섯째, 비용-효과적이어야 한다.

사회복지조직은 독자적인 생존과 사회적인 안녕을 위해 노력한다. 그렇다면 왜 PR이 필요한 것일까? Kinzey(1999)는 비영리조직의 PR의 필요성에 대해 다음과 같이 정리하였다.

첫째, 비영리조직 간 경쟁이 심화되고 있다. 사회복지조직도 프로그램을 개발하고 이를 실행하기 위한 지원금을 획득하기 위해 조직들 간 경쟁이 심화되고 있다.

둘째, 독자적인 기금조성으로 재정을 안정시켜야 한다. 이를 위해서는 기부자들에게 좋은 평판과 신뢰성을 확보하고 있어야 한다.

셋째, 다양한 공중과의 우호적인 관계를 통하여 조직활동의 효율성을 높이는 것이 필요하다. 사회복지조직은 기관을 이용하는 클라이언트에서부터 지역사회에 공존하는 다양한 잠재적인 클라이언트에 이르기까지 폭넓은 대중의 복지를 위해 노력해야 하며, 이들과의 우호적인 관계를 통해 조직의 활동이 이루어져야 한다.

넷째, 조직 자체에서 발생하는 위기상황을 관리할 수 있어야 한다. 대표적인 비영리조직의 위기사건으로 미국 걸스카우트의 쿠키판매에서 발생한 독극물주입사건 등을 들 수 있다. 걸스카우트의 재정 대부분을 차지하는 쿠키판매 행사를 할 수 없다면 걸스카우트조직이 와해될 위기에 처했지만 결국은 위기관리를 잘함으로써 어려움에서 벗어날 수 있었다.

이와 같이 비영리조직도 위기로부터 자유롭지 못하다. 사회복지조직 또한 도덕지향적인 조직으로서 사회복지조직이 도덕적이지 못할 때 영리조직에 비해 사회로부터 더 큰 비난을 받게 된다. 2010년 우리나라의 공동모금회 직원 비리와 횡령사건은 아직 그 위기를 벗어날 만한 충분한 시간이 필요하지만, 미국의 공동모금회(UWI)의 회장 공금횡령과 관련한 사건 등도 조직 자체 내에서 위기관리를 잘해나감으로써 다시금 모금활동이 정상적으로 이루어질 수 있었다. 사회복지조직도 이처럼 비영리조직의 특성을 가짐으로써 경쟁력, 모금, 클라이언트와의 관계, 위기관리적인 측면에서 PR의 중요성이 부각되고 있다.

이제 더이상 과거의 명성이나 사회적으로 공인된 존재 이유에 의존할 수 없는 상황들이 많아지고 있다. 사회복지기관들은 영리단체가 주주들에게 하는 것처럼 기부자 혹은 이용자들에게 왜 자신의 단체가 중요한지를 적극적으로 설명해야 하는 단계에 와 있다. 사회복지기관도 기부자들의 신뢰를 확보해야 하는 필요성이 커지고 있으며, 경쟁에서 살아남기 위해 영리단체와 비슷한 PR활동이 요구된다(김영욱, 2003).

2) 사회복지조직의 홍보 현실

현대사회가 보다 전문화되고 다양화되면서 홍보의 방법과 내용도 더욱 전문화되어 기업을 상대로 전문 홍보 대행업체가 설립됐으며 전문 홍보잡지도 창간되었다.

홍보 전략도 다양해져 드라마나 영화를 통한 간접홍보나 전 사원의 홍보담당자화, 그리고 멀티미디어 정보화시대에 맞는 PC통신과 인터넷을 통한 사이버홍보 전략 등 새로운 홍보의 패러다임이 창출되고 있다.

홍보의 중요성이 강조되면서 기업뿐 아니라 국가, 정당, 예술단체, 시민단체, NGO 등 사회의 전반적인 범위에 걸쳐 홍보 업무의 강화가 이루어지기 시작했다. 최근에 대통령이 국가브랜드위원회 광고에 출연한 점이나 여러 시민, 사회복지단체들이 인기 연예인이나 저명인사를 홍보대사로 임명하여 적극 홍보와 모금활동에 활용하는 것에서 홍보의 중요성이 사회 전반적인 영역으로 확대되고 있음을 알 수 있다.

홍보는 마케팅의 교환을 통한 판매촉진에만 국한되는 것은 아니다. 직원과 자원봉사자의 모집과 관리에도 중요한 역할을 담당하고 있다. 기업들은 좋은 직원을 뽑기 위해 직접 대학을 찾아가 기업설명회를 개최하고 있으며 비영리단체인 대학들 역시 좋은 학생을 유치하기 위해 고등학교에 학교의 홍보물을 발송하며 일부 학교는 방송과 신문을 통한 광고도 하고 있다. 그러나 우리나라와 같이 정부의 사회복지 예산이 GDP(국민순생산) 대비 1% 미만으로 OECD가입국의 평균 22.8%와는 비교도 되지 않는 수준에 머물러 있는 형편을 감안할 때 민간자원을 적극 개발해야 하는 사회복지단체야 말로 가장 홍보를 전문화하고 적극적으로 실시해야 한다.

그러나 우리나라 대부분의 사회복지단체들의 홍보 업무는 비전문적 또는 전무한 상태에 놓여 있다고 할 수 있다. 다만 재정확보를 위해 일부 사회복지단체들이 모금을 위한 홍보활동을 하고 있을 뿐이다. 더군다나 홍보 업무는 인적자원의 개발과 관리 업무와는 아무런 관계가 없는 것으로 생각하고 홍보 업무가 매우 미약한 것이 사회복지계의 현실이다. 가장 큰 문제점은 예산 부족으로 인해 PR을 전문적으로 담당할 인력을 두기 어렵다는 것이다. 이로 인해 효과적인 PR을 적극적으로 펼치기 어려운 실정이다. 따라서 PR 전문인력을 양성하고, PR활성화를 위한 적극적인 언론 PR활동을 실시할 필요가 있다. 현대사회에서 언론의 영향력이 워낙 크고 중요하기 때문에 언론을 통한 PR활동에 중요한 비중을 두고 PR활동을 실시해야 한다(정무성 외, 2003).

3) 사회복지조직 홍보 인력 및 소재 발굴

사회복지기관의 홍보담당자는 기부자(Doner), 수혜자(Client), 활동가(Social Worker), 공중(Public)을 연결하는 다리(Bridge)의 역할을 한다.

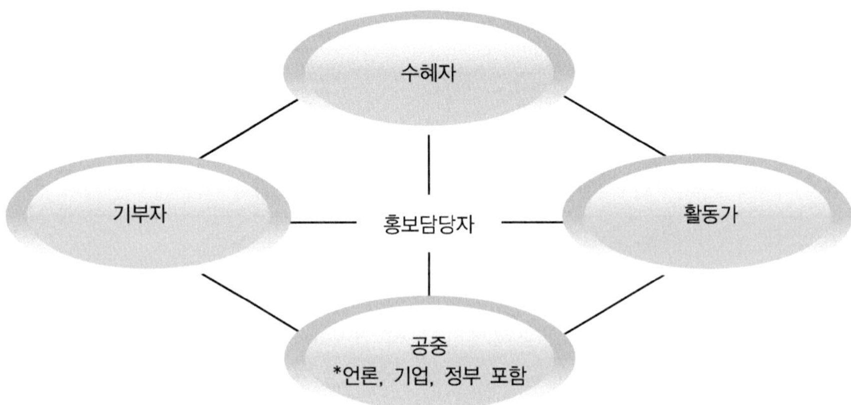

▮그림 12-3▮ 사회복지관 홍보담당자의 역할

사회복지기관의 홍보담당자는 촉진자(Communication Facilitator)로서 조직과 수혜자, 기부자, 공중 사이의 전파와 정보 수렴의 연락자, 해석자, 조정자의 기능을 수행하며 상호작용의 촉진자로서 역할을 한다. 또한 기술적인 전문가(Communication Technician)로서 홍보자료를 제작, 매체 관련 업무 등을 수행하게 된다.

먼저 홍보자료를 제작하는 데 사보를 작성하거나 편집, 취재, 광고제작, 각종 인쇄물과 영상물, 홈페이지관리 등을 맡는다. 매체 관련 업무로서 보도자료 배포, 기자회견 주관, 방송출연 섭외 등의 활동을 하며, 그외에도 여론조사나 연설문 작성 등을 수행한다.

이러한 사회복지조직의 홍보담당자는 아래와 같은 자질을 갖추어야 한다.

- 사회복지의 세계적인 이슈와 경향에 대해 이해하고 그에 맞는 전략적인 홍보를 수행해야 한다.
- 풍부한 감성을 소유해야 한다. 풍부한 감성으로 기발한 아이디어를 만들어 내고 사람들의 오감을 자극하는 홍보계획을 기획해야 한다.
- 순발력을 지녀야 한다. 홍보활동에 있어서 갑자기 발생할 수 있는 위기와 상황들에 대해 재치 있게 대처할 수 있는 순발력을 지녀야 한다.
- 사회복지조직 내·외부의 환경변화와 모금활동의 상황변화에 적응해야 하며, 다른 조직에서 이루어지는 다양한 홍보방법들을 응용하고 활용할 수 있어야 한다.
- 열정을 지녀야 한다. 열정은 홍보를 행함에 있어 원동력이 되므로, 사회복지 홍보담당자는 열정을 지니고 조직에 대한 사명감과 비전을 제시할 수 있어야 한다.
- 전문성을 가지고 홍보물을 제작하고, 연설문을 만들고, 사진을 제작하는 등 예술가로서, 대중에게 호소력 있는 연설가로서, 모금전문가로서 활동할 수 있다.
- 창의성을 발휘해야 한다. 열린 사고로 풍부한 상상력을 가지고 다양한 정보와 상황에 대해 통합적인 사고를 지니고, 어떠한 정보라도 기관을 홍보하는 데 유리한 정보를 취득하려 하고 삶에 있어 긍정적인 태도를 지녀야 한다.
- 윤리적이어야 한다. 사회복지조직은 윤리적인 조직으로서 여기에서 이루어지는 홍보활동은 다른 조직들보다 더욱 윤리적이고 진실되어야 한다. 이는 사회복지 홍보담당자는 사실에 입각하여, 공정하고 인간중심의 홍보철학을 가져야 한다는 것이다. 클라이언트나 기부자의 초상권을 보호하고, 프라이버시를 존중해야 하며, 각 당사자들과 환경 간에 있어 문화적 차이를 존중해 주어야 한다.

그외에도 사회복지조직의 홍보담당자로서 기본적으로 인간존중의 가치와 인간에 대한 동정심(compassion)을 가져야 하며, 인간과 사회에 대한 깊은 통찰력을 통해 복지적인 관점에서 문제점을 도출해 내고 해결방안을 제시할 수 있는 능력을 지녀야 한다. 또한 정부의 주요 사회복지 시책에 따른 정책들을 숙지하고 새로운 정책에 대해 빠르게 습득해야 한다(조석인, 2004).

4) 홍보 소재와 소재 발굴방법

다음은 홍보 소재와 소재 발굴방법에 대해 알아보기로 한다.

① 홍보자료의 소재는 어떤 것이 적합한가

- 새로운 프로그램의 소개(사업명, 프로그램의 실시 배경, 프로그램의 내용 소개, 모집 인원 등)
- 사업의 지원대상자의 휴먼스토리
- 기관장, 사회복지조직 위원회, 직원 등의 동정(인물 동정, 원고청탁 기고문 등)
- 사회복지 법인의 설립 및 관련 내용, 지역 관련 소식
- 사회복지조직의 활동 전반에 걸친 내용/조직의 목표, 실적 등
- 마케팅 전반에 걸친 활동/각종 이벤트, 모금활동 및 바자회, 후원의 밤, 자원봉사 모집 등
- 기타 홍보거리가 될 만한 내용(건물, 지역사회 기업의 사회공헌활동, 독특한 요소를 지닌 직원이나 클라이언트 등)

② 홍보자료의 소재는 어디서 어떻게 구할 수 있을까

- 조직 내의 네트워크를 구축한다(조직의 전반적인 부서와의 정기회의 등을 통한 네트워크 구축).
- 조직 내부 직원 등을 통한 홍보소재 아이디어 수집 창구를 마련한다.
- 업무 추진 중에 흥미 있는 요소들을 발굴하여 활용한다.

• 지역사회나 관련기관과의 유대강화를 통해 정보를 수집한다.

4 홍보방법 및 매체

1) 홍보의 방법

홍보 목적이 결정되면 목적달성을 위한 구체적인 실행계획과 홍보의 수단, 방법 등이 결정되어야 한다.

효과적인 홍보방법을 위해서는 첫째, 홍보메시지와 자료수집이 이루어져야 한다. 홍보메시지는 홍보 대상자들에게 홍보 목적에 따라 호소력 있는 내용으로 작성되어야 한다. 일반적으로 홍보메시지를 행사나 프로그램의 외적 규모나 형식에 치우쳐 작성하는 경우가 많은데 효과적인 홍보메시지는 감동을 줄 수 있는 구체적이며 실제적인 내용으로 구성되어야 한다. 둘째, 홍보의 매체와 대상자를 선정해야 한다. 곧 어떤 홍보매체를 사용할 것인지, 홍보의 구체적인 대상자가 누구인지를 파악하여 홍보를 실시해야 한다. 셋째, 홍보 대상자와 홍보매체가 결정되면 홍보자료를 작성해야 한다. 언론이나 외부기관에 보내는 보도자료, 기사는 구체성, 논리성, 간결성, 함축성을 지니고 육하원칙에 따라 작성되어 언론이나 접수기관에서 가능한 한 그대로 사용할 수 있도록 해야 한다.

사회복지기관의 경우 언론사(신문, 방송) 사회복지 담당기자(종합일간지는 주로 사회부, 생활부, 여성부 등이 담당하고, 지역매체는 편집국 전체를 대상으로 봐도 무방함)나 PD를 사전에 조사하여 꾸준한 접촉을 가지고 자료를 제공하는 것이 좋다.

2) 주요 홍보매체

전통적인 주요 홍보매체로는 신문, 방송(TV, 라디오), 잡지 등이 있다. 아직까지 이들 홍보매체가 지닌 비중은 가장 크다고 볼 수 있다. 홍보매체들이 각각의 특징이 있으나 현대사회에서 가장 큰 영향력은 TV가 지니고 있다. 이들 매체에 가장 쉽게 접근할 수 있는 방법은 사회의 이슈와 프로그램의 성격에 맞는 홍보의 내용을 전하는 것이다.

이들 전통적 홍보매체 외에 회사, 기관의 사보나 지역신문을 활용하는 것도 좋은 방법이다. 이를 위하여 사전에 지역사회 기업이나 기관의 사보를 수집하여 내용을 파악해 두는 것이 좋다.

그러나 무엇보다도 현대에 있어서 가장 중요한 홍보매체로 등장한 것이 IT 정보화사회의 급속화된 추세와 더불어 PC통신, 인터넷, 스마트폰 등의 정보통신매체이다. PC통신 및 인터넷은 제5의 홍보매체로서 21세기에 가장 보편적이면서 필수적인 동시에 가장 강력한 홍보수단으로 등장할 것이 분명하다. 이제 인터넷은 남녀노소를 불문하고 전 국민이 사용한다 해도 과언이 아닐 정도로 일상화되어 있고 특히 통신 속도 발달과 멀티미디어의 구현은 통신의 매력과 효과를 더욱 가중시키고 있어 통신홍보매체의 발전과 확산을 더욱 빠르게 하고 있다. 통신을 통한홍보의 장점은 신속, 정확하다는 것뿐 아니라 저비용이라는 장점이 있다. 따라서 통신홍보매체는 재정과 인적자원이 열악한 사회복지 기관들이 가장 효과적으로 사용할 수 있는 홍보매체라고 할 수 있다. 그러나 이는 정제되지 않은 무분별한 정보가 난무할 수 있어 이에 대한 무조건적인 수용보다는 활용가능성과 신뢰도에 대한 판단기준을 갖고 신중하게 활용하는 것이 중요하다.

또한 이런 효과적인 홍보매체임에도 불구하고 사회복지기관들의 정보통신을 이용한 홍보활동은 아주 미약한 수준에 머물러 있다. 사회복지기관의 인터넷 홈페이지의 내용과 이를 통한 홍보, 기부자 및 자원봉사자 개발, 정보의 DB화는 아직 초보 수준에 있다. 특히 정보통신 홍보에서는 홈페이지관리와 최신 자료의 실시간 업데이트가 중요하다. 과거의 지난 자료임을 확인함과 동시에 그 기관 활동에 대한 신뢰가 무너지고 재방문의 기회를 잃게 되는 것이다. 오늘 현재 내가 그 기관에서 얻은 정보가 유용한가에 대한 부분이 그 조직에 대한 인식을 확고하게 하는 것이다.

(1) 대외 홍보

- 연간 홍보할 사항을 각 부서로부터 수렴하여 시기, 사안, 주제를 정리하여 전년도 연말에 차기년도 연중 홍보계획을 세운다.
- 세부 홍보계획은 사안별로 1~2개월 전에 안을 수렴하여 홍보담당이나 그 역할을 맡은 사람이 홍보매체를 선정하여 보도자료를 배포한다. 배포방법은 이메일, 팩스, 우편발송, 직접전달 등을 고려할 수 있다. 보도자료의 문장은 육하원칙에 맞게, 간결하고 쉽게 작성하되 반복되지 않도록 핵심을 정리하여 제공한다. 문장의 형태는 결론부터 제시하는 두괄식 형태가 좋으며 즉시 기사화할 수 있도록 필요한 자료(사진, 참고표, 데이터 등)를 제공하도록 한다. 특히 인쇄매체의 경우 기사 마감시간을 고려해서 자료를 배포하는 것이 중요하다.
- PR매체는 관회보, TV, 라디오, 신문, 잡지, DM(direct mail), 책자, 리플릿, 슬라이드, 필름, 사진, PC통신, 인터넷, 소셜네트워크 등이 있으며, 매체별 특성을 파악하여 그에 따른 홍보 전략을 세운다.

(2) 홍보의 매체

홍보의 매체에는 시각, 청각, 시청각 그리고 호소하는 매체 등으로 분류하기도 하는데 대표적인 매체의 특징과 고려해야 할 점을 살펴보면 다음과 같다.

① 전화

사회복지사들은 전화를 이용하여 개발된 프로그램에 대한 잠재적 클라이언트들의 관심을 자극시킬 수 있다. 이러한 유형의 홍보는 관심이 많지 않은 고객들의 참여를 유도할 수 있는 좋은 방법이다. 어느 정도 관심이 있는 사람들에게는 전화를 통한 홍보방법이 그들의 보다 많은 관심을 불러일으킬 수 있다.

② 구두

가장 확실하고 정확한 홍보방법은 직접적인 접촉을 통하여 프로그램의 내용을 구두로 홍보하는 것이다. 그 프로그램에 관심이 있을 것으로 생각되는 사람에게 직접 찾아가서 대면적 대화를 나누는 가운데, 프로그램의 이모저모를 알리는 것이야말로 가장 효과적인 홍보기법이 될 것이다. 여기에서는 과대 홍보를 피하고 기획된 프로그램에 대해 잠재적 클라이언트를 보다 잘 이해시킬 수 있는 홍보자가 필요하다.

개별접촉에 의한 홍보방법은 인간과 인간 사이에 직접적인 상호작용이 이루어질 수 있기 때문에 가장 확실하고 설득력 있는 방법이다. 잠재적 클라이언트들이 잘 알고 있지 못하는 문제에 대해서 반복적인 설명을 통해 홍보하고자 하는 내용을 전달할 수 있기 때문에 이러한 방법에 의한 홍보는 많은 사람들을 사회복지 프로그램에 접근하도록 하는 데 매우 효과적이다.

③ 회보

회보 발간의 목적은 기관 직원들 간의 조직에 대한 정보를 공유하고 자부심을 가질 수 있도록 하며 지역주민의 호의를 유지하고, 참여를 유도하기 위함이라고 할 수 있다. 대부분의 사회복지시설에서 회보를 발간하고 있는데, 사회복지조직의 주요 정책과 정보를 뉴스 형태로 자세히 실을 수 있는 장점이 있다. 독자가 즐길 수 있는 내용과 사회복지조직에서 알리고 싶은 내용을 마음껏 실을 수 있다. 단점은 내용이 없거나 의례적인 편집은 독자와 경영층의 관심을 돌리는 계기가 될 수도 있다. 그리고 회보를 제작하는 데에는 인력과 예산의 부담이 있는 것도 사실이다.

회보는 정기간행물로서 발간 형태에 따라 월간, 격월간, 계간 등으로 나눌 수 있다.

④ 신문

신문의 대중성을 활용하여 기사 형태로 보도하거나 광고를 하는 방법이 있다. 최근에는 지역신문의 활성화로 그 지역에서 이루어지는 사회복지 프로그램을 홍보하는데 매우 좋은 홍보매체로 활용되나, 대개 보도에 상응하는 광고비용을 요구하는 경우가 있어 주의가 필요하다(김영숙 외, 2003).

신문은 종류와 발행 부수가 많고, 넓은 지역을 충족시키며 기록성이 높고, 공신력 또한 높은 특성이 있다. 고학력자, 대도시 거주자 등이 선호하는 반면, 잡지에 비해 메시지의 시간적 생명이 짧고 독서능력이 요구된다. 사회복지조직에서는 뉴스를 제공하거나 광고 등의 방법을 활용하는 것이 일반적이다. 최근에 대도시에서 활성화되고 있는 지하철 신문이나 지역신문(무가지) 활용도 도움이 된다.

⑤ 잡지

잡지의 장점은 다양한 정보를 동시에 전달할 수 있다는 것이다. 회람률이 높고 컬러 인쇄에도 유리하다. 그러나 신속성이 떨어지고 적기에 대응하는 데에 한계가 있으며 제작비의 부담이 있다. 사회복지조직 이용자나 자원봉사자, 기부자 등의 휴먼스토리나 사회복지조직과 관련되어 있거나 사회적인 이슈의 심층 분석 기사 등에 유리하다.

⑥ DM(Direct Mail)

DM(Direct Marketing)은 고객과 기업이 일대일로 커뮤니케이션하는 모든 마케팅을 총칭하지만, 협의로 보면 우편 등을 이용한 기업과 고객의 직접 의사소통을 통한 마케팅이라고 볼 수 있다. 이 경우는 우편 등을 통해 기관의 카탈로그나 전단지 아니면 쿠폰 등을 보내는 것이 가장 보편적인 예이다. 최근에는 e-mail 등을 이용하여 전자 카탈로그를 보내거나 쿠폰, 혹은 세일 정보 등을 보내는 것도 DM의 한 전형적인 예라고 볼 수 있다. 위의 예들은 일반적으로 단방향 마케팅이라고 할 수 있으며, 고객에게 기관이 일반적으로 마케팅 목적의 정보나 메시지를 보내고 고객은 그에 대해 반응을 할 수도 있으며 하지 않을 수도 있다. 최근 마케팅의 전술적 발전과 과학기술의 발달은 단순한 단방향 커뮤니케이션이 아닌 고객의 라이프스타일과 메시지에 대한 반응 정도 그리고 접촉점 등을 고려한 IMC(통합마케팅, Integrated Marketing Communications)의 중요한 마케팅 수단으로 발전하고 있다.

DM(Direct Marketing)의 가장 고전적이면서도 보편화된 DM(Direct mail)은 엽서, 편지, 카드, 카탈로그, PR지 등 우송이 가능한 모든 인쇄물을 특정층의 사람들에게 우편 또는 인편으로 발송되는 직접 광고로 기관의 사정을 호소하는 문구를 통해 직접 설득하는 것을 말한다. DM은 비용 부담이 있지만 잘 활용되면 적극적이고 효과적인 방법이다. 개인적인 접근과 융통성 면에서 유용하며 효과 측정이 쉽다. 활용방법과 활용정도에 따라 비용이 많이 들 수 있으며 정확한 명단 입수가 쉽지 않고 반응률이 낮다는 단점도 있다.

하지만 전통적으로 마케팅 타깃을 보다 세분화하고 시기적 포착이 쉽다는 점에서 DM은 다른 마케팅 매체보다 저렴하고 효과적인 마케팅 방법으로 사용되고 있다. 현재의 데이터베이스 기술은 이러한 보다 세분화된 마케팅 타깃을 각기 다른 라이프스타일적 요구에 따라 보다 다양하고 효과적인 메시지를 전달할 수 있게 해준다. 예를 들어 특정 지역의 고객들에게 특별한 고객정보 없이 우편으로 카탈로그를 보내고 마는 경우와 때와 구체적인 정보를 바탕으로(이메일이나 주소, 이름 등을 알고 있는 상태에서) 카탈로그를 보내고 누가 그 메시지에 반응했으며 반응은 어떤 형태로 나타났는지(전화로 문의를 했거나 서비스를 신청했는지 아니면 인터넷을 통한 문의나 서비스를 신청했는지, 이메일을 통해 어떤 요구가 있었는지를 통해) 개별고객의 정보를 지속적으로 수집하고 그를 분석한 결과를 토대로 지속적인 마케팅 노력을 하는 것과는 비용이나 효과 면에서 많은 차이가 있다.

㉠ DM(Direct mail)의 특성

- 다이렉트 마케팅의 목적달성: DM은 다이렉트 마케팅의 목적을 달성하기 위해 사용되는 여러 광고매체 중에서 가장 고전적이면서 중요한 핵심 매체이다.
- 타깃성(targeting): DM은 명확한 타깃을 정해 예상고객을 선별하고 활용할 수 있기 때문에 경제성과 효율성이 높다. 즉, 특정 대상자에게 전달하는 마케팅적인 커뮤니케이션이라 할 수 있다. 이때 예상고객의 선별은 성별, 지역별, 연령별, 직업별 등으로 시장을 세분하여 이루어진다.
- 비용의 탄력성: DM은 타 광고매체에 비해 판촉・홍보비를 탄력적으로 조정할

수 있다. 간단한 엽서에서부터 커다란 고급 봉투에 넣을 수 있는 고급 카탈로그까지 제작하여 우송할 수 있어 예산 조정이 가능하다. 이런 자유로움 때문에 여러 형태의 고객을 효과적으로 융화시키는 것은 기쁨이고 보상이기도 하다. DM은 투자광고비 인식도에서 신문의 9배 잡지의 2.5배로 타 매체와 비교하여 가장 높다. 앞에서 나열한 효과적인 요소들이 경제적으로 만든다고 할 수 있다 (즉, 적은 광고비 + 정확히 선정된 예상고객 + 직접적인 예상메시지 = 집약적 · 경제적 광고효과).

- 즉각 반응성(빠른 커뮤니케이션): DM은 반응이 빠르고 효과 측정은 물론 테스트도 가능하다. 실시 후 15~20일이 지나면 결과가 나타나며, 비용투입 대비 산출의 결과치를 쉽게 분석할 수 있다. 대규모 투자를 할 경우에는 사전에 부분적인 테스트도 가능하다. 이러한 DM은 마케팅 상황에 즉시 대응할 수 있기 때문에 지정된 계획에 따라 때를 잘 맞추면 최상의 결과를 빨리 얻을 수 있다. DM은 효율적인 판매를 위해 주문서, 요구서 쿠폰, 매장위치도 및 사은권을 첨부할 수 있기 때문에 즉각적인 반응, 추적하고 싶은 반응들을 묻고 받을 수 있다.
- 친밀감 형성: DM은 개인적인 친밀감이나 유대관계 개선을 도모할 수 있다. 개인에게 친밀감을 느끼게 할 경우 주목률이 높고 정중한 초대장, 할인 우대권, 상품의 샘플 등을 동봉할 경우 호감과 관심을 더욱 유발시킬 수 있다.
- 사전 마케팅 가능: DM은 행사나 마케팅의 전 단계로 활용할 수 있다. 즉, 사회복지사가 방문하기 전에 방문예정일을 안내하거나 초대행사 예고 등의 목적으로 사용할 수 있다. 그리고 수치심을 불러일으키는 사회복지서비스나 공개적으로 광고하기 힘든 서비스 등을 소개할 때에 유용하다. 무엇보다도 DM은 독자적으로 광고하기 때문에 그 준비단계를 경쟁자가 눈치채는 것이 불가능하므로 선제 판매가 가능하다.
- 반복적 제공: DM은 시기 조절이 가능하고 반복적인 제공과 접촉으로 고객의 관심을 유도할 수 있다. 예를 들어 생일, 결혼기념일, 계절상품, 연속적인 DM 등 시기 조정이 가능하다. 이러한 DM을 통한 사람들을 행동으로 이끄는 아이

디어 방안에는 아래와 같은 것들이 있다.

- 무료 시용의 권유 및 무료 시용의 기회 제공
- 경품, 사은품 증정
- 현금 할인
- 무료자료 제공, 카탈로그 무료 제공
- 세일즈맨을 파견시켜 사용법 시연
- 무료서비스 제공(견적, 진단, 무료 필름 등)
- 할인권 동봉
- 무료, 유료 샘플 제공
- 회원제
- 추첨 행운권 제도(행운번호)
- 퀴즈 제공, 전원 당선
- 설문지 응답자에게 경품

일반적으로 더욱 전문화된 아이디어들이 나오고 있으며 예상되는 Market 부문이 더 좁고 '수직적'이 될수록 아이디어 방안을 제공하는 것의 중요성은 더해져 간다.

즉 계획된 DM을 통해서 성공적인 결과를 얻을 수 있는데, 고객을 확보하거나 계속적인 구매를 유도하기 위한 DM계획은 하나의 방법만으로는 부족하며, 어떠한 조직에도 유용성을 가지며, 대상층의 가장 가치 있는 부분을 지속적으로 자극하여, 계속되는 판매 흐름을 유지하는 데 쓰인다.

ⓛ DM 리스트의 구체적인 활용 방안

DM은 정확한 목표계층을 선정하고 선정된 목표계층의 정확한 명단과 주소를 확보하여야 한다. DM에 있어서 명단이야말로 성공을 결정하는 핵심 요소다. 잘 선정된 명단에 상품성이 없는 상품이 보내졌을 때는 이익을 기대할 수 있지만 부적절한 명단에서는 어떤 상품도 이익을 기대하기 힘들다. 어떤 상품에 적합한 대상고객의 라이프스타일과 사고방식, 수입, 재산상태, 교육수준을 고려하여 대상계층을 결정하여야 한다.

무엇보다 중요한 것은 테스트를 해보는 것이며 그 목적은 여러 계층에 DM을 보내 더 적합한 계층을 판별하고, 명단의 정확성을 테스트하기 위함이다.

㉢ DM 광고를 위한 고객명단의 여러 가지 유형

- Response Lists: DM에 실제적으로 반응을 보였던 사람들의 명단으로서 가장 가능성이 높은 데이터이다. 한번 DM에 반응을 보였던 사람은 역시 다른 DM에도 응답을 보일 가능성이 높기 때문이다.
- Compiled Consumer: Lists 전화번호부, 자동차 등록부, 사회단체 회원명부, 각종 년감, 고객명단, 조합원 명부 등으로부터 추출한 명단으로서 DM을 최초로 실시하는 회사에서 고려해 볼 수 있는 명단이다.
- Business Lists: 기업체에 필요한 상품 또는 서비스를 취급하는 산업마케팅에 필요한 기업체 리스트이다. 각 업종별 분야별로 단체가 대부분 구성되어 있으며 별도로 연감이나 회원명부에 나와 있는 경우가 많다. 개인 리스트에 비해서는 용이하게 확보할 수 있다.
- House Lists: 어떠한 형태나 경로로든 회사가 보유하고 있는 모든 리스트로서 거래처, 거래고객 전화문의자, 주주, 종업원, 관련 업체, 기관 등이 여기에 속한다.

㉣ DM 광고문안 작성 요령

DM의 목적을 달성하기 위해 예상고객들이 쉽게 반응할 수 있도록 그 어필을 이해하기 쉽게 만들어야 한다. 주의를 끌고 관심과 영향력 있는 행동을 잡기 위한 몇 가지 규칙은 아래와 같다.

- 질문으로 시작하라: 질문으로 시작하여 대상인을 그 카피 속으로 끌려 들어오게 하라. 그 질문의 답을 찾기 위해 특히 그 질문이 모든 사람에게 적용될 수 있을 만큼 충분히 보편적이거나 특정 비즈니스엔 특정 질문을 하라.
- 뉴스 가치가 있게 만들라: 대상인에게 관심사가 되는 최근의 기사를 카피로 사용하라. 만약 이 기사가 유명 일간지에 언급이 되었다면 대상인들로 하여금 궁금하

게 만든다.

- 수용자가 동의할 것으로 예상되는 질문을 하라: 그들과 비슷한 생각을 하고 있다는 것을 보여줌으로써 그들로 하여금 동료의식을 느끼게 하라. 또한 1분 이내에 읽을 수 있는 내용으로 하라. 수용자는 오래 기다리지 않는다.
- 이익에 대하여 강조하라: 수용자는 자신에게 꼭 필요한 제품만 산다. 그러므로 그들의 이익과 직접 관계되거나 새롭다고 느끼게 함으로써 주의를 끌도록 해야 한다.
- 현재형 시제로 쓰라: 과거형 시제를 피하라. 현재형 시제를 씀으로써 더 즉각적인 느낌이 들도록 만들라.
- S-P-D-A-E: Short(짧고), Punch(힘차고), Dramatic(극적이고), Attractive(마음을 끌고), Effective(효과적인)
- 4E: Emotional(감동시키는), Enthusiastic(열성적인), Entertaining(재미있는), Easy-to-read (읽기 쉬운)

⑦ 텔레비전

모든 연령층과 전국을 커버할 수 있으며 현실감이 있어 신뢰하기 쉬우며 신속성과 시청자의 참여가 용이하고 미디어의 선호도가 높아서 장점이 많은 매체이다. 그러나 메시지의 생명이 짧고 제작비가 높으며 계절적 요인에 따라 효과가 좌우되는 단점이 있다. 최근에는 각 지역의 유선방송과 케이블TV도 많이 활용되고 있다. 텔레비전을 통한 사회복지 프로그램 마케팅은 사람들의 머릿속에 오랫동안 머물게 되는 장점이 있어 관심 있는 사람들의 참여를 증대시킨다. 특히 장애에 대한 예방, 인식 개선, 장애인복지의 문제 등의 대담 프로그램 혹은 행사를 다양한 형태로 홍보해 볼 수 있는 매체로 영향력이 매우 강하다.

⑧ 라디오

라디오는 기동성, 즉시성이 있어서 순발력을 발휘할 수 있다. 비용이 저렴하고, 지역성을 발휘할 수 있으며 타 매체를 보완하는 효과가 크다. 단점으로는 메시지 전달이 순간적이어서 청취율이 불명확하고 시각적 호소에 제약을 받으며 논리성이 약하다.

사회복지조직과 관련된 일 중에 뉴스가 될 만한 사안을 잘 정리하고, 그 사안에 대해 새롭게 의미 부여를 한다. 예를 들면 사회복지조직에서 기획한 프로그램이 사회에 공익성이 있음을 강조하거나, 희소성을 강조하는 국내 최초로 이루어진다거나, 경제위기시대에 심금을 울리는 휴먼스토리인가 등을 잘 각색하여 의미 부여를 하는 것이다. 그리고 언론매체의 리듬을 파악하여 타이밍을 맞추는 것 역시 중요하다.

사회적으로 행사, 사건, 변화가 많아서 기사가 넘칠 때는 사회복지조직 관련 기사는 게재가 되지 않거나 실려도 상대적으로 관심을 끌지 못할 가능성이 있다. 그러므로 불가피한 경우를 제외하고는 그 시기를 피해 다소 사회적으로 한가할 때를 기다렸다가 보도를 의뢰하는 것도 한 방법이다. 그리고 요일별, 계절별, 방송국의 프로그램 개편시기 등도 참고해볼 만하다.

기자들과의 친밀한 인간관계를 유지하도록 한다. 그리고 수시로 언론기관에 전화하여 담당자를 확인해야 하는데 이 절차는 매우 중요한 의미가 있다. 왜냐하면 방송사, 신문사 기자들은 수시로 이동이 있으므로 담당기자가 누구인지는 늘 파악하고 있어야 한다.

홍보자료 배포 후 해당 언론기관 담당자와 전화 통화를 통해 자료가 전달되었는지 확인하고, 게재 여부를 파악한다. 보도 후 목표 공중의 반응과 결과를 점검하여 다음 홍보 시에 반영하고, 보도를 해준 곳에 감사의 뜻을 전한다.

사회복지조직의 홍보메시지가 다른 수많은 매체의 메시지, 즉 일종의 방해를 뚫고 공중에게 정확하게 전달되기 위해서는 독특하고 권위 있고 명료해야 한다. 언론의 캠페인 등으로 사람의 마음을 바꾸기는 쉽지 않으며, 메시지가 너무 강렬하지 않게 해야 하고, 메시지가 왜곡되지 않게 해야 한다. 그리고 홍보는 반대자를 설득하기보다는 잠재적인 우호자를 주 대상으로 해야 한다.

3) 견학

사회복지조직 견학은 직접적으로 클라이언트의 복지문제, 사회복지조직의 현황과 과제, 장애에 대한 계몽을 직접 전달할 수 있는 좋은 기회이기 때문에 사회복지조직의 전반에 대해 잘 알고 있는 사람이나 홍보담당이 맡아서 한다.

견학은 가능하면 사전에 약속을 받아서 일정한 요일, 시간대를 선정하여 추진하는 것이 효율적이다. 불가피하게 갑작스런 견학 시에도 이용자의 불편을 최소화하는 범위 안에서 견학 희망자의 욕구를 충족해 주도록 한다.

견학 시에는 사회복지조직을 소개하는 리플릿, 유인물, 슬라이드나 비디오를 활용하여 시청각자료를 통한 종합적인 사회복지조직 홍보를 한다.

사회복지조직 연혁・조직・프로그램 소개, 후원, 자원봉사자 모집, 사회복지조직의 현황 등 메시지를 정리하여 체계적으로 소개한다. 견학에 참여한 사람들이 견학을 마치고는 외부에서 홍보 대행자로서의 역할을 할 수 있다는 것을 감안하여 그들의 마음을 사로잡는 데 최선을 다해야 한다.

4) 시청각자료 제작

사회복지조직을 잘 알릴 수 있는 비디오, 슬라이드, 사진집 등을 정리하고 제작하며, 촬영할 자원이 없으면 자원봉사자 등을 활용하여 추진한다. 사회복지조직의 주요 행사 시 녹음・촬영 등을 통해 기록을 남기고, 여력이 있으면 각 프로그램별로 소개용 슬라이드나 비디오를 제작한다. 제작된 시청각자료는 분류하여 보관하고, 사회복지조직 전체가 공유할 수 있도록 목록을 각 부서에 배포한다.

보도용의 자료(사회복지기관 전경, 주요 프로그램의 사진, 슬라이드 등)는 언제든지 즉시 활용할 수 있도록 별도로 준비해 둔다.

5) 기관 회보 제작

사회복지조직의 회보는 사회복지조직에서 발생하는 각종 소식과 정보를 사회복지조직 이용자, 직원, 봉사자, 기부자, 지역주민, 관계기관 종사자, 행정기관 등 다양한 독자에게 전해 주는 소식지의 성격을 갖는다. 발간 간격을 정하고, 연중 편집안을 정리하여 발간 계획을 한다. 편집위원회를 지역 내외 인사로 구성을 하여 다양한 의견을 수렴하고, 기관 회보의 방향성을 잡아가도록 한다.

회보 독자는 각 영역별로 배포 비율을 정하고, 독자주소록은 전산관리한다.

회보 제작 시 출판사 선정은 그 출판사가 정기간행물을 제작하고 있거나 그러한 역량을 갖추고 있는지를 파악하고, 회보는 기관의 대변지라고 할 수 있으므로 기관의 전체 방향성과 기관장의 의지를 잘 파악하여 편집계획 시 반영하는 한편 직원의 의견이나 동정과 프로그램의 변화 등을 민감하고도 자세히 전해 주는 역할을 해야 한다.

회보 제작에는 편집 이외에도 사진촬영, 기사 작성, 디자인, 회보 발송 등의 일들이 있으므로 담당자뿐만 아니고 다양한 능력을 가진 자원봉사자를 적극 활용하는 것이 좋다.

6) 출판물 관리

사회복지조직에서 발행되는 각종 책자나 인쇄물에 대한 종합적인 관리를 통해 일관된 이미지와 메시지를 제공하기 위해 출판물을 관리한다. 책이나 리플릿의 디자인과 색상은 전문가의 자원봉사활동이나 전담 출판, 기획회사와의 계약을 통해 지정된 색, 같은 이미지를 유지하도록 하며, 디자인된 로고 역시 동일하게 유지시킨다. 보통의 인쇄물은 출판되기 약 1~2개월 전에 최종 원고가 정리되어야 한다. 출판물은 특별한 경우가 아니면 글만 게재하였을 경우 아무리 좋은 내용이라 할지라도 지루함을 주므로 사진이나 그림자료를 적절히 섞어서 변화와 흥미를 유도하는 것이 좋다.

7) 인터넷 홈페이지 및 소셜네트워크

통신과 인터넷은 새로운 의사교환의 매체로 부각되므로 사회복지조직의 프로그램, 소식, 이용 절차, 안내 등 관련 내용을 정리하여 홈페이지를 통해 홍보한다. 홈페이지를 통해 지역 내외의 커뮤니케이션을 활성화한다. 홈페이지의 내용이 항상 최신 버전으로 업데이트되어 있어야 함은 매우 중요하다.

또한 최근 스마트폰의 등장과 더불어 실시간 정보 전달이 매우 활성화되어 있는 소셜네트워크(트위터, 페이스북 등)는 간결하면서도 강한 인식을 가입자에게 동시에 전달할 수 있는 장점이 있어 이를 활용하는 방법 개발에도 힘써야 한다. 다만, 역효과와 부정적인 정보 확산에 대한 우려도 있으므로 세심한 주의를 기울일 필요가 있다.

그외 기타 사회복지조직이 잠재적 클라이언트들에게 보다 적극적으로 접근하는 전략들을 활용할 수 있는데, 그 예로는 해당 지역에서 사회복지조직을 중심으로 바자회를 개최하거나 현수막, 게시판 활용 등을 들 수 있다.

소셜네트워크

스토리텔링을 하라

피치: 무언가(아이디어, 생각할 거리)를 던져서 그것이 유용하게 활용될 수 있도록 하는 것을 말한다.

예) 단순히 'ㅇㅇ가 어려우니 도와주세요!'라고 하는 것보다는 '같은 또래의 아이들보다 유난히 작고 왜소한 체구를 가져 학교생활이나 일상적인 생활에 어려움을 겪는 ㅇㅇ가 건강하게 잘 자랄 수 있는 희망 멘토가 되어 주세요.'라고 하는 것이 더 많은 관심과 참여를 이끌어 낼 수 있다.

- ■ 소셜미디어란
  - 페이스북이나 카카오톡스토리와 같은 소셜네트워크
  - 참가자들이 온라인 내용들을 만들어 내고, 출판하고, 통제하며, 비평하고, 등급을 매기고, 그것들과 상호작용하는 모든 사이트

- 블로그와 마이크로 블로그, 비디오 나눔, 북마킹, 어플리케이션들, wikis, 포름, 의견 사이트

■ 소셜미디어에 관심을 갖는 이유
- 소셜미디어들은 커넥터들과 마케터들을 연결해 주는 수단
- 서로 관계를 갖고 그들의 의견을 더 큰 공동체에 퍼뜨리기 위해 커넥터들에게 더 중요하게 되어감
- 소셜네트워크를 통해 구체적인 청중을 표적으로 삼는 것은 상당히 쉬움에도 불구하고, 그것들을 효과적으로 이용하는 것은 마케터들에게 도전일 수 있음
- 마케터가 소셜네트워크에 모습을 드러내고 있다는 단순한 사실이 공동체 멤버들 사이에서 위험 신호를 보낼 수 있음

■ 대중 소셜네트워크에 대한 MPR
- 페이스북은 전통적인 광고로는 할 수 없는 방식으로 고객들과 접촉하는 매우 비용효과적인 기회를 제공
- 페이스북을 가지고 공유하고, 경청하고, 반응하고, 교육하는데 우연적이고, 진정성 있는 방식으로 상호 작용할 융통성과 기회가 많음

■ 소셜 미디어의 위험성
- 긍정적이지 않은 코멘트들이 공공연하게 포스트될 때

■ 마케터들이 소셜 네트워크에 주목해야 하는 이유
- 인식을 높이기 위해
- 행사와 참가자들을 연결시키기 위해
- 고양시키고 교육시키기 위해
- 통찰을 공유하고 지원을 제공하기 위해
- 거래 묘법을 공유하기 위해
- 고객들을 위한 공동체를 만들기 위해

■ 소셜미디어가 지닌 도전
- 장점: 더 빠르고 더 개인적인 방식으로 고객들을 찾고 그들과 의사소통하게 하는 고유한 기회 제공

→ 올바른 시간에 올바른 채널을 통해 올바른 청중에게 가 닿는다는 것을 확실히 해야 한다.

→ 변화하고 있는 표적고객들의 소셜미디어 습관을 따라잡아야 한다.

→ 당신의 메시지가 영원히 남을 수 있다는 사실은 마케팅 PR 실수들을 악화시킬 수 있다.

사회복지조직의 윤리와 소셜미디어(체크포인트)

- 사회복지사로서 윤리규정을 어떻게 준수하는가?
- 신뢰-책임-개인의 윤리적 태도가 필요하다.
  - 경계의 문제: 소셜미디어는 개인과 전문영역 간의 경계를 애매하게 만들 수 있다.
  - 금지와 권리: 안전을 위해 소셜미디어 사용금지와 사회복지사 개인의 권리로서의 사용 허용
  - 윤리적 이슈: 이익, 사생활과 비밀보장의 갈등, 부적절한 자기노출, 이중관계
  - 사회복지사는 클라이언트와 그 선을 어디에서 긋는 게 좋은가?
  - '친구' 요청을 수용하는 것은 괜찮은가?
  - 클라이언트의 프로파일이나 블로그를 보는 것은 사생활 침해인가 아니면 그것이 특히 응급한 상황에서 도움이 되는 정보를 제공해 주는가?
  - 트위터나 페이스북에 업데이트하면 많은 반응을 받는다. 이것이 언제 이중관계의 위험이 되는가?
  - 얼마나 노출을 많이 해야 너무 많은 노출이 되는가?
  - 우리의 타깃들과 어떻게 관여하는가? 당신의 클라이언트와 '친구'이고 싶은가?
  - 사회복지사가 그 블로그를 운영하면서 광고 수익을 얻는다면 어떨 것인가?
  - 사회복지사가 개인 블로그에 클라이언트와의 상호작용에 관한 개괄적인 내용을 드러내는 것은 윤리적인가?
  - 클라이언트들의 참여에 대해 그들로부터 공지된 동의를 어떻게 받을 수 있는가?
  - 사회복지사들은 그들의 조직생활에 대해 블로깅하거나 포스팅하거나 트윗하는 것이 허용되어도 좋은가?
  - '일'로서의 소셜미디어를 사용하는 것과 '개인'으로 사용하는 것의 선을 어디에 그어야 하는가?
  - 과학기술 혁명의 영역에서 사회복지사 윤리강령이 안내해 줄 수 있는 것은 무엇인가?
  - 윤리강령이 적절하지 않을 때는 무엇이 우리를 안내해 줄 것인가?

참 | 고 | 문 | 헌

강철희, 정무성, 최재성, 황성철 (2003). 사회복지행정론. 서울: 현학사.

강효권 (2004). 기업의 사회공헌을 위한 실천방안에 관한 연구-국내 Y사의 사례를 중심으로. 한양대학교 경영대학원 석사학위논문.

곽대석 (1999). IMF 경제위기 이후 기업복지재단의 사회공헌활동에 관한 연구. 가톨릭대학교 사회복지대학원 석사학위논문.

곽효문 (2001). 사회복지행정론. 서울: 양지출판사.

구자룡 (2007). 마케팅 2.0. 서울: 동아일보사.

권육상 외 (2004). 사회복지행정론. 서울: 유풍출판사.

권익현, 임병훈, 안광호 (1999). 마케팅. 서울: 경문사.

김경재, 김민철, 김승욱, 김유석, 김창수 (2004). 유비쿼터스 컴퓨팅 시대의 고객관리 (CRM). 서울: 형설출판사.

김경훈, 이상환, 이종영 (1994). 마케팅. 서울: 삼영사.

김동기 (1997). 현대마케팅원론. 서울: 박영사.

김명수, 예종석 (1998). 마케팅. 서울: 한영사.

김명형, 송상호, 허문구 (1997). 우리회사 어떻게 조직변화에 성공할 것인가. 서울: 명진출판사.

김범수, 양용희, 이창호 (1997). 비영리조직의 모금전략과 자원개발. 서울: 아시아미디어리서치.

김선희 (2000). 공공 레크리에이션 활동을 위한 효과적인 홍보방법에 관한 연구. 한국여가레크리에이션학회지, 12.

김성훈, 양병화 (2005). 사회마케팅과 공익광고 캠페인. 서울: 커뮤니케이션북스.

김영숙 외 (2003). 사회복지 프로그램개발과 평가. 파주: 교육과학사.

김영욱 (2003). PR커뮤니케이션: 체계, 수사, 비판 이론의 통합. 서울: 이화여자대학교출판부.

김영종 (2001). 사회복지행정. 서울: 학지사.

김영한, 임희정 (2003). 스타벅스 감성 마케팅. 서울: 넥서스.

김용준, 유필화 (1995). 현대마케팅론. 서울: 박영사.

김원수 (1997). 마아케팅관리론. 서울: 경문사.

김진성 (1997). 마케팅. 서울: 법경사.

김진화 (2001). 평생교육 프로그램 개발론. 파주: 교육과학사.

김현주, 최종학 (2002). 고객만족을 위한 실천기법21C. 서울: 한올출판사.

김형식, 신준섭, 이영철 (2001). 사회복지행정론. 서울: 동인.

김호영 (1999). 고객에게 지고 경쟁에서 이기는 마케팅 전략. 서울: 새로운 제안.

나종호 (2010). 밀리언셀링 마인드. 서울: 책든사자.

남금란 (1997). 민간사회복지분야의 모금개발을 위한 마케팅전략 연구. 숭실대학교 대학원 사회사업학과 석사학위논문.

남기민, 전명희 (2001). 사회복지관의 PR현황과 활성화 방안. 한국사회복지행정학, 5.

남기민, 최성재 (2003). 사회복지 행정론. 서울: 나남출판.

도모생애교육연구소 엮음 (2001). 비영리단체·비정부기구의 진략 경영과 기금개발. 서울: 예영커뮤니케이션.

라상일 (1997). 비영리기관의 대인 마아케팅: 청년계층의 교회로의 접근/회피에 대하여. 연세대학교 경영대학원 석사학위논문.

류진석, 최일섭 (2001). 지역사회복지론. 서울: 서울대학교출판부.

문순영, 조선주, 하연찬, 한동우 (2003). 사회공헌 활동이 기업에 미치는 영향: 소비자 분석을 중심으로. 한국비영리연구, 2(2).

박경일, 신복기, 이명현, 장중탁 (2002). 사회복지행정론. 서울: 양서원.

박영숙 (2003). 사회공헌활동을 통한 효과적인 기업 이미지 제고 방안. 서울: 아름다운재단·전국경제인연합회.

박은희 (2001). 사회복지기관의 모금활동 현황 및 사후관리 실태에 관한 연구: 대전·충남지역 사회복지 관련 기관을 중심으로. 목원대학교 산업정보대학원 석사학위논문.

박준형 (2004). 브랜드 마케팅 리포트. 서울: 새로운제안.

박차상 (1999). 한국사회복지 행정론: 수요자중심. 서울: 대학출판사.

박찬수 (2000). 마케팅 원리. 서울: 법문사.

박찬욱 (1998). 고객정보를 활용한 은행 데이터 베이스 마케팅 전략에 관한 연구. 한국금융연구원, 98(1).

박충환, 오세조 (1993). 마케팅관리. 서울: 박문사.

박홍수, 안광호, 하영원 (2004). 마케팅원론 3판. 서울: 학현사.

백선희 (1993). 기업재단의 사회복지 구제사업에 관한 연구:기업복지재단의 지원사업평가를 중심으로. 중앙대학교 대학원 석사학위논문.

변대호 (2000). 고객지향적 전자상거래. 서울: 생능.

삼성경제연구소 (2005). 한국 기업 성장 50년의 재조명. 서울: 삼성경제연구소.

서용구 (2003). 시장을 창조하는 마케팅 시장에 끌려가는 마케팅. 서울: 시대의 창.

신헌철 (2002). 대기업 사회공헌활동의 전략적 방안과 효과적인 홍보에 관한 연구-KTF의 사회공헌활동 사례를 중심으로. 서울대학교 공과대학.

신호창 (1992). PR본질, 올바른 이해는 사회사회복지조직 경영의 필수, 사회복지관 사업의 전문화 방안.

안운석, 장형섭 (2011). 마케팅 이론과 사례. 서울: 대진.

양용희 (2001). 지역사회 자원개발 및 활용. 동작구 연합 직원세미나자료.

연대상대마케팅연구회 MARP (1999). 단숨에 배우는 마케팅. 서울: 새로운 사람들.

오구연 (1992). 사회지향적 마케팅. 서울: 을지서적.

오석홍 (1990). 조직이론. 서울: 박영사.

유종해 (1987). 현대조직관리. 서울: 박영사.

유필화, 김용준, 한상만 (2012). 현대마케팅론. 서울: 박영사.

윤희중 (1988). PR론. 서울: 이화여자대학교 출판부.

윤희중, 신호창 (2001). PR전략론. 서울: 책과길.

이광현 (1998). 21세기 기업 생존전략. 서울: 도서출판 석정.

이민정 (1999). 가톨릭 여성복지조직의 조직간 관계와 조직효과성. 가톨릭대학교 사회복지학과 석사학위논문.

이배근 (1999). National Society of Fundraising Executives (NSFRE) 중심으로. 한국아동단체협의회 모금개발을 위한 워크샵 실무자 교육자료집.

이승주 (1999). 경영전략 실천메뉴얼. 서울: 시그마인사이트컴.

이유재 (1994). 서비스마케팅. 서울: 학현사.

이유재, 최정환 (2001). 죽은 CRM 살아있는 CRM. 서울: 한・언.

이정호, 장인협 (1993). 사회복지행정. 서울: 서울대 출판부.

이주형 (2005). 입소문 마케팅 베스트 프랙티스를 해부한다! P&G의 트레머 vs. 버즈 에이전트. http://www.coleomarketing.com 콜레오마케팅그룹.

이태수, 조흥식 (1999). 공동모금제도의 현황과 전망-국가공공복지와 민간복지의 올바른 관계 정립. 한국사회복지학회 학술대회 자료집. Vol. 1999 No. 4.

임속근 (2002). 사회복지기관의 모금활동을 위한 마케팅 전략. 대전대학교 경영행 정대학원 석사학위논문.

임종원 (1997). 현대마아케팅원론. 서울: 법문사.

전국경제인연합회 (2003). 2001년 기업・기업재단 사회공헌 백서. 전국경제인연합회.

전국경제인연합회 (2010). 2009년 기업・기업재단 사회공헌 백서. 전국경제인연합회.

전국경제인연합회 윤리경영팀 (2003). 기업 및 기업재단의 사회공헌 실태조사. 전국경제인연합회.

정구현 (1993). 마케팅 전략. 서울: 무역경영사.

정동섭, 조영복 (2003). 경영전략. 서울: 대명.

정무성 (1998). 사회복지기관의 후원자개발을 위한 마케팅 전략에 관한 연구. 사회복지리뷰, 3. 가톨릭대학교.

정무성 (2000). 사회복지환경 변화에 따른 민간 사회복지기관의 대응 형태에 관한 연구. Social Welfare Review.

정무성 (2001). 사회복지 프로그램 개발과 평가. 경기: 양서원.

정무성, 이영자 (2013). 외부자원 연계를 통한 보훈나눔 프로그램 개발에 관한 연구. 보훈교육연구원.

정익준 (1999). 비영리조직 마케팅. 서울: 영풍문고.

정진경 (2005). 기업의 사회공헌활동 현황과 주요사례 분석. 한국비영리연구, 4(1).

조석인 (2004). 사회복지조직의 효과적인 PR전략-사회복지 홍보의 실제 이해. 서울특별시사회복지협의회.

조운희 (2004). 사회복지프로그램개발과 평가-창조적 사회복지사를 위한 지침서. 서울: 청목 출판사.

주영주 (1994). 마케팅 전략을 적용한 대학 미디어센타의 개선방향. 교육공학연구, 10(1).

채서일 (1999). 마케팅 조사론. 서울: 학현사.

최덕철 (1997). 서비스 마케팅. 서울: 학문사.

최병룡 (1998). 신마케팅론. 서울: 박영사.

최윤희 (1994). 현대 PR론. 서울: 도서출판 나남.

최윤희 (1995). 사회복지관 PR, 지역복지의 이론과 실제. 서울: 한국사회복지관협회.

최일섭 (1987). 사회복지와 커뮤니케이션. 사회복지, 93.

최종복 (2003). 지역사회복지관의 예산가운데 홍보비가 차지하는 비율에 영향을 미치는 요인에 관한 연구. 숭실대학교 사회사업학과 석사학위논문.

한국능률협회컨설팅 (2002). 무한고객가치 고객과 함께 이룬 CS경영10년, KMA연구보고서Ⅱ. 서울: 한국능률협회.

한국마케팅연구원 (2002). 브랜드 마케팅. 서울: 한국마케팅연구원 편집부.

한국마케팅연구원 (2002). CRM 새마케팅. 서울: 한국마케팅연구원 편집부.

한국사회복지관협회 (1996). 지역복지의 이론과 실제: 사회복지관 및 재가복지봉사센터를 중심으로. 서울: 동인.

한동우 (2001). 주요국 공동모금 조직의 모금 및 배분활동 연구. 서울: 사회복지공동모금회.

허윤정 (2000). N세대를 움직이는 마케팅의 귀재들. 서울: 시공사.

홍부길 (1987). 비영리조직에로의 마케팅 도입을 위한 기초연구. 경영논총, 2.

홍부길 (1994). 비영리조직 마아케팅과 사회 마아케팅. 서울: 이화여자대학교 출판부.

홍태성 (2002). 기업의 사회공헌활동이 지역사회에 미치는 영향에 관한 연구. 한양대학교 행정대학원 석사학위논문.

황진수 (2003). 현대복지행정론. 서울: 대영문화사.

LG경제연구원(2004). 고객지향 마케팅의 성공요인e-Biz마케팅전략. LG보고서.

高瀬浩 (2008). 실전에 강한 MBA마케팅(ステップアップ式MBAマーケティング入門). 손진역 (역). 서울: 원앤원북스. (2005년 원저 발간).

日野佳惠子 (2004). 입소문의 법칙(クチコミュニティ マーケティング). 이성수 (역). 서울: 지상사. (2002년 원저 발간).

澤登秀明 (2000). 그림으로 쉽게 이해하는 e-CRM 마케팅. 이경희, 이소영 (역). 서울: 국일증권경제연구소. (2000년 원저 발간).

Adrian, S. (2009). *Marketing Management for Nonprofit Organizations*. Oxford University Press.

Al, R., & Jack, T. (2002). 포지셔닝(Positioning in the Battle for your Mind). 안진환 (역). 서울: 을유문화사. (1982년 원저 발간).

Alan, R. A., & Philip, K. (2003). *Strategic Marketing For Nonprofit Organizations (6th Edition).* Prentice Hall.

Charles, A, R., & John, P. (2002). 사회복지 기관행정(Social Administration: A Client-Centered Approach). 정무성, 박차상 (역). 서울: 나눔의 집. (1991년 원저 발간).

Corwin, R. G. (1969). *Patterns of Organization Conflict. Administrative Science Quarterly. Vol. 14.*

David, A. A. (1995). Building Strong Brand. Free Press.

David, A. A. (2009). Managing Brand Equity. Free Press.

Dawn, I. (2002). 마케팅 바이블(Kellogg on Marketing). 원유진 (역). 서울: 서울출판미디어. (2000년 원저 발간).

Dimock, M. E., & Dimock, G. O. (1979). *Public Administration.* NY: Holt.

E. Jerome McCarthy (1960). *Essentials of Marketing Applications in Basic Marketing.* Irwin McGraw-Hill.

Frederick, N. (2001). 인터넷시대의 고객관계경영 CRM.COM(Loyalty.com: Customer Relationship Management in the New Era of Internet Marketing). 삼성전자 글로벌 마케팅연구소 (역). 서울: 21세기북스. (2000년 원저 발간).

Gary, A. & Philip, K. (2000). *Marketing an introduction*, Prentice hall.

Gary, H., Tom, P., & Rick, T. (1996). 고객혁명의 길(Leadership and the customer revolution). 신동설 (역). 서울: 한국경제신문사. (1994년 원저 발간).

George, B. (1996). 마케팅이 뛰어난 교회가 더 성장한다(Marketing the church). 김광점 (역). 서울: 베다니출판사. (1988년 원저 발간).

Hannagan, T. J. (1992). *Marketing for the Non-Profit Sector.* Macmillan, London.

Hans-Georg Häusel (2012). 이모션: 우리의 지갑을 여는 보이지 않는 손(Emotional boosting). 배진아 (역). 서울: 흐름출판. (2012년 원저 발간).

Jerreben, S. (1969). *The Evolution of Organizational Environment. Administrative Science Quarterl. Vol 12.*

Joan, F. (2002). 성공적인 모금전략(Successful fund raising). 안재권 (역). 서울: 학지사. (1969년 원저 발간).

Judith, A. L., Thomas, R. P., & Michael, D. L. (2001). *Management of Human Service Programs.* Brooks/Cole. Oxford University Press. Prentice Hall.

Kay, S. G. (2000). 비영리기관의 모금(Beyond Fund Raising: New Strategies for Nonprofit Innovation and Investment). 정무성 (역). 서울: 나눔의 집. (1997년 원저 발간).

Kristin, L. A., & Carol, J. K. (2004). CRM의 기술(Customer relationship management). 윤대현 (역). 서울: 지음공작소. (2001년 원저 발간).

Marc Gobé (2001). *Emotional branding: the new paradigm for connecting brands to people.* NY: All worth Press.

Marianna, T. (1999). 헝가리의 비영리단체 1% 후원법, 7월 15일 국회복지포럼 한국의 모금문화 현실과 선진화 방안 자료집 수록원고.

Martin, C., Adrian, P. & David, B. (1995). 관계마케팅(Relationship Marketing: Creating Stakeholder Value). 송용섭, 황병일 (역). 서울: 법문사. (1993년 원저 발간).

Michael, E. P. (1998). *Competitive Strategy.* Free Press.

Peter M. Kettner (2002). *Achieving Excellence in the Management of Human Service Organizations.* Allyn & Bacon.

Peter, C. (2003). 브랜드 관리기술(If you're so brilliant How come your brand isn' t working hard enough?). 이관수 (역). 서울: 미래와 경영. (2002년 원저 발간).

Peter, D. (1995). 비영리단체의 경영-현대사회를 주도하는 새 성장부문(Managing the non-profit organization). 현영하 (역). 서울: 한국경제신문사. (1990년 원저 발간).

Philip, K. & Eduardo, L. R. (1992). 사회마케팅-공중행동변화를 위한 전략(Social marketing-strategies for changing public behavior). 홍부길 (역). 서울: 대영사. (1989년 원저 발간).

Philip, K. & Gray, A. (1998). 최신마케팅원론(Marketing: Introduction). 조봉진, 윤훈현 (역). 서울: 도서출판 석정. (1996년 원저 발간).

Philip, K. (1999). 미래형 마케팅(KOTLER ON MARKETING: How to Create, Win, and Dominate Markets). 김정구 (역). 서울: 세종서적. (1999년 원저 발간).

Rubin, H. J. & Rubin, I. S. (1986). *Community Organizing & Development.* Bell & Howell.

Scott, M. C., Allen, H. C., & Glen, M. B. (1972). *Effective Public Relations*, Englewood Cliffs. NJ: Prentice-Hall, Inc.

Scott, R. (2003). 감성마케팅: 평생 고객을 얻는 홀마크 전략(Emotion marketing). 윤천규 (역). 서울: 김앤김북스. (2000년 원저 발간).

Seth Godin. (2004). 보랏빛 소가 온다(Purple Cow). 남수영 (역). 서울: 재인. (2003년 원저 발간).

Seymour, H. F. (1992). *Marketing the Public Sector.* New Brunswick, NJ: Transaction Publishers.

Stanley, A. B. (2001). 세계 최고 기업들의 CRM전략(Customer relationship management). 프라이스워터하우스쿠퍼스 컨설팅코리아 CRM그룹 (역). 서울: 21세기북스. (2000년 원저 발간).

Stoesz, E., & Raber, C. A. (1997). 비영리단체 경영 핸드북(Doing Good Better: How to Be an Effective Board Member of a Nonprofit Organization). 권영석 (역). 서울: 참미디어. (1996년 원저 발간).

Thomas, W. (2000). *Managing a Nonprofit Organization in the Twenty FirstCentury*. Fireside. Simon & Schuster.

World Vision Australia Annual Report (1995, Dec).

Yeheskel, H. (1985). **사회복지행정조직론**(Human service organizations). 성규탁 (역). 서울: 박영사. (1982년 원저 발간).

Yeheskel, J. (1983). *Human Service Organizations, Englewood Cliffs*. NJ.: Prentice-Hall, Inc.

〈기타 자료〉

국민일보 (2011. 6. 20). '사랑과 희망을 나누는 기업' 동반성장에서 지구촌 곳곳까지… 도약하는 사회공헌활동.

머니투데이 (2004. 6. 28). 기업의 사회공헌, 경영의 새로운 키워드.

머니투데이 (2011. 8. 2). "재계 손잡고 '통큰' 사회공헌방안 논의", 서명훈.

박종규 (2004. 10. 6). 지속가능경영과 사회공헌활동. 사회공헌칼럼 정리.

사회복지신문 (2001. 12).

http://www.cim.co.uk(공인마케팅연구소)

http://www.colemarketing.com(콜레오마케팅그룹)

http://www.corporatephilanthropy.org(기업사회공헌 촉진위원회)

http://www.Forbes.com(포브스)

http://www.marketingpower.com(미국 마케팅협회 AMA)

http://www.marketingschool.com(유동근교수의 사이버 마케팅 스쿨)

http://www.seoul-chest.or.kr(서울사회복지공동모금회)

http://www.tremor.com(트레모)

찾 | 아 | 보 | 기

(인명)

(내용)

■ **정무성(숭실대학교 사회복지학부 교수)**

숭실대학교 영문과를 졸업하고 서울대학교에서 사회복지학 석사를 취득하였다. 미국 University of Minnesota에서 행정학 석사를 마치고, The University of Chicago에서 사회복지행정학 박사를 취득했다. 숭실대학교 사회복지대학원장을 거쳐 현재 숭실사이버대학교 부총장으로 재직 중이다. 보건복지부 사회복지시설평가단장, 한국사회복지행정학회 회장을 역임했다.

■ **황정은(사회복지법인 인클로버재단 연구소장)**

성균관대학교에서 수학교육과 언론학 석사를 마치고 숭실대학교에서 사회복지행정학 박사 학위를 취득하였다. 제일모직 홍보실에서 기업 홍보를 경험하고, 삼성복지재단과 삼성사회봉사단에서 기업 사회공헌 실무를 담당했다. 삼성경제연구소를 거쳐 현재 다문화 가족 2세 지원 재단에서 연구소장으로 재직 중이며, 대학에서 사회복지 관련 과목을 강의 중이다.

사회복지 마케팅

2013년 3월 5일 1판 1쇄 인쇄 | 2013년 3월 10일 1판 1쇄 발행
2014년 9월 10일 1판 2쇄 발행 | 2016년 9월 10일 1판 3쇄 발행
2017년 3월 10일 1판 4쇄 발행 | 2017년 9월 10일 1판 5쇄 발행
2018년 9월 10일 1판 6쇄 발행 | 2019년 9월 10일 1판 7쇄 발행
2020년 3월 10일 1판 8쇄 발행 | 2021년 3월 10일 1판 9쇄 발행
2022년 9월 10일 1판 10쇄 발행 | 2023년 9월 10일 1판 11쇄 발행

지 은 이 정무성 황정은
펴 낸 이 최용구
펴 낸 곳 도서출판 신정

주 소 (04316)서울시 용산구 원효로 89길 19(원효로1가)
전 화 02) 3211－4782 · 3211－0266(관리 · 영업부) 3211－4783(편집부)
이 메 일 shinjeong72@naver.com
홈페이지 www.sjbook.co.kr
등 록 2001년 5월 11일 제13－702호

기획마케팅 최용구 장만동 최충구 진소희
책임편집 석기은 황가연
본문편집 예나루
표 지 SDY

ISBN 978-89-5912-205-9 93330

정가 18,000원